权威 · 前沿 · 原创

皮书系列为

“十二五”“十三五”“十四五”时期国家重点出版物出版专项规划项目

智库成果出版与传播平台

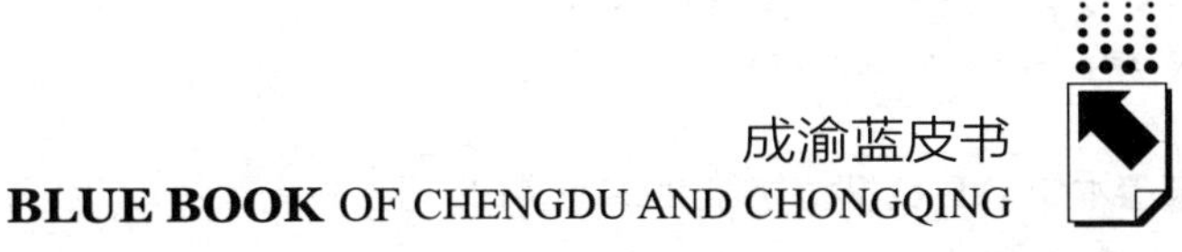

成渝地区双城经济圈
电子信息制造业发展报告
（2023~2024）

ANNUAL REPORT ON DEVELOPMENT OF ELECTRONIC INFORMATION MANUFACTURING INDUSTRY IN CHENGDU-CHONGQING ECONOMIC ZONE (2023-2024)

组织编写／教育部人文社会科学重点研究基地
重庆工商大学成渝地区双城经济圈建设研究院

主　　编／何建洪
副 主 编／罗文竹　袁　野　朱　浩

社会科学文献出版社
SOCIAL SCIENCES ACADEMIC PRESS (CHINA)

图书在版编目(CIP)数据

成渝地区双城经济圈电子信息制造业发展报告 . 2023-2024 / 何建洪主编；罗文竹，袁野，朱浩副主编 . 北京：社会科学文献出版社，2024. 12. -- （成渝蓝皮书）. -- ISBN 978-7-5228-4443-5

Ⅰ. F426. 67

中国国家版本馆 CIP 数据核字第 2024YG6120 号

成渝蓝皮书

成渝地区双城经济圈电子信息制造业发展报告（2023~2024）

主　　编 / 何建洪
副 主 编 / 罗文竹　袁　野　朱　浩

出 版 人 / 冀祥德
组稿编辑 / 恽　薇
责任编辑 / 冯咏梅
文稿编辑 / 李瑶娜
责任印制 / 王京美

出　　版 / 社会科学文献出版社 · 经济与管理分社（010）59367226
　　　　　地址：北京市北三环中路甲 29 号院华龙大厦　邮编：100029
　　　　　网址：www. ssap. com. cn
发　　行 / 社会科学文献出版社（010）59367028
印　　装 / 三河市东方印刷有限公司

规　　格 / 开 本：787mm × 1092mm　1/16
　　　　　印 张：22. 5　字 数：335 千字
版　　次 / 2024 年 12 月第 1 版　2024 年 12 月第 1 次印刷
书　　号 / ISBN 978-7-5228-4443-5
定　　价 / 249. 00 元

读者服务电话：4008918866

资助项目：

重庆工商大学成渝地区双城经济圈发展研究报告项目（蓝皮书系列）“揭榜挂帅”项目“成渝地区双城经济圈电子信息制造业发展报告”（项目编号：2023JBGS03）

重庆市教育委员会人文社会科学研究重点项目“构建新发展格局背景下先进制造产业链关键环节演变机理与自主可控实现路径研究”（项目编号：24SKGH086）

重庆市教育科学“十四五”规划2023年度重点课题“成渝地区建设全国影响力科技创新中心的高等教育支撑能力测度研究”（项目编号：K23YD2060073）

资助单位：

教育部人文社会科学重点研究基地重庆工商大学成渝地区双城经济圈建设研究院

重庆市新型重点智库重庆工商大学长江上游经济研究中心

重庆市哲学社会科学重点实验室重庆工商大学成渝地区双城经济圈数据分析与智能决策实验室

重庆市研究阐释习近平新时代中国特色社会主义思想研究基地重庆工商大学成渝地区双城经济圈研究基地

《成渝地区双城经济圈电子信息制造业发展报告（2023～2024）》
编　委　会

主要编撰者简介

何建洪　博士，教育部人文社会科学重点研究基地重庆工商大学成渝地区双城经济圈建设研究院兼职研究员，重庆邮电大学教授、博士生导师、博士后合作导师，剑桥大学、曼彻斯特大学访问学者，国家社科基金项目通讯评审专家，教育部学位与研究生教育发展中心评审专家，重庆市学术技术带头人。曾任重庆邮电大学经济管理学院工商管理系主任，现任重庆邮电大学社科处副处长，重庆邮电大学企业管理创新研究中心主任，重庆邮电大学科研团队“新兴技术创新与产业化发展研究团队”负责人，重庆市人文社会科学重点研究基地“数智技术创新与产业发展研究中心”负责人。兼任中国工业经济学会常务理事，中国软科学研究会理事，中国运筹学会企业运筹学分会理事，重庆市高等教育学会财经教育专业委员会理事，重庆市经济和信息化委员会项目评审专家，重庆市科技局项目评审专家。担任《中国管理科学》、《科学学研究》、《管理学报》、《科学学与科学技术管理》、*Omega* 等期刊审稿专家/客座编辑。主要研究领域为技术经济及管理、数智技术创新与管理、新兴技术创新扩散及产业数智化发展战略、物流工程与供应链创新。在《中国软科学》《中国管理科学》《科学学研究》《管理学报》等期刊上发表论文 80 余篇，其中在 SSCI、SCI、CSSCI，以及北大中文核心期刊上发表论文 50 余篇；主持国家社会科学基金项目、中国博士后科学基金一等资助项目 3 项，以第二负责人完成国家自然科学基金、国家社会科学基金项目 4 项，参与其他国家级和省部级项目 30 余项。在科学出版社、清华大学出版社、人民邮电出版社等出版著作、教材 8 部。科研成果荣获重庆市社会科学优秀成果奖一等奖 1 项，其他奖项 3 项。

罗文竹 博士，重庆邮电大学讲师，重庆邮电大学科研团队“新兴技术创新与产业化发展研究团队”成员，重庆市人文社会科学重点研究基地“数智技术创新与产业发展研究中心”成员。担任 *Science of the Total Environment*、*Environmental Impact Assessment Review*、*Sustainable Cities and Society*、*Journal of Cleaner Production*、*International Journal of Environmental Research and Public Health* 等学术期刊匿名审稿人。主要研究领域为数智技术创新与管理、区域绿色创新与管理。在 SSCI、SCI、CSSCI，以及北大中文核心期刊上发表论文 10 余篇；主持教育部产学合作协同育人项目、重庆市人文社会科学重点研究基地项目、重庆市教委人文社会科学研究一般项目各 1 项。

袁　野 博士，重庆邮电大学经济管理学院工商管理系主任，教授、硕士生导师，重庆“巴渝学者”青年学者，重庆邮电大学“文峰青年百人”。兼任中国互联网协会青年专家，中国互联网协会互联网应用创新工作委员会委员，中国联通集团智慧城市智库专家，重庆市大数据应用发展管理局智库专家，中国重庆数字经济人才市场智库专家。主要研究领域为新一代人工智能创新生态系统与前沿技术轨道演进。在 SCI、SSCI、EI、CSSCI 等核心期刊上发表论文 40 余篇，相关成果被《新华文摘》转载 2 篇，出版学术专著 5 部；主持国家社会科学基金青年项目“人工智能产业核心技术突破中的创新共同体构建与协同机制研究”、重庆市教委人文社会科学研究重点项目“我国人工智能产业关键核心技术创新突破的路径与政策体系研究”等省部级课题及企业横向委托项目 20 余项。提交内参、决策建议、智库专报等 20 余篇，获得中央组织部领导批示，为服务数字经济创新发展和地方政府决策提供了重要智库支撑，获得重庆市科技进步奖、重庆市发展研究奖等省部级奖项 3 项。作为特邀主笔人撰写《中国互联网发展报告》《中国数字经济人才发展报告》，相关成果在中国国际智能产业博览会、中国数字经济百人会等重要会议上发布，多次接受中央电视台、重庆电视台、《重庆日报》等重要媒体专访。

朱　浩　博士，重庆邮电大学副教授、硕士生导师，入选中国科协2022年度“科技智库青年人才计划”，重庆邮电大学“文峰青年百人”。主要研究领域为技术创新、创新政策与政府治理等。在《系统工程理论与实践》《管理评论》《管理工程学报》《公共管理学报》《科学学研究》《中国人口·资源与环境》等CSSCI来源期刊上发表学术论文10余篇；担任《中国人口·资源与环境》等期刊审稿专家；主持国家社会科学基金项目1项、教育部人文社会科学基金项目1项和重庆市教委人文社会科学研究重点项目等省部级项目10余项，出版专著2部。

摘　要

党中央对新时代推进西部大开发形成新格局做出部署以来，成渝地区双城经济圈积极以科技创新为核心要素培育新质生产力，在电子信息制造业领域取得了一系列成绩，有力地带动了电子信息制造业产业链上下游的高质量发展。本书适应国家战略需求，立足成渝地区双城经济圈实际，以电子信息制造业发展为主线，研判成渝地区双城经济圈电子信息制造业发展态势及空间分布特征，分别从电子信息制造业产业布局、人才支撑、产业发展支持等维度，对成渝地区双城经济圈电子信息制造业发展进行全方位解析。

本书分为总报告、行业篇、专题篇三个部分。总报告回顾总结了成渝地区双城经济圈电子信息制造业建设成效和政策支持，分析了电子信息制造业发展现状及存在的问题，研判了电子信息制造业未来发展趋势，总结出成渝地区双城经济圈电子信息制造业低附加值产品多、处于价值链低端、整体配套能力缺乏等问题，并在此基础上提出了未来成渝地区双城经济圈电子信息制造业发展机遇和挑战并存，需做好顶层设计引领、推动要素一体化发展、加强产业链协同发展、构建差异化协同格局、推动技术创新和研发合作。行业篇对电子信息制造业进行划分，从计算机制造业、智能手机制造业、新型电子终端制造业、集成电路制造业、新型显示制造业5个行业入手，分析了各个行业目前的发展状况和存在的问题，对相关问题提出了有针对性的建议，有助于推动成渝地区双城经济圈电子信息制造业的完善与发展。专题篇则是对电子信息制造业的相关政策、人才和产业组织的研究。在政策研究中采用内容分析法，构建了环境类、供给类和需求类三个维度的分析框架，根据现有分析提出了成渝地区双城经济圈电子信息制造业发展的政策建议；对于人才方面的研究，则是从高等院校人才培养、电子信息制造业人才需求角度入手对当下人才发展提出相关建议；对产业组织的研究依托行业篇的分类模式，通过分析成渝地区双城经济圈部分城市在不同行业的产业组织情况，清晰展现了成渝地区双城经济圈在电子信息制造业的科技创新能力，为企业的发展壮大提供了一定的借鉴经验。

本书的研究结果显示：成渝地区双城经济圈在电子信息制造业领域展现出强劲的发展势头和巨大的发展潜力，正逐步从价值链低端向中高端攀升，构建起更加完善、协同的产业生态体系。成渝地区双城经济圈在电子信息制造业的发展上展现出了强劲的动能与巨大的潜力，通过一系列综合性的战略举措，实现了产业升级与价值链的显著提升。通过技术创新与产业升级双轮驱动，成渝地区双城经济圈不仅增强了在集成电路、新型显示等关键技术领域的竞争力，还成功推动了电子信息制造业实现从零部件生产向整机制造的跨越，逐步向产业链的高附加值环节迈进。在这一过程中，企业间的合作与协同日益紧密，形成了上下游联动的产业链条，显著提升了整体配套能力，构建了更加完善、协同的产业生态。与此同时，成渝地区双城经济圈高度重视人才支撑体系的构建，通过深化与国内外知名高校、科研机构的合作，构建了多层次、多类型的人才培养体系，为电子信息制造业的持续发展提供了源源不断的人才动力。政府也积极出台优惠政策，吸引并留住高端人才，进一步优化了人才结构，提升了成渝地区双城经济圈在技术创新、产品研发等方面的综合实力。政策支持与环境优化是成渝地区双城经济圈电子信息制造业快速发展的坚实后盾。国家层面的高度重视与大力扶持，为成渝地区双城经济圈发展提供了丰富的政策资源，包括财政补贴、税收优惠、融资支持等，有效降低了企业运营成本，激发了市场活力。此外，政府还加强对知识产权的保护，为企业的技术创新活动筑起了坚固的防线。在区域协同与开放合作方面，成渝地区双城经济圈积极融入国家发展战略大局，加强与周边省市及国际市场的紧密联系，实现了资源的高效共享与优势互补。特别是在电子信息制造业领域，成渝地区双城经济圈主动对接全球产业链、供应链和价值链，积极参与国际竞争与合作，显著提升了产业的国际竞争力。

未来，成渝地区双城经济圈电子信息制造业的发展依然充满机遇与挑战。面对国际贸易环境的不确定性、技术迭代加速等外部压力，成渝地区双城经济圈将依托其坚实的产业基础、丰富的人才资源以及有力的政策支持，持续加强创新驱动、深化产业融合、优化产业布局、提升产业链现代化水平。通过不懈努力，成渝地区双城经济圈有望被打造成为世界级电子信息产业集群，引领西部地区乃至全国电子信息制造业高质量发展。

关键词： 电子信息制造业　产业布局　技术创新　成渝地区双城经济圈

目 录

Ⅰ 总报告

Ⅱ 行业篇

Ⅲ 专题篇

总报告

B.1 成渝地区双城经济圈电子信息制造业发展报告

朱 浩 杨 诗 任飞燕*

摘 要： 本报告回顾总结了成渝地区双城经济圈电子信息制造业的总体情况、主要城市布局与发展概况、区域一体化发展进程，并分析了存在的主要问题，提出了发展对策建议及趋势展望。自《成渝地区双城经济圈建设规划纲要》发布以来，成渝地区双城经济圈在产业协同发展、基础设施互联互通、科技创新共建共享等方面取得了显著进展，通过区域协同发展、资源共享、政策协同和市场一体化，提升了整体竞争力，推动了电子信息制造业的快速崛起。尽管成渝地区双城经济圈电子信息制造业发展迅速，但仍面临一些挑战，包括创新水平亟待提升、新兴领域布局不足、整体配套能力缺乏。为此，成渝地区双城经济圈应尽快成为带动西部地区高质量发展的重要

* 朱浩，博士，重庆邮电大学经济管理学院副教授、硕士生导师，主要研究方向为数智技术创新与管理、创新政策与政府治理等；杨诗，重庆邮电大学经济管理学院硕士研究生，主要研究方向为数智技术产业理论与政策；任飞燕，重庆邮电大学经济管理学院硕士研究生，主要研究方向为数智技术创新管理。

增长极和新的动力源，做好顶层设计引领、推动要素一体化发展、加强产业链协同发展、构建差异化协同格局、推动技术创新和研发合作。

关键词： 电子信息制造业　产业链协同发展　区域一体化发展　成渝地区双城经济圈

工业和信息化部指出，电子信息制造业作为国民经济的基础性、战略性和先导性产业，具有不可替代的地位。这一产业涵盖了电子设备以及各种电子元器件、仪器和仪表的研制与生产。从制造流程来看，电子信息制造业可以分为流程型制造业和离散型制造业，前者包括显示面板、印制线路板、电子元器件、晶圆等产品的制造，后者则包括手机、电视机、计算机等整机设备的制造。从行业分类来看，电子信息制造业可以细分为通信设备制造、电子计算机制造、电子元件制造、电子元件及专用材料制造和其他电子设备制造等十二个主要行业。2020 年 10 月，中国共产党中央委员会政治局审议并批准了《成渝地区双城经济圈建设规划纲要》，这一纲要为成渝地区双城经济圈电子信息制造业的发展提供了新的战略机遇。《成渝地区双城经济圈建设规划纲要》规划成渝地区双城经济圈总面积为 18.5 万平方公里。《成渝地区双城经济圈一体化发展指数报告（2022—2023）》显示，2022 年该区域内常住人口 9874.50 万人。《2022 年成渝地区双城经济圈经济发展监测报告》显示，2022 年成渝地区双城经济圈① GDP 达到 77587.99 亿元，占全国的比重为 6.4%，占西部地区的比重为 30.2%。作为我国电子信息制造业的重要基地，成渝地区双城经济圈近年来在政策支持下取得了跨越式发展。

① 本书如无特别说明，成渝地区双城经济圈涉及的行政区域包括重庆市、成都市、自贡市、泸州市、德阳市、绵阳市、遂宁市、内江市、乐山市、南充市、眉山市、宜宾市、广安市、达州市、雅安市、资阳市共 1 个直辖市和 15 个地级市。

一　成渝地区双城经济圈电子信息制造业总体情况

（一）电子信息制造业发展演变及产业链划分

1. 电子信息制造业发展历史及空间演变

自我国 20 世纪 70 年代末实施改革开放政策以来，电子信息制造业历经孕育起步、改革腾飞、赶超跨越等若干重大历史性发展阶段，成长为全国经济建设中重要的战略性、基础性、先导性、创新性、渗透性和融合性支柱产业，成为世界电子信息制造业“版图”上闪耀的“新星”。我国的电子信息制造业经历了三个关键发展阶段：起步阶段始于 20 世纪 80 年代初，然后进入 90 年代中期至 21 世纪初的快速发展阶段，最终进入 21 世纪以来的技术升级和自主创新阶段（见图 1）。

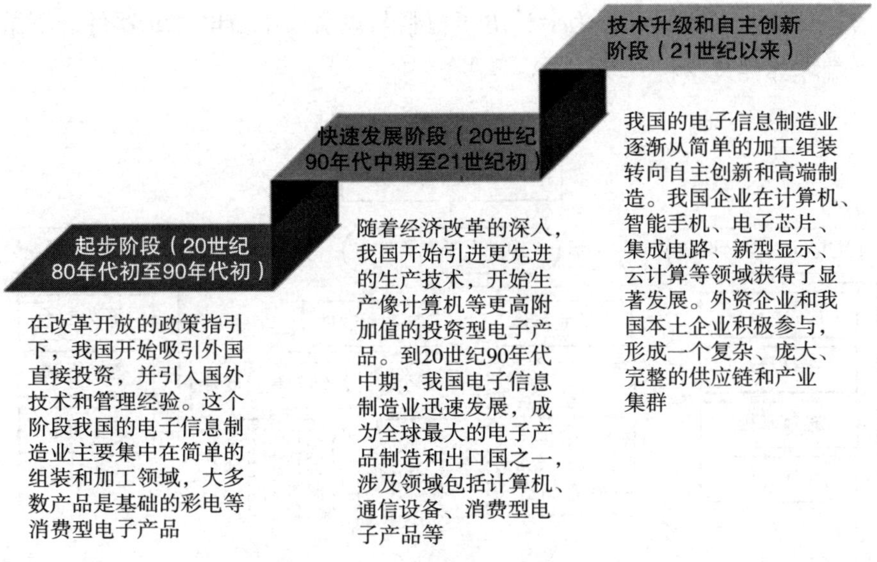

起步阶段（20世纪80年代初至90年代初）

在改革开放的政策指引下，我国开始吸引外国直接投资，并引入国外技术和管理经验。这个阶段我国的电子信息制造业主要集中在简单的组装和加工领域，大多数产品是基础的彩电等消费型电子产品

快速发展阶段（20世纪90年代中期至21世纪初）

随着经济改革的深入，我国开始引进更先进的生产技术，开始生产像计算机等更高附加值的投资型电子产品。到20世纪90年代中期，我国电子信息制造业迅速发展，成为全球最大的电子产品制造和出口国之一，涉及领域包括计算机、通信设备、消费型电子产品等

技术升级和自主创新阶段（21世纪以来）

我国的电子信息制造业逐渐从简单的加工组装转向自主创新和高端制造。我国企业在计算机、智能手机、电子芯片、集成电路、新型显示、云计算等领域获得了显著发展。外资企业和我国本土企业积极参与，形成一个复杂、庞大、完整的供应链和产业集群

图 1　我国电子信息制造业发展历程

资料来源：根据中国知网、各新闻网站等公开资料整理得出。

改革开放后我国电子信息制造业主要集中在沿海城市和经济特区，如广州、深圳、珠海等。随着我国经济的高速增长，电子信息制造业开始向内陆地区和其他省份扩张，逐步向长三角地区和京津冀地区转移。现已形成配套能力不同的产业基地：珠三角电子信息制造业重点发展通信设备制造业；长三角地区以其强大的经济实力和科技创新能力，重点生产笔记本电脑、显示器和集成电路；京津冀电子信息制造业产业集群主要从事电子元器件及家电生产，与长三角及珠三角相比规模较小。近年来，随着全球供应链的调整和我国内部劳动力成本的上升，我国电子信息制造业向中西部地区特别是成渝地区迁移的趋势日益明显，成渝地区双城经济圈已成为全球智能终端和笔记本电脑的主要生产基地之一，形成了较完整的产业链和高效的生产体系。

2. 电子信息制造业产业链划分

电子信息制造业涉及 12 个行业，各行业的产业链存在差异。总体上电子信息制造业产业链可分为上游电子材料与设备、中游电子元器件、下游电子终端零部件及整机（见图 2）。

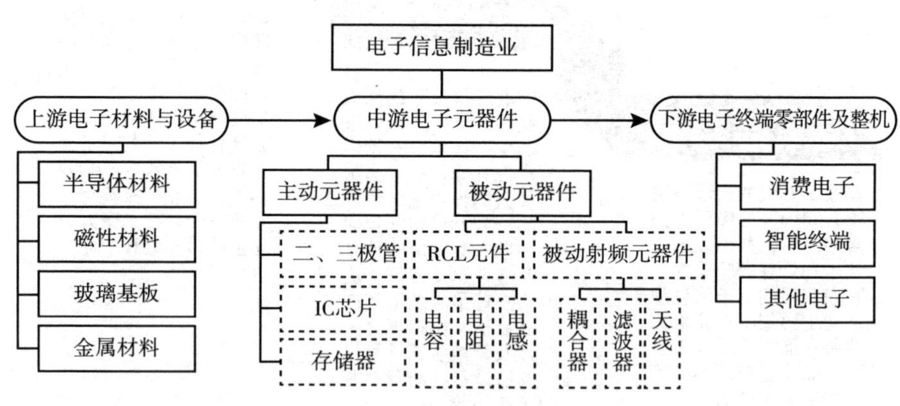

图 2　电子信息制造业产业链划分

资料来源：根据中国知网、各新闻网站等公开资料整理得出。

（二）成渝地区双城经济圈电子信息制造业总体发展情况

1. 成渝地区双城经济圈电子信息制造业基础条件

（1）企业数量

企查查数据显示，成渝地区双城经济圈电子信息制造业现有规模以上企业 1572 家，其中大型、中型、小微企业分别有 86 家、335 家、1151 家，占比 5.5%、21.3%、73.2%；高新技术企业 2283 家，其中有 3 家进入中国电子信息百强的本地企业，25 家规模超百亿元的企业，125 家专精特新“小巨人”企业，该区域成功吸引众多全球知名的龙头企业入驻。现已形成从研发、电子材料及电子元器件（芯片）制造到整机生产相互协调、支持的完整产业体系，成渝地区双城经济圈电子信息制造业重点企业和重点培育企业清单见表 1 和表 2。

表 1　成渝地区双城经济圈电子信息制造业重点企业清单

企业梯度	重点企业名单
国际巨头企业	华为、鸿海精密、戴尔、索尼、博世、德州仪器、英特尔、SK 海力士、西门子、日本出光、富士康、仁宝、纬创、和硕、广达、住友集团、诺基亚、捷普科技、伟创力、陶氏化学、LG 化学、安捷伦等超 20 家世界 500 强企业布局成渝地区双城经济圈
行业龙头企业	中兴、联想、TCL、创维、小米、京东方、天马微电子、华天科技、华润微电子、中科曙光、长虹、四川九洲、四联集团等超 30 家中国电子信息百强企业布局成渝地区双城经济圈
上市企业	三环集团、南京中电熊猫、国科微、领益智造、汇顶科技、深科技、易华录等超 110 家上市企业布局成渝地区双城经济圈，培育振芯科技、新易盛、卫士通、川仪股份等 51 家上市企业
国家级专精特新“小巨人”企业	培育千嘉科技、效率源、羽玺新材料、升拓检测技术、朗星达、中誉瑞禾、明德亨电子、集佳科技、平伟实业等 125 家国家级专精特新“小巨人”企业
单项冠军企业	培育银河磁体、旭虹光电、美利信等 5 家单项冠军企业

资料来源：根据企查查、网上公开资料整理得出。

表 2　成渝地区双城经济圈电子信息制造业重点培育企业清单

企业梯度	重点培育企业名单
“种子期雏鹰企业”孵化器	洪泰智造工场、侠客岛、沃客加、成创孵化器、清数华创、浩泊云动、麦子学院、创物科技、驹马物流、嗒嗒创客、菁蓉汇、顺康新科孵化园、重庆启迪科技园、留学生创业园、阿里云创新中心、国际科技企业孵化园、腾讯众创空间、智能制造孵化园、物联地带 · 渝等

续表

企业梯度	重点培育企业名单
专精特新、隐形冠军、瞪羚企业	极米科技、鼎桥通信、宋元光电、成都凌亚、玖信科技、成都仁健、成都设尔易、天创微波、西亿达、迪谱光电、金诺信、前锋电子、天成电科、振芯科技、众志天成、众为创通、宏科电子、奥捷通信、兴仁科技、旋极历通、微泰科技、爱科特、智明达电子、赛康智能、骏逸富顿、大汇物联、路行通、焦点合安、云旅科技、盟讯电子、航伟光电、西山科技、可兰达、瑜欣平瑞、讯美科技、神驰机电、友友利鸿、汇集源科技、启程行、软岛科技、瑞阳科技、欧派信息、传晟信息、大正仪表、云网科技、翼动科技、西美仪器仪表、广弘达电子、保时鑫电子、航墙电子、罗博泰尔、新连刚、紫建电子、京华腾、睿博光电、九天测控等
独角兽	新潮传媒、商汤科技、吉旗(成都)科技、西南集成、重庆卓度云科技、交互科技、文云从之科技、微链智能、卓来科技、百立丰、华森心等
平台生态型龙头企业	京东方、陶氏化学、达迩科技、宇芯、华天科技、士兰微、安捷伦、华为、贝尔阿尔卡特、捷普科技、中兴、虹宁显示、LG 化学、TCL、西门子、睿思科技、SK 海力士、华润微电子、万国半导体、科大讯飞、寒武纪等

注：企业梯度分类参照《〈成都高新技术产业开发区关于加快创建世界领先科技园区的若干政策〉实施细则》中所列举的企业梯度培育体系。

资料来源：根据企查查、网上公开资料整理得出。

（2）人才供给①

截至 2022 年底，成渝地区双城经济圈电子信息制造业的从业人员数量近 80 万人，占全国从业人员数量的比重为 7.2%，拥有核心电子元器件、卫星导航、网络信息安全等领域院士团队 25 个，还拥有超过 120 个省级顶尖团队，涵盖电子装备材料、新型显示、航空电子等多个重要领域。此外，成渝地区双城经济圈高校院所富集、科教资源丰富、产业文化良好，聚集一批具有开拓型、创新型思维以及国际视野的高素质、多层次科技人才队伍。截至 2023 年底，成渝地区双城经济圈拥有“两院”院士 89 人，国家杰青 135 人。区域内拥有丰富的科教资源，为电子信息制造业源源不断地输送高素质人才。拥有四川大学、电子科技大学、西南交通大学、重庆大学、西南大

① 基于数据可获得性，本部分成渝地区双城经济圈相关数据根据重庆市与四川省总和进行统计。

学、重庆邮电大学等开设电子信息相关专业的高校 54 所（其中重庆市 18 所、成都市 24 所），每年向企业输送毕业生 10 余万人。

（3）研发投入与创新产出[①]

研发投入方面，成渝地区双城经济圈的电子信息制造业企业坚持创新引领、技术突破，技术创新研发投入逐年加大。2021 年，成渝地区双城经济圈的 51 家上市企业平均研发投入强度达到 7.5%，其中蓝盾股份 68.1%、智明达电子 21%、唐源电气 16%、振芯科技 14.6%、纵横股份 14.4%。中小企业集群研发总投入达到 408 亿元，平均研发投入强度达到 2.5%。

创新产出方面，成渝地区双城经济圈基于多年的电子信息制造基础，叠加高强度的创新投入，孕育出一系列高质量的创新成果，2021 年底累计登记科技成果 2148 项，其中有 19 项获得了国家科学技术奖励；主持或参与制定 44 个国际标准、751 个国家标准；研发出高端无人机、新型显示器及平面数字电视、民用“北斗”系统等高新技术创新产品 200 余个；新增授权发明专利 7515 件。国内首条第 8.6 代金属氧化物 TFT-LCD 生产线完全实现自主化运营，率先实现了大尺寸 8K 显示屏生产；中国科学院光电技术研究所成功自主研制出波长 254mm 的实用深紫外光刻机；西部地区首个国家超级计算中心在此区域布局；国内首个基于 8 英寸硅基光电子技术工艺平台成功搭建。

（4）创新载体

成渝地区双城经济圈电子信息制造业科教实力雄厚、特色鲜明，拥有 48 所知名高校，如电子科技大学、四川大学、重庆邮电大学等。区域内设有 61 个国家级技术创新载体，包括制造业创新中心、工程实验室、工程技术研究中心、重点实验室、企业技术中心、工业设计中心等（见表 3），以及 607 个省级技术创新载体，并先后培育引进京东方（成都）智慧系统创新中心、四川省电子信息产业技术研究院、联合微电子中心、重庆康佳光电技术研究院等超过 300 个高能级创新平台。拥有 34 个国家级公共服务平台、

① 基于数据可获得性，本部分成渝地区双城经济圈相关数据根据重庆市与四川省总和进行统计。

167个省级公共服务平台，这些公共服务平台在技术服务、信息服务、融资服务、培训服务等方面发挥了良好作用。

表3 成渝地区双城经济圈电子信息制造业国家级技术创新载体汇总

单位：个

类型	数量	类型	数量
国家制造业创新中心	1	国家工程实验室	20
国家级工程技术研究中心	4	国家级企业技术中心	25
国家级重点实验室	6	国家级工业设计中心	5

资料来源：根据企知道、企查查等公开资料整理得出。

2. 成渝地区双城经济圈电子信息制造业主要经济指标①

2021年，成渝地区双城经济圈电子信息制造业集群产值规模达到1.6万亿元，占全国的比重为9.2%。同年9月，成渝地区双城经济圈的电子信息制造业产值规模突破1.8万亿元，涵盖了5个大类和21个中类产品。在计算机领域，截至2022年底，成渝地区双城经济圈微型计算机产量1.27亿台，使其成为全球规模最大的计算机整机生产基地，全球2/3的iPad和超半数的笔记本电脑是“成渝造”。在智能手机领域，作为智能终端产业的重要分支，其产品涉及计算类芯片、通信类芯片、存储类芯片、整机制造等13个大类，成渝地区双城经济圈已拥有从设计、研发到制造和销售的完整智能终端产业链。在新型电子终端领域，其主要产品包含智能手环、智能眼镜等一系列新型电子终端设备。成渝地区双城经济圈在智能投影设备领域市场份额超过15%，智能投影设备的零部件本地配套率达70%。该区域在集成电路领域和新型显示领域也取得了多项代表性科技成果，集成电路和新型显示技术的发展，进一步增强了成渝地区双城经济圈在高科技领域的创新能力和竞争力。

截至2022年底，成渝地区双城经济圈的电子信息制造业拥有近80万

① 基于数据可获得性，本部分成渝地区双城经济圈相关数据根据重庆市与四川省总和进行统计。

名从业人员，2100 多家规模以上企业，20 多个核心元器件、卫星导航等领域的院士团队和 100 多个电子装备材料、新型显示等领域的省级顶尖团队，形成从研发、材料、元器件到整机、软件服务等完整的电子信息制造业体系。

（1）企业数量与从业人员数量

在电子信息制造业企业数量方面，2019~2022 年成渝地区双城经济圈电子信息制造企业数量持续增长，重庆市的企业数量从 2019 年的 463 家增加至 2022 年的 621 家，四川省则从 2019 年的 631 家增加至 2022 年的 1112 家。在从业人员数量方面，重庆市的从业人员数量从 2019 年的 24. 91 万人增加到 2022 年的 31 万人，四川省则从 2019 年的 35. 18 万人增加到 2022 年超过 47. 3 万人（见图 3）。

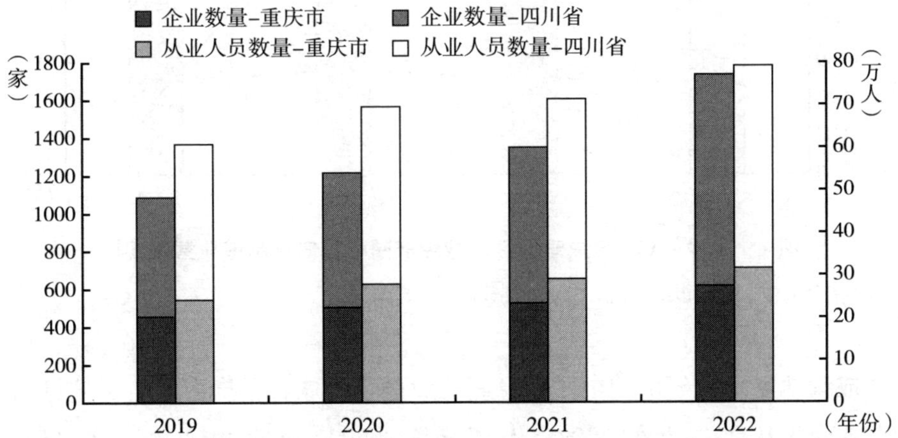

图 3　2019~2022 年成渝地区双城经济圈电子信息制造业企业数量与从业人员数量

资料来源：《重庆统计年鉴》《四川统计年鉴》。

（2）营业收入

成渝地区双城经济圈电子信息制造业营业收入持续向好。经过十余年的发展，成渝地区双城经济圈的电子信息制造业的营业收入实现了跨越式增长。2012 年，四川省的电子信息制造业营业收入为 2507. 5 亿元。到 2019

年，成渝地区双城经济圈电子信息制造业的营业收入总和为 10695.6 亿元。此后，成渝地区双城经济圈电子信息制造业营业收入持续增长。2021 年，成渝地区双城经济圈电子信息制造业的营业收入达到 15793.7 亿元，同比增长 25.86%。2022 年上半年，四川省的电子信息制造业营业收入达到了 4298.8 亿元。同年，成渝地区双城经济圈整体电子信息制造业的营业收入达 16872.2 亿元，相较于 2019 年提升了 57.75%，占全国电子信息制造业营业收入的比重为 8.31%（见图 4）。

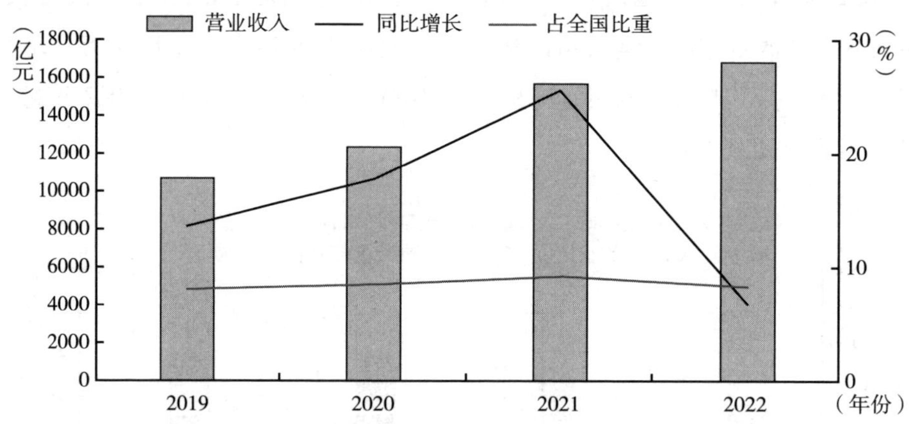

图 4　2019~2022 年成渝地区双城经济圈电子信息制造业营收规模

资料来源：重庆市统计局、四川省统计局及各新闻网站。

成渝地区双城经济圈电子信息制造业蓬勃发展。重庆市的电子信息制造业营业收入从 2019 年的 4987.5 亿元增长到 2022 年的 6958.8 亿元，2019~2021 年增速较快，均高于全国平均增速，2021 年同比增长达到 24.88%，但在 2022 年受全球经济形势影响和其他因素影响，重庆市电子信息制造业营业收入增长出现停滞，甚至小幅降低。此外，四川省电子信息制造业营业收入也在逐年攀升，从 2019 年的 5708.1 亿元增长到 2022 年的 9913.4 亿元，保持增长态势，从增速来看，四川省电子信息制造业营业收入平均增速也在 2019~2021 年高于全国平均水平，同样在 2022 年增速放缓，但与重庆市不同，四川省仍处于正增长状态（见表 4）。

表 4　2019~2022 年全国及成渝地区双城经济圈电子信息制造业营业收入

单位：亿元，%

指标	2019 年	2020 年	2021 年	2022 年
全国	134019.7	146150.2	173395.8	202974.3
同比增长	6.12	9.05	18.64	17.06
重庆市	4987.5	5591.5	6982.9	6958.8
同比增长	11.97	12.11	24.88	-0.35
四川省	5708.1	6957.5	8810.8	9913.4
同比增长	15.19	21.89	26.64	12.51

资料来源：重庆市统计局、四川省统计局及各新闻网站。

（3）利润总额

成渝地区双城经济圈电子信息制造业发展势头强劲。2019~2021 年，从全国电子信息制造业的利润总额来看，呈现逐年递增态势，2021 年，全国电子信息制造业利润总额实现 2019~2022 年最大幅度的增长，较 2020 年增长 38.73%，2022 年增速逐渐放缓至 14.01%。成渝地区双城经济圈 2019 年利润总额 266.5 亿元，同比下降 16.41%，在全国占比 4.32%；2020 年利润总额快速增加至 473.6 亿元，全国占比提升至 6.36%，同比增长 77.71%，增速达到 2019~2022 年最高值；2021 年继续保持增长，利润总额为 2019~2022 年最高，为 744.2 亿元；2022 年利润总额下降至 663.8 亿元，同比下降 10.80%（见图 5）。

成渝地区双城经济圈电子信息制造业利润总体增长。就重庆市电子信息制造业利润总额来看，2019 年电子信息制造业利润总额为 124.8 亿元，较 2018 年下降 15.96%；2020 年上升至 263.4 亿元，同比增长 111.06%；2021 年增速有所放缓；2022 年利润有所下降，但仍高于 2020 年水平。就四川省电子信息制造业利润总额来看，2019 年利润总额为 141.7 亿元，略高于重庆市，但较 2018 年相比下降 16.79%，2020~2021 年虽保持增长但利润总额低于重庆市，2022 年四川省电子信息制造业利润总额同样出现负增长（见表 5）。

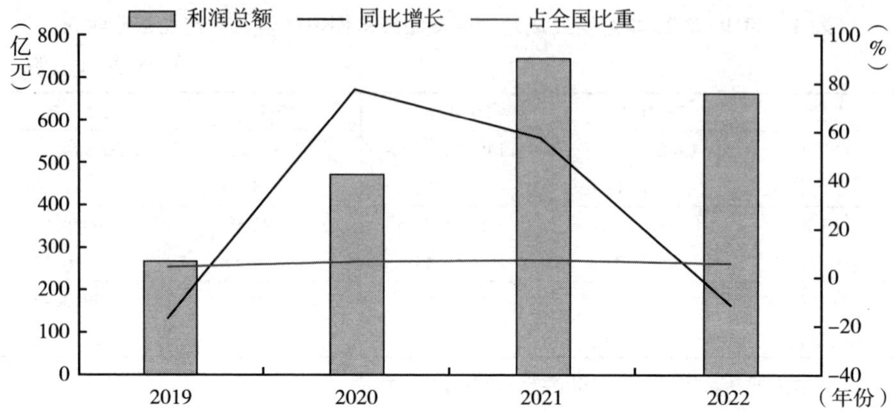

图 5　2019~2022 年成渝地区双城经济圈电子信息制造业利润总额

资料来源：重庆市统计局、四川省统计局及各新闻网站。

表 5　2019~2022 年全国及成渝地区双城经济圈电子信息制造业利润总额

单位：亿元，%

指标	2019 年	2020 年	2021 年	2022 年
全国	6168. 7	7450. 1	10335. 2	11783. 1
同比增长	2. 82	20. 77	38. 73	14. 01
重庆市	124. 8	263. 4	402. 9	333. 2
同比增长	-15. 96	111. 06	52. 96	-17. 30
四川省	141. 7	210. 2	341. 3	330. 6
同比增长	-16. 79	48. 34	62. 37	-3. 14

资料来源：重庆市统计局、四川省统计局及各新闻网站。

（4）主要产品

电子信息制造业的主要产品包括微型计算机设备、移动通信手持机、智能手表、芯片、OLED（有机发光二极管）等。其中，芯片作为集成电路的主要产品，同时向移动通信手持机和微型计算机设备等终端供给。2019~2023 年全国、重庆市及四川省的微型计算机产量均呈现先增加后下降的趋势，皆于 2021 年达到产量顶峰。2021~2022 年全国、重庆市及四川省的移动通信手持机年产量均出现下降，且重庆市的下降幅度较大，但其 2023 年产量较2022年有所回升。重庆市、四川省集成电路的产量在2022年也出现不同程度的下降（见图6至图8）。

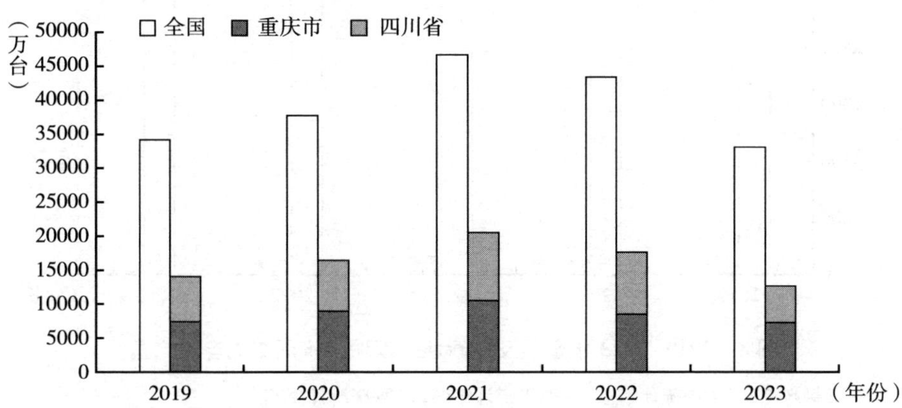

图6　2019~2023年全国及成渝地区双城经济圈微型计算机产量

资料来源：《中国统计年鉴》《四川统计年鉴》《重庆统计年鉴》。

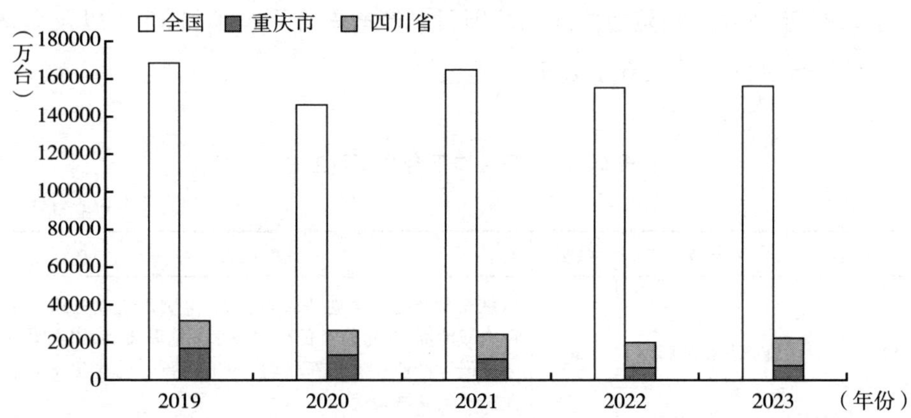

图7　2019~2023年全国及成渝地区双城经济圈移动通信手持机产量

资料来源：《中国统计年鉴》《四川统计年鉴》《重庆统计年鉴》。

3. 成渝地区双城经济圈电子信息制造业产业协作

（1）产学研深度融合

成渝地区双城经济圈内高校、科研院所和企业积极开展技术合作、协同

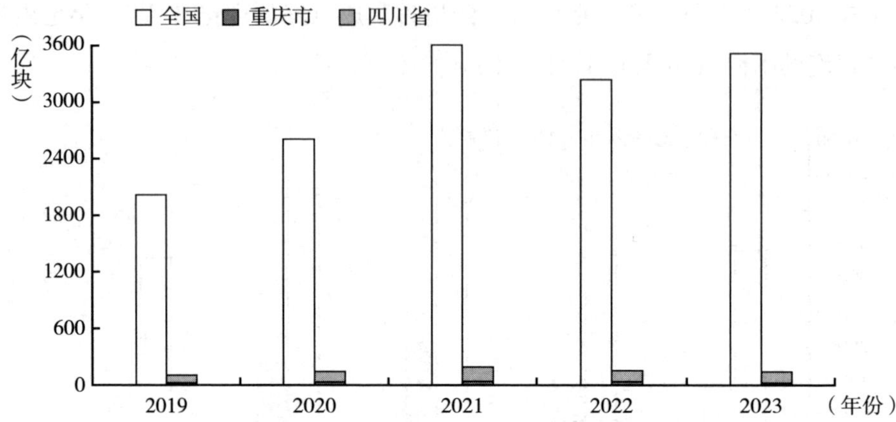

图 8　2019~2023 年全国及成渝地区双城经济圈集成电路产量

资料来源：《中国统计年鉴》《四川统计年鉴》《重庆统计年鉴》。

技术攻关。截至 2024 年 8 月，成渝地区双城经济圈内重庆市、成都市、绵阳市、德阳市及宜宾市共拥有重点实验室 26 个、技术创新战略联盟 20 个，还有 2020 年开展的校院地协同创新项目、产教融合示范项目 15 个以及大量产学研合作项目（见表 6 至表 7）。

表 6　产学研合作平台及项目汇总

单位：个

序号	合作类型	数量	其中代表
1	技术创新战略联盟	20	信息安全产业技术创新战略联盟、重庆市集成电路技术创新战略联盟、重庆智能传感技术创新联盟、四川省集成电路设计产业技术创新联盟、四川省新一代移动通信产业技术创新联盟等
2	重点实验室	26	重庆邮电大学光电信息感测与传输技术重点实验室、类脑计算与智能芯片重庆市重点实验室、电子科技大学通信抗干扰技术国家重点实验室、电子科技大学电子薄膜与集成器件国家重点实验室
3	工程技术研究中心	58	重庆市光电显示材料工程技术研究中心、重庆市新型显示工程技术研究中心、四川省数字化制造工程技术研究中心、四川省光学系统精密控测技术工程技术研究中心

续表

序号	合作类型	数量	其中代表
4	技术创新中心	19	重庆市功率半导体技术创新中心、重庆市集成电路协同创新中心、重庆市智能汽车与车联网信息安全技术创新中心、四川省先进微处理器技术创新中心、四川省人工智能算力芯片技术创新中心
5	产学研项目合作	数个	重庆京东方光电科技有限公司与重庆大学、重庆邮电大学合作，开展中大尺寸高色域触控显示技术产业化

资料来源：相关省市人民政府、科技局、发展改革委网站等。

表 7　典型企业产学研情况

企业名称	产学研情况
重庆京东方光电科技有限公司	与重庆大学、重庆邮电大学合作，开展中大尺寸高色域触控显示技术产业化；与重庆邮电大学合作，开展光配向技术的评估与验证
重庆惠科金渝光电科技有限公司	与重庆大学、重庆理工大学、重庆邮电大学、重庆先进光电显示技术研究院、中国科学院长春光学精密机械与物理研究所等开展液晶显示屏产品产学研合作
重庆平伟实业股份有限公司	与重庆邮电大学合作，开展基于氮化镓工艺的 5G 毫米波功率放大器芯片研发与应用
华润微电子（重庆）有限公司	与重庆大学、重庆邮电大学等高校合作开展重庆市重大主题专项、产业类重点研发项目、技术创新与应用示范专项
四川长虹电子控股集团有限公司	与电子科技大学签署战略合作协议，双方共同成立三大实验室，在新型显示器件关键材料、智能终端系统关键技术及航空领域精密测量等领域的研发上进行深入合作
四川九洲电器集团有限责任公司	与电子科技大学、陆军工程大学、中国科学院声学所共建 5 个联合实验室，牵头建有四川军民融合高技术产业等 4 个联盟，与 49 家军地科研院所、高校、企事业单位建立战略合作关系
成都京东方光电科技有限公司	与四川大学、电子科技大学等高校建立产学研互补机制，率先组建创新联合体，与电子科技大学组建京东方-电子科技大学联合创新研究院，在科学研究、人才培养、创新创业等领域展开全面合作

资料来源：根据各公司官方网站及网上公开资料整理得出。

（2）产业链紧密协作

基于成渝地区双城经济圈已形成的产业聚集优势，协同构建电子材料与设备、电子元器件、电子终端零部件及整机等上中下游协作配套体系，持续推动成渝地区双城经济圈电子信息企业相互配套、协同协作，实现协同配套率约50%。长虹、华为、京东方、通威太阳能等龙头企业和政府部门，通过组建创新中心和协同创新平台、打造配套产业园、探索网络化协作新模式、搭建大中小企业融通服务平台等方式，培育了西亿达、迪谱光电、金诺信、瑞阳科技、睿博光电等超过100家创新型中小企业。成渝地区双城经济圈电子信息制造业产业链代表企业见表8。

表8　成渝地区双城经济圈电子信息制造业产业链代表企业

具体环节	代表企业
上游电子材料与设备	华润微电子、德州仪器、奥松半导体、新华三半导体、成都青洋电子材料、重庆超硅半导体、中星微电子等
中游电子元器件	中电科、英特尔、SK海力士、紫光展锐、寒武纪、聚力成、成都海光、嘉纳海威、辰显光电等
下游电子终端零部件及整机	京东方、纬创、仁宝、联想、戴尔、惠普、华硕、鸿富锦、OPPO、VIVO、广达、旷世、鱼跃医疗、烽火通信科技、TCL、极米科技、优艾维、爱斯翼航空科技、翼动科技、ABB、库卡、科大讯飞等

资料来源：根据前瞻产业园区库、爱企查、网上公开资料整理得出。

（三）成渝地区双城经济圈电子信息制造业重点行业发展情况

1.计算机

成渝地区双城经济圈是全球规模最大的计算机整机生产基地，现已拥有从材料元件制造到零部件组装制造再到软件开发与服务的计算机制造业完整链条，本地配套率高达80%。成渝地区双城经济圈计算机制造业整体规模较大，但仍处于代工制造价值链低端，面临核心技术壁垒，易受市场波动和竞争压力影响。

成渝地区双城经济圈汇聚 200 余家计算机配套企业，可以提供 80%的计算机产业零部件，初步形成横向耦合、纵向配套的供应链生态圈，该区域计算机制造业产业链各环节代表企业见图 9。

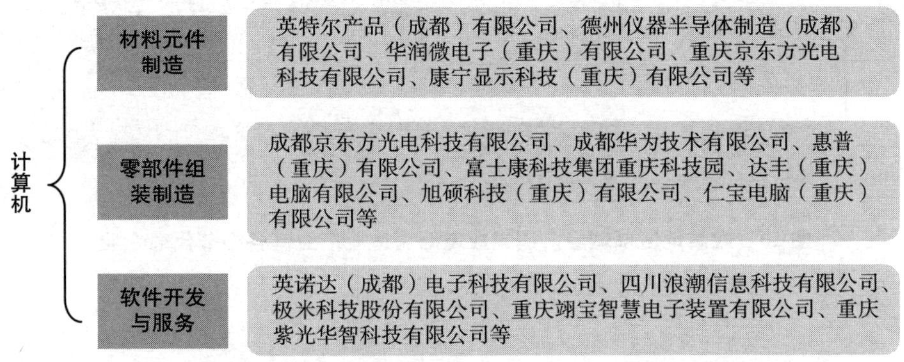

图 9　成渝地区双城经济圈计算机制造业产业链各环节代表企业

资料来源：根据爱企查、网上公开资料整理得出。

重庆市作为全球智能终端的重要生产基地，2020 年全市笔记本电脑产量为 7882.2 万台，占全球总产量的近四成。成都市作为成渝地区双城经济圈的核心区域，约制造了全球 20%的微型计算机设备。

2. 集成电路①

成渝地区双城经济圈加快推动集成电路产业协同发展，基本形成错位分工、优势互补的跨省域产业协同发展新格局。2022 年成都市集成电路设计环节企业营收规模在全国排名前八，增速居全国第二。重庆市半导体制造业在“工业立市、制造强市”方面行稳致远，已聚集约 150 家半导体制造业产业链相关企业，在晶圆制造领域具有比较优势。截至 2023 年 3 月底，成渝地区双城经济圈集聚集成电路企业超 420 家，实现产业链上中下游全覆盖，该区域集成电路制造业产业链各环节代表企业见图 10。

① 基于数据可获得性，本部分成渝地区双城经济圈相关数据根据重庆市与四川省总和进行统计。

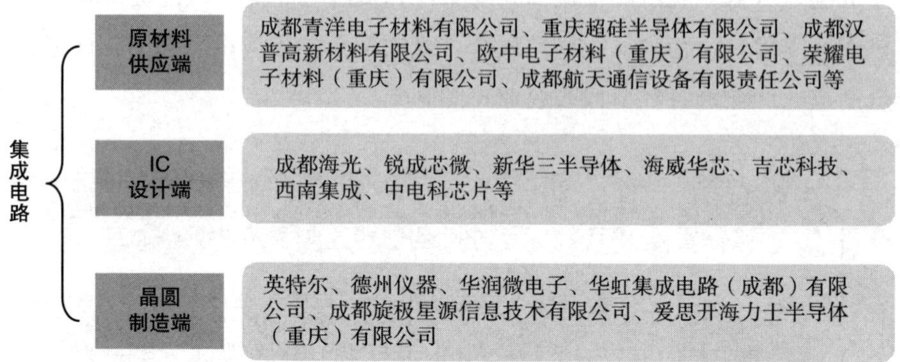

图 10　成渝地区双城经济圈集成电路制造业产业链各环节代表企业

资料来源：根据爱企查、网上公开资料整理得出。

成渝地区双城经济圈集成电路制造业发展强劲。2022 年，成渝地区双城经济圈集成电路制造业规模达 1150 亿元，产业链相关企业 350 余家，实现营收规模 945 亿元，其中重庆市、四川省营收占比分别为 45.4%、54.6%。2019~2022 年，成渝地区双城经济圈集成电路产量持续增长，从 2019 年的 86.16 亿块增长至 2022 年的 162.38 亿块。2023 年全国集成电路产量由 2022 年的 3242 亿块，继续增长至 2023 年的 3514 亿块，但成渝地区双城经济圈出现短暂的下降，产量由 2022 年的 162.38 亿块下降至 2023 年的 143.31 亿块（见表 9）。

表 9　2019~2023 年全国与成渝地区双城经济圈集成电路产量及增速

单位：亿块，%

年份	全国	成渝地区	成渝地区占比	成渝地区同比增长
2019	2232	86.16	3.86	5.07
2020	2696	114.19	4.24	32.53
2021	3594	145.08	4.04	27.05
2022	3242	162.38	5.01	11.92
2023	3514	143.31	4.08	-11.74

资料来源：《中国统计年鉴》《四川统计年鉴》《重庆统计年鉴》。

3. 新型显示

成渝地区双城经济圈经过十几年的发展，已经成为全球最大的 OLED 生产基地和中国最大的柔性显示产业集聚地，OLED 生产基地总投资超过 1500 亿元，配套企业入驻超过 40 家。在技术设施方面，成渝地区双城经济圈建设了全球第二条、国内首条第 6 代柔性 AMOLED 生产线以及全国首条第 8.6 代 TFT-LCD 生产线。新型显示制造业在成渝地区双城经济圈形成了涵盖玻璃基板、偏光片、掩膜版、显示面板、电子纸、电视投影、笔记本电脑和手机等多个领域的较为完整的产业链。为了进一步推动新型显示制造业产业链的合作与发展，四川省和重庆市联合发布了《成渝地区双城经济圈电子信息产业协同发展实施方案》和《川渝新型显示产业链供应链协作方案》。成渝地区双城经济圈新型显示制造业产业链各环节代表企业见图 11。

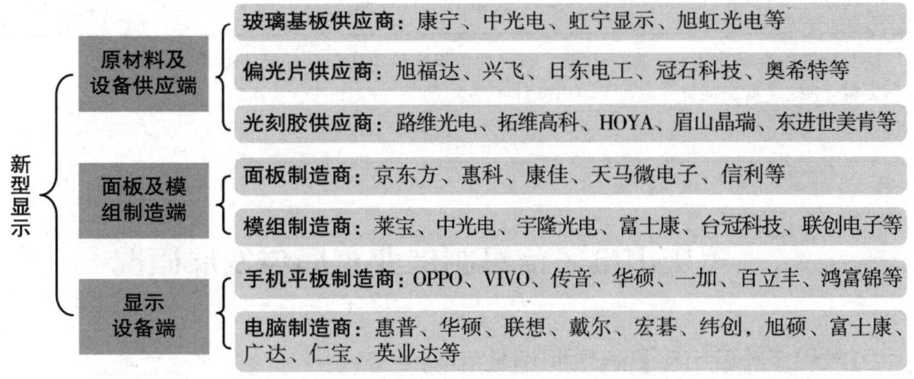

图 11　成渝地区双城经济圈新型显示制造业产业链各环节代表企业

资料来源：根据爱企查、网上公开资料整理得出。

成渝地区双城经济圈新型显示主营业务收入逐年增加。其中，2022 年重庆市和成都市新型显示主营业务收入分别为 755 亿元、623 亿元，两地主营业务收入合计占全国的 28%（见表 10）。成渝地区双城经济圈新型显示关键材料产量见表 11。

表 10　2019~2022 年全国及重庆市、成都市新型显示主营业务收入规模

单位：亿元

年份	全国	重庆市	成都市
2019	3725	—	350.4
2020	4460	500	433.6
2021	5868	627.4	602.69
2022	4933	755	623

资料来源：根据网上公开资料整理得出。

表 11　2019~2022 年成渝地区双城经济圈新型显示关键材料产量

类型	地区	2019 年	2020 年	2021 年	2022 年
平板玻璃（万重量箱）	重庆市	6011.56	5902.06	6024.90	6145.77
	四川省	1278.01	1596.50	2283.10	2252.71
液晶显示屏(亿片)	重庆市	2.18（36.4%）	2.8（28.2%）	3.65（29.7%）	2.82（-22.7%）

注：括号内为同比增速。基于数据可获得性，仅统计重庆市和四川省数据。

资料来源：《重庆统计年鉴》《四川统计年鉴》。

二　重庆市电子信息制造业布局与发展概况

（一）重庆市电子信息制造业布局

重庆市新一代电子信息制造业被纳入“33618”制造业集群体系中的三大万亿级主导产业之一。重庆市的电子信息制造业主要集中在笔记本电脑领域，通过不断调整和扩展，现已涵盖手机、显示器等多个产品类别，形成“1+N”的多元产业形态，以智能终端为核心，延伸出多个相关产业领域。通过“芯屏端核网”全产业链布局，完善从集成电路、新型显示、智能终端到核心技术、网络通信设备的完整产业链。

重庆市以计算机和手机制造为核心，逐步构建起“品牌多元、制造多家、配套多样、产品多类”的产业体系，截至2023年底，个人计算机产量占全球的比重为40%，其中笔记本电脑产量连续九年位列全球第一，手机产量约占全国近10%。集成电路制造业形成了“集成电路设计—晶圆制造—封装测试—终端应用”全产业链条，已入围国家集成电路重大生产力布局。新型显示制造业已形成“设备、原材料及零部件配套—新型显示制造—终端应用”的产业链条和“硬件+内容”的产业体系，成功跻身柔性显示五大城市，显示面板总产能跻身全国省市前10位。此外，重庆市在传感器及仪器仪表、家电、智能门锁等制造业领域均具有一定影响力，其能源电子制造业在“光储端信”领域初具规模。

总体来看，重庆市的电子信息制造业形成了以中心城区为核心、各区县协同发展的良好格局。通过上下游产业的有机结合和互补，重庆市的电子信息制造业得以持续发展，为当地经济的增长和社会的进步贡献了重要力量。

在计算机、智能手机、新型电子终端制造业布局上，重庆市作为中国西部的重要城市，其计算机等制造业本地配套率较高，每一环节都紧密相连，已形成融设计、生产、研发和应用为一体的完整产业体系。现已汇聚全球六大笔记本电脑代工生产商和1200多家上下游配套企业。在产业结构方面，计算机整机及配套制造业占比达到51.7%，手机及其配套制造业占比为19%，而电子核心部件及智能仪表制造业占比为29.3%，重庆市采用“品牌+整机+零部件+原材料”的垂直整合模式，有效降低生产成本，提高生产效率。

集成电路布局上，重庆市已建成“集成电路设计—晶圆制造—封装测试—终端应用”的集成电路全流程体系，现已汇聚上下游企业80多家，集聚了西南集成、SK海力士、紫光展锐、联合微电子中心、惠普、格力等集成电路产业链重点企业，初步构建了涵盖人才培养、产业孵化、工艺服务的创新生态（见表12）。在晶圆制造领域拥有中电科两条6英寸生产线、华润微电子8英寸功率及模拟芯片生产线、万国半导体12英寸功率半导体芯片制造生产线（中国首个、全球第二个12英寸功率半导体芯片制造及封装测试生产基地项目)。另外，华润微电子 12 英寸功率半导体晶圆生产线于 2023 年初在西永微电子产业园通线，投产后将形成月产 3 万~3.5 万片的晶圆生产能力。材料领域布局有上海超硅 8 英寸和 12 英寸抛光硅片项目、奥特斯 IC 载板项目和高密度互连印制电路板项目。下游应用市场较为发达，主要是因为笔记本电脑（笔记本电脑产量占全球 1/4）、手机（是全球第二大手机制造基地）、汽车和汽车电子领域对集成电路需求较大。西部（重庆）科学城是重庆市集成电路的主阵地，科学城核心区已集聚集成电路制造业产业链上下游重点企业 20 多家，基本形成了从集成电路设计、晶圆制造到封装测试再到终端应用的芯片全产业链。

表 12　重庆市集成电路制造业布局

环节	代表企业
集成电路设计	西南集成、中科芯亿达、紫光展锐、弗瑞思科、联合微电子中心、恩智浦、中星微电子、伟特森、雅特力科技、芯思迈、物奇科技
晶圆制造	上海超硅（大尺寸硅片）、欧中电子材料（电子级气体）、四联集团、聚力成、奥特斯（封装载板）
封装测试	平伟实业、SK 海力士、嘉凌新科技
终端应用	笔记本电脑：惠普、宏碁、华硕、纬创、旭硕、富士康、广达、仁宝、英业达 手机：传音、OPPO、VIVO 汽车产业：长安、庆铃、上汽依维柯、上汽通用、力帆、金冠、凯瑞、北奔汽车、华晨鑫源、潍柴、嘉陵川江、北汽银翔、众泰、东风 汽车电子：长安、得润电子、恩智浦、北斗星通、桑德科技、延锋伟世通、超力高科、阿里巴巴、百度无人驾驶等 智能家电：海尔、格力等

资料来源：根据爱企查、网上公开资料整理得出。

在新型显示制造业布局上，重庆市以两江新区和巴南区为核心区域，基本建成“设备、原材料及零部件配套—新型显示制造—终端应用”产业链条和“硬件+内容”产业体系，依托水土高新技术产业园、巴南经济园区、璧山高新区等重点产业园区，聚集新型显示上中下游相关企业 30 余家，主要生产液晶面板，为本地生产的电脑显示器、平板电脑、手机等整机产品配套，逐

步形成从设备、原材料及零部件配套，到新型显示制造，再到终端应用的全产业链（见表 13）。

表 13　重庆市新型显示制造业布局

环节	代表企业
设备、原材料及零部件配套	玻璃基板：康宁（8.5 代液晶玻璃基板）、京东方（柔性玻璃基板）、日本旭硝子（8.5 代液晶玻璃基板）。光学膜：颖扬光学新材料、新康意新材料、旭福达。彩色滤光片：瑞研光电、莱宝。偏光片：旭福达、住化电子。化学品：东进世美肯、空气化工、液化空气。光刻胶：东进世美肯
新型显示制造	京东方（TFT-LCD8.5 代线、OLED6 代柔性线）、惠科（TFT-LCD8.5 代线）、莱宝、中光电、富士康、康佳、台冠科技、联创电子
终端应用	电视：TCL。笔记本电脑：惠普、华硕、宏碁。手机：OPPO、VIVO。平板电脑：华硕、国威。桌面显示器：TCL。可穿戴设备：广达

资料来源：根据爱企查、网上公开资料整理得出。

（二）重庆市电子信息制造业发展概况

1. 产值营收分析

重庆市的电子信息制造业在近年来呈现快速发展的态势，得益于政府的高度重视和全市上下的合力推动。自 2011 年以来，重庆市电子信息制造业规模以上企业产值从 1621.08 亿元增长至 2021 年的 7727.87 亿元，2021 年占工业总产值的比重为 29.17%。2022 年，该制造业规模以上企业的产值超过 7400 亿元，2011~2022 年产值年均增速约 14.91%（见表 14）。

表 14　2011~2022 年重庆市电子信息制造业规模以上企业经济指标

单位：万元，%

年份	产值	营业收入	利润总额	工业总产值占比
2011	16210776.2	15451431.3	594163.9	13.68
2012	24144830	23623485	795118	18.44
2013	31310736.5	30930574.7	981306.6	19.84
2014	40144946.5	39987331.2	1384696.7	21.37

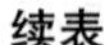

续表

年份	产值	营业收入	利润总额	工业总产值占比
2015	46059555	45606614. 5	1894395. 6	21. 52
2016	53899386. 1	53545232. 6	2346177. 3	22. 55
2017	53409474	52048916. 3	2443001	25. 23
2018	57132796. 3	56154919	2510041. 5	27. 67
2019	61852985. 4	61291836. 6	2272350. 7	29. 04
2020	67805485. 3	68940806. 8	3096991. 4	29. 75
2021	77278675. 9	82728384. 8	4782651. 5	29. 17
2022	74752628	78940182. 5	3905830	28. 94

资料来源：《重庆统计年鉴》。

2. 重点领域分析

（1）计算机

重庆市以笔记本电脑为突破口，以其完整的产业链和高效的生产能力成为全球最大的笔记本电脑生产基地。2019~2023 年，重庆市计算机制造业微型计算机设备和笔记本电脑产量先升后降。2019 年，重庆市计算机及配套制造业产值 2880 亿元，其中，微型计算机设备产量 7614. 3 万台，笔记本电脑产量 6422. 3 万台；2020 年，笔记本电脑产量 7882. 2 万台，产值首次突破了 3000 亿元，占全球产量的近四成，连续 7 年保持全球最大笔记本电脑生产基地；2021 年，重庆市微型计算机设备产量首次突破 1 亿台，计算机及配套制造业总资产周转天数为 146. 2 天，大幅低于全市制造业总体水平（305. 8 天）；2023 年，重庆市微型计算机设备产量比上年下降 14. 3%，笔记本电脑产量下降 4. 7%（见表 15）。

表 15　2019~2023 年重庆市计算机制造业主要产品产量

单位：万台

产品类型	2019 年	2020 年	2021 年	2022 年	2023 年
微型计算机设备	7614. 3	9130. 3	10730. 4	8631. 9	7400. 5
笔记本电脑	6422. 3	7882. 2	9385. 3	7411. 2	7063. 1

资料来源：《重庆统计年鉴》。

（2）手机

重庆市在手机制造业方面具有一定的规模和实力，拥有较为完善的产业链和先进的制造设备。在产业集群方面，规模以上整机企业超 70 家、配套企业超 640 家，涵盖显示屏、摄像头、电池、电路板等关键组件，涉及运营商、品牌商、代工商和配套商。2019～2022 年，重庆市移动通信手持机产量由 17431.86 万台下降至 7448.51 万台，2023 年移动通信手持机产量为 8493.32 万台，比上年增长 14.03%。重庆市智能手机产量较为波动，2021 年智能手机产量为 2020～2023 年之最，为 8649.68 万台（见表 16）。国家统计局数据显示，2023 年重庆市智能手机产量位居全国第六，广东省位居第一。

表 16　2019～2023 年重庆市手机制造业主要产品产量

单位：万台

产品类型	2019 年	2020 年	2021 年	2022 年	2023 年
移动通信手持机	17431.86	13450.47	11158.33	7448.51	8493.32
智能手机	—	7754.13	8649.68	7032.03	7693.64

资料来源：《重庆统计年鉴》。

（3）集成电路

近年来在相关政策支持下，重庆市集成电路产量迎来快速增长。2017～2018 年，重庆市集成电路产量稳定在 5 亿块左右，产值分别为 146.9 亿元和 180 亿元，同比增长 22.5%。其中，西永微电子产业园集成电路制造业尤为突出，2018 年产值即达 139.3 亿元，占市场份额将近八成。2019 年重庆市集成电路产量急剧增长至 33.71 亿块，产值达到 204.6 亿元，同比增长 13.7%，其中，规模以上重点集成电路企业产值约 200 亿元，同比增长 3.1%。2020 年，随着重庆 SK 海力士项目二期的落地和华润微电子 12 英寸功率半导体晶圆生产线的投用，重庆市集成电路产量继续增长，达 45.49 亿块，全市集成电路制造业产值达 251 亿元，同比增长 22.7%，其中，西永微电子产业园集成电路制造业 1～7 月实现产值 96.08 亿元，同比增长 37.63%。2021 年，重庆市集成电路产量超 50 亿块，占全国的比重为 1.52%，其中西永微电子产业园 1~5 月实现产值 85.66 亿元，同比增长 22.02%。2022 年，重庆市集成电路产量首次出现下滑，同比下降 6.04%，集成电路全口径营收约为 429 亿元，产值达 460 亿元。2023 年，集成电路产量继续下滑至 33.13 亿块，较 2022 年下降 35.63%、较 2021 年下降 39.52%、较 2020 年下降 27.17%，其中，1~10 月，西部（重庆）科学城集成电路规模以上企业实现产值 77.7 亿元，占全市比重约 42%（见图 12）。

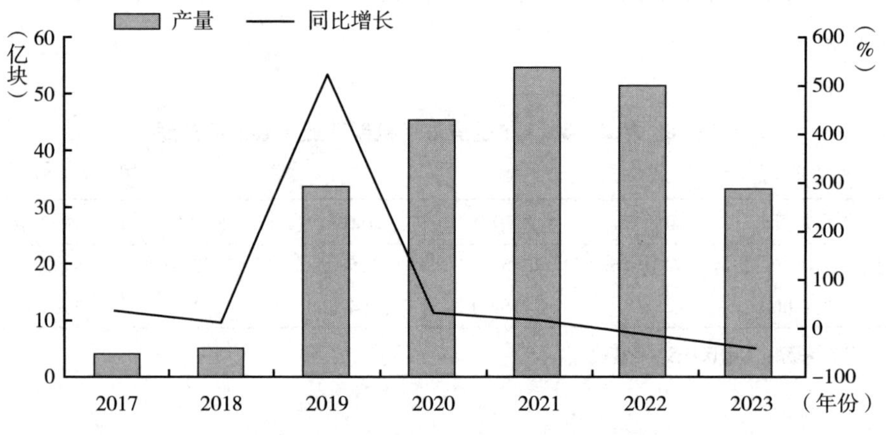

图 12　2017~2023 年重庆市集成电路产量

资料来源：《中国统计年鉴》。

（4）新型显示

新型显示是重庆市重点打造的 3 个千亿级战略性新兴产业集群之一。重庆市入围首批国家超高清视频产业重点培育城市，是全国新型显示全国十强、柔性显示五大城市。2017 年，重庆市显示器产量为 2420.4 万台；2018 年，重庆市显示器产量为 2529 万台，同比增长 4.5%；2019 年，重庆市显示器产量为 2444 万台，同比下降 3.4%，新型显示重点企业产值超 450 亿元，同比增长 46.4%；2020 年，重庆市显示器产量进一步缩水至 2242 万台，同比下降 8.3%，新型显示重点企业产值约为 500 亿元，有小幅上升；

2021 年，重庆市显示器产量为 2586 万台，同比增长 15.3%，新型显示重点企业产值为 627.4 亿元，同比增长超 30%，两方面数据均实现 2017 年以来最大幅度的增长；2022 年，重庆市显示器产量虽出现负增长，但新型显示重点企业产值较 2021 年仍有提升，达 755 亿元，同比增长 20.3%（见图 13）。

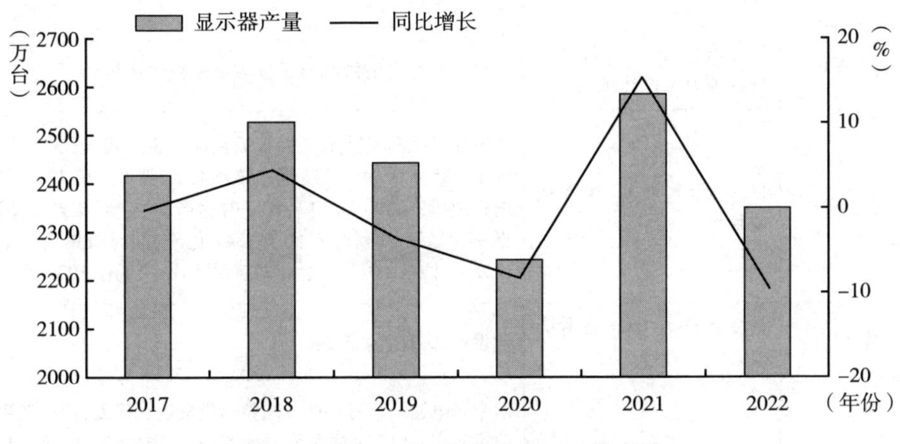

图 13　2017~2022 年重庆市显示器产量

资料来源：《重庆统计年鉴》。

重庆市新型显示制造业在两江新区和巴南区呈现协同发展的格局，具有显著的成就。两江新区以其完整的产业链生态格局，集聚从上游材料供应到下游终端使用 50 余家关联配套企业，形成全面而紧密的产业链条。2021 年，两江新区的新型显示产值达到 603.2 亿元，这一成绩使其成功入选国家火炬特色产业基地。巴南区作为重庆市新型显示制造业的示范基地，2021 年的新型显示产值达到 237.3 亿元，同比增长 24.4%；已集聚惠科金渝、惠科金扬、汉朗精工、渝惠科技、指南针半导体等规模以上企业 35 余家。目前重庆市正积极投产显示面板领域重点项目、签约优质项目，加快新型显示生产线建设。2022~2023 年重庆市新型显示制造业重点项目信息见表 17。

表 17　2022~2023 年重庆市新型显示制造业重点项目

区域	项目	具体内容
两江新区	豪雅光掩膜版项目	该项目总投资超 20 亿元，将建设平板显示器用光掩膜版生产线，达产后预计年产能约 2250 张光罩产品，助推两江新区电子信息产业发展
两江新区	两江新区水土片区城乡融合发展项目	总建筑面积 11.7 万平方米，建设康宁二期、三期厂房，含专用变电站一座
两江新区	两江康宁重庆二期显示材料前段生产线项目	建设大尺寸高清液晶显示屏玻璃基板生产线
巴南区	惠科显示模组生产线项目	主要建设全自动化液晶面板后端加工生产线，包含偏贴、绑定、TP 贴合、BL 组装等。该项目计划开工后 12 个月内建成投产，投产后 12 个月内达产，达产后年产值 50 亿~70 亿元，年税收不低于 1.41 亿元，同时将集聚一个研发人才在 100 人以上的创新团队，解决就业 1000 人
綦江区	綦江新视通 LED 显示屏核心生产基地	建设 LED 模组生产线
江津区	西南光电显示新材料产业园项目	西南光电显示新材料产业园整体投资达百亿元，拟在江津建设西南光电显示新材料产业基地，主要建设光电显示基材类、模组类项目，该项目入驻辖区可填补新型显示材料产业的空白，进一步弥补重庆新型显示产业链材料方面的短板，延展重庆市汽车、电子信息、手机等行业供应链
潼南区	潼南显示器生产基地	建设模具、五金冲压、背光模组及整机组装等生产线

资料来源：重庆市政府。

三　成都市电子信息制造业布局与发展概况

（一）成都市电子信息制造业布局

成都市电子信息制造业依托十大制造业功能区，通过产业集聚不断增强竞争优势。其中，成都电子信息产业功能区（清水河高新技术产业走廊）聚焦发展集成电路、柔性显示、智能终端等细分领域，2021 年该区域电子信息制造业规模以上工业企业产值为 4702 亿元，增长 24.2%，集聚华为、富士康、戴尔、京东方、英特尔等龙头企业。成都新经济活力区（成都数字经济产业功能区）聚焦发展 5G 与人工智能、网络视听与数字创意、大数据与网络安全等细分领域，重点打造瞪羚谷、新川创新科技园、天府软件园等六大产业社区，集聚腾讯、阿里巴巴、新华三半导体、卫士通、蚂蚁金服等重点企业。

在计算机、智能手机、新型电子终端制造业布局上，成都市以成都电子信息产业功能区、成都临空经济区和崇州消费电子产业园为中心，依托英特尔、德州仪器、京东方、鸿富锦、戴尔、TCL、康佳、极米科技、中科曙光等重点企业，强化本地配套，加速计算机等制造业发展，构筑核心竞争力，推动产业链集群发展。

在集成电路制造业布局上，构建"一核双园多点"承载体系，以高新区为发展核心区，以双流区和天府新区为发展重点区域，以成都新经济活力区、成都芯谷、新川创新科技园 AI 创新中心、紫光芯城为主要载体发展设计环节，以成都电子信息产业功能区集成电路产业社区、成都双流航空经济区为主要载体发展晶圆制造和封装测试，以空港新城和天府新区新能源新材料产业功能区为载体发展配套材料、设备。结合全市各区特色及优势，成都市实现从上游集成电路设计、中游晶圆制造和封装测试到下游终端应用全产业链布局，全市上中下游企业数量达到 270 余家，其中集成电路设计相关企业 208 家。成都市集成电路制造业产业链上下游布局见表 18。

表 18　成都市集成电路制造业产业链上下游布局

环节	代表企业
集成电路设计	华为成研所（华为海思网络通信）、紫光展锐（通信）、雷电微力（微波及射频 SOC）、成都海光（CPU）、锐成芯微（IP）
晶圆制造	化合物：海威华芯（6 寸 GaAs）、亚光电子（微波） 关键材料：中微科技（化合物半导体外延）、路维光电（掩膜版） 配套材料：梅塞尔（气体）

续表

环节	代表企业
封装测试	综合代工:英特尔、德州仪器、达迩科技、宇芯、奕斯伟 关键设备:先进科技(键合机) 封装材料:硅宝(有机硅) 测试:安捷伦、玖锦科技(电测)
终端应用	智能终端:戴尔、联想、鸿富锦、OPPO、苹果、TCL、康佳、极米科技、咕咚 通信系统:华为、贝尔阿尔卡特、大唐电信、捷普科技、迈普、中兴 广电/家用视听:四川九洲、极米科技、TCL、长虹 行业应用:神州数码、迈瑞、西门子

资料来源：根据网上公开资料整理得出。

在新型显示制造业布局上，成都市按照“龙头项目—产业链—产业集群—产业生态圈”发展思路，已集聚相关企业 40 余家，相关人才 2 万余人，形成以成都市高新区、双流区为核心的生产制造点，以崇州市、郫都区连成“智能应用及配套产业片区”的区（市）县成片发展空间集聚形态，全球近一半的高端柔性屏在成都市生产。成都市新型显示制造业覆盖产业链上中下游各环节，上游设备、原材料及零部件配套生产制造环节有中光电、三维大川、路维光电、日本出光等企业，但关键材料与设备大部分依赖进口，尚未实现本地化生产；中游新型显示制造环节有京东方、天马微电子等头部企业，共有 4 条面板产线，其中 2 条第 4.5 代 TFT-LCD 面板产线、1 条第 6 代柔性 AMOLED 面板产线和 1 条第 8.6 代 IGZO TFT-LCD 面板产线，在显示面板制造方面已初具优势，但尚未引进 10.5 代及以上产线，总体产能规模有待扩大；下游终端应用环节有咕咚、富士康、联想等企业，产品涵盖智能手机、笔记本电脑、平板电脑、VR/AR、可穿戴设备等类别（见表 19）。成都市在 AMOLED 柔性显示、无屏显示等细分领域居全球领先地位，以京东方 B7 工厂为基础的柔性 AMOLED 产线是全国首条、世界第二条第 6 代柔性显示产线，路维光电拥有国内首条 G11 掩膜版生产线，中光电的液晶玻璃基板成功打破国际垄断。

表 19　成都市新型显示制造业布局

环节	代表企业
设备、原材料及零部件配套	日本出光(发光材料)、路维光电(掩膜版)、中光电(液晶玻璃基板)、三维大川(发光材料)、康宁(玻璃基板)、业成科技(触控显示器、触控模组)、东骏激光和光明光电(彩色滤光片、偏光片)、华大半导体(驱动 IC)、领航光电(背光模组)、吉锐触摸(触摸屏和触摸显示器)
新型显示制造	京东方(第 6 代柔性 AMOLED 面板、第 4.5 代 TFT-LCD 面板)、成都中电熊猫(第 8.6 代 IGZO TFT-LCD 面板)、天马微电子(第 4.5 代 TFT-LCD 面板)、九天光学(激光显示器)、捷翼电子(电子纸)、晶砂科技(OLED 微显示器)
终端应用	笔记本电脑:联想、戴尔、苹果。智能手机:OPPO、苹果。平板电脑:富士康。桌面显示器:TCL。VR/AR:理想境界。可穿戴设备:咕咚。工控/医疗:西门子

资料来源：根据前瞻产业园区库、爱企查、网上公开资料整理得出。

（二）成都市电子信息制造业发展概况

1. 产值营收分析

2011~2022 年，成都市积极抢抓电子信息制造业发展机遇，规模以上企业产值以年均 12.0%的增速不断扩大，电子信息制造业已成为成都工业经济名副其实的第一支柱产业。2022 年，成都市电子信息制造业规模以上企业实现产值 65328466 万元，比 2011 年增长 246.7%；实现营业收入 65328464 万元，比 2011 年增长 270.8%。2011~2022 年，成都市电子信息制造业规模以上企业营业收入连续稳定占比在全省的一半以上，2012 年达到最高占比 61.91%，此后占比一直稳定在 58%左右，波动幅度较小(见表 20)。

表 20　2011~2022 年成都市电子信息制造业规模以上企业经济指标

单位：万元，%

年份	产值	营业收入	全省营业收入	营收占全省比例
2011	18842704	17618408	30302900	58.14
2012	23129245	22904696	36998300	61.91
2013	28416733	26243209	48098200	54.56

续表

年份	产值	营业收入	全省营业收入	营收占全省比例
2014	33555315	31443327	50832500	61.86
2015	34481798	27442309	47934400	57.25
2016	33396247	33307474	55580800	59.93
2017	39498580	37411316	62430000	59.93
2018	43174884	35826600	63718200	56.23
2019	38944623	38944621	69960700	55.67
2020	50256069	50256063	87054500	57.73
2021	61125498	61125498	107491800	56.87
2022	65328466	65328464	116734200	55.96

资料来源：《成都统计年鉴》《四川统计年鉴》。

2. 重点领域分析

（1）计算机

成都市计算机产量高位回落。平板电脑、笔记本电脑等智能终端产品在全球占据相当大的市场份额，全球 70%的 iPad 和近 20%的笔记本电脑产自成都市。据成都市统计局数据，2019~2022 年，成都市电子计算机整机产量呈现先增后降趋势。从 2019 年的 6566.43 万台上升至 2021 年的 9735.84 万台，随后下降至 2023 年的 5221.4 万台，且 2023 年比 2022 年下降 27.5%。2022 年是全球计算机制造业周期性低谷，但成都市计算机产业具有规模优势，年产量居全国第二，其中 iPad 产量占全球一半以上。

（2）手机

成都市移动通信手持机年产量震荡下降。据成都市统计局数据，从 2019 年的 1107.85 万台震荡下降至 2022 年的 406.28 万台，降幅为 63.33%，其中 2021 年移动通信手持机产量出现短幅增势，由 2020 年的 544.17 万台增长至 680.33 万台。截至 2022 年底，成都市与智能手机相关的企业共 314 家。成都市以成都电子信息产业功能区、高新技术产业开发区、成都芯谷等功能区为载体，引入众多智能手机制造业的龙头企业以加速发展，如京东方 2021 年柔性 OLED 智能手机面板出货量达 6000 万片，其中柔性折叠显示产品出货量超过百万片。

（3）集成电路

成都市集成电路制造业蓬勃发展。据成都市统计局数据，2017~2022 年成都市集成电路产量及制造业规模总体增长。2019 年，成都市集成电路产量 52.22 亿块，制造业规模约 1200 亿元，同比增长 34.6%，位居全国第五。其中，集成电路设计销售收入 70.4 亿元，位居全国第七；销售收入过亿元的企业有 17 家，位居全国第六。2021 年，集成电路产量 90.3 亿块，同比增长 31.4%；制造业规模达到 1450 亿元，同比增长 14.0%，位居全国第五。2022 年集成电路制造业规模为 1272 亿元（见表 21）。全市已聚集相关技术人才约 2.5 万人，汇聚了英特尔、德州仪器、振芯科技、和芯微等国内外知名企业。

表 21　2017~2022 年成都市集成电路产量及制造业规模

单位：亿块，亿元

指标	2017 年	2018 年	2019 年	2020 年	2021 年	2022 年
产量	38.25	68.54	52.22	68.7	90.3	—
制造业规模	724	890	1198	1272	1450	1272

资料来源：成都市统计局、国家统计局。

（4）新型显示

成都市新型显示产业稳中有进，作为成都市电子信息制造业的重要组成部分，其柔性显示技术已实现全球领先，成为国内新型显示制造业“十字形”空间布局的重要部分。在“2022 年柔性显示五大城市”榜单中，成都市位居榜首。2019 年，成都市新型显示的制造业规模达到 350 亿元，同比增长 40%，位居全国第四；2020 年，成都市新型显示的制造业规模增至 431 亿元，同比增长 23%；2021 年，成都市新型显示的制造业规模为 603 亿元，占全国的比重为 15%，同比增长 40%；2022 年，成都市新型显示的制造业规模为 740 亿元，在全国占比超过 15%（见表 22）。

表 22　2019~2022 年成都市新型显示制造业规模

单位：亿元

指标	2019 年	2020 年	2021 年	2022 年
制造业规模	350	431	603	740

资料来源：成都市统计局。

四　成渝地区双城经济圈其他主要城市电子信息制造业布局与发展概况

四川省电子信息制造业是四川省首个万亿级产业，其发展得益于产业链的集聚和联动发展，形成了以成都市、绵阳市、宜宾市等地为主的电子信息制造业发展集群。借助成渝地区双城经济圈建设的机会，成渝地区双城经济圈其他城市[①]也在电子信息制造业产业“链”上持续发力，形成了各具特色的产业布局。绵阳市、宜宾市、德阳市等大力发展电子信息制造业，依托自身的资源优势和产业基础，积极打造了电子信息制造业的产业集群，铆足干劲绘制出了加速培育新质生产力的“路线图”，推动了产业链的完善和优化。

（一）绵阳市：奋力打造全国新型显示制造业知名城市

1. 产业布局

绵阳市新型显示制造业聚企成链，产业链提档升级。绵阳市作为成渝地区双城经济圈第三大经济体，其电子信息制造业产值约占全省 1/5。作为绵阳市第一大支柱产业，电子信息制造业现有规模以上企业 220 家，其营业收入超 2000 亿元，居全省第二位。《绵阳市“十四五”电子信息产业发展规划》明确提出，力争到“十四五”末，绵阳市电子信息产业主营业务收入

① 本书中成渝地区双城经济圈其他城市是指除重庆市、成都市之外的其他 14 个城市。

达到3000亿元。新型显示制造业是绵阳市电子信息制造业发展的主攻方向。2022年，绵阳市新型显示制造业产值674亿元，同比增长24%。2023年，绵阳市新型显示制造业产值突破700亿元，入选全国新型显示十大城市。截至2024年7月，已有50多家新型显示企业落户绵阳市，初步形成新型显示全产业链。绵阳市力争到2025年，新型显示制造业产值突破1000亿元，跻身全国新型显示产业城市前列。绵阳市汇聚了长虹、四川九洲、京东方、惠科、康宁、杉金光电等一批行业知名企业，构建了从上游材料配套到中游面板制造再到下游显示终端一体的、较完整的新型显示制造业布局（见表23）。

表23　绵阳市新型显示制造业布局

环节	代表企业
上游材料配套	玻璃基板:康宁显示科技(绵阳)、旭虹光电。盖板玻璃:东旭腾达、康宁显示科技(绵阳)、虹科创新。偏光片:杉金光电、京东方。电子化学品:艾萨斯电子材料、达高特科技。光学膜:龙华光电薄膜
中游面板制造	京东方、惠科、康宁、杉金光电
下游显示终端	智能电视:长虹、四川九洲

资料来源：根据前瞻产业园区库、爱企查、网上公开资料整理得出。

绵阳市新型显示制造业集聚效应不断增强。现有新型显示重点企业50余家，其新型显示制造业的发展背后离不开一个个产业巨头的落户。2016年10月，投资465亿元的绵阳京东方第6代AMOLED（柔性）生产线项目签约落户绵阳市，成为绵阳市单体投资最大的项目；2019年7月绵阳京东方第6代AMOLED（柔性）生产线正式量产并交付。2018年4月18日，投资240亿元的绵阳惠科第8.6代薄膜晶体管液晶显示器件生产线项目签约落户涪城；2020年4月29日，该项目举行点亮仪式。2018年7月9日，绵阳市政府与诺思（天津）微系统有限公司签署总投资128亿元的诺思（绵阳）微系统基地项目战略合作协议，主要生产FBAR滤波器芯片；2020年该项目进入设备调试阶段。2021年9月6日，杉金光电绵阳偏光片项目正式开工，投资规模50亿元，该项目可年产5000万平方米偏光片，达产后年销售额将在30亿元以上；同一

天，紧邻的中电光谷绵阳科技园项目也正式开工，计划总投资 50 亿元，瞄准的同样是电子信息制造业。2023 年 1 月 3 日，总投资 100.5 亿元的欣盛显示驱动项目参加 2023 年四川省第一季度重大项目现场推进活动，主要研发设计并建设年产 COF-IC 超微柔性显示驱动载带 7.2 亿颗及集流体材料生产线 72 条，项目全部建成满产后，将实现年产值 105 亿元（见图 14）。

2016年10月
绵阳京东方第6代AMOLED（柔性）生产线项目
投资：465亿元

2018年4月
绵阳惠科第8.6代薄膜晶体管液晶显示器件生产线项目
投资：240亿元

2018年7月
诺思（绵阳）微系统基地项目
投资：128亿元

2021年9月
杉金光电绵阳偏光片项目
投资：50亿元
中电光谷绵阳科技园项目
投资：50亿元

2023年1月
欣盛显示驱动项目
投资：100.5亿元

图 14　绵阳市新型显示制造业重大事件脉络

资料来源：根据前瞻产业园区库、爱企查、网上公开资料整理得出。

2. 发展现状

绵阳市电子信息制造业成为该市工业经济的主要拉动力。四川省仅有的 2 家中国电子信息百强企业、5 家中国电子元器件行业百强企业，均安家于绵阳市，而且绵阳市有 10 余个重点产品位列国内市场占有率第一。作为第一大支柱产业，绵阳市电子信息制造业现已形成家用电器、平板显示、电子元器件、光电子等产业集群。2011~2022 年，绵阳市电子信息制造业规模以上企业数量总体增长，在 2022 年达到约 220 家（见图 15）。

绵阳市电子信息制造业规模以上企业营业收入总体提升。2017 年首次突破千亿级规模，2021 年营业收入达 1718.2 亿元，同比增长达 23.7%，是增速最快的一年，相比 2011 年增长了 154.7%。2022 年，其规模继续增长，达到 1744.9 亿元。从四川省全省来看，绵阳市电子信息制造业规模以上企业营业收入占比总体呈下降趋势，从 2011 年的 22.27%下降至 2022 年的 14.95%（见图 16）。

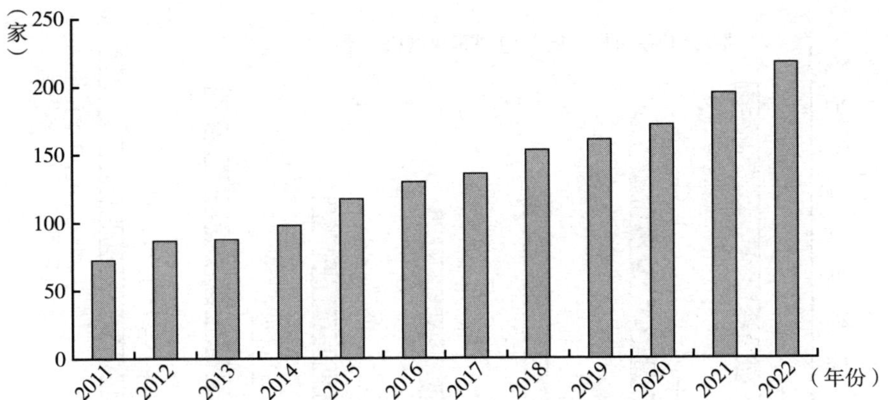

图 15　2011～2022 年绵阳市电子信息制造业规模以上企业数量

资料来源：《绵阳统计年鉴》。

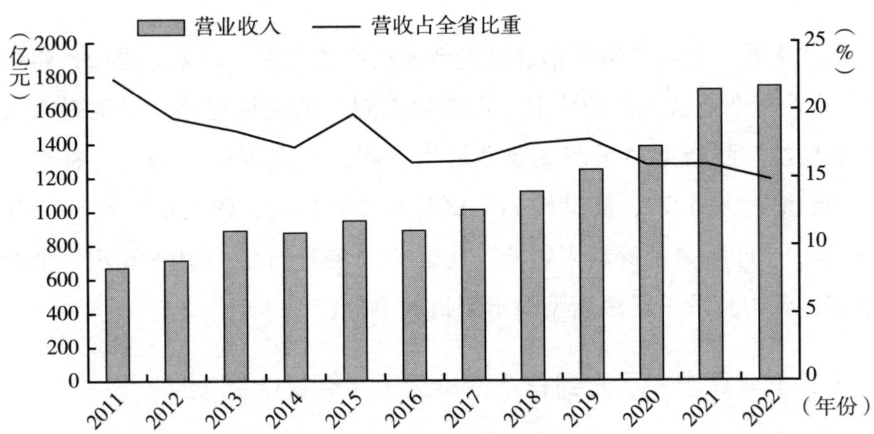

图 16　2011～2022 年绵阳市电子信息制造业规模以上企业营业收入及占比

资料来源：绵阳市统计局。

绵阳市新型显示制造业下游主要产品产量总体跌落回升。2016～2019 年，绵阳市移动通信手持机与液晶电视机产量呈现下降趋势，可能是产品库存较多导致产量下降。2019 年之后，新型显示制造业下游主要产品进入去库存阶段，液晶电视机产量逐渐上升，2021 年，移动通信手持机产量恢复至 2016 年水平且液晶电视机产量在 2022 年继续增长（见图 17）。

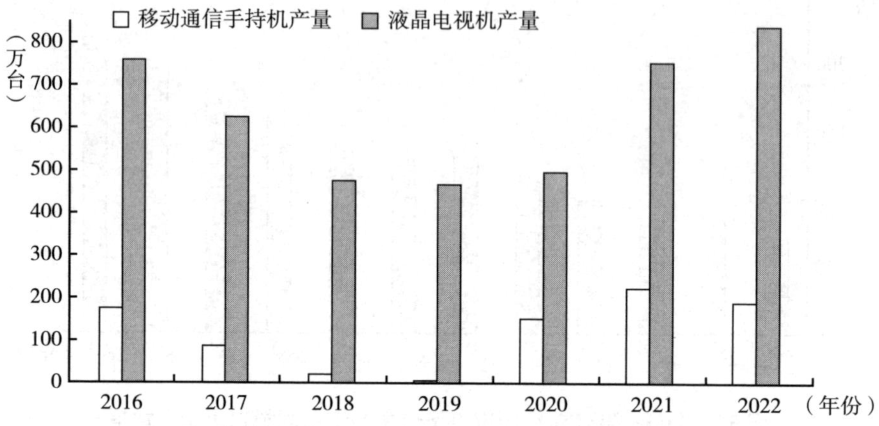

图 17　2016~2022 年绵阳市新型显示制造业下游主要产品产量

资料来源：《绵阳统计年鉴》。

总体来看，绵阳市电子信息制造业发展态势良好，未来，绵阳市将按照“龙头企业—产业链—产业集群—产业生态圈”的发展思路，深度融入成渝地区双城经济圈新型显示制造业发展生态圈，重点围绕“强链、补链、延链”，聚焦发展 OLED、高世代 TFT-LCD 和激光显示，积极布局 Mini LED 和 Micro LED、印刷显示等新兴领域，构建“原料+产品+应用+服务”全产业链生态，全力打造千亿级新型显示制造业集群。

（二）宜宾市：从无到有打造千亿级智能终端制造业

1. 产业布局

宜宾市的智能终端制造业主要包括计算机、智能手机、新型电子终端 3 类。宜宾市依托智能终端制造业，以手机整机产品为中心，纵向发展研发中心、零部件配套、金融供应链等企业，横向拓展机器人、智能穿戴等泛智能终端领域，并逐渐覆盖整机制造、集成电路、电视机制造、智能消费设备制造、显示器件制造、电子元器件及电池等其他电子信息制造领域。宜宾市电子信息制造业布局见表 24。

表 24　宜宾市电子信息制造业布局

地区	主要方向	代表企业
临港经济开发区	整机制造、显示器件制造、集成电路	四川康佳智能终端科技有限公司、宜宾市美捷通讯科技有限公司、宜宾市极米光电有限公司、四川酷比通信设备有限公司、宜宾亿显光电科技有限公司、宜宾精显电子科技有限公司、宜宾得康电子有限公司
江安县	电池	宜宾市天宜锂业科创有限公司、宜宾光原锂电材料有限公司
叙州区	电子元器件	宜宾红星电子有限公司

资料来源：根据宜宾市人民政府、前瞻产业园区库、爱企查、网上公开资料整理得出。

宜宾市智能终端制造业发端于 2016 年 7 月，并于 2020 年获批国家级新型工业化产业示范基地，形成集研发、制造、销售于一体的千亿级智能终端制造业产业链，实现年产值 1000 亿元以上。当前，宜宾市现有 SMT 贴片线 203 条，手机及物联网终端设备产线 668 条，PCBA 年产能 3.5 亿片。

以朵唯、美捷通讯、极米科技、康佳等为代表的智能终端企业向千亿级规模冲刺是宜宾市以电子信息领域硬件制造突围数字经济产业的重要途径。2022 年，朵唯产值突破百亿元目标达到 110.15 亿元，截至 2022 年底，该企业拥有智能主板表面贴装技术生产线 17 条、整机生产线 61 条，具备年产智能整机及主板 6600 万台（片）的生产能力，朵唯生产的 20 余款“宜宾造”产品已销往世界各地。继朵唯之后，美捷通讯的营收也在 2022 年迈过百亿元门槛大关，宜宾市已有 2 家营收过百亿元的智能终端企业，美捷通讯在第二届中国国际智能终端产业发展大会上被授牌“宜宾市百亿企业”。宜宾市智能终端制造业从无到有、快速崛起，在“十三五”期间，该制造业规模突破 300 亿元。秉承“强链补链、培育龙头、做大集群、提升能级、构建生态”的发展思路，在“十四五”期间，宜宾市将用七大举措促进智能终端产业高质量发展，即聚力培育行业龙头、合作共建鲲鹏生态、提升产业集聚水平、打造品牌拓展市场、推动跨界融合发展、强化创新能力建设、筑牢人才发展支撑。

2. 发展现状

宜宾市电子信息制造业快速崛起。2016 年以前，每年宜宾市电子信息制造业规模以上企业数量都不超过 20 家，从业人员仅千余人，营业收入在全省占比也不超过 1%。自宜宾市开始实行产业转型、制定智能终端制造业扶持政策之后，智能终端制造业及配套的上下游企业陆续落户宜宾市，带动电子信息制造业发展，相关规模以上企业数量和从业人员快速增长。2016~2022 年，宜宾市电子信息制造业规模以上企业数量增长了 9 倍，从 11 家增长至 112 家；从业人员增长了 23 倍，从 1606 人增长至 39100 人（见图 18）；营业收入增长了 139 倍，从 8.6 亿元增长至 1207.7 亿元，2022 年占四川省营业收入的比重为 10.35%（见图 19）。

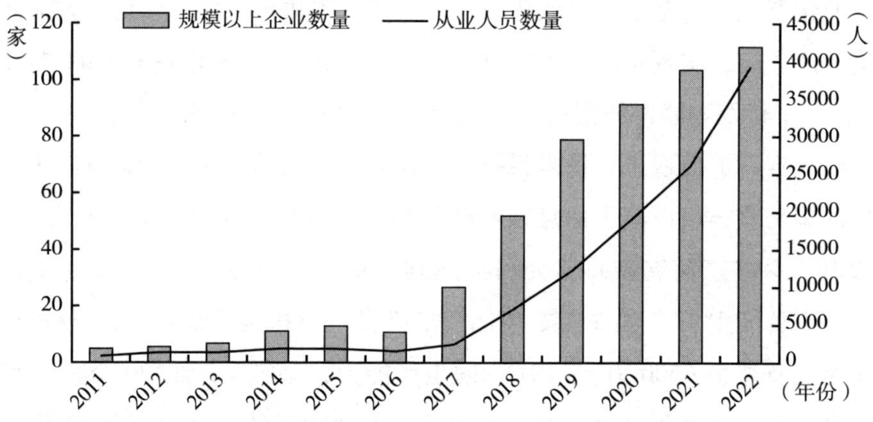

图 18　2011~2022 年宜宾市电子信息制造业规模以上企业数量与从业人员数量

资料来源：《宜宾统计年鉴》。

宜宾市电子信息制造业的发展得益于智能终端制造业的蓬勃生命力。"长江首城"宜宾市是著名的"煤都""酒都"，面对传统产业后劲不足、产能过剩问题，于 2016 年 8 月提出在巩固提升白酒等传统产业的同时，大力发展智能制造等八大高端成长型产业，其"产业发展双轮驱动"的思路逐渐清晰。智能终端制造业成为破局的"排头兵"，宜宾市政府将智能手机作为突破口，开始承接深圳智能手机产业转移，与深圳市手机行业协会签订

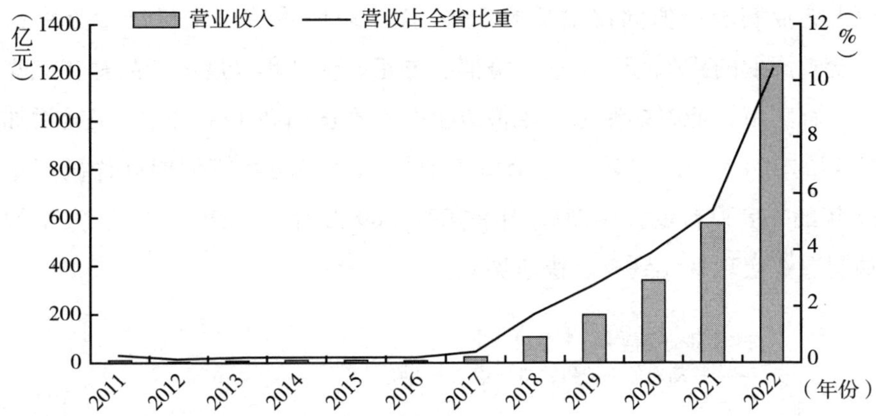

图 19　2011～2022 年宜宾市电子信息制造业规模以上企业营业收入及占比

资料来源：《宜宾统计年鉴》。

战略协议成为宜宾市发展智能终端制造业的标志。仅仅一个月后，亚中讯宜宾临港智能终端组装产品及零配件加工项目就落户宜宾临港经济技术开发区，成为第一个来宜宾市投资的新兴制造业企业项目，当时的女性手机知名品牌——朵唯，是最早一批入驻宜宾智能终端产业园的品牌企业。

宜宾市是智能终端制造业发展的热土。随着宜宾市智能终端制造业的发展，2019 年 5 月，宜宾市成功举办了第一届中国国际智能终端产业发展大会，促进了宜宾市乃至全省智能终端企业与国内外相关领域的合作交流。2021 年，宜宾市举办了第二届中国国际智能终端产业发展大会，在大会上展出了众多新型物联网终端产品，包括极米科技、美捷通讯、朵唯、康佳、华迅等在内的“宜宾造”智能终端品牌产品。短短几年，宜宾市智能终端制造业实现了“从零到一”，并成为当地支柱产业。据宜宾市统计局数据，2019 年宜宾市凭借产业转型，GDP 首次超越德阳市，在成都市、绵阳市之后，位居四川省第三；其 GDP 增速在 2019 年、2020 年连续两年位居四川省第一。据宜宾市海关统计，2021 年前 11 个月，宜宾市 60 家智能终端企业出口总值达到 100.9 亿元，其中出口移动通信手持机 66.4 亿元，占同期全省移动通信手持机出口总值的 86.8%。2022 年，宜宾市智能终端制造业规模以上企业实现产值同比增长 8.5%，移动通信手持机整机产量分别占全国、全省同期的 4%、53.22%。海信、方正、传音等品牌的产品都在宜宾市生产。宜宾市智能终端制造业规模以上企业产值由 2017 年的 13 亿元增加至 2022 年的 494 亿元，“领跑”全市工业增长，移动通信手持机整机产量从 2017 年的 428 万台增长到 2022 年的 6722.69 万台（见图 20）。宜宾市智能终端制造业实现从无到有、快速崛起。

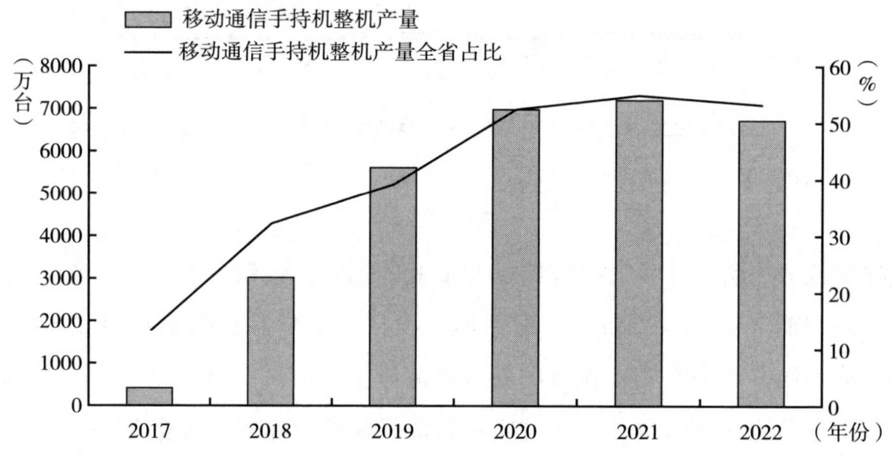

图 20　2017~2022 年宜宾市移动通信手持机整机产量及占比

资料来源：《宜宾统计年鉴》。

（三）德阳市：集成电路制造业发展稳中有升

1. 产业布局

近年来，德阳市电子信息制造业主要布局在德阳高新区、德阳经开区、中江高新区、什邡经开区、罗江经开区、旌阳区等地，聚焦集成电路板、陶瓷电容、汽车应用类传感器、其他电子元器件及其配套产品等领域。

德阳高新区以打造“中国西部传感谷”为战略定位，聚焦汽车应用类传感器、高端军工航空类传感器、高性能工业应用类传感器及相关电子元器件三大发展方向，围绕传感器研发设计、生产制造、产品检测、集成应用等建立全产业链，已聚集新川航空、航泰航空、东宇科技等传感器生产及系统集成企业20余家；中江高新区以电脑连接器、功率继电器制造业为主，以宏发电声、湧德电子为龙头，集聚上下配套、左右关联的30余家企业，初步形成包含电子元器件、组件、电子终端产品的产业链；什邡经开区以集成电路板相关制造业为主，重点企业主要有华兴宇、裕丰新材料等；罗江经开区以其他电子元器件及其配套产品为主，拥有以美创达、致达精密电子、艾华电子等为代表的电子信息制造业代表企业29家；德阳经开区、旌阳区等以陶瓷电容、芯片封装件、工业电源和电线电缆等相关制造业为主，代表企业有东方电气、英杰电气、蔚宇电气、三环科技等，主要产品集中在电力控制设备、电子元器件、工业自动化仪表及控制系统等（见表25）。

表25　德阳市电子信息制造业布局

地区	主要方向	代表企业
德阳高新区	汽车应用类传感器、高端军工航空类传感器、高性能工业应用类传感器及相关电子元器件	新川航空、航泰航空、东宇科技等
中江高新区	电脑连接器、功率继电器	宏发电声、湧德电子、锐腾电子等
什邡经开区	集成电路板	华兴宇、裕丰新材料等
罗江经开区	其他电子元器件及其配套产品	美创达、致达精密电子、艾华电子等
德阳经开区 旌阳区	陶瓷电容、芯片封装件、工业电源和电线电缆	东方电气、英杰电气、蔚宇电气、三环科技等

资料来源：根据前瞻产业园区库、爱企查、网上公开资料整理得出。

2. 发展现状

电子信息制造业活力逐渐恢复。德阳市电子信息制造业以电子线电源线制造、电力电子元器件制造、工业自动控制系统装置制造为主，通过政府的大力招引，三环科技、合利诚、云狐集团相继落地德阳。从2011年开始，德阳市电子信息制造业规模以上企业数量及从业人员数量总体呈增长态势。2015年，拥有规模以上企业116家、从业人员2.9万人，但2017年企业数量开始呈下降趋势，虽然2019年有略微回升，但直到2021年才恢复至2017

年水平。截至2022年底，德阳市拥有电子信息制造业规模以上企业126家，相比2011年增长了96.88%，从业人员数量达到2.7万人（见图21）。

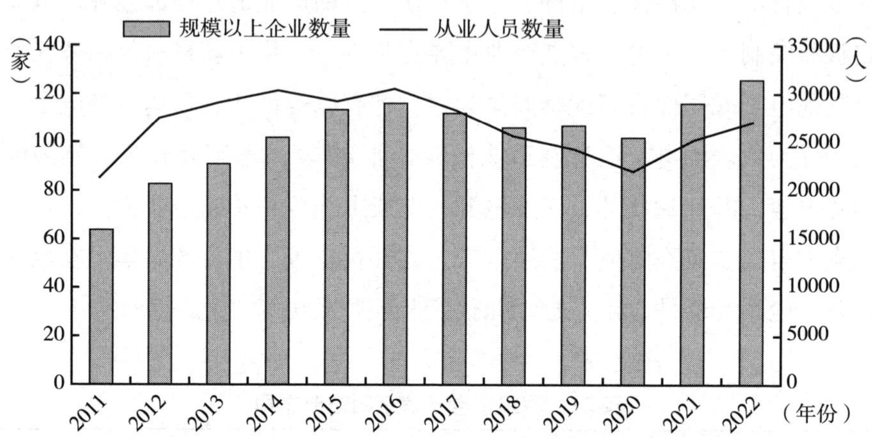

图21　2011~2022年德阳市电子信息制造业规模以上企业数量及从业人员数量

资料来源：《德阳统计年鉴》。

电子信息制造业营业收入稳步提升。德阳市重点生产电子元器件、配套零部件、终端产品等，拓展柔性电路板、电容器、陶瓷基板等领域，推动电子信息制造业向高精领域发展。全市电子信息制造业规模以上企业营业收入总体呈上升趋势。2011~2016年德阳市电子信息制造业规模以上企业营业收入年均增长率为17.14%，2016年其营业收入达到峰值361.66亿元，在全省的占比也为2011~2022年的最高，达到6.51%。此后德阳市电子信息制造业经历了3年的短暂“寒冬”，从2020年开始复苏，2021年达到2017~2022年最大增长率26.54%。2021年11月，成都市政府印发《成都都市圈发展规划》，提出以成都市为中心，建立与成都市紧密联系的由德阳市、眉山市、资阳市共同组成的成都都市圈，到2025年成都都市圈经济总量突破3.3万亿元。得益于“成德眉资”同城化发展，2022年德阳市电子信息制造业规模以上企业营业收入为484.48亿元，占全省的4.15%（见图22）。

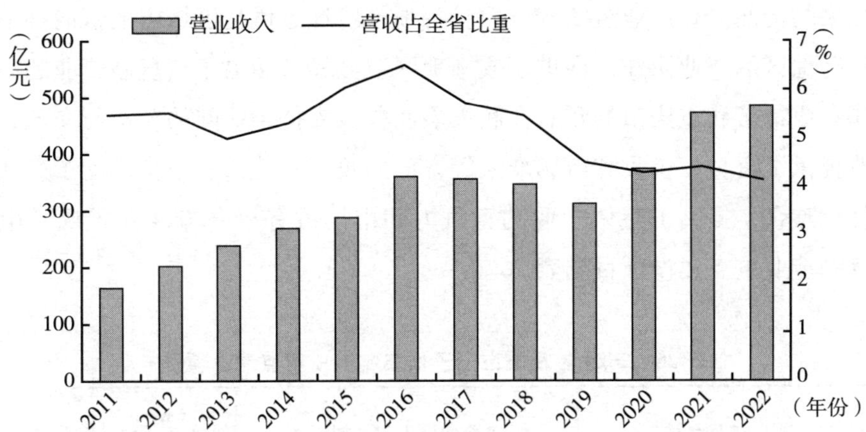

图 22　2011~2022 年德阳市电子信息制造业规模以上企业营业收入及占比

资料来源：《德阳统计年鉴》。

五　成渝地区双城经济圈电子信息制造业区域一体化发展进程

（一）产业协同发展概况

成渝地区双城经济圈作为西部重要的经济增长极，其电子信息制造业在区域一体化进程中展现出显著的产业协同发展特征。本小节将分析成渝地区双城经济圈电子信息制造业的产业协同发展概况，包括产业链完善与整合、技术创新与共享平台、政策环境和支持措施等方面的重要进展和特点。

1. 产业链完善与整合

成渝地区双城经济圈的电子信息制造业从原材料供应到终端应用形成了较为完整的产业链。重庆市作为制造业中心，其电子零部件制造和装配业务与成都市的电子设备研发和市场推广密切配合，构建了高效的供应链和产业协同体系。通过区域内企业间的合作与整合，各个环节实现了相互依存、协同发展的局面。在产业链整合方面，各地政府通过优化区域内的营商环境和推动跨地区的产业协作，促进了成渝地区双城经济圈电子信息制造业的高效运作。成都市和重庆市的政府在政策层面积极支持企业间的合作与交流，为企业提供了资金、税收和市场准入等方面的政策支持，进一步推动了产业链的优化整合，提高了整体产业的竞争力和市场占有率。2024 年重庆市电子信息制造业重点建设项目见表 26。

表 26　2024 年重庆市电子信息制造业重点建设项目

序号	项目名称	主要建设内容及规模	2024 年建设阶段	牵头单位
1	两江欣晖硅及碳化硅部件项目	建设集成电路核心设备耗材硅及碳化硅部件的生产厂房及厂务配套,实现硅环产能 13 万件/年、硅电极产能 4 万件/年、碳化硅环产能 8 万片/年	完工	两江新区管委会
2	★两江奥特斯重庆四期半导体封装载板生产线扩建项目	建设半导体封装载板生产线和系统级封装印制电路板生产线	完工	两江新区管委会
3	大渡口萤石智能制造基地	建设年产智能家居摄像头 5000 万台、智能锁产品 158 万套、智能机器人 48 万台	完工	大渡口区政府
4	两江康宁重庆项目三期盖板玻璃熔炉生产线项目	建成 2 条 7.5 代盖板玻璃生产线	完工	两江新区管委会
5	大渡口海康威视科技园三期	建设年产 1000 万件视频产品生产线	完工	大渡口区政府
6	铜梁百钰顺精密零部件智能制造产业园	建设笔记本电脑外壳、转轴、服务器机顶盒、平板外壳等产品生产线	完工	铜梁区政府
7	★两江仁宝新一代智能屏显终端产业链一体化项目	建设“汽车+电子、网内+网外”的产品设计开发型综合研发中心	完工	两江新区管委会

续表

序号	项目名称	主要建设内容及规模	2024 年建设阶段	牵头单位
8	垫江晶芯频控电子超小型号频控元器件项目	建设 10 条频控元器件生产线	续建	垫江县政府
9	涪陵 6 英寸 IGBT 功率半导体生产线项目	建设 70 微米超薄背面制造和 Trench 技术正面制造 6 英寸车规级晶圆生产线	续建	涪陵区政府
10	渝北康特项目	建设智能终端、笔记本电脑及消费电子精密五金结构件研发生产基地	续建	渝北区政府
11	重庆高新区奥松半导体 8 英寸 MEMS 特色芯片 IDM 产业基地	建设 2 条 8 英寸 MEMS 半导体晶圆生产线、总部办公大楼	续建	西部科学城重庆高新区管委会
12	★重庆高新区安意法半导体 8 英寸碳化硅外延、芯片项目	建设 1 条月产 4 万片 8 英寸碳化硅晶圆生产线	续建	西部科学城重庆高新区管委会
13	★重庆高新区三安半导体碳化硅衬底项目	总建筑面积 24 万平方米，建设月产 4 万~4.5 万片 8 英寸碳化硅衬底生产线	续建	西部科学城重庆高新区管委会
14	★重庆高新区 12 英寸集成电路特色工艺线一期	建设月产 2 万片 40~50 纳米 12 英寸集成电路特色工艺线	续建	西部科学城重庆高新区管委会
15	重庆光掩膜版制造项目	建设光掩膜版生产线 1 条，形成年产 2250 张光掩膜版生产能力	续建	两江新区管委会
16	南岸第三代半导体和芯片激光高频切割装备生产基地	开展超快激光器及其精密切割成套装备系统的研发、生产	续建	南岸区政府
17	巴南奇芯项目	建设 6 英寸先进硅基光子集成芯片生产线及研究院	续建	巴南区政府
18	南岸光学功能薄膜微纳压印一体成型技术研发生产基地	建设光学功能薄膜微纳压印一体成型技术研发生产基地	续建	南岸区政府
19	长寿电子新材料项目	新建绝缘胶注料、汽车封装胶、涂敷新材料等 8 条生产线，建成达产后，可形成年产 5.8 万吨电子专用材料的生产能力	续建	长寿区政府

续表

序号	项目名称	主要建设内容及规模	2024 年建设阶段	牵头单位
20	忠县爱谱华顿超导体新材料及数据传输设备西部生产基地	一期租赁园区标准厂房约 4 万平方米,建设超导体材料生产线 30 条;二期自建厂房 10 万平方米,建设数据传输设备生产线	新开工	忠县政府
21	江津西北工业技术研究院重庆产业基地	建设碲锌镉晶体材料及探测器项目、国家钛材产品质量监督检验中心重庆实验室、军民两用特种数字控制开关电源芯片项目、精密光学(球面光学透镜)冷加工项目	新开工	江津区政府
22	江津微链科技西南总部暨人工智能机器人大脑生产及应用研发基地	建设全球 3D 智能相机和车载智能辅助驾驶控制 PCB 模组及人工智能机器人专机生产研发基地	新开工	江津区政府
23	重庆高新区杰恩特喜智能终端面板制造项目	生产微晶手机盖板及车载盖板,布局研发中心和化学抛光垫等新业务板块	新开工	西部科学城重庆高新区管委会
24	南岸台达电子西部制造基地	建设电源转换器等产品生产线	新开工	南岸区政府
25	南川普利英电子玻璃显示面板项目	建设年产 3000 万片 2D 显示面板、3000 万片 2.5D 显示面板、800 万片 3D 显示面板全制程工艺生产线	新开工	南川区政府
26	梁平赛美康 GPP 芯片生产项目	总建筑面积 4 万平方米,建设 GPP 芯片生产线	新开工	梁平区政府
27	万州半导体器件模组产业化项目	年产激光器封装 5000 万颗、模块产品 2500 万个	新开工	万州区政府
28	万州年产 3000 万台无线路由器、蓝牙无线产品项目	年产 3000 万台无线路由器、蓝牙无线产品等	新开工	万州区政府
29	万州全球保税维修项目	首期拟在综合保税区开展电器保税维修业务	新开工	万州区政府
30	开州电器开关生产基地	建设电工产品、电子产品、塑胶制品、五金制品、模具及成品组装生产线	新开工	开州区政府

续表

序号	项目名称	主要建设内容及规模	2024年建设阶段	牵头单位
31	开州显示器加工生产项目	建设显示器加工生产项目	新开工	开州区政府
32	两江东湖高新产业园	建设智慧科技产业园，聚焦集成电路、汽车电子、智能终端、新型显示、智慧能源五大细分产业	新开工	两江新区管委会

资料来源：根据前瞻产业园区库、爱企查、网上公开资料整理得出。

2. 技术创新与共享平台

技术创新是推动电子信息制造业升级的重要动力。在成渝地区双城经济圈，政府、企业和科研机构共同建立了多层次的技术创新和共享平台。成都市和重庆市的高新技术开发区及其周边园区，不仅设立了专门的技术研发中心和实验室，还建立了跨地区的科技成果转移和共享平台，推动了科技成果的快速转化和市场应用。在技术创新共享方面，成渝地区双城经济圈的企业通过共享技术资源和专业人才，缩短了新产品的开发周期和提高了市场推广速度。成都市的高新技术企业通过与重庆市的制造业企业合作，利用其在电子设备和组件制造方面的优势，共同研发了新的智能制造技术和高性能产品，提升了整体的技术含量和附加值。

3. 政策环境和支持措施

政府在成渝地区双城经济圈电子信息制造业的发展中发挥了重要作用。通过制定有利于企业发展的产业政策、技术政策和财税政策，政府为企业的创新活动和市场拓展提供了良好的政策环境。重庆市和成都市等地的产业扶持政策和科技创新基金，为企业的研发投入和创新成果转化提供了政策和资金支持。此外，政府还通过完善跨区域的行政协调和服务机制，优化了企业的营商环境，为企业的持续发展提供了稳定可靠的政策支持。

综上所述，成渝地区双城经济圈电子信息制造业在区域一体化发展进程中，通过产业链完善与整合、技术创新与共享平台、政策环境和支持措施等多方面的努力，取得了显著的成效。未来，随着全球经济格局的变化和技术革新的加速，成渝地区双城经济圈的电子信息制造业将继续以更加开放和创新的姿态，推动区域经济的高质量发展和可持续增长。

（二）基础设施互联互通概况

根据《成渝地区双城经济圈一体化发展指数报告（2022—2023）》，2022 年成渝地区双城经济圈一体化发展指数为 113.2，较 2021 年增长 6.1 个点。分领域来看，9 个指数中有区域经济协调发展、基础设施互联互通、现代产业协同发展、科技创新共建共享、生态环境共保联治、改革开放协同推进、推动城乡融合发展、公共服务便利共享等 8 个指数实现正增长。其中，基础设施互联互通指数在 2022 年达到 118，较 2021 年增长 3.5 个点。

一是交通基础设施方面。交通基础设施互联互通建设有效促进了区域内的经济发展与产业协作。在轨道交通方面，高铁建设的快速发展为成渝地区双城经济圈的人员流动和物流运输构建了便捷通道，成渝地区双城经济圈的城市轨道交通的运营水平分别位列西部第一和第二，有效提高了城市内部的交通通畅程度；在公路网络建设方面，成渝地区双城经济圈的高速公路通车里程有了明显增加，公路密度得到了持续提升，为电子信息制造业的原材料和产品流通构建了畅通的公路体系，进一步增强了区域交通的便捷性；在航空运输方面，成渝地区双城经济圈还积极推进了世界级机场群的建设，为电子信息制造业的国际物流搭建了关键的平台。

二是物流基础设施方面。成渝地区双城经济圈建设了一批现代化的物流园区和物流中心，为电子信息制造业提供了全方位的物流服务，包括仓储、分拣和配送等，还通过优化物流流程，有效降低了电子信息制造业产品的物流成本，显著提升了物流效率。此外，成渝地区双城经济圈还积极推动公铁水空多式联运体系的建设，成功实现了不同运输方式间的无缝对接。

三是信息基础设施方面。成渝地区双城经济圈致力于构建高速、安全且广泛覆盖的信息网络体系，为电子信息制造业提供了稳固的信息支撑。通过加强信息基础设施的互联互通，成渝地区双城经济圈有效推动了区域内企业间的信息共享与业务协同，提升了整个电子信息制造业产业链的竞争实力，激发了行业内部的创新力。此外，成渝地区双城经济圈还布局建设了多个数据中心与云计算平台，为电子信息制造业带来了便捷、高效的数据存储、处理及分析服务。

四是政策保障与协同机制方面。成渝地区双城经济圈在政策层面进行了深入的协同配合，联合制定并实施了一系列旨在促进基础设施互联互通的细致政策措施，为基础设施的建设与运营提供了坚实的法治保障，极大地激发了相关行业的发展活力。同时，成渝地区双城经济圈还建立了周密的协同机制，包括定期召开的联席会议以及专项工作组的成立等，这些机制的运作有效促进了区域内的深度沟通与高效配合，为基础设施互联互通工作的有序推进提供了重要支撑。

（三）科技创新共建共享概况

当前，成渝地区双城经济圈各地发挥各自科技创新资源优势，协同加快建设重大科技基础设施、前沿交叉平台、技术创新平台，凝聚形成科技创新合力，共同助力电子信息制造业高质量发展。

共建科技创新基础设施。根据《成渝地区双城经济圈建设规划纲要》作出的部署，成渝综合性科学中心将聚焦核能、航空航天、智能制造和电子信息等领域的战略性产品开发，在四川省天府新区、重庆市高新区集中布局建设若干重大科技基础设施和一批科教基础设施，引导地方、科研机构和企业建设系列交叉研究平台和科技创新基地，打造学科内涵关联、空间分布集聚的原始创新集群。成渝地区双城经济圈共建“一带一路”科技创新合作区，与 80 多个国家的各类创新主体开展科技交流合作，截至 2023 年 11 月，建成国际科技合作基地 109 个、国家企业技术中心 145 个。协同推进西部（重庆）科学城、成渝综合性科学中心建设，布局建设 11 个国家大科学装置、5 个国家产业（技术）创新中心。从国家超级计算成都中心到绵阳大型科学仪器共享平台，成渝地区双城经济圈已实现 1 万多台（套）大型仪器设备开放共享。

科技协同创新取得新进展、新突破。近年来在党中央的坚强领导下，按照川渝两省市党委、政府决策部署，两省市科技系统紧密合作，不断强化思想自觉、政治自觉、行动自觉。国家先后出台《成渝地区双城经济圈建设规划纲要》《成渝地区建设具有全国影响力的科技创新中心总体方案》《关于进一步支持西部科学城加快建设的意见》等一系列顶层文件。截至 2023 年 9 月，成渝地区双城经济圈累计建成国家级创新平台 236 个；实施川渝科技创新合作计划，支持科技合作项目 147 项；国家高新技术企业突破 2.1 万家、国家科技型企业超过 2.5 万家；该区域的科研单位联合组建成渝地区双城经济圈技术转移联盟、成渝地区双城经济圈科研院所联盟和大学科技园协同创新战略联盟等一批协同创新机构。这些新进展和新突破为推动成渝地区双城经济圈建设提供了重要的科技支撑。

协同创新合作进一步深化，成渝地区双城经济圈加快推动建设具有全国影响力的科技创新中心。一是强化创新平台共建共用。积极对接国家战略科技力量和资源，高起点谋划创新体系，协同推进科创中心、国家级重点实验室、国家大科学装置、国家级产业（技术）创新中心等平台在成渝地区双城经济圈的布局建设。二是强化科技攻关同频共振。突出原创性、引领性攻关，注重从源头上、基础上解决共性技术问题，联合承担国家重大科技项目，实施科技创新合作计划，合力增强电子信息、装备制造等优势产业核心竞争力。三是强化创新主体协同共育。发挥企业创新主体作用，先行先试职务科技成果权属改革和科技人才评价改革，大力培育高精尖特和“隐形冠军”企业，支持龙头企业牵头组建创新联合体。截至 2023 年 11 月，成渝地区双城经济圈国家高新技术企业、科技型企业均超 2 万家，呈现科技创新企业集群引领带动高质量发展的良好态势。四是强化创新资源开放共享。深化科技创新交流合作，加强与京津冀、长三角、粤港澳协同创新，高水平共建“一带一路”科技创新合作区和国际技术转移中心，积极参与国际大科学计划和大科学工程。截至 2023 年 11 月，成渝地区双城经济圈建成“一带一路”联合实验室 3 个、引才引智基地 108 个，全球科技创新资源不断向该区域汇聚。

六　成渝地区双城经济圈电子信息制造业布局与发展中存在的主要问题

（一）低附加值产品多，创新水平亟待提升

尽管成渝地区双城经济圈在电子信息制造业方面拥有较大的产能和规模，在技术创新方面也取得了一定进展，但总体创新能力仍然不足，制约区域高质量发展。在技术创新方面，虽然区域内有多家高校和科研机构在电子信息领域具有较强的研究实力，但在集成电路、人工智能、新型显示等关键技术领域，原创性技术和突破性成果较少，许多企业集中在低附加值的代工生产环节，缺乏特色和差异化竞争优势。同时，主要依靠引进消化吸收和技术仿制，难以获取高附加值的利润空间，这限制了制造业的长远发展和竞争力提升。在科研成果转化方面，虽然区域内各大高校和科研机构有一定的科研成果产出，但产学研合作机制不健全，企业与科研机构之间的互动和协同不足，企业缺乏对前沿技术的把握和应用能力，科研机构的创新成果难以迅速对接市场需求，科技成果转化率较低。在创新资源分布方面，成都市和重庆市在不同的领域各具优势，但区域内的创新资源和要素尚未实现有效整合，创新生态体系不完善，在创新创业孵化平台、技术转移服务体系、产业创新联盟等方面仍存在较大的提升空间。

（二）处于供应链末端，新兴领域布局不足

成渝地区双城经济圈的电子信息制造业主要依靠中低端的组装、代工和简单制造环节。这种模式使得企业往往处于整个供应链的末端，缺乏对产品核心技术和高附加值部件的控制能力，易受到上游供应商和下游客户的挤压，此外，区域内企业发展过度依赖代工和组装，同质化竞争压力较大，价格竞争激烈，利润空间被进一步压缩，进而导致企业在技术升级和创新能力方面的投入不足。在5G通信设备、物联网、人工智能等新兴领域，成渝地

区双城经济圈的制造业布局不够完善、研发投入明显不足，缺乏对新兴技术的深度参与，区域内企业难以通过自主创新和高附加值产品占据更有利的市场地位。在新兴技术领域，成渝地区双城经济圈在智能手机组装和消费电子产品生产等传统电子产品制造领域有一定的积累和基础，但其在集成电路设计、人工智能应用、机器人技术等高技术含量领域的投入不足，缺乏核心技术和高端产品，企业在全球市场上的竞争力有限，难以打入高端市场。

（三）整体配套能力缺乏

在产业链各环节支持和保障机制方面，成渝地区双城经济圈在物流基础设施和供应链管理上还存在一些短板，物流运输网络尚未覆盖各个产业园区，物流成本和运输时间较高，影响企业的生产和交付效率。在金融服务和资本支持方面，尽管成渝地区双城经济圈的政府和金融机构在支持电子信息制造业发展上做出了很多努力，但区域内的企业在融资渠道和融资成本上仍面临较大挑战。许多中小企业由于缺乏足够的信用和担保，往往难以获得银行贷款和投资机构的支持。在人力资源和人才服务配套方面，尽管区域内有多所著名高校和科研机构，但高端技术人才和管理人才的供给仍无法完全满足产业发展的需求，尤其是对高端技术和管理人才的激励和保障机制不够完善、人才流失率较高，导致企业在技术创新和市场竞争上面临较大压力。

七　成渝地区双城经济圈电子信息制造业发展对策建议及趋势展望

（一）电子信息制造业发展对策建议

成渝地区双城经济圈应围绕电子信息制造业的发展，做好顶层设计引领，推动要素一体化发展，加强产业链协同发展，构建差异化协同格局，推动技术创新和研发合作。形成分工明确、要素一体化、资源高效配备、产业链协调发展的新格局。

做好顶层设计引领。成渝地区双城经济圈要做好电子信息制造业发展顶层设计，健全配套政策体系，强化推动发展的协调机制，共同谋划和推进产业合作项目和事项，形成合理的产业结构和空间布局，避免内部同业过度竞争，为区域电子信息制造业高质量发展提供坚实支撑。

推动要素一体化发展。成渝地区双城经济圈应在区域内实现资源、技术、人才、资金等要素的高效流动，提升区域内资源配置效率和产业竞争力，采取政策协调、市场开放、信息共享等行动打破行政壁垒，实现资源和要素的自由流动。加快建设成渝地区双城经济圈的交通网络、物流体系、信息等基础设施，提升要素流动的效率和便利性。探索产业整合利益的分享机制，建立人才共享机制，提高区域内高端人才的数量和质量，重点培育高技术人才和复合型人才，持续不断地引入高端人才，建立具有竞争力的人才激励机制，确保人才的长期发展。完善金融服务体系，拓宽企业融资渠道，优化金融服务环境，设立区域性产业投资基金。

加强产业链协同发展。成渝地区双城经济圈应加快构建完整的电子信息制造业产业链，提升整体配套能力。政府应支持上游关键零部件和核心技术的本地化生产和研究，促进高端芯片、传感器等核心零部件的研发和制造，减少对进口的依赖。鼓励企业加强与配套供应商的合作，共同提升产业链的自主可控能力。推动电子信息制造企业在成渝地区双城经济圈集中布局，形成产业集群。通过集群效应，企业可以共享供应链、物流、研发等资源，降低成本，提高效率。规划和建设高标准的产业园区，配套完善的基础设施和服务设施，吸引上下游企业入驻，形成完整的产业链。

构建差异化协同格局。成渝地区双城经济圈应根据资源禀赋、产业基础和区位优势，明确各自在电子信息制造业中的分工定位，重庆可以重点发展电子元器件和整机制造，成都侧重软件开发和信息服务，以形成优势互补的产业布局、避免同质化竞争、实现错位发展、提升区域整体竞争力。建立长效的合作机制，定期召开联席会议，协调解决产业发展中的重大问题。通过信息共享、政策协调、资源整合，推动该区域在电子信息制造业领域的深度合作，实现共赢发展。

推动技术创新和研发合作。成渝地区双城经济圈应建设区域性创新平台，各地政府应通过政策支持、研发合作和资金投入，鼓励企业建立研发中心，在高端芯片、5G通信设备、物联网和人工智能等领域开展核心技术攻关。加大研发投入力度，设立专项科研基金，建立创新孵化器和技术转移平台，促进科研成果的转化和产业化。加强与国际先进地区和企业的合作，借鉴国外先进技术和管理经验，提升本地企业的创新能力和市场竞争力。搭建国际合作平台，促进企业间的技术交流和合作，推动本地企业“走出去”、开拓国际市场。

（二）电子信息制造业发展趋势展望

1. 成渝地区双城经济圈电子信息制造业将朝着数智融合发展

展望未来，随着全球数字化浪潮的推进，成渝地区双城经济圈电子信息制造业的数字化、智能化融合发展趋势日益明显。成渝地区双城经济圈将加速推动数字化转型，引入大数据、云计算、物联网等先进技术，实现生产过程的全面数字化。智能制造、智慧物流、智能供应链等技术将广泛运用于提高生产效率和产品质量。企业将构建更为智能的生产线和工厂，实现自动化生产、智能检测和质量控制，提高生产精度和效率。政府、企业和科研机构将共同努力，构建开放、共享、协同的数智融合生态体系，推动上下游企业、科研机构和服务机构的协同创新，搭建工业互联网平台和智能制造示范基地，促进数据共享和技术合作，形成紧密连接的产业链和创新链。

2. 成渝地区双城经济圈电子信息制造业辐射带动作用将显著增强

展望未来，成渝地区双城经济圈电子信息制造业将在区域协同发展、产业链上下游整合、资源配置优化和技术创新推动等方面成为西部地区电子信息制造业的风向标，对西部地区整体发展产生深远影响。成渝地区双城经济圈将进一步加强区域内城市的协同发展，形成更为紧密的经济合作关系，通过政府间的顶层设计和战略规划，推动成渝地区双城经济圈一体化进程，加强区域内企业间合作交流，以形成资源互补、优势共享的局面；重点推动电子信息制造业产业链上下游的整合发展，搭建区域性的产业合作平台，促进供应链、制造链、销售链的深度融合，提升整体效率和竞争力；建立产业联盟，推动核心技术和关键环节的突破，形成完整的产业链生态系统。成渝地区双城经济圈的高校将进一步发挥其在人才培养、科研创新和产学研合作方面的作用，实现创新链条的高效运转，推动电子信息制造业的高质量发展。成渝地区双城经济圈的企业将成为电子信息制造业发展的重要推动者，为研发和创新投入更多资源，推动产业升级，成为引领未来制造业发展的先锋力量。总的来说，成渝地区双城经济圈电子信息制造业的辐射带动作用将显著增强。通过成渝地区双城经济圈的带动作用、高校的支撑作用和企业的主体作用，该区域的电子信息制造业将成为经济发展的重要引擎，推动成渝地区和西部地区整体经济水平的提升和产业结构的优化。

3. 成渝地区双城经济圈电子信息制造业创新资源将更加优化

展望未来，成渝地区双城经济圈电子信息制造业的创新资源将更加优化。重庆都市圈、成都都市圈带动周边城市共建电子信息制造业产业链上下游，使要素资源在区域内合理流动、资源利用效率进一步提高。成渝地区双城经济圈高校、科研机构、企业将形成紧密的合作关系，共同推动产学研一体化发展。具体来说，通过共建联合实验室、设立产业研究院和联合培养高端人才等方式，成渝地区双城经济圈将促进科研成果向市场转化、提高企业的技术创新能力，将高校和科研院所的优势资源有效转化为产业发展的实际生产力，进一步提升区域整体的创新水平。政府将进一步优化政策与区域创新生态环境，促进国内国际合作与交流，吸引全球领先的技术和管理经验，为企业提供更为便利的发展条件和更多的发展机遇；完善知识产权保护制度，简化审批流程，提供一站式服务，为企业的发展创造更为便利的条件。成渝地区双城经济圈将成为中国乃至全球电子信息制造业的重要创新高地。

参考文献

本刊编辑部：《“33618”，“重庆制造”再出发》，《当代党员》2023年第12期。

曹晨、罗强胜、黄俊等：《成渝地区双城经济圈科技创新合作现状分析——基于社会网络与LDA主题模型》，《软科学》2022年第1期。

胡旭：《“长江首城”宜宾的经济调色盘》，《经济参考报》2023年4月18日。

寇敏芳：《49家川企“优等生”路演吸引2000余家机构“围观”》，《四川日报》2023年9月21日。

刘泰山、李艳玲：《成渝地区已建成中国柔性显示产业最大集聚地》，《成都日报》2023年9月9日。

皮林、马嵩、任俨：《西部科学城自贡科创园建设战略定位的研究》，《城市建设理论研究》（电子版）2024年第2期。

唐千惠：《迈向第二个“万亿”台阶，四川第一支柱产业再做“大”文章》，《四川经济日报》2022年9月28日。

唐琴：《双城经济圈一体化发展“成绩单”来了》，《重庆日报》2023年12月10日。

夏元：《抢抓共建“一带一路”机遇　重庆电子信息产业向万亿级产值规模迈进》，《重庆日报》2023年10月20日。

夏元：《五年内规上企业实现产值500亿元》，《重庆日报》2023年11月16日。

夏元、唐琴：《“33618”重庆未来五年全力打造现代制造业集群体系》，《重庆日报》2023年6月6日。

夏元、杨骏：《“拳头”产品给力　两大“主战场”势头强劲》，《重庆日报》2022年12月7日。

徐锐：《京东方发布千亿级“西南战略”》，《上海证券报》2021年3月30日。

许杰皓：《成渝双城经济圈电子信息产业集群竞争力研究》，《商展经济》2024年第1期。

杨杨、陈家莉：《融通创新，并线竞速——川渝两地协作共兴的电子信息产业新篇章》，《产城》2023年第6期。

杨宇成：《基于工业能源消费数据统计分析的成都电子信息制造业绿色发展研究》，《决策咨询》2023年第3期。

尹秦：《经开区：砥砺十年势昂扬　奋楫争先谱新篇》，《绵阳日报》2022年10月20日。

张维佳：《四川绵阳：奋力打造全国新型显示产业知名城市》，《中国电子报》2022年11月25日。

张亦筑：《首届“一带一路”科技交流大会11月6日至7日在重庆举行》，《重庆日报》2023年10月31日。

郑三波：《重庆集成电路产业要实现4个“百亿级”目标》，《重庆商报》2019年5月28日。

行业篇

B.2 成渝地区双城经济圈计算机制造业发展报告*

朱 浩　任飞燕　杨 诗**

摘　要： 本报告深入分析了成渝地区双城经济圈计算机制造业的布局情况、发展现状及面临的主要问题，并提出了相应的发展对策建议。研究发现，成渝地区双城经济圈计算机制造业发展态势良好，逐步成为全国乃至全球电子信息制造业的重要集聚地之一，区域内拥有完整的电子信息制造业产业链，四川省笔记本电脑出口量整体上升趋势明显，重庆市逐步形成“品牌+软件开发+整机代工+零部件企业+材料元件制造”环环相扣的完整的计算机制造业集群。但成渝地区双城经济圈计算机制造业仍存在产业附加值不高、面临产业转移风险、产业结构较为单一等问题。本报告提出优化产业链

* 基于数据可获得性，本报告成渝地区双城经济圈相关数据根据重庆市与四川省总和进行统计。

** 朱浩，博士，重庆邮电大学经济管理学院副教授、硕士生导师，主要研究方向为数智技术创新与管理、创新政策与政府治理等；任飞燕，重庆邮电大学经济管理学院硕士研究生，主要研究方向为数智技术创新管理；杨诗，重庆邮电大学经济管理学院硕士研究生，主要研究方向为数智技术产业理论与政策。

布局、加强跨区域协同合作、推动产业链深度融合、增强核心技术研发能力、提升产业附加值、应对产业转移风险等多项政策建议。

关键词： 计算机制造业 产业附加值 产业转移 成渝地区双城经济圈

一 计算机制造业布局情况

（一）重庆市计算机制造业布局

重庆市的计算机制造业作为电子信息制造业的重要组成部分，具有重要的战略地位和巨大的发展潜力。2008 年重庆市开始着力布局笔记本电脑制造业，通过引进国际知名品牌和利用其强大的垂直整合能力，发挥品牌商和原始设备制造商的带动效应，吸引从原材料、零部件到整机装配的大量企业聚集重庆市，逐步形成“品牌+软件开发+整机代工+零部件企业+材料元件制造”环环相扣的完整的计算机制造业集群。从布局模式看，重庆市计算机制造业布局可概括为区域自主协调型布局，产业链上下游企业在主城九区与其他区县均有分布，表 1 展示了部分地区的情况。

表 1 重庆市计算机制造业布局

地区	重要载体/功能区	龙头企业
沙坪坝区	西永微电子产业园	材料元件制造：华润微电子（重庆）有限公司、航天金美（重庆）通信有限公司、达丰（重庆）电脑有限公司、英业达（重庆）有限公司 零部件组装制造：惠普（重庆）有限公司、富士康科技集团重庆科技园、达丰（重庆）电脑有限公司、航天金美（重庆）通信有限公司、顺维（重庆）科技有限公司
渝北区	保税港区空港功能区、仙桃数据谷、空港新城仙桃软件园、两江数字经济产业园、两江半导体产业园、重庆空港工业园区、金泰集成电路设计产业园	材料元件制造：峻凌电子（重庆）有限公司 零部件组装制造：旭硕科技（重庆）有限公司、仁宝电脑（重庆）有限公司、重庆天箭惯性科技股份有限公司 软件开发与信息服务：纬创资通（重庆）有限公司、重庆传音通讯技术有限公司、猪八戒股份有限公司、重庆秦嵩科技有限公司、重庆长安科技有限责任公司

续表

地区	重要载体/功能区	龙头企业
北碚区	水土高新技术产业园	材料元件制造:重庆京东方光电科技有限公司、康宁显示科技(重庆)有限公司、重庆莱宝科技有限公司、重庆川仪微电路有限责任公司、重庆宇隆光电科技股份有限公司、重庆万国半导体科技有限公司、重庆灿恒光电科技有限公司
巴南区	巴南经济园区	材料元件制造:重庆惠科金扬科技有限公司、重庆惠科金渝光电科技有限公司、重庆惠科显示科技有限公司
江北区	港城工业园区	材料元件制造:奥特斯科技(重庆)有限公司 软件开发与信息服务:重庆市海普软件产业有限公司
渝中区	—	软件开发与信息服务:宏碁(重庆)有限公司、重庆新思维信息技术有限公司
九龙坡区	金凤电子信息产业园、重庆高新技术产业开发区	材料元件制造:尼得科群祥科技(重庆)有限公司、重庆市旭宝科技有限公司、台晶(重庆)电子有限公司 零部件组装制造:春鸿电子科技(重庆)有限公司、重庆市旭宝科技有限公司 软件开发与信息服务:华硕电脑(重庆)有限公司、重庆特斯联高新技术产业发展有限责任公司、重庆高新数字产业服务有限公司、重庆航天信息有限公司、中冶赛迪信息技术(重庆)有限公司、重庆蓝岸科技股份有限公司
永川区	永川科技生态城、重庆市永川凤凰湖工业园、永川综合保税区、重庆永川工业园区	材料元件制造:重庆永信科技有限公司、重庆西胜电子科技有限公司、川亿电脑(重庆)有限公司、重庆市金泽鑫科技有限公司 零部件组装制造:重庆春秋电子科技有限公司
璧山区	奥康工业园区	材料元件制造:重庆大泰电子科技有限公司、欣日兴精密电子(重庆)有限公司、重庆凯达电子科技有限公司、重庆康建光电科技有限公司、中电科芯片技术股份有限公司 零部件组装制造:精元(重庆)电脑有限公司、重庆富鸿齐电子有限公司 软件开发与信息服务:中电科芯片技术股份有限公司
合川区	重庆合川工业园 A 区	材料元件制造:斯丹达(重庆)能源有限公司、新宝逻电子科技(重庆)有限公司

资料来源：根据前瞻产业园区库、爱企查、网上公开资料整理得出。

从市内重要产业功能区看，西部（重庆）科学城作为重庆市重要的科技创新基地，推动了计算机制造业的数字化、网络化和智能化发展，在服务器研发领域填补了市场空白。2023 年 7 月，顺维科技服务器研发中心在西部（重庆）科学城西永微电子产业园正式投用，填补了重庆市计算机产业链服务器研发领域空白。沙坪坝区西永微电子产业园汇聚华润微电子、英业达、惠普、富士康等多家计算机上下游知名企业；渝北区以保税港区空港功能区为载体，依托旭硕、仁宝、纬创、传音、猪八戒等龙头企业，做大做强计算机零部件组装制造及软件开发与信息服务。从计算机制造业产业链上下游龙头企业看，惠普、宏碁、华硕 3 家品牌商，纬创、传音、猪八戒 3 家软件开发与信息服务企业，富士康、旭硕、春鸿、仁宝、顺维、达丰 6 家零部件组装制造企业，中电科、京东方、华润微电子、英业达、惠科 5 家材料元件制造企业，均已落户重庆市。重庆市从最初的代工生产，到拥有笔记本电脑、平板电脑、服务器等 10 多类产品的制造体系，基本实现计算机零部件及软件的本地配套，形成从核心部件到品牌整机、从硬件生产到软件研发的计算机制造业全产业链。

（二）成都市计算机制造业布局

成都市计算机制造业相关企业依托区域内园区、产业园快速发展。从布局模式来看，成都市计算机制造业布局较为集中，实行了“横向‘软硬’兼施，纵向链条延伸”的模式。成都市计算机制造业以高新区为核心，以成都科学城、锦江软件园、电子科技大学国家大学科技园为特色发展区，吸引了国内外众多领军企业入驻，培育了一批本土骨干企业，形成了涵盖芯片设计、硬件制造、软件开发、系统集成及信息服务等多个环节的完整产业链。成都市电子信息产业功能区由郫都区和高新西区两区共建，重点打造计算机制造业电子元器件制造、软件开发、芯片封装、面板显示研发等基地，依托英特尔、京东方、华为等龙头企业的引领带动，陆续集聚了锐芯盛通、华微电子、极米科技等一大批计算机上下游重点企业；成都芯谷是成都市计算机材料元件制造的两个主承载产业功能区之一，也是中电科布局西南地区重要桥头堡，集聚了奥希特、华大九天等相关企业 20 余家。区域内企业、高校等创新资源紧密合作，共同推进计算机制造业的快速发展。

成都市计算机制造业产业链的重点企业涵盖了从硬件制造到软件开发的

各环节。其中，在产业链上游的材料元件制造环节，汇聚了英特尔产品（成都）有限公司、德州仪器半导体制造（成都）有限公司、成都京东方光电科技有限公司、成都锐芯盛通电子科技有限公司、成都华微电子科技股份有限公司、成都华大九天科技有限公司、成都中建材光电材料有限公司等一系列重点企业；在产业链中游的零部件组装制造环节，以成都京东方光电科技有限公司、成都华为技术有限公司、成都联想电子科技有限公司、戴尔（成都）有限公司、纬创资通（成都）有限公司、仁宝电脑（成都）有限公司、富士康科技集团成都科技园为主要载体；在产业链下游的软件开发与信息服务环节则包含了成都天奥科技开发有限公司、英诺达（成都）电子科技有限公司、成都华为技术有限公司、四川浪潮信息技术有限公司、极米科技股份有限公司等重点企业（见表2）。

表2　成都市计算机制造业布局

地区	重要载体/功能区	龙头企业
高新区	新川创新科技园、天府软件园、成都电子信息产业功能区（高新西区）	材料元件制造：英特尔产品（成都）有限公司、德州仪器半导体制造（成都）有限公司、成都京东方光电科技有限公司、成都锐芯盛通电子科技有限公司、成都华微电子科技股份有限公司 零部件组装制造：成都京东方光电科技有限公司、成都华为技术有限公司、成都联想电子科技有限公司、戴尔（成都）有限公司、纬创资通（成都）有限公司、仁宝电脑（成都）有限公司 软件开发与信息服务：英诺达（成都）电子科技有限公司、成都华为技术有限公司、四川浪潮信息技术有限公司、极米科技股份有限公司
郫都区	成都电子信息产业功能区（郫都区）	零部件组装制造：富士康科技集团成都科技园
双流区	西南航空港经济开发区、成都芯谷	材料元件制造：成都华大九天科技有限公司、成都中建材光电材料有限公司、四川奥希特电子材料有限公司
天府新区	电子科技大学国家大学科技园（天府园）	软件开发与信息服务：成都天奥科技开发有限公司
崇州市	成都智能运用产业功能区捷普工业园	材料元件制造：捷普科技（成都）有限公司

资料来源：根据前瞻产业园区库、爱企查、网上公开资料整理得出。

（三）成渝地区双城经济圈其他主要城市计算机制造业布局

成渝地区双城经济圈其他主要城市在重庆市、成都市的带动下，呈现多点开花、稳步发展的特点。成渝地区双城经济圈其他主要城市的计算机制造业发展主要为提供产业链配套设施，聚焦上游材料元件制造。德阳市依托中江电子信息（元器件）特色园区、天府数谷等功能园区，主要涉及计算机制造业产业链上游的材料元件制造。绵阳市计算机制造业布局聚焦平板显示、基础电子元件等重点领域，建有中国（绵阳）科技城 5G 科技园，不仅有长虹、四川九洲等一批本土骨干企业，还集聚京东方、惠科等一批具有全球影响力的龙头企业，其产业链较完善。眉山市作为四川省新型显示制造业集群的三大核心区域之一，在计算机制造业产业链、供应链上有着重要地位，依托四川美加容祥电子信息产业园、联想叠云创新科技园等载体，在信利（仁寿）高端显示科技有限公司等龙头企业的带动下，不断推动触控模组、液晶面板等计算机关键零部件环节聚集成链。宜宾市依托宜宾智能终端产业园，以宜宾浪潮科技有限公司为中心，纵向发展计算机材料元件制造、零部件组装制造、软件开发与信息服务等配套企业。南充市依托南充高新技术产业园区、四川南部经济开发区，拥有三环电子、中科九微、天谷科技等龙头企业（见表 3）。

表 3　成渝地区双城经济圈其他主要城市计算机制造业布局

地区	重要载体/功能区	重点企业
德阳市	中江电子信息（元器件）特色园区、天府数谷	材料元件制造：四川宏发电声有限公司、四川省德阳博益磁性材料有限公司、四川锐腾电子有限公司、四川省华兴宇电子科技有限公司、四川英杰电气股份有限公司、中江湧德电子有限公司
绵阳市	中国（绵阳）科技城 5G 科技园	材料元件制造：四川长虹电子控股集团有限公司、四川九洲投资控股集团有限公司、绵阳京东方光电科技有限公司 零部件组装制造：四川九洲投资控股集团有限公司、绵阳京东方光电科技有限公司、绵阳惠科光电科技有限公司

续表

地区	重要载体/功能区	重点企业
乐山市	乐山电子信息半导体产业园	材料元件制造:乐山无线电股份有限公司、乐山-菲尼克斯半导体有限公司、乐山希尔电子股份有限公司
眉山市	四川美加容祥电子信息产业园、联想叠云创新科技园	材料元件制造:四川天府江东科技有限公司、四川华赐科技有限公司、四川江化微电子材料有限公司 零部件组装制造:信利(仁寿)高端显示科技有限公司
遂宁市	高新区电子信息产业园、遂宁电子及新材料产业园、遂宁电子电路产业园	材料元件制造:四川广义微电子股份有限公司、四川英创力电子科技股份有限公司 零部件组装制造:遂宁伊连特电子有限公司、遂宁立讯精密工业有限公司
自贡市	自贡高新区电子信息产业园、自贡粤创微电子科技产业园	材料元件制造:四川中誉瑞禾实业有限公司
宜宾市	宜宾智能终端产业园	材料元件制造:宜宾市佳捷兴电子科技有限公司、宜宾市极米光电有限公司 零部件组装制造:四川康佳智能终端科技有限公司、四川朵唯智能云谷有限公司 软件开发与信息服务:宜宾浪潮科技有限公司
南充市	南充高新技术产业园区、四川南部经济开发区	材料元件制造:南充三环电子有限公司、中科九微科技股份有限公司 软件开发与信息服务:四川天谷科技有限公司
泸州市	四川泸州国家高新区电子信息特色园、中国电子(泸州)产业园	零部件组装制造:四川长城计算机系统有限公司

资料来源：根据前瞻产业园区库、爱企查、网上公开资料整理得出。

成渝地区双城经济圈其他主要城市的计算机制造业相关企业布局主要呈现以重要功能区为载体、龙头企业带动产业链上下游发展的特征。各地政府通过政策实施，引入一批在计算机领域具有影响力的龙头企业，这些企业凭借自身强大的技术实力、资源和市场影响力，成为产业链的核心力量，为上下游企业提供支持和解决方案，不断拓展区域内计算机制造业的发展空间。其中，计算机制造业产业链上游材料元件制造包括南充三环电

子有限公司、中科九微科技股份有限公司、宜宾市佳捷兴电子科技有限公司、宜宾市极米光电有限公司、四川中誉瑞禾实业有限公司、四川长虹电子控股集团有限公司、四川九洲投资控股集团有限公司、绵阳京东方光电科技有限公司等重点企业；中游零部件组装制造则汇聚四川九洲投资控股集团有限公司、绵阳京东方光电科技有限公司、绵阳惠科光电科技有限公司、信利（仁寿）高端显示科技有限公司、遂宁伊连特电子有限公司、遂宁立讯精密工业有限公司、四川康佳智能终端科技有限公司、四川朵唯智能云谷有限公司等龙头企业；下游软件开发与信息服务的重点企业较少，主要以宜宾浪潮科技有限公司为代表。

二　计算机制造业发展现状

（一）制造业整体概况

1. 全国计算机制造业整体情况

我国计算机制造业体系较完整、规模体量庞大，核心能力持续提升。2023 世界计算大会的数据显示，2022 年我国计算机制造业规模约占电子信息制造业的 20% 以上，达 2.6 万亿元，计算机领域发明申请近 2 万件，2016~2022 年累计出货超过 2091 万台通用服务器、82 万台人工智能服务器，算力总规模居全球第二，我国先进计算领域涌现出一批创新成果。2015~2022 年，我国计算机制造业规模以上企业数量从 1452 家稳步增长至 2849 家。2022 年我国计算机制造业资产总计为 19375.2 亿元，同比增长 10.36%；营业收入为 28259.2 亿元，同比增长 6.71%；利润总额为 748.9 亿元，同比下降 5.27%（见图 1 至图 2）。

在国内已经形成了以个人计算机、超级计算机、服务器及存储设备、平板电脑等为主体的市场格局。在计算机制造业方面，主要生产各种计算机系统、外围设备、终端设备以及其他有关装置的产品。

个人计算机方面，联想、戴尔、惠普、华硕、华为占据主要市场份额。

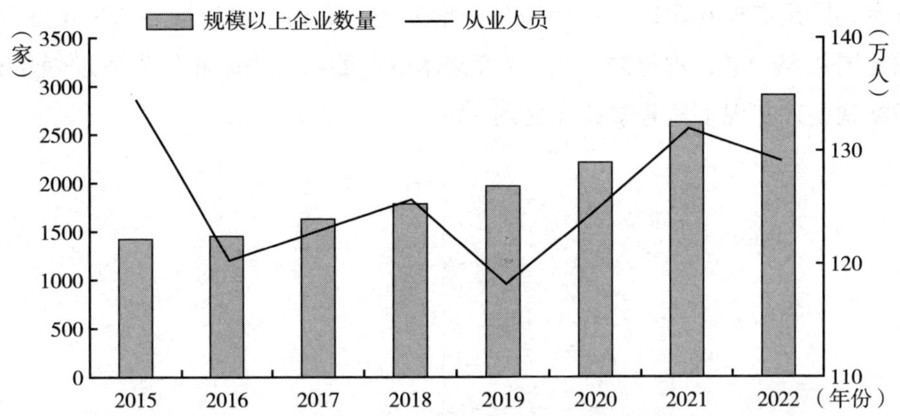

图 1　2015~2022 年我国计算机制造业规模以上企业数量与从业人员

注：2017 年我国计算机制造业规模以上企业数量与从业人员数未能在公开资料中找到，故以 2016 年与 2018 年数据利用插值法估计而得。

资料来源：《中国工业统计年鉴》《中国经济普查年鉴》。

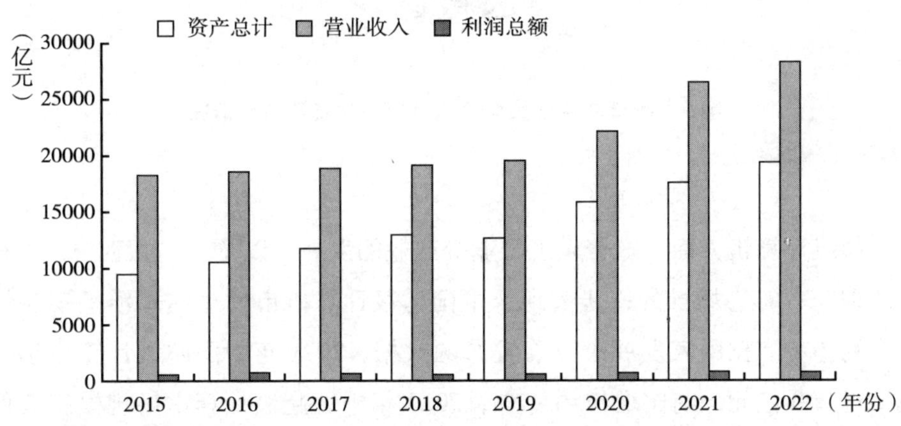

图 2　2015~2022 年我国计算机制造业主要经济指标

注：2017 年我国计算机制造业规模以上企业资产总计、营业收入及利润总额未能在公开资料中找到，故以 2016 年与 2018 年数据利用插值法估计而得。

资料来源：《中国工业统计年鉴》《中国经济普查年鉴》。

2022 年，中国大陆个人计算机市场出货量为 4850.8 万台，同比下降 14.9%，其中联想等五大厂商占据了 75%的市场份额。联想以 1925.3 万台的出货量占全国约 40%的市场份额，同比下降 15.5%；华硕出货量为 377

万台，同比增长 6.5%，占比约 8%；华为增长突出，出货量为 357.6 万台，同比增长 89.1%，占比约 7%。尽管整体市场萎缩，华硕和华为通过创新和战略调整，实现了显著增长（见图 3）。

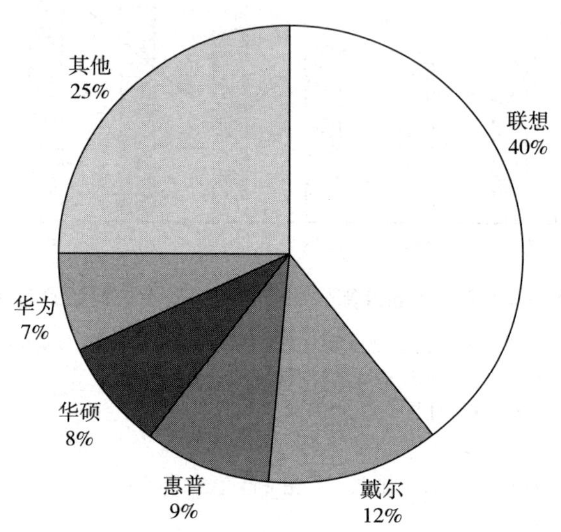

图 3　2022 年中国大陆个人计算机出货量占比情况

资料来源：国家发展改革委。

超级计算机方面，随着人工智能等产业的发展，以及“东数西算”“东数西训”等算力场景的逐步落地，中国超级计算机市场总体规模呈现持续上升的趋势。据国家发展改革委发布的数据，2021 年中国超级计算市场规模接近 200 亿元，同比增长约 25%；2022 年中国超级计算市场规模继续保持上涨的趋势，达到 240 亿元左右，同比增长约 20%（见图 4）。

服务器及存储设备方面，我国市场以 x86 服务器为主。2023 年 x86 服务器出货金额预计达到 260.2 亿美元（约合 1790.38 亿元人民币），同比增长 8.9%，占中国服务器市场的 95.17%。非 x86 服务器出货金额预计达到 13.2 亿美元（约合 90.84 亿元人民币），同比增长 11.9%，占中国服务器市场的 4.83%。中国服务器市场规模由 2019 年的 182 亿美元增长至 2022 年的 273.4 亿美元，年均增长率达 14.5%。

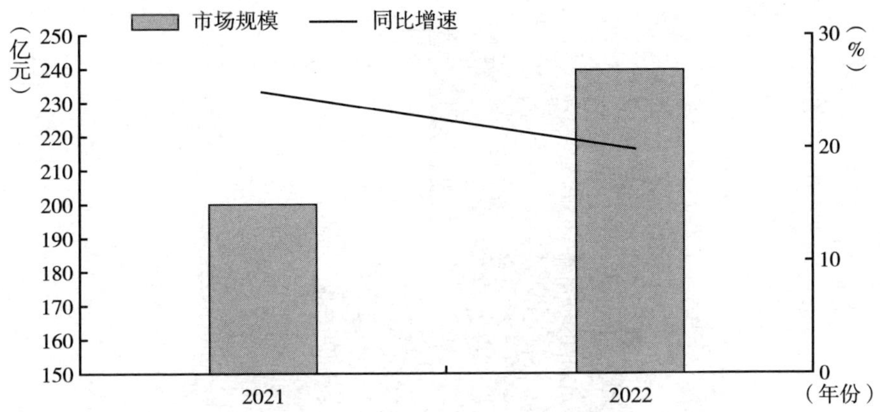

图 4　2021~2022 年中国超级计算机市场规模及增速

资料来源：国家发展改革委。

平板电脑方面，2022 年中国大陆平板电脑出货量为 2398 万台，同比增长 6.4%，出货量前五家企业市场占有率总和为 75%。其中，华为出货量为 392.4 万台，同比下降 11.6%，市场占有率约为 16.4%；小米出货量为 237.4 万台，同比增长 163.8%，市场占有率约为 9.9%；联想出货量为 227.1 万台，同比下降 14.6%，市场占有率约为 9.5%；荣耀出货量为 224.9 万台，同比增长 17.3%，市场占有率约为 9.4%（见图 5）。

2. 成渝地区双城经济圈计算机制造业整体概况

成渝地区双城经济圈作为全国乃至全球电子信息制造业的重要集聚地之一，区域内拥有完整的电子信息制造业产业链条。重庆市以笔记本电脑为突破口，以其完整的产业链和高效的生产能力，已成为全球第一笔记本电脑生产基地。2021 年，重庆市计算机年产量首次突破 1 亿台，重庆市笔记本电脑产能已在全球实现“七连冠”，占据全球市场 40% 的份额。在下游软件开发与信息服务方面，2022 年重庆市软件业务收入已达 2705 亿元，截至 2022 年底，企业数量超过 3.5 万家，成功培育 16 家国家级专精特新“小巨人”、145 家市级专精特新企业，软件从业人员超过 28 万人。2023 年 1~4 月，重庆市软件产业实现业务收入 806.5 亿元，从业人员累积达到 28 万余人。四

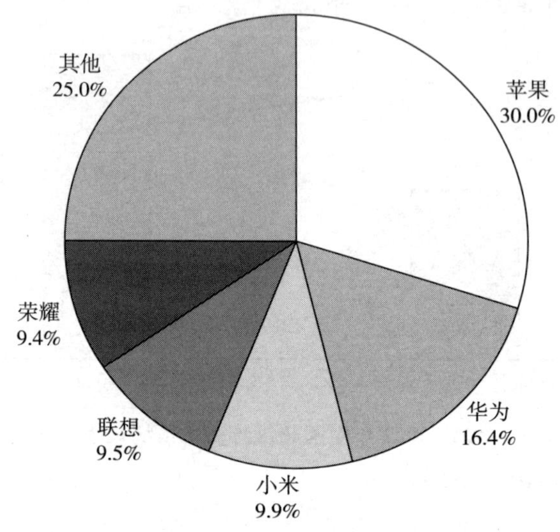

图 5　2022 年中国大陆平板电脑出货量占比情况

资料来源：国家发展改革委。

川省电子信息制造业形成了研发、材料、元器件（芯片）、整机、服务等较为完整的产业体系。成渝地区双城经济圈电子信息制造业的关系逐步由竞到合。2020 年，成都市电子信息制造业主营业务收入突破 1 万亿元，致力成为全球电子信息高端研发制造基地和世界软件名城。在下游软件开发与信息服务方面，2022 年，四川省软件行业业务收入达到 3560 亿元。《四川省"十四五"软件与信息服务业发展规划》提出，到 2025 年，实现四川省软件产业规模倍增，打造名城、名园、名企、名品、名校等"五名高地"，营业收入突破万亿元，软件业务收入 8500 亿元左右。此外，成都市和重庆市两地加快推动成渝地区双城经济圈建设，外贸融合发展成效显现。成都市、重庆市以国际航空枢纽为引领合力打造建设成渝世界级机场群，该机场群已成为我国内陆国际航线最多、国际业务量最大、国际化发展水平最高的地区。2019 年，成都市、重庆市机场国际（地区）航线超过 230 条，通航城市达 86 个，基本覆盖全球主要经济体。此外，成渝双核联动联建，持续深化通关一体化改革，于 2021 年联合推出"'关银一 KEY 通'川渝一体化模式”，首次实现电子口岸用户认证服务跨关区通办，同发首列中欧班列（成渝）号列车，在全国率先使用首个两地合作开行的中欧班列品牌，联合开行中老铁路国际货运班列，推动该区域的国际班列在共建“一带一路”倡议、打造西部内陆对外开放高地中发挥更大作用，使国际班列所载货物涵盖笔记本电脑、平板电脑和智能手机等，共计 2 万多个品类。到 2023 年底，中欧班列（渝新欧）累计总共开行 1.5 万列，总共承运的货值达到 5000 亿美元。

（二）市场规模和结构

1. 微型计算机

成渝地区双城经济圈微型计算机产量呈先增后降趋势，与全国一致。2019 年重庆市微型计算机产量在 7000 万台左右，2020 年增长到 9130.26 万台，2021 年更是首次突破亿级规模，达到 10730.36 万台，2022 年为 8631.92 万台，同比下降 19.6%。2019~2021 年，四川省微型计算机产量逐年上升，由 6584.2 万台上升至 9752.4 万台，整体稍落后于重庆市。2021~2023 年，四川省微型计算机产量逐年下降。截至 2023 年底，“川渝造”微型计算机产量近 13000 万台，占全国总量约 40%（见图 6）。

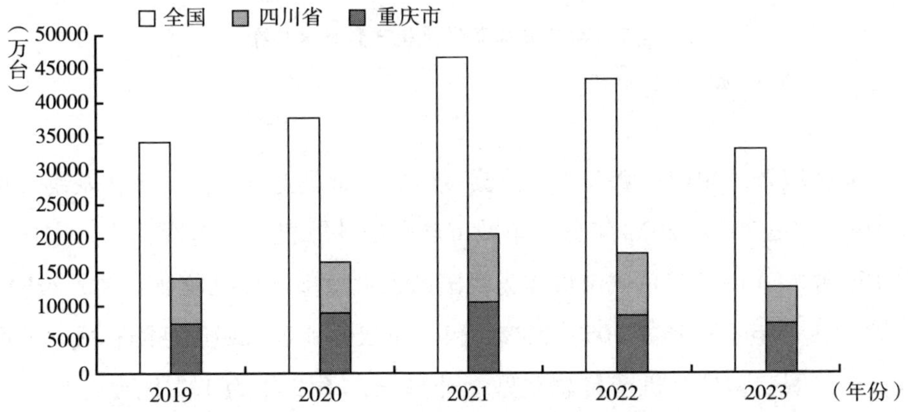

图 6　2019~2023 年成渝地区双城经济圈与全国微型计算机产量对比

资料来源：EPS 数据库。

分地区看，2022 年我国微型计算机产量主要分布于西南地区及华东地区，西南地区产量为 18424.2 万台，占比 42.43%，其中成渝地区双城经济圈是微型计算机制造的重要基地；华东地区产量为 15303.6 万台，占比 35.25%；中南地区产量为 8770.1 万台，占比 20.20%（见图 7）。

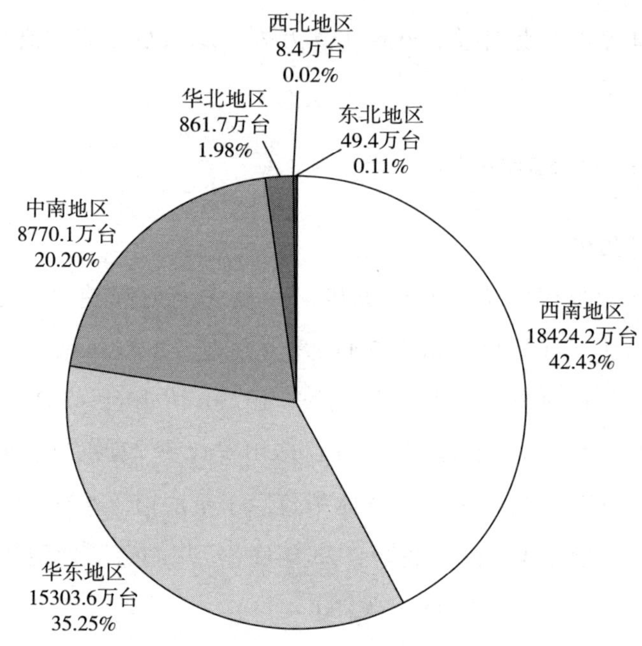

图 7　2022 年微型计算机产量地区分布

资料来源：国家统计局。

分区域看，2019~2022 年京津冀城市群产量呈上升趋势，占比基本维持在 1%~2%；2019~2022 年珠三角城市群微型计算机产量差距不大，占比均在 10%左右；而长三角城市群作为我国第二大微型计算机制造基地，2019~2022 年其产量占比均在 20%~30%，仅次于成渝地区双城经济圈；成渝地区双城经济圈微型计算机产量总体呈上升趋势，2019 年为 1.4 亿台，2021 年突破 2 亿台，2022 年出现小幅下降，总体占比在 40%左右，是我国最大的微型计算机制造基地（见表 4）。

表 4　2019～2022 年四大区域微型计算机产量对比

单位：万台，%

地区	2022 年		2021 年		2020 年		2019 年	
	产量	占比	产量	占比	产量	占比	产量	占比
京津冀城市群	858.68	1.98	647.52	1.39	552.42	1.44	513.2	1.27
珠三角城市群	5633.68	12.98	4800.32	10.28	3735.45	9.88	3729.98	10.92
长三角城市群	9170.96	27.74	12450.94	26.67	10065.28	26.63	9685.86	21.75
成渝地区双城经济圈	17853.1	41.12	20481.73	43.87	16657.27	43.47	14198.49	35.08

注：珠三角城市群微型计算机产量=广东省微型计算机产量×珠三角地区生产总值/广东省生产总值。

资料来源：国家统计局。

2015～2020 年，长三角城市群微型计算机产量与成渝地区双城经济圈呈交错发展态势，2021 年后两个区域都呈下降趋势。2015 年，长三角城市群与成渝地区双城经济圈微型计算机产量相差不大，但之后随着计算机制造业向中西部转移，长三角城市群微型计算机产量总体下滑，2019 年，重庆市微型计算机产量超过上海市、江苏省、浙江省三个省市的总和，2019～2021 年成渝地区双城经济圈微型计算机产量快速增长，两个区域的差异越来越大，成渝地区双城经济圈逐渐成为计算机制造业冉冉升起的“新星”，而长三角城市群在微型计算机制造业的地位逐渐下降（见图 8）。

就珠三角城市群[①]来看，2015～2023 年微型计算机产量总体呈现上升趋势，仅 2020 年产量出现下滑，平均增速 11.9%（见图 9）。2022 年珠三角城市群微型计算机产量为 5633.68 万台，全国占比 12.98%，仅次于成渝地区双城经济圈和长三角城市群，全国占比排名第三。2022 年，深圳市电子计算机整机产量为 3634.66 万台，惠州市微型计算机产量为 412.09 万台，东莞市电子计算机整机产量为 330.27 万台，中山市电子计算机产量为 600.75 万台。从月度数据来看，2022 年 12 月珠三角城市群微型计算机产量为 669.7 万台，超过重庆市成为

① 基于数据可获得性，本报告珠三角城市群相关数据由广东省替代。

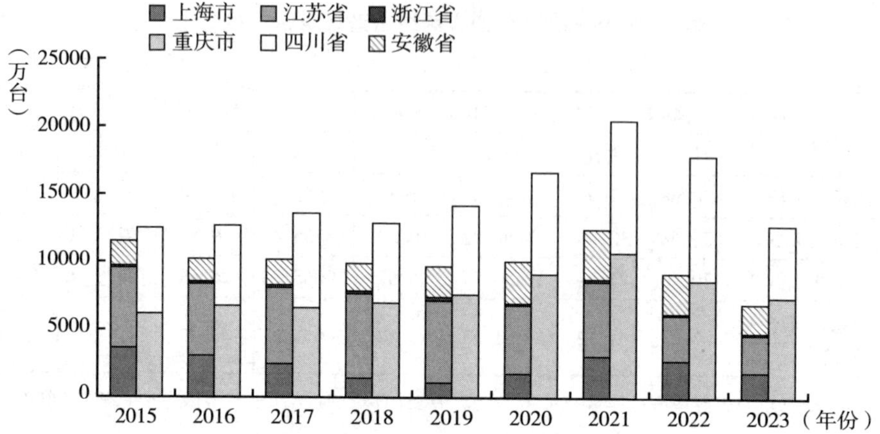

图 8　2015~2023 年长三角城市群与成渝地区双城经济圈微型计算机产量对比

资料来源：各省市统计年鉴及新闻网站。

产量第二大地区，全国占比达 12.35%。珠三角城市群计算机制造业产业链上游的材料元件制造业企业区域分布以深圳市、汕头市为主，肇庆市、潮州市为辅，拥有比亚迪、TCL、立讯精密、康佳等龙头企业；中游的整机及零部件组装企业区域分布以深圳市、东莞市、惠州市、广州市、河源市为聚焦区，拥有华为、研祥高科技、传音、惠科、纬创、天马微电子、联想等龙头企业。

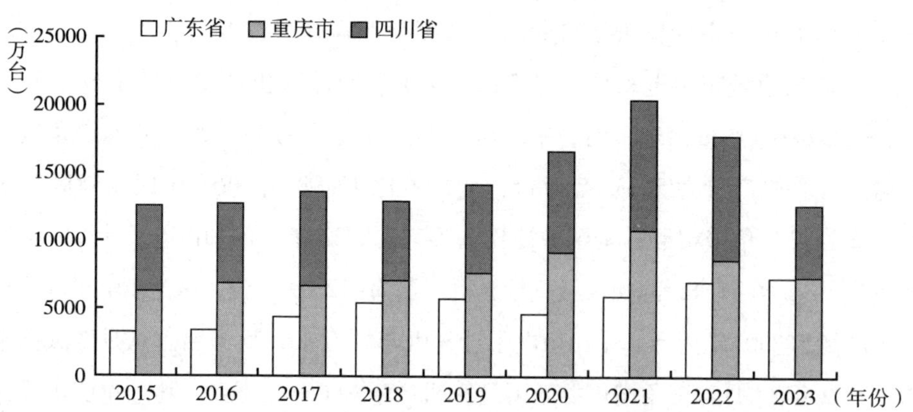

图 9　2015~2023 年珠三角城市群与成渝地区双城经济圈微型计算机产量对比

资料来源：《重庆统计年鉴》《四川统计年鉴》《广东统计年鉴》。

分省区市看，我国微型计算机产量主要分布在四川省、重庆市、广东省及江西省，2022 年上述四省市产量分别为 9221. 2 万台、8631. 9 万台、6948. 8 万台及 4946. 6 万台，合计占比 68. 5%（见表 5）。

表 5　2022 年中国微型计算机产量省区市分布

单位：万台

省(区、市)	产量	省(区、市)	产量
北京市	858. 6	河南省	97. 2
天津市	0. 08	湖北省	1336. 2
山西省	3. 59	湖南省	208. 2
辽宁省	49. 44	广东省	6948. 8
上海市	2760. 7	广西壮族自治区	179. 7
江苏省	3330. 5	重庆市	8631. 9
浙江省	129. 6	四川省	9221. 2
安徽省	2950. 2	贵州省	0. 14
福建省	1185. 3	云南省	571. 03
江西省	4946. 6	陕西省	8. 4
山东省	0. 7	—	—

资料来源：国家统计局。

2. 笔记本电脑

全球十大笔记本电脑代工基地主要分布在我国成渝地区、珠三角地区及长三角地区。成渝地区拥有广达、仁宝、纬创、和硕、英业达、富士康、伟创力七大代工厂企业；珠三角地区拥有纬创、伟创力、富士康、比亚迪、华勤、闻泰、宝龙达七大代工厂企业；长三角地区拥有广达、仁宝、纬创、和硕、英业达、伟创力、华勤、闻泰八大代工厂企业（见表 6）。我国计算机制造业龙头企业带动作用明显：①广达是全球最大的 IT 产品代工厂商之一，主要合作品牌有联想、惠普、戴尔、苹果、华为等，其国内生产基地分布在重庆市、常熟市、上海市、台湾，2022 年该企业全年笔记本电脑累计出货 5770 万台；②仁宝是全球第二大笔记本电脑代工厂，规模和实力仅次于广达，主要经营笔记本电脑、显示器、数码消费类产品等代工业务，主要合作品牌有联想、惠普、戴尔、宏碁等，其国内生产基地分布在重庆市、成都市、昆山市、台湾，2022 年该企业全年笔记本电脑累计出货 3930 万台；③纬创的前身是宏碁电脑在 1981 年成立的 DMS（设计、生产、服务）部门，排名和实力仅次于广达和仁宝，主要合作品牌有联想、惠普、戴尔、宏碁、小米等，其国内生产基地分布在重庆市、昆山市、泰州市、台湾、中山市、成都市，2022 年该企业全年笔记本电脑累计出货 2120 万台；④英业达早期制造计算器、电话机，然后制造笔记本电脑与服务器，这奠定了该企业扎实稳固的基础，其主要合作品牌有惠普、戴尔、华硕、富士通、小米等，在国内的生产基地分布在重庆市、上海市、南京市、台湾等，2022 年该企业全年笔记本电脑出货 1980 万台。

表 6　笔记本电脑主要代工厂企业分布

企业	重庆市	江苏省	四川省	广东省	上海市	陕西省	江西省	安徽省	台湾
广达	√	√			√				√
仁宝	√	√	√						√
纬创	√	√	√	√					√
和硕	√	√			√				√
英业达	√	√			√				√
联宝								√	√
伟创力		√	√	√	√				√
富士康	√		√	√					√
比亚迪				√					
华勤		√		√	√	√	√		
闻泰		√		√	√	√			
宝龙达				√					

资料来源：根据各企业官网、新闻网站整理得出。

我国笔记本电脑产量与出口量总体增长，经历了高位回落。在全球电脑市场逻辑逐步由“一家一台”向“一人一台”升级的背景下，我国市场笔记本电脑的长期增长空间有望进一步打开。2020 年，全球笔记本电脑出货量为 2.062 亿台，同比增长 28.71%。2021 年，全球笔记本电脑出货量为

2.461 亿台，同比增长 19.35%。2022 年，由于全球经济不景气、消费端需求下滑、库存水平高涨、通货膨胀严重等问题影响，笔记本电脑全年出货量下降到 1.89 亿台，相比上年下降了 23%。2023 年，全球笔记本电脑市场没有明显的复苏迹象，虽然同比下降幅度已减缓至 6.9%，但出货量仅为 1.76 亿台。从我国计算机市场情况来看，我国笔记本电脑主要进行出口，出口量占产量的比重在 70%以上，2017 年占比最高将近 82%。2021 年，我国笔记本电脑的出口额为 7000.5 亿元，居 2015~2022 年最高，但在 2022 年出现小幅下滑，下降至 6440.53 亿元。受新冠疫情的影响，我国笔记本电脑等移动办公设备市场在 2020~2021 年迎来较大增长，该时间国内笔记本电脑产量同比增速在 25%左右。2022 年，由于移动办公和线上教育的爆发式增长需求基本被满足，笔记本电脑销量增长放缓，产量下降至 2.27 亿台，同比下降 22.99%（见图 10 至图 12）。

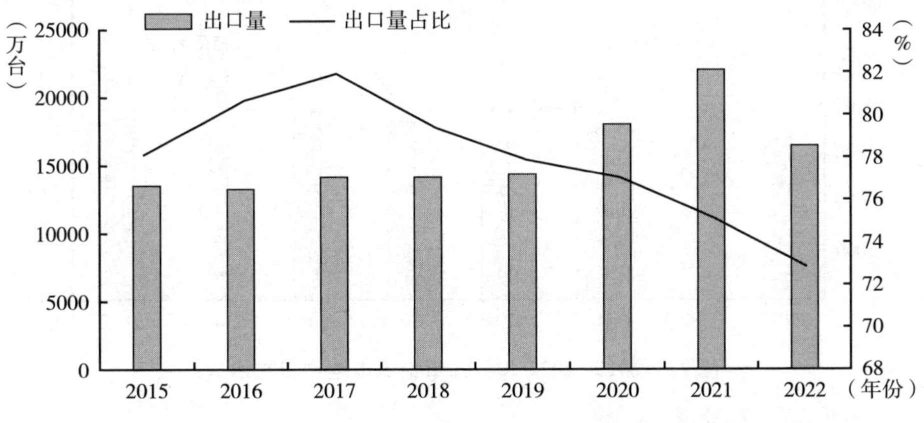

图 10　2015~2022 年我国笔记本电脑出口量与出口量占比

资料来源：海关总署。

2017~2022 年成渝地区双城经济圈笔记本电脑产量及出口额波动上升。从笔记本电脑产量来看，2021 年重庆市笔记本电脑产量突破 9000 万台，出口额连续 3 年居全国第一位；2022 年重庆市笔记本电脑产量达到 7411.21 万台，较 2021 年下降 21%，占全国笔记本电脑产量的 32.6%，出口额较 2021 年小幅度

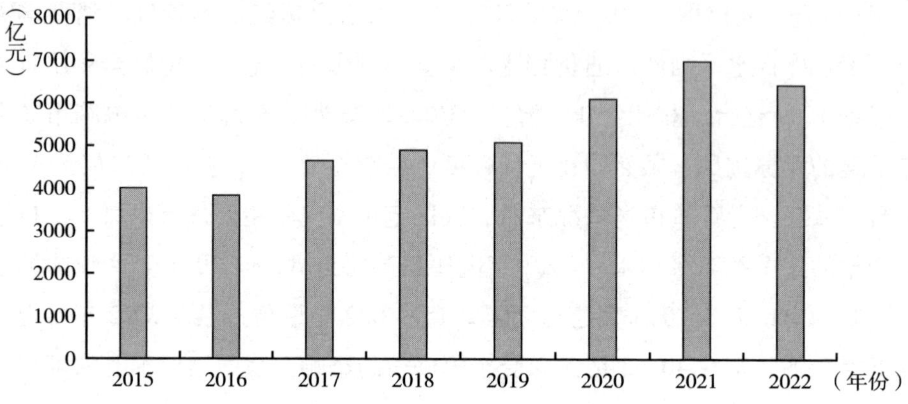

图 11　2015~2022 年我国笔记本电脑出口额

资料来源：海关总署。

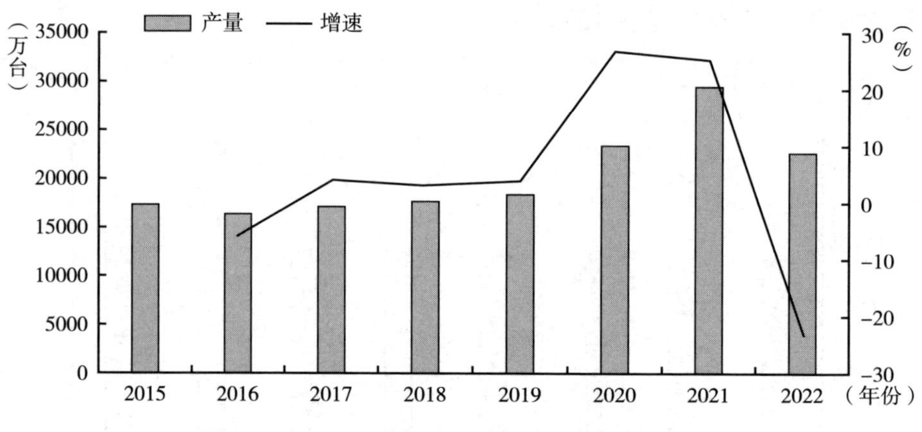

图 12　2015~2022 年我国笔记本电脑产量与增速

资料来源：中经网统计数据库。

下滑，达到 1774.7 亿元；2023 年重庆市上半年笔记本电脑产量达 3470 万台，全球占比达 47.2%。截至 2022 年底，重庆市已连续 9 年成为全球生产规模最大的笔记本电脑生产基地，形成配套企业上千家。重庆市西永微电子产业园每秒可生产电脑 2.8 台，全球三成笔记本电脑都是“重庆造”。四川省笔记本电脑产量低于重庆市，在 2018 年产量为 3520.12 万台、2019 年为 3615.3 万台，约为重庆市产量的一半（见表 7）。

表 7　2015~2022 年成渝地区双城经济圈笔记本电脑产量、出口量及出口额

单位：万台，亿元

指标	2015 年	2016 年	2017 年	2018 年	2019 年	2020 年	2021 年	2022 年
重庆市笔记本电脑产量	5575. 14	5842. 16	6095. 06	5730. 23	6422. 31	7882. 21	9385. 29	7411. 21
重庆市笔记本电脑出口量	4720. 02	4543. 74	4865. 91	4749. 19	5194. 4	6572	7801. 9	5545. 3
重庆市笔记本电脑出口额	1156. 75	1050. 36	1285. 11	1337. 73	1486. 2	1726	2000. 9	1774. 7
四川省笔记本电脑产量	—	—	—	3520. 12	3615. 3	—	—	—
四川省笔记本电脑出口量	483. 555	650. 482	1324. 33	1803. 6	1965. 7	2700. 5	3601. 4	2643. 5
四川省笔记本电脑出口额	143. 59	184. 13	451. 42	748. 74	865. 7	1116. 8	1301. 1	1061. 8

资料来源：海关总署、《重庆统计年鉴》、《四川统计年鉴》。

成渝地区双城经济圈笔记本电脑出口形势大好。2015~2022 年成渝地区双城经济圈笔记本电脑出口量占全国的比例总体呈上升趋势，从 2015 年的 38%上升至 2022 年的 49%，占比最高时达到 51. 4%；出口额占比从 2015 年的 32%上升至 2022 年的 44%，占比最高时达到 47. 1%。其中重庆市出口量维持在 5000 万~7000 万台左右，出口量全国占比超 30%，出口额全国占比超 27%。2020 年重庆市笔记本电脑出口量猛增，达 6572 万台，2021 年继续增长至 7801. 9 万台，2022 年回落至 5545. 3 万台。四川省笔记本电脑出口量整体上升趋势明显，2015 年四川省笔记本电脑出口量仅为 483. 555 万台，经过 7 年的发展，2022 年增长至 2643. 5 万台，全国占比从 3. 55%上升至 15. 96%，出口额也由 2015 年的 143. 59 亿元上升至 2022 年的 1061. 8 亿元，出口地位显著提升（见图 13 至图 15）。

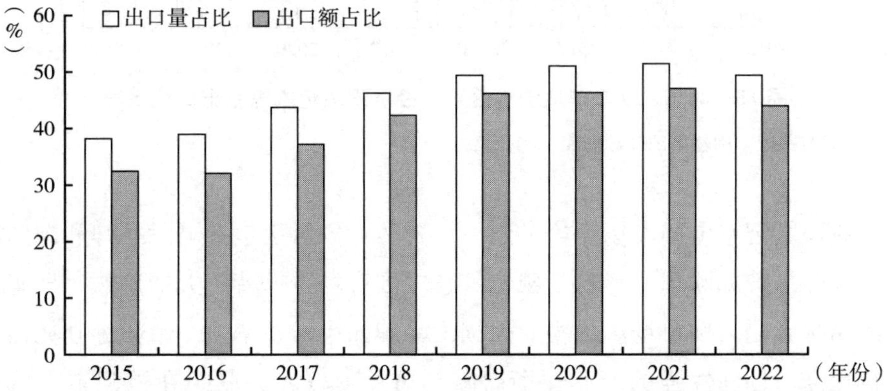

图 13　2015~2022 年成渝地区双城经济圈笔记本电脑出口量和出口额在全国占比

资料来源：中经网统计数据库。

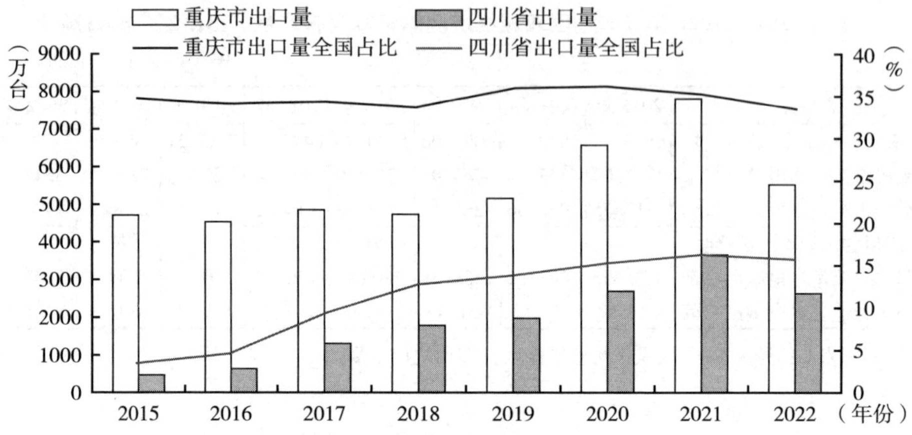

图 14　2015~2022 年成渝地区双城经济圈笔记本电脑出口量情况

资料来源：中经网统计数据库、海关总署。

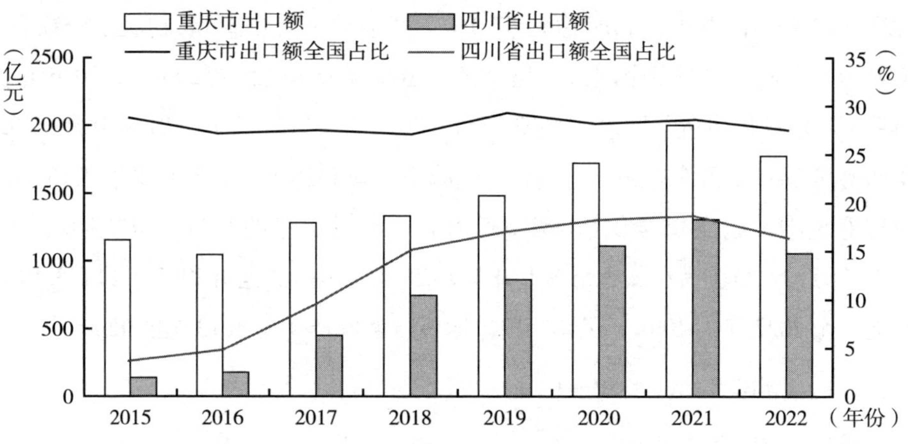

图 15　2015~2022 年成渝地区双城经济圈笔记本电脑出口额情况

资料来源：中经网统计数据库、海关总署。

我国笔记本电脑市场竞争激烈。主要的竞争对手包括国际品牌和国内品牌，国际品牌如联想、惠普、戴尔等在中国市场占据着较大的份额，拥有强大的品牌影响力和市场渗透力。而国内品牌如小米、华为、荣耀等则凭借着性价比高、创新性强的产品逐渐崭露头角。2023 年，联想在笔记本电脑市场全球出货量为 5910. 6 万台、同比下降 12. 7%，市场份额为 23. 9%、同比未发生变化；惠普在笔记本电脑市场全球出货量为5289.3万台、同比下降4.2%，市场份额为21.4%、同比增长9.74%；戴尔在笔记本电脑市场全球出货量为3997.9万台、同比下降19.6%，市场份额为16.2%、同比下降7.43%；苹果在笔记本电脑市场全球出货量为2320.3万台、同比下降14.1%，市场份额为9.4%、同比下降1.05%；华硕在笔记本电脑市场全球出货量为1631.6万台、同比下降20.6%，市场份额为6.6%、同比下降8.3%。就我国市场来看，在2022年全球范围内笔记本电脑市场销量负增长趋势下，2022年第三季度销量排名前5的品牌分别是联想、惠普、戴尔、华为、华硕。

3. 平板电脑

成渝地区双城经济圈平板电脑产业规模保持领先，全球60%的平板电脑生产自该区域。而成渝地区双城经济圈平板电脑制造企业主要分布在四川省，四川省生产全球近50%的iPad。2021年，四川省平板电脑产量达2011.1万台，比上年增长5.0%（见表8）。其中大部分iPad出自成都电子信息产业功能区，坐落于成都市的富士康拥有52条iPad生产线，年产能达到4000万台。2019年成都富士康iPad出货量为2700万台，占iPad全球产量的54%，即每两台iPad中就有一台是“成都造”。

表8　2019~2022年全国及成渝地区双城经济圈平板电脑产量

单位：万台，%

	2019年	2020年	2021年
全国	10220.2	20440.3	—
重庆市	747.8	—	—
四川省	2868	1915.3	2011.1
成渝地区双城经济圈占比	35.4	—	—

资料来源：国家及四川省、重庆市统计局。

四川省平板电脑出口规模显著大于重庆市，出口量和出口额在全国的占比也大于重庆市。2015~2023年，重庆市平板电脑出口量呈先增长后下降特点，于2017年下降至较低水平后开始波动上升，直到2021年达到出口规模的最大值，即出口量为1120.8万台，出口额为228亿元。2021年之后，重庆市平板电脑出口规模再次进入“萧条期”，2023 年出口量与出口额为 329 万台、61.45 亿元，为 2015 年以来最低。四川省在 2015~2023 年的平板电脑出口规模变化趋势与重庆市类似，但总体规模约为重庆市的 4 倍，在 2022 年达到峰值，出口量与出口额为 3103.8 万台、877 亿元；2023 年，四川省平板电脑出口规模同样出现下降，但下降后规模仍大于 2015 年水平（见图 16 至图 17）。

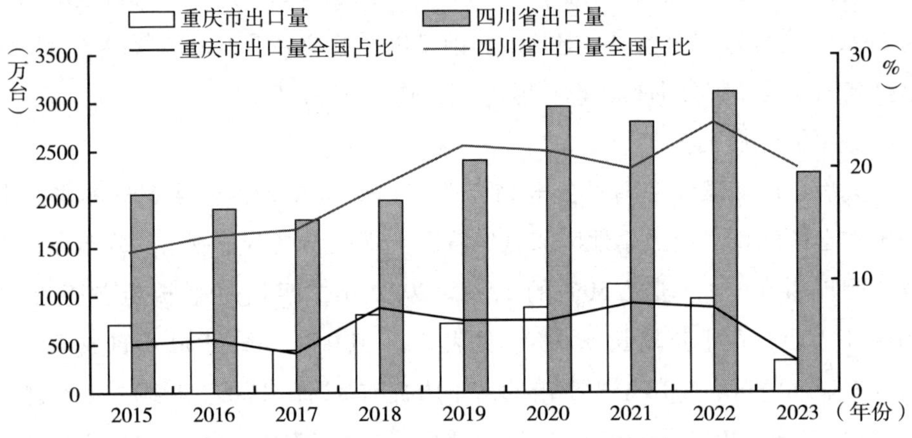

图 16　2015~2023 年成渝地区双城经济圈平板电脑出口量情况

资料来源：中经网统计数据库、海关总署。

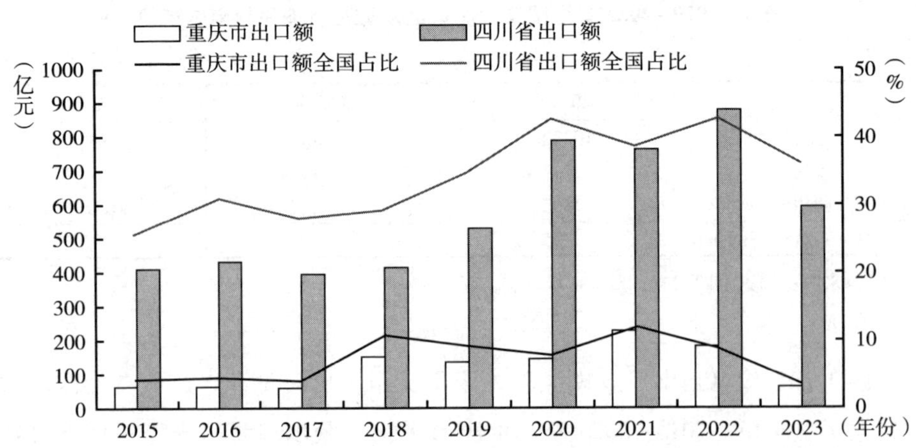

图 17　2015~2023 年成渝地区双城经济圈平板电脑出口额情况

资料来源：中经网统计数据库、海关总署。

IDC中国发布2023年第三季度全球个人电脑市场数据，表现最为活跃的前五大平板电脑厂商分别是苹果、华为、荣耀、小米、联想。苹果在平板电脑市场出货量为229.4万台、同比下降5%，市场份额为31%、同比下降18.42%；华为在平板电脑市场出货量为177.9万台、同比增长90%，市场份额为24%、同比增长60%；小米在平板电脑市场出货量为80.5万台、同比增长71%，市场份额为11%、同比增长57%；荣耀在平板电脑市场出货量为52.1万台、同比下降6%，市场份额为7%、同比下降22%；联想在平板电脑市场出货量为43.5万台、同比下降25%，市场份额为6%、同比下降33.3%。表9显示的是2021~2023年中国平板电脑市场部分厂商的具体市场份额，可以看出小米、华为的市场份额在持续扩大。

表9　2021~2023年中国平板电脑厂商市场份额情况

单位：%

厂商	2023年	2022年	2021年
苹果	33.6	36.4	37.1
华为	26.5	24.1	23.4
荣耀	8.0	8.8	8.3
小米	10.4	7.9	3.2
联想	6.2	7.6	9.4
其他	15.3	15.3	18.6

资料来源：IDC中国。

三　计算机制造业布局与发展中的主要问题

（一）产业附加值不高，缺乏核心技术

目前，成渝地区双城经济圈是全球最大的计算机整机生产基地，2022年全球2/3的iPad、超过半数的笔记本电脑都是“成渝造”，但其计算机制造业发展仍面临诸多挑战和限制。尽管成渝地区双城经济圈在计算机生产方面具

有较大规模和产能，但主要经营模式仍然是代工，这意味着大部分企业主要是根据外部设计和规格要求进行组装和制造，而对于核心技术的研发和生产能力相对较弱。

成渝地区双城经济圈的计算机制造业产业链在上游环节尤其面临着严重的芯片紧缺问题。芯片是传感器、数控机床、网络设备和控制设备运行的载体，许多软件和设备基于不同芯片内核进行运转。数据显示，中国大陆 IDM 销售份额仅占全球 0.8%、无晶圆厂销售份额占全球 9%、集成电路销售份额占全球 4%，计算机系统核心集成电路国产芯片在服务器、个人电脑和工业应用的占有率均为 0%（见表 10）。我国进口芯片平均金额为 0.69 美元，出口芯片平均金额为 0.495 美元；进口多为高端芯片，出口多为中低端芯片。成渝地区双城经济圈计算机产量规模较大，但以中低端商务笔记本电脑代工生产为主，其重要零部件芯片的制造企业较少，本地化程度较弱、自给率低，主要依赖外部供应。成渝地区双城经济圈计算机制造业高端芯片领域生产不足，出口竞争力不强，容易受到国外遏制。这将导致产业链上游核心集成电路的供应成为风险，尤其是高端芯片量产将成为关键风险点。国外对高端芯片的断供或缓供，将直接影响成渝地区双城经济圈计算机制造业整个产业链的组装与生产，并影响其在芯片基础上运行的软件设计及生态演化。成渝地区双城经济圈计算机制造业对核心技术的掌控不足将降低整个产业链的附加值和竞争力。

表 10　2021 年中国计算机系统核心集成电路国产芯片占有率

单位：%

系统	设备	核心集成电路	国产芯片占有率
计算机系统	服务器	MPU	0
	个人电脑	MPU	0
	工业应用	MCN	0

资料来源：前瞻产业研究院、西南证券。

此外，代工生产模式下的成渝地区双城经济圈计算机制造业往往面临着低附加值导致低利润的困境。大部分企业主要是依靠规模效应和低成本优势来吸引订单，但对核心技术缺乏掌控使得企业很难在价值链中获得更高的利润。这也制约了成渝地区双城经济圈计算机制造业的可持续发展和创新能力。

（二）面临产业转移风险，易遭产量下滑

成渝地区双城经济圈建有全球最大的笔记本电脑制造基地，在国际金融危机之后，该区域抢抓产业转移机遇大力招商引资，从无到有地发展起笔记本电脑制造业，但是，经过 10 余年的发展，这一产业可能将面临艰难调整的局面。根据重庆市统计局和四川省统计局数据，2023 年重庆市微型计算机产量为 7400.53 万台，比 2021 年的 10730.36 万台下降 3329.83 万台；四川省 2023 年的微型计算机产量由 2021 年的 9752.4 万台下降至 5337.78 万台。根据中商产业研究院数据，2023 年 1~12 月，成渝地区双城经济圈微型计算机产量为 12738.31 万台，比 2021 年同期的 20481.70 万台下降 37.81%。计算机制造业产量的下降一方面是受全球经济形势影响，另一方面是因为近几年的国际产能转移中欧美国家也承接了一部分产能。

在产业转移方面，成渝地区双城经济圈的计算机制造业发展得益于 2008 年金融危机背景下沿海城市的产业压缩，以成渝地区双城经济圈为代表的中西部城市凭借人力成本等优势承接了沿海地区的产业转移。曾经的笔记本电脑制造巨头昆山于 2000 年抓住了台湾 IT 产业转移的契机，承接了千余家 IT 代工台企，先后引进了富士康和仁宝等企业，形成了较为完备的笔记本电脑零部件供应体系。到 2010 年，昆山出产的笔记本电脑达到了峰值的 1.2 亿台，占全球总产量的 2/3。之后，随着昆山将笔记本电脑制造业转移至重庆市，其自身的产量急剧下跌。如今，成渝地区双城经济圈也面临代工企业的产业转移问题，重庆市笔记本电脑重要生产企业广达于 2023 年 4 月宣布将首次前往越南北部建厂。此前，鸿海精密、和硕、仁宝、英业达、纬创均已在越南布局，随着广达的进入，全球主要的六大电子代工厂已齐聚越南。这无疑将对成渝地区双城经济圈的计算机制造业产生影响。成渝地区双城经济圈企业和政府应密切关注产业转移趋势，努力保持地区产业的竞争

力和可持续发展，同时培育新的产业增长点，促使计算机产业从简单的代工制造向研发设计制造方面转型。

（三）产业结构较为单一，依赖世界市场

成渝地区双城经济圈计算机制造业虽然在全球产业链中占据重要地位，但产业结构相对单一、依赖世界市场的问题日益凸显。根据规模大小和功能强弱，计算机可分为巨型计算机、大型计算机、小型计算机和微型计算机等。巨型计算机也称超级计算机，具有极高的性能和极大的规模，价格昂贵，主要用于航天、气象、地质勘探等尖端科技领域；大型计算机适用于政府部门或大型企业（如银行），主要用于复杂事务处理、海量信息管理、大型数据库管理和数据通信等；小型计算机结构简单、可靠性高、维护费用低，目前，小型计算机逐渐被微型计算机取代；微型计算机是当今使用最广泛的一类计算机，按结构和性能的不同，又可分为单片机、单板机、个人计算机、工作站和服务器等几种类型。其中，个人计算机包括台式计算机、笔记本电脑、一体机和平板电脑等类型。成渝地区双城经济圈是全球生产规模最大的智能终端生产基地和计算机整机生产基地，个人计算机中的平板电脑和笔记本电脑是该地区计算机制造业的“拳头”产品。

成渝地区双城经济圈生产全球 2/3 的 iPad 和超半数的笔记本电脑，但对于巨型计算机、大型计算机及其他微型计算机等高端计算机产品的生产相对较少，与产业结构多元化的地区相比，这种局限性使得该地区的计算机制造业在面对全球市场波动和需求变化时显得较为脆弱。另外，成渝地区双城经济圈的计算机产品出口量占比较高，主要依赖出口来消化产能，这种外部依赖性使得当地产业容易受到国际市场波动的影响。一旦全球计算机市场需求下滑或贸易环境发生变化，成渝地区双城经济圈的计算机制造业就可能会面临巨大的挑战。此外，过度依赖外部市场也减少了当地产业在技术创新和产品升级方面的投入和动力，不利于产业的长期发展。为推动成渝地区双城经济圈计算机制造业持续健康发展，该地区需加快产业结构调整和转型升

级，加大对高端计算机产品的研发和生产投入，同时积极开拓国内市场，降低对外部市场的依赖。

四　成渝地区双城经济圈计算机制造业发展对策建议

成渝地区双城经济圈作为中国西部的重要经济增长极，在计算机制造业方面具有显著的规模优势。然而，该地区在产业附加值、产业转移风险及产业结构单一等方面仍面临诸多挑战。为实现区域竞争力的全面提升和计算机制造业高质量发展，本报告提出以下发展对策建议。

（一）优化产业链布局

优化成渝地区双城经济圈的计算机制造业产业链布局，是提升区域竞争力和推动计算机制造业高质量发展的关键举措。第一，推动产业集群发展，使企业共享供应链、物流、研发等资源，降低成本，提高效率。第二，完善基础设施和服务，促进计算机制造业上下游企业协同发展，优化供应链管理，提升整体运营效率，鼓励企业与供应商、客户开展协同研发，共同推动产品创新和工艺改进。第三，明确成渝地区双城经济圈各地的分工定位，根据各自的资源禀赋、产业基础和区位优势，实现错位发展。第四，制定优惠政策，吸引国内外知名计算机制造企业在成渝地区双城经济圈设立生产基地或研发中心，带动本地产业链的升级，鼓励龙头企业优先选择本地供应商，推动配套企业技术升级和质量提升，形成本地化的配套体系。

（二）加强跨区域协同合作

跨区域的合作是成渝地区双城经济圈计算机制造业高质量发展的重要策略。第一，成渝地区双城经济圈应建立科技创新联盟，定期进行交流与协调，确保政策的一致性和连续性，明确各方的合作重点与领域，发挥各自优势，避免资源的重复与浪费。第二，加快区域内交通、物流、通信等基础设施建设，提升互联互通水平，降低企业的运营成本和物流成本，实现人员和资源的有效流动。第三，成渝地区双城经济圈应共建科技创新基金，支持计算机制造业的技术研发和成果转化，鼓励企业、高校和科研机构的合作，共同攻克技术难关。第四，成渝地区双城经济圈应加强人才交流和培养，建立人才共享机制，推动高端人才的跨区域流动和合作，可以联合举办各类人才交流活动和培训项目，提升区域内人才的整体素质和技能水平。

（三）推动产业链深度融合

推动成渝地区双城经济圈计算机制造业的产业链深度融合、加快创新成果转化、加强国际合作，这些都是提升区域竞争力和推动计算机制造业高质量发展的关键举措。第一，推动产业链上下游企业的协同发展，建立产业联盟或产业合作平台，促进供应链、制造链、销售链的深度融合，优化资源配置，提升整体效率和竞争力。第二，加大对创新成果的支持力度，设立专项资金，支持计算机制造业的技术研发和成果转化。政府应制定相关政策，鼓励企业将创新成果迅速推向市场，实现产业化；加快知识产权保护体系建设，激发企业的创新积极性；进一步通过政府采购、示范项目等方式，为新技术、新产品提供应用场景和市场机会，加速其市场化进程。第三，加强国际合作，借鉴国外先进技术和管理经验，提升本地企业的创新能力和市场竞争力。

（四）增强核心技术研发能力

第一，成渝地区双城经济圈应推动自主创新，加强区域内企业、科研机构、高校之间的合作，构建产学研一体化的创新体系。建立联合研发中心、创新孵化器和技术转移平台，促进创新资源的共享与整合，提升自主创新能力。政府可以通过政策支持和资金投入，推动基础研究和应用研究的深入发展，设立创新孵化器和技术转移平台，促进科研成果的转化和产业化。第二，实施人才引进和培养计划，吸引国内外高端技术人才和管理人才到成渝地区双城经济圈工作。政府可以提供优厚的生活和工作条件，制定吸引和留住人才的专项政策，建立有竞争力的人才激励机制，确保人才的长期发展。

第三，建立健全知识产权保护体系，增强企业对创新成果的保护意识和能力。政府应完善知识产权法律法规，加大执法力度，严厉打击侵权行为，保护企业的创新积极性和权益，激发企业的自主创新动力。

（五）提升产业附加值

第一，成渝地区双城经济圈应大力发展高附加值的计算机产品，如高性能计算机、工业控制计算机和智能终端设备等，通过引进先进技术和自主研发，提高产品的技术含量和附加值，提升企业的市场竞争力和盈利能力。第二，政府应支持企业进行智能化改造，为企业提供技术指导和资金支持，帮助企业实现智能化生产，促进计算机制造业向智能制造方向转型升级，推动企业应用先进制造技术和智能制造装备，提高生产效率和产品质量。第三，优化产品结构。成渝地区双城经济圈应调整计算机制造业的产业结构，提高高端产品和新产品的研发比例，减少对低附加值产品的依赖，通过市场调研和技术创新，开发符合市场需求的新产品，提升产品的市场竞争力和附加值。

（六）应对产业转移风险

第一，成渝地区双城经济圈应该密切关注国际国内产业转移趋势，及时调整发展战略，保持产业的竞争力和可持续性发展，应建立产业预警机制，定期对产业发展状况进行评估，提出应对措施，以防范产业转移风险。第二，推动产业转型升级，应支持企业提升研发能力和自主创新能力，鼓励企业加大对技术研发和新产品开发的投入，提升产品的技术含量和市场竞争力，推动计算机制造业从简单的代工制造向研发设计制造方向转型升级。第三，成渝地区双城经济圈应该积极培育新的产业增长点，发展新兴产业和高技术产业，降低对单一产业的依赖，引导企业多元化发展，增强产业抗风险能力，确保经济的稳定和可持续发展。

参考文献

龚忠杰、马丽：《珠三角城市群电子计算机产业链与创新链融合空间格局与演化路径》，《地理学报》2023 年第 12 期。

顾鸿儒：《个人电脑市场大幅下滑，电竞型产品或成突破口》，《国际商报》2023 年 1 月 4 日。

李秀中：《遭遇产量持续下滑困境 "笔电之都"重庆能否复制昆山转型路》，《第一财经日报》2023 年 6 月 28 日。

孟妮：《成都倾力打造国际化数字服务生态圈》，《国际商报》2020 年 10 月 9 日。

宋晨、白田田：《我国计算产业已形成较完整体系》，《新华每日电讯》2023 年 9 月 18 日。

谭仕科：《成都双流加速建设千亿级电子信息产业集群》，《中国商报》2022 年 12 月 2 日。

唐渝华、许劲等：《双循环视角下重庆电子制造业的发展策略研究》，《产业与科技论坛》2022 年第 6 期。

王晶：《遭税务稽查、用地情况调查 富士康：会积极配合相关单位》，《每日经济新闻》2023 年 10 月 24 日。

夏元：《抢抓共建"一带一路"机遇 重庆电子信息产业向万亿级产值规模迈进》，《重庆日报》2023 年 10 月 20 日。

夏元：《重庆新增服务器研发中心》，《重庆日报》2023 年 7 月 9 日。

许杰皓：《成渝双城经济圈电子信息产业集群竞争力研究》，《商展经济》2024 年第 1 期。

曾立、夏元：《重庆提速打造国家重要先进制造业中心》，《重庆日报》2023 年 6 月 5 日。

钟华林：《活力迸发开新境》，《经济日报》2020 年 12 月 20 日。

B.3

成渝地区双城经济圈智能手机制造业发展报告*

何建洪　栗　媛　杨一帆　袁　杰**

摘　要：　本报告聚焦成渝地区双城经济圈智能手机制造业的发展状况与未来趋势，通过分析核心城市的产业布局及其对周边地区的辐射效应，揭示该区域智能手机制造业的强劲增长势头与产业链协同发展的现状。研究发现，成渝地区双城经济圈智能手机制造业规模不断扩大；企业在科技创新方面的投入显著推动了新技术、新产品的不断涌现；产业链上下游企业间紧密合作。然而，本报告也指出该区域存在产业链核心环节较弱、科技与产业融合较慢、企业间协同创新不足等问题。因此，本报告提出成渝地区双城经济圈需要强化产业链核心环节，完善供应链配套，加强科技创新与产业融合，促进企业间协同创新。

关键词：　智能手机制造业　产业融合　区域协同　成渝地区双城经济圈

一　智能手机制造业布局情况

成渝地区双城经济圈智能手机制造业呈现明显的产业集聚和专业化分

---

* 基于数据可获得性，本报告成渝地区双城经济圈相关数据根据重庆市与四川省总和进行统计。

** 何建洪，博士，重庆邮电大学经济管理学院教授、博士生导师，主要研究方向为技术经济及管理、数智技术创新与管理；栗媛，重庆邮电大学经济管理学院硕士研究生，主要研究方向为数智技术产业理论与政策；杨一帆，重庆邮电大学现代邮政学院硕士研究生，主要研究方向为数智技术创新管理；袁杰，重庆邮电大学现代邮政学院硕士研究生，主要研究方向为数智技术创新管理。

工。重庆市和成都市等地因其在电子元器件制造、传感技术和软件开发方面的优势，成为智能手机制造业产业链上游重要的节点，为整个产业链的稳定运转和创新发展提供坚实的支撑。中游阶段涉及手机的实际制造和组装过程，下游阶段涵盖产品广泛的应用及增值，包括服务供应商、运营商、渠道商和智能手机维修等环节。图 1 展示了智能手机制造业产业链的组成情况。

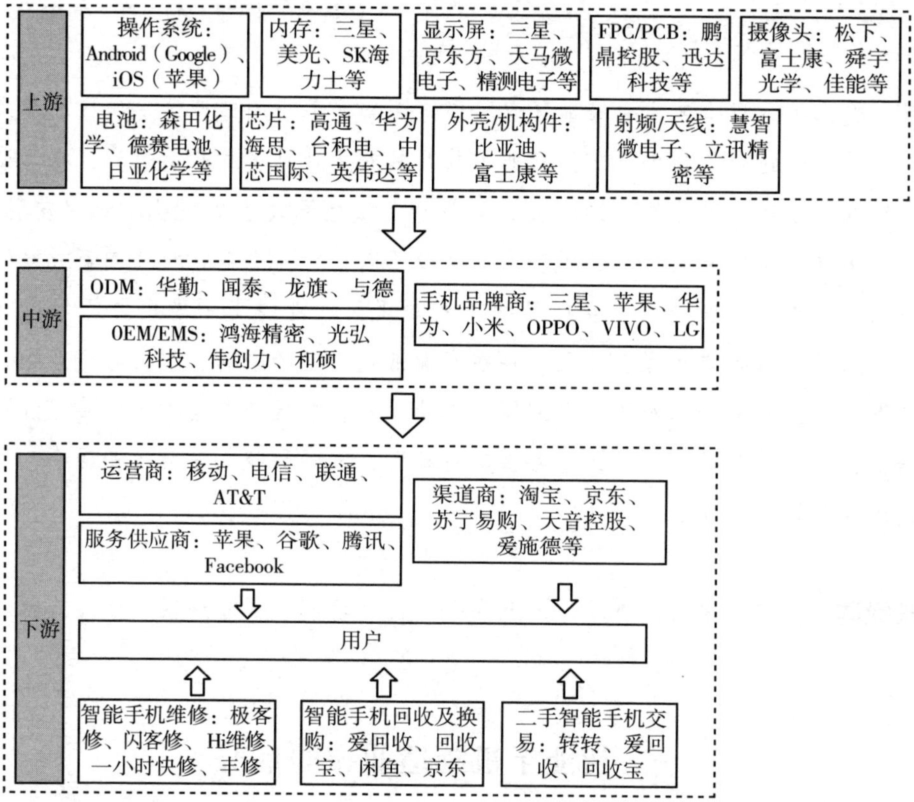

上游
- 操作系统：Android（Google）、iOS（苹果）
- 内存：三星、美光、SK海力士等
- 显示屏：三星、京东方、天马微电子、精测电子等
- FPC/PCB：鹏鼎控股、迅达科技等
- 摄像头：松下、富士康、舜宇光学、佳能等
- 电池：森田化学、德赛电池、日亚化学等
- 芯片：高通、华为海思、台积电、中芯国际、英伟达等
- 外壳/机构件：比亚迪、富士康等
- 射频/天线：慧智微电子、立讯精密等

中游
- ODM：华勤、闻泰、龙旗、与德
- OEM/EMS：鸿海精密、光弘科技、伟创力、和硕
- 手机品牌商：三星、苹果、华为、小米、OPPO、VIVO、LG

下游
- 运营商：移动、电信、联通、AT&T
- 服务供应商：苹果、谷歌、腾讯、Facebook
- 渠道商：淘宝、京东、苏宁易购、天音控股、爱施德等
- 用户
- 智能手机维修：极客修、闪客修、Hi维修、一小时快修、丰修
- 智能手机回收及换购：爱回收、回收宝、闲鱼、京东
- 二手智能手机交易：转转、爱回收、回收宝

图 1　智能手机制造业产业链组成情况

资料来源：根据中国知网、各新闻资讯等公开资料整理得出。

（一）重庆市智能手机制造业布局

重庆市智能手机制造业集中在各个园区，已经形成了多个产业聚集区，包括南岸区、渝北区、九龙坡区、沙坪坝区等地。重庆市智能手机制造业的产业园区分布广泛，涵盖了多个区域，如沙坪坝区的西永微电子产业园、渝北区的重庆临空前沿科技城、九龙坡区的重庆金凤电子信息产业园等。这些园区优越的地理位置和便捷的交通条件，为企业提供了良好的生产和运营环境。各个产业园区通过互补合作，形成了较为完善的产业链条，涵盖了从研发设计到生产制造的各个环节。地理位置的邻近和交通的便捷性，使得重庆市智能手机制造业的产业园区能够充分利用区域内资源和市场优势，为产业的进一步优化和发展提供坚实的基础。表 1 是重庆市智能手机制造业主要发展区域分布情况。

表 1　重庆市智能手机制造业主要发展区域分布情况

地区	重要载体/功能区	重点企业
渝北区	重庆临空前沿科技城、OPPO（重庆）智能生态科技园	重庆中科明望软件技术有限公司（手机操作系统软件产品的开发与销售）、重庆深科技有限公司（手机代工）、重庆鼎酷通信科技有限公司（手机及配件、手机饰品）、重庆市中光电显示技术有限公司（显示模组）、重庆传音科技有限公司（智能手机）、重庆市天实精工科技有限公司（摄像头）、重庆蓝岸通讯技术有限公司（手机、手机电池）等
南岸区	重庆经济技术开发区、重庆 VIVO 工业园	维沃移动通信（重庆）有限公司（智能手机）、重庆鹏亿南联电子科技有限公司（手机配件及电子元器件）、盛泰光电科技股份有限公司（双桥经开区，手机摄像头）、重庆百立丰科技有限公司（手机）、重庆骏港通信软件有限公司（手机设计）等
沙坪坝区	西永微电子产业园	广达（重庆）有限公司（电子元器件）、英业达（重庆）有限公司（新型电子元器件）、富士康科技集团重庆科技园（手机制造与代工）、新普科技（重庆）有限公司（锂离子电池）、爱思开海力士半导体（重庆）有限公司（闪存产品）、华润微电子（重庆）有限公司（半导体、手机快充）、中电科芯片技术股份有限公司（光电器件）、重庆辉烨通讯技术有限公司（智能手机）、重庆国威通讯技术有限公司（手机配件、手机零售维修回收）等
九龙坡区	重庆高新区智能制造产业园、重庆金凤电子信息产业园	台湾晶技股份有限公司（石英晶体、石英晶片）、重庆中显智能科技有限公司（显示模组）、重庆笨瓜科技有限公司等
巴南区	重庆数智产业园	重庆惠科金扬科技有限公司（智能手机、触控、闪存）等

资料来源：根据前瞻产业园区库、爱企查、网上公开资料整理得出。

重庆市在智能手机制造业方面拥有较为完善的产业链条和先进的制造设备。重庆市在智能手机制造业产业链的上中下游均有布局，相关龙头企业实力雄厚，进一步助力了重庆市智能手机制造业的强劲发展。重庆市集中了诸如OPPO、VIVO、金立、百立丰、小辣椒、传音、至尊宝、大米、YOTA等知名整机厂家，以及闻泰、与德、东方丝路等ODM/OEM厂商，同时还有帝晶光电、中光电等配套厂商参与。重庆市智能手机制造业吸引了全国排名前20位的多家手机品牌商和代工企业落户，其中7家品牌商和8家代工企业已在重庆市设立了生产基地。这些企业在重庆市的集聚，不仅体现了重庆市市场的吸引力，也加强了产业链的完整性和竞争优势。上游环节涵盖芯片和操作系统。重庆市在智能手机制造业发展初期，以代工生产为主，缺失关键技术和部件的研发环节。重庆市通过引入智能手机制造业产业链核心环节，打通了上下游产业链，重点引进了液晶显示屏、芯片等高附加值部件，快速吸引了惠科金渝第8.5+代线、SK海力士、万国半导体和奥特斯等项目，成功解决了核心部件的本地配套难题。此外，全球第三大手机芯片设计企业——新紫光集团也已落户重庆市。新紫光集团各项目进展迅速，未来将在重庆市开展制造高端芯片的相关项目。同时，重庆市另一家电子制造企业——恩瑞实业有限公司的发展也极为快速，该公司在2019年1月投入了15亿元进行半导体芯片项目，每年能够制造出大量的半导体芯片，这种芯片用途广泛，不仅能用于智能手机，还能应用于电脑、汽车等主板制造。中游环节涵盖显示屏、设计制造等。重庆市在中游环节已有智能手机等重点配套企业50余家，产品包含显示模组、摄像头模组、电池模组、散热模组、蓝牙等。在重庆市政府致力于大力发展智能终端产业的背景下，京东方在重庆市不断扩大投资，重庆康佳半导体光电产业园也投资200多亿元建设光电技术中心，千亿级的液晶显示产业集群初见规模。由于惠科金渝和京东方的快速发展，重庆市的电子信息制造业有了很大程度的发展。下游环节涵盖整机制造、应用服务。目前，重庆市已有多家龙头智能手机整机企业。十多年前，随着世界产业不断转移，重庆市紧随趋势，引进了手机品牌企业和多家零部件、代工企业，以此形成了智能手机制造业的产业基础。此后，以传音、OPPO 为主的智能手机品牌企业在全球市场的出货量名列前茅，其中 OPPO 全球排名前 10，传音旗下手机品牌 TECNO 也全球排名前 10。重庆市手机总产量快速跻身全国“前三强”，已拥有较强的整机品牌实力。

（二）成都市智能手机制造业布局情况

成都市智能手机制造业布局清晰构建了完整的电子信息制造业生态圈。在电子信息制造业生态圈中，成都市聚焦智能手机的主要发展区域见表 2，包括了成都芯谷、天府智能制造产业园、成都电子信息产业功能区、成都智能应用产业功能区等重要园区。成都芯谷主要产品包括高端电子元器件、电源模块和 IF 转换器，广泛应用于飞行器、车辆、医疗设备和智能手机等领域，同时还专注高精密塑料光学元件和光学镜头的研发与生产，产品广泛应用于智能手机、智能家电和汽车行业，这些产品的广泛应用为成都芯谷的技术创新和产业升级提供了重要支持。天府智能制造产业园主要集中在电子信息、轨道交通和新能源汽车等领域，积极推动新型显示、智能科技和工业互联网的发展。成都电子信息产业功能区作为成都市电子信息制造业的重要承载地，坚持以“链式思维”推动电子信息制造业高质量发展，聚焦集成电路、新型显示等主导产业，发展集成电路设计、封装测试、面板制造、关键材料等细分领域。成都智能应用产业功能区的主导产业是电子信息制造业，重点发展消费类智能终端及配套、光电显示及配套、机器人及增材制造等，主要涉及产业链上游关键材料、核心零部件和自动化设备等细分领域，基本形成了上中下游完整的消费类智能终端产业集群。先后引进了成都市电子信息龙头企业的配套项目 100 余个，涵盖了产品研发设计、电子材料、检测设备、精密刀具、精密模具、模切、结构件等产业链上中下游环节。上游主要涉及电子材料和设备，包括微电子材料、光电子材料、元器件材料、刻蚀机、模具等，中游主要涉及半导体器件、显示面板、摄像头模组、功能器件、被动器件和结构件等，下游主要是消费类电子产品，如智能手机、智能家居等。

表 2 成都市智能手机制造业主要发展区域

地区	重要载体/功能区	重点企业
郫都区	成都电子信息产业功能区	京东方科技集团股份有限公司、华为技术有限公司、富士康科技集团成都科技园、小米、OPPO、VIVO、诺基亚、中兴（手机基带芯片）、芯原微电子（芯片）、大唐电信（通信设备）、
双流区	成都芯谷、双流区电子信息产业园、西南航空港经济开发区	宏达电子（智能手机代工和生产厂商）、成都派斯光科技有限公司（手机摄像头等光学模具）、成都中科创达软件股份有限公司、澜至电子科技（成都）有限公司（电子元器件）、成都京东方显示科技有限公司、四川讯达创科智能科技有限公司（电子元器件）、成都中电熊猫（显示面板）
新津区	天府智能制造产业园	成都易迅光电科技有限公司（摄像头防抖马达）、成都硅宝科技股份有限公司（芯片设计）
成华区	成都龙潭新经济产业功能区	高通、联发科、三星、麦捷科技、成都赛英科技有限公司、四川升华电源科技有限公司
崇州市	成都智能应用产业功能区	苹果、三星、小米、VIVO、TCL、捷普科技、领益智造（精密结构件等）、福蓉科技（铝制结构件材料）、华田光电（触控屏幕）、日东电工（手机屏幕）、京东方（显示面板）、成都中电熊猫（显示面板）、欧菲光（摄像头模组）、瑞声科技（功能器件）、信维通信（功能器件）、歌尔股份（功能器件）、村田（被动元件）、国巨（被动元件）

资料来源：根据前瞻产业园区库、爱企查、网上公开资料整理得出。

成都市已基本建成了完善的智能终端制造业产业链，其产业园区拥有覆盖全产业链上中下游的诸多重点企业。成都芯谷致力于依托中电科、中物院等国内知名的电子信息制造业企业，以及一批创新型企业，建设成为人、城、产融合的典范，推动智能制造和数字化转型。在产业布局方面，成都芯谷已经形成了以集成电路为核心的产业体系，在智能终端领域集聚了诸如宏达电子、派斯光、澜至电子、中科创达等企业。成都市的天府智能制造产业园已经聚集了500余家企业，其中包括141家规模以上工业企业和15家世界500强企业，以及65家引进培育上市企业和72家高新技术企业。成都电子信息产业功能区已聚集电子信息及装备制造企业645家，其中规模以上企业54家，2021年实现工业总产值67.65亿元，占园区规模以上工业企业总产值的26.4%。成都智能应用产业功能区主要包括捷普科技、领益智造、福蓉科技、日东电工、华田光电、京东方等关联企业100余家。同时成都市还聚集其他众多知名企业，包括中光电、虹宁显示、路维光电、拓维高科等，这些企业从原材料及配套制造到终端应用均在该市完成，成都市因此构建了完整的产业链条。

（三）成渝地区双城经济圈其他主要城市智能手机制造业布局

成渝地区双城经济圈其他主要城市拥有完善的智能手机制造业产业链。各地区协同发展，为促进成渝地区双城经济圈智能手机制造业发展发挥了重要的作用。成渝地区双城经济圈其他主要城市的智能手机制造业布局见表3。

表3　成渝地区双城经济圈其他主要城市智能手机制造业布局

地区	重要载体/功能区	代表企业
泸州市	四川泸州高新技术产业园区	穗阳软件技术有限公司、迪信通科技、泸州市鑫拓瀚通讯科技有限公司等
宜宾市	四川西南联盛科技产业园、四川宜宾市智能终端产业园、四川泸州长江经济开发区	朵唯、康佳、苏格等
自贡市	自贡科技创新中心	自贡海创汇康科技有限公司、四川零克斯信息科技有限公司等
绵阳市	三台县智谷智能制造产业园、绵阳经济技术开发区、长虹pdp工业园	四川长虹通信科技有限公司、智慧城科技有限公司、绵阳东恒发智能科技有限公司、绵阳市骏阳科技有限公司等
德阳市	德阳市智能制造产业园、广汉高新技术开发区、兴隆镇成德工业园	中江立江电子有限公司、四川星宝乐电子科技有限公司等
遂宁市	遂宁高新技术产业园、遂宁创新工业园	遂宁利和科技有限公司、四川遂芯微电子股份有限公司、四川正发科技有限公司等
达州市	四川大竹经济开发区（大竹工业园区）、达州高新技术产业园区	四川鹏翔电子科技有限责任公司等
内江市	三道桥工业园区	隆昌蜘蛛网络科技有限公司等
眉山市	四川仁寿高经济开发区	四川伟易达科技有限公司等

续表

地区	重要载体/功能区	代表企业
广安市	街子工业园区	四川百丰电子科技有限公司等
乐山市	乐山高新区科技园	四川研成通信科技有限公司等
南充市	南充航空港经济技术开发区、四川南部经济开发区	南充溢辉电子科技有限公司、四川佳和电子科技有限公司、四川邦森电子科技有限公司等
资阳市	资阳高新技术产业园区、侯家坪工业园	资阳市友川电子科技有限责任公司等

资料来源：根据前瞻产业园区库、爱企查、网上公开资料整理得出。

宜宾市通过引进智能终端产业品牌商、制造商、运营商、物流商，完善和延伸了智能终端制造业的产业链条，着力打造了集 2G~5G 智能电子产品的研发、产品设计、软件开发、整机制造、配件生产、高质量环保再生处理、全球销售、跨境物流、全球化售后服务于一体的智能终端制造业全产业链。宜宾市将持续以智能终端制造业高质量发展为主线，瞄准“整机+配套+核心部件”定位，围绕“加强优势产业、培育关键产业、做大整机产业”体系，把西南联盛打造成为具备宜宾特色的著名智能终端特色产业基地。宜宾市已签约包括朵唯、康佳、苏格等在内的智能终端项目接近 200 余个，除生产制造外，苏格等全国手机 30 强品牌企业，已把研发、销售、结算、售后服务等功能模块布局在宜宾市。宜宾市可年产手机 2.2 亿台，已逐渐形成以智能手机为主的智能终端制造业产业链。

泸州市构建了以“一业四园”为特色的电子信息制造业发展格局。依托泸州国家高新区、四川自贸试验区川南临港片区、江南科技产业园和云溪数字经济产业园的“一业四园”电子信息制造业发展格局，泸州市大力发展智能终端（含手机及零部件）、电子元器件、新型显示、计算机等四大先进领域，着力构建“高技术、高增长、高附加值”的电子信息制造业集群，打造西南地区重要的电子信息制造业基地。截至 2023 年 7 月，四川省泸州高新技术产业园区聚集企业 800 多家，行业龙头和知名企业 200 多家。其中，有穗阳软件、迪信通科技等 30 家智能终端龙头企业和 43 家配套企业。

二 智能手机制造业发展现状

（一）产业整体情况

2024 年我国智能手机市场在经历第一季度的回暖拐点后实现进一步复苏。如图 2 所示，在 2024 年 1 月、2 月我国智能手机出货量分别同比下降 31.3%、6.2%后，市场回暖；到 2024 年 6 月，智能手机出货量达到 2384.1 万台，同比增长 14.3%，占同期手机出货量的 96%。总体来看，2024 年 1~6 月我国智能手机出货量达 1.39 亿台，同比增长 11.6%，占同期手机出货量的 94.7%；智能手机新上市 149 款，同比下降 13.9%，占同期手机上市新机型数量的 72.7%。这一增长反映了我国智能手机市场的活跃态势和国内手机厂商的积极表现。从更广泛的角度来看，我国智能手机制造业的发展经历了从起步到快速崛起的过程，在全球智能手机市场中占据了领先地位。在国产品牌手机方面，根据中国信通院数据，2023 年国产手机总出货量达到 2.89 亿台，同比增长 6.5%，其中，5G 手机出货量占同期的 82.8%，达到 2.4 亿台，同比增长 11.9%。此外，上市新机型数量累计达到 406 款，同比增长 5.5%，占新机型数量的 92.1%，展示了市场上手机产品创新和更新换代的活跃状态。同时根据企查查数据，我国智能手机行业相关企业注册量在 2012~2019 年呈逐年增长态势，由 2012 年的 2101 家增长至 2019 年的 12713 家。但 2020~2021 年注册量有所下滑，2021 年企业注册量为 5645 家，较前年下降 5975 家。2022 年新增企业注册量为 663 家。如图 3 所示，600 美元及以上高端智能手机市场份额在 2019~2023 年持续增长，2023 年已达 27.4%，比 2022 年增长了 3.7 个百分点，更是比 2019 年增长了整整 1 倍。反观中端手机市场则先扩大再萎缩，400~600 美元价格段的市场份额从 2022 年的 12.7%降至 2023 年的 10.4%，200~400 美元价格段的市场份额降幅更大，从 2022 年的 41.3%降至 2023 年的 34.7%。200 美元以下的低端机市场份额虽有回升，但仍未恢复到 2019 年、2020 年的水平。这一结果表明 AI 手机和 5G 手机有望先后实现渗透率的快速提升，在推动用户形成换机需求的同时引领智能手机中长期的发展方向，同时让市场趋于高端化，让高消费人群在维持购买力的同时，推动更多中端机用户将手机升级为高端旗舰产品。

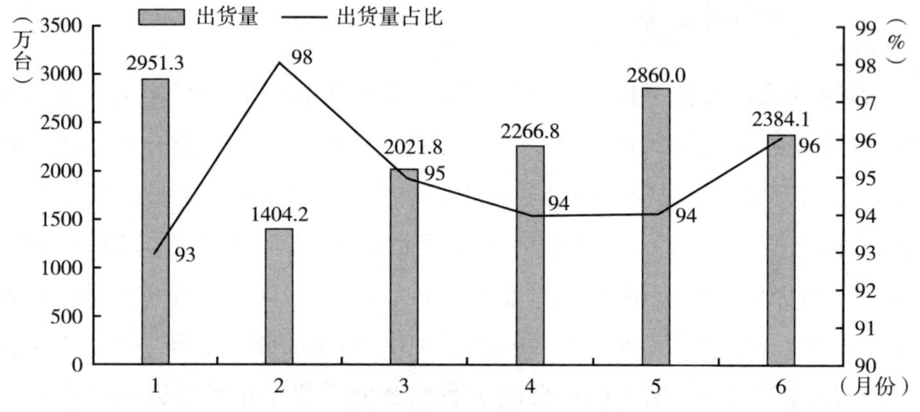

图 2　2024 年 1~6 月我国智能手机出货量和占比情况

资料来源：中国信通院发布的《2024 年 6 月国内手机市场运行分析报告》。

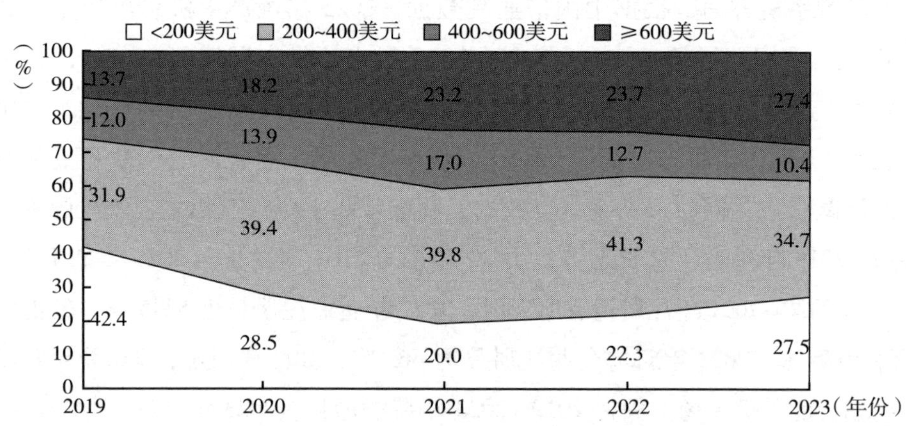

图 3　2019~2023 年我国智能手机价格段市场份额

资料来源：IDC 中国。

成渝地区双城经济圈智能手机制造业拥有较为完善的产业链和雄厚的基础。作为全球重要的智能手机生产制造基地，成渝地区双城经济圈集聚了众多知名品牌商、整机制造企业以及配套企业。成渝地区双城经济圈的智能手机制造业不仅实现了从高速发展向高质量发展的转变，而且在国际市场上有了重要的地位和影响力。2022 年，全球超过 10%的智能手机都是“成渝造”，充分展示了该地区在全球智能手机制造业中的领先地位和持续增长的潜力。重庆市在智能手机制造业产业链上游，尤其是核心零部件和自动化设备等细分领域，取得了显著进展。在智能传感器领域，重庆市已培育出数十家企业，而在仪器仪表领域更形成了百家企业群体，为地方经济增添了新的活力和动力。通过重点企业的发展、项目和产品的建设，重庆市进一步加强了核心零部件等基础配套能力。智能化转型是重庆市电子信息制造业的重要战略方向，手机企业如旭硕、仁宝、翊宝等正在加速智能化转型，通过建设数字化车间和智能工厂，显著提高了生产效率和产品质量水平。而四川省主要发展智能手机制造业产业链上游关键材料、核心零部件和自动化设备等细分领域。先后引进了成都市电子信息制造业龙头企业的配套项目 100 余个，涵盖了产品研发设计等产业链上中下游环节，包括捷普科技、领益智造、福蓉科技、日东电工、鹰诺科技、锐点科技等关联企业 100 余家，其中规模以上企业 30 家。捷普科技的成都工厂已成为捷普集团全球最大生产基地。在智能手机制造业产业链中，2021 年捷普科技结构件产品占全球市场份额的比重在 30%以上，福蓉科技铝制材料占全球市场份额的 10%，鹰诺实业手机检测设备占全球市场份额的 31%。产业结构不断完善优化，已形成较为完备的产业链条。随着成都市市场的开拓和技术创新的推动，该地区的智能手机制造业产业链条日益完善，不仅提升了本地区的产业集群效应，也促进了相关技术的进步和成果的转化。成都市智能手机制造业的发展，不仅仅是在提高产品质量和技术创新方面取得了显著成就，更是在全球电子信息市场上赢得了一席之地，成为全球智能手机供应链中不可忽视的重要一环。

（二）市场规模和结构

成渝地区双城经济圈手机产量较广东省仍处于落后地位。2023 年我国部分省市智能手机累计产量排行如表 4 所示，四川省总产量为 14567.04 万台，

位居第二；重庆市总产量为 8493.32 万台，位居第六。成渝地区双城经济圈总产量为 23060.36 万台，占 2023 年全国总产量 156642.17 万台的 14.7%。图 4 为广东省、重庆市和四川省的智能手机产量对比，从图中可以看出，2023 年成渝地区双城经济圈智能手机总产量远低于广东省的 64944.24 万台。

表 4　2023 年 1~12 月我国部分省市智能手机产量排行榜

单位：万台，%

排名	省市	1~12 月累计产量	12 月产量	12 月同比增长	1~12 月累计增长
1	广东省	64944.24	7088.98	26.8	3.6
2	四川省	14567.04	1375.1	30.3	15.3
3	河南省	14510.92	1593.37	13.5	-7.1
4	北京市	10286.76	1251.81	114.9	9.1
5	江西省	9268.49	1500.83	56.5	-0.8
6	重庆市	8493.32	619.83	-23.1	14.0
7	江苏省	7893.89	1016.63	42.7	44.7
8	湖北省	5387.68	440.23	-32.3	-13.8
9	云南省	4187.45	381.39	123.3	44.0
10	陕西省	3126.39	314.19	90.5	0.4

资料来源：中经网统计数据库。

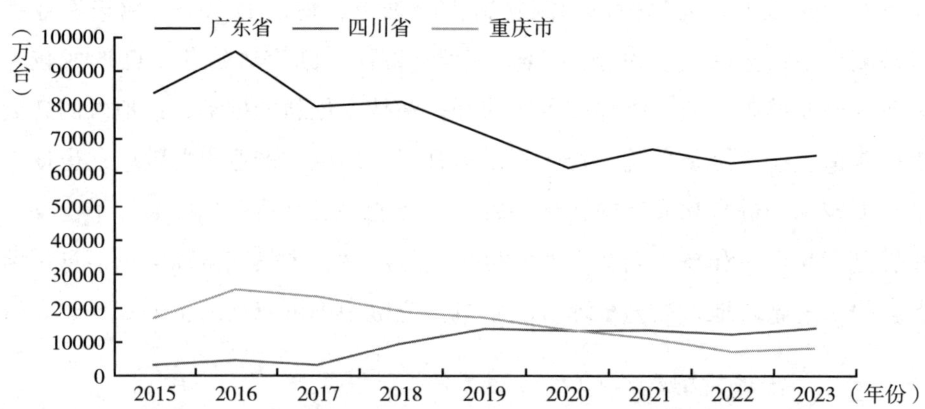

图 4　2015~2023 年成渝地区双城经济圈与广东省智能手机产量对比

资料来源：中经网统计数据库。

成渝地区双城经济圈智能手机产量远超长三角地区主要省市。表 5 显示了 2015~2023 年长三角主要省市与成渝地区双城经济圈智能手机产量情况。长三角主要省市的智能手机产量来自江苏省、浙江省和上海市。数据显示，长三角主要省市智能手机产量从 2015 年的 15538.8 万台下降至 2022 年的 11368.16 万台，成渝地区双城经济圈智能手机产量从 2015 年的 20980.4 万台上升至 2023 年的 23060.36 万台，后者每年智能手机产量均远大于长三角主要省市。图 5 展示了 2015~2022 年长三角主要省市智能手机产量与成渝地区双城经济圈的对比。从图中可以看出，2015~2019 年成渝地区双城经济圈智能手机产量以重庆市为主，直到 2020 年四川省智能手机产量开始逐渐高于重庆市，总体上成渝地区双城经济圈的智能手机产量高于长三角主要省市。

表 5 2015~2023 年长三角主要省市与成渝地区双城经济圈智能手机产量

单位：万台

年份	长三角主要省市（江苏省、浙江省、上海市）	成渝地区双城经济圈	四川省	重庆市
2015	15538.8	20980.4	3375.3	17605.1
2016	15394.63	29969.21	4469.22	25499.99
2017	16765.81	26359.21	3178.03	23181.18
2018	15041.25	28305.19	9437.02	18868.17
2019	13911.33	31795.54	14363.68	17431.86
2020	13010	26770.3	13319.83	13450.47
2021	10248.7	24295.54	13137.21	11158.33
2022	11368.16	20079.48	12630.97	7448.51
2023	—	23060.36	14567.04	8493.32

资料来源：中经网统计数据库。

截至 2023 年末，成渝地区双城经济圈智能手机相关企业注册数量较低。四川省共计 1179 家企业，排名第 12，重庆市则共计 1022 家企业，位居第 17 名（见表 6）。成渝地区双城经济圈智能手机相关企业注册数量共 2201 家，数量相对较少。相对而言，成渝地区双城经济圈拥有较少的智能手机企业却生产出全国近 15%的手机，进一步说明其在智能手机制造业实现了高

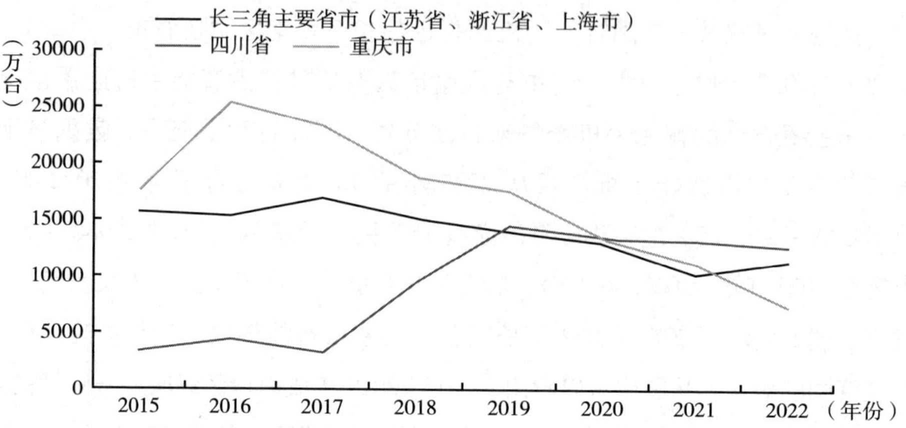

图 5　2015~2022 年长三角主要省市与成渝地区双城经济圈智能手机产量对比情况

资料来源：中经网统计数据库。

效的生产和产业链的配套协同，如果加上政策支持、专业化和精品化以及多元化的市场需求，将进一步推动该区域产量的提升。

表 6　2023 年部分省市智能手机相关企业注册数量及排名

单位：家

排名	省市	企业数量	排名	省市	企业数量
1	广东	34769	8	河南	2839
2	山东	3572	9	湖北	1762
3	安徽	3312	10	江西	1573
4	江苏	3147	11	河北	1473
5	陕西	3123	12	四川	1179
6	浙江	3093	—	—	—
7	湖南	2984	17	重庆	1022

资料来源：企查查。

三　智能手机制造业布局与发展中的主要问题

（一）产业链核心环节较弱，市场竞争力有待提高

成渝地区双城经济圈作为我国西南地区的重要经济中心，尤其体现

在电子信息制造业的发展上，然而其智能手机制造业结构相对单一，主要集中在组装和代工环节。与长三角、珠三角等地区相比，成渝地区双城经济圈在高附加值领域，如手机设计和芯片制造方面的优势并不明显，核心竞争力较为薄弱。尤其是在芯片设计、制造等关键技术领域，成渝地区双城经济圈的实力相对薄弱，缺乏足够的核心零部件配套能力，导致大部分的配套产品仅限于说明书、包装盒等低附加值产品。供应链配套问题是成渝地区双城经济圈智能手机制造业面临的另一大挑战。尽管本地供应率较高，但芯片等核心零部件的缺乏，限制了产业链的发展和高附加值产品的生产。整体来看，成渝地区双城经济圈的电子信息制造业产业链尚不完善，特别是在细分领域企业数量不足，这直接影响了地区产业链的整体竞争力的提高和创新能力的发挥。面对这些挑战，成渝地区双城经济圈的电子信息企业需要加强产业链的整合与协同，加大在高端技术和产品研发上的投入。同时，企业应加强与科研院所、高等院校的合作，推动创新能力的提升和高端人才的引进培养，努力填补产业链的空白，提升自主创新能力。只有这样，成渝地区双城经济圈才能在智能手机制造业产业链的竞争中找到自己的定位，实现从低端制造向高端创新的转型升级。

（二）科技创新实力较弱，科技与产业融合较慢

重庆市在科技创新方面面临诸多挑战，主要表现在人才供给不足和研发投入较低等方面。尽管拥有多所高校，但大部分为职业院校，缺乏一流的理工类学校，这种情况限制了科技人才的供给。同时，重庆市在科技研发投入方面也存在较大差距，近年来虽然启动了人工智能、大数据云计算和智慧城市等专项资金，但投入经费相对有限，约为 5.7 亿元，与沿海发达地区相比仍显不足。此外，2022 年重庆市研究与试验经费支出占 GDP 的比重为 2.36%，远低于杭州市、成都市、苏州市等地区。财政科技支出占比也仅为 2.0%，远低于其他城市如苏州市、成都市、武汉市和杭州市的水平。为加快科技创新与产业发展的融合，重庆市需加

速推动产业链现代化，特别是在智能终端、信息技术和新能源等新兴产业应加大财政支持力度。重庆市应致力于推动产业协调发展，通过加大对新兴产业的支持力度，实现科技创新与产业协同发展的目标，提升产业链的附加值和国际竞争力。

成都市在科技创新实力提升、科技与产业融合方面也面临一些挑战。尽管成都市拥有一些高水平的大学和科研院所，如四川大学、电子科技大学和成都理工大学等，以及一批优秀的科技企业，但在整体科技创新实力上与沿海发达地区相比仍显薄弱。成都市在人才吸引和培养上仍需加大力度，特别是在吸引国际和高端人才方面有待提升。此外，成都市的科技与产业融合相对较慢，尚需进一步加强。虽然成都市积极推动智能终端、信息技术和新能源等新兴产业的发展，但在科技创新成果向产业转化、科技企业与传统产业的深度融合等方面，还存在提升空间。成都市需要加强政策支持和创新平台建设，促进科技成果转化为生产力，推动科技与产业的有机结合，提升整体产业链的竞争力和创新能力。

（三）企业间协同创新不足，区域融合进程较慢

成渝地区双城经济圈在电子信息制造业领域展示了积极的产业协同发展态势。重庆市和成都市建立了紧密的合作关系，共同推动了电子信息制造业的升级和发展，通过合作促进了产业链的完善和创新技术的推广。此外，成渝地区双城经济圈在加强交通基础设施建设和物流合作方面也取得了显著成果，提升了区域整体的竞争力和发展活力。然而，产业协同发展仍面临一些制约因素。一方面，区域内部经济发展不平衡现象显著，一些地区的产业结构和发展水平与成都市和重庆市存在较大差距，这制约了整体协同发展的效果和速度。另一方面，行政体制和市场机制的差异也影响了资源的整合和优化配置，限制了产业协同发展的深度和广度。因此，成渝地区双城经济圈未来需要进一步加强政策协调和市场化改革，以解决上述问题，促进产业协同发展的全面提升。

四 成渝地区双城经济圈智能手机制造业发展对策建议

（一）强化产业链核心环节

1. 提高手机设计和芯片的制造投入

成渝地区双城经济圈在手机设计和芯片制造领域投入更多资源、集中攻克关键技术的战略包括多方面措施。首先，政府可以设立科技专项基金，专门支持研发项目，同时鼓励企业通过股权投资、风险投资等形式参与形成产业基金，共同推动技术攻关，确保资源集中和有效利用。其次，实施税收优惠政策如研发费用加计扣除和税收减免，以及提供研发补贴，有助于降低企业的研发成本，从而激励企业增加在技术创新上的投入和实验。最后，设立技术创新奖励机制，对在手机设计和芯片制造领域取得重大技术突破的企业和个人给予奖励，不仅能够进一步激励行业内的创新活动，还能够吸引更多优秀人才投身于这一高附加值领域的研究与实践。

2. 引进和培养高端人才

成渝地区双城经济圈吸引和培养手机设计和芯片制造领域的高端人才，可以通过多种措施实现。首先，政府可以设立人才引进专项基金，这一举措旨在提供丰厚的科研经费和优越的生活条件，从而吸引全球顶尖的科技人才和创新团队来该区域工作。其次，成渝地区双城经济圈可以与国内外一流高校和科研机构展开合作，共同设立联合实验室和研究中心，以推动前沿技术的研究和创新。通过这种产学研合作，该区域不仅可以加速本地技术水平的提升，还能够培养和吸引更多优秀的人才参与手机设计和芯片制造领域的创新活动。最后，成渝地区双城经济圈还应该实施系统的人才培训计划，针对现有员工开展技能提升培训。这种培训计划可以通过内部培训、行业交流和专家讲座等多种形式进行，以提高员工的技术水平和创新能力，确保人才队伍的持续发展与壮大。

（二）完善供应链配套

1. 吸引关键零部件制造企业

在建设智能手机制造业的完整供应链体系方面，成渝地区双城经济圈可以通过多种措施实现。首先，政府应出台土地、税收等优惠政策，吸引关键零部件制造企业在该地区设立生产基地，例如对新设立的芯片制造企业生产基地给予税收减免和贷款贴息支持。其次，提供财政补贴以支持关键零部件制造企业进行技术改造和设备升级，从而提高生产效率和产品质量，比如提供针对研发投入和新设备购置的补贴。最后，鼓励企业集中布局形成产业集群，增强协同效应，促进上下游企业的互动合作，从而提升整体供应链的竞争力和稳定性。

2. 优化营商环境

为优化营商环境、降低企业运营成本，成渝地区双城经济圈应采取多种措施。首先，加大基础设施建设投入，改善交通运输、能源供应和信息通信条件，以提升企业的生产和物流效率，例如建设高速公路、铁路和机场。其次，设立“一站式”服务平台以简化行政审批流程，提高行政效率，使企业能够通过单一窗口办理所有审批手续，减少烦琐流程和等待时间。最后，建立健全的企业服务体系，比如设立专门的企业服务机构提供政策咨询、法律服务和市场信息支持，帮助企业解决实际问题，提升整体运营效率。这些综合措施将有助于成渝地区双城经济圈吸引投资、提高企业运营效率，并创造更良好的营商环境。

（三）加强科技创新与产业融合

1. 增加研发投入

为推动成渝地区双城经济圈产业升级，科技创新至关重要。成渝地区双城经济圈应加大对科技研发的财政支持力度，比如增加研发经费在 GDP 中的比重、设立专项资金支持科技研发、鼓励企业设立研发中心和实验室，以深入开展核心技术攻关。此外，应实施税收优惠政策，如对从事科技研发的企业给予税收减免和研发费用加计扣除，降低其研发成本。例如，允许企业将研发支出 100%以上的部分进行税前扣除，进一步激励企业增加在研发领域的投入。同时，通过科技计划项目、创新基金等方式，资助重点研发项目，支持企业和科研机构在人工智能、大数据和云计算等前沿技术领域的深入研究。

2. 建立科技创新平台

成渝地区双城经济圈应建设和完善科技创新平台，促进高校、科研院所与企业之间的合作。首先，设立科技园区和孵化器，为初创企业和科研团队提供办公场所、设备支持和资金支持，通过集聚效应促进技术交流与合作，推动科技成果的转化和应用。其次，定期举办科技创新大赛和技术交流会，促进技术交流与合作，并通过设立创新奖励机制激励优秀的科技创新项目。最后，与高校和科研机构合作设立联合实验室和研究中心，开展前沿技术研究，通过产学研合作推动科技成果的转化和应用，提升产业的技术水平和竞争力。这些综合措施将有助于成渝地区双城经济圈打造具有竞争力的科技创新生态系统，促进经济转型升级和可持续发展。

（四）促进企业间协同创新

1. 建立跨区域产业联盟

成渝地区双城经济圈应构建跨区域产业联盟与合作机制，通过设立联盟来推动成都市与重庆市企业在技术研发和市场拓展上的深度合作。这种机制将促进资源共享，使企业能够共享研发资源和市场信息，从而提升企业的创新能力和市场竞争力。同时，鼓励企业开展联合研发和市场推广，形成优势互补，如设立联合研发中心攻克技术难题、设立联合市场推广平台拓展国内外市场。此外，设立产业合作基金以支持跨区域合作项目，可以降低合作成本、提高合作效率，基金可通过政府拨款和企业出资等方式筹集。政府还应重点支持技术研发和市场推广项目，企业与政府共同推动产业升级。

2. 改善区域内经济发展不平衡

成渝地区双城经济圈应积极采取一系列政策措施，以解决经济发展不平衡的问题，推动区域经济的协调发展。实施财政补贴和税收优惠政策，鼓励企业投资相对落后地区，提高这些地区的吸引力；同时，加大基础设施建设的投入，特别是在交通、能源和信息通信等领域，以改善这些地区的生产和物流条件；此外，还需制定区域协调发展政策，通过政府间的紧密协作和资源有效调配，确保区域内的均衡发展，并设立区域发展专项基金，专门支持落后地区的发展项目，从而缩小区域内的发展差距。

参考文献

李丽龙：《宜宾为何能招大引强？破解投资宜宾背后的密码》，《宜宾日报》2021年9月15日。

李艳玲：《全国首个跨省域国家先进制造业集群建设不断加码》，《成都日报》2024年6月19日。

刘九如、尹茗：《我国智能终端产业发展研究及政策建议》，《产业经济评论》2022年第6期。

倪雨晴：《中国手机市场排位赛：苹果第一荣耀领跑安卓　华为四季度重返前五》，《21世纪经济报道》2024年1月30日。

牛力娟：《我国智能终端产业集聚区协调创新发展对策》，《科学管理研究》2018年第5期。

王彩艳、杨敏：《渝北　智汇“五个千亿级”产业集群》，《重庆日报》2020年9月15日。

夏元：《抢抓共建“一带一路”机遇　重庆电子信息产业向万亿级产值规模迈进》，《重庆日报》2023年10月20日。

许小燕：《成都新津数字经济打开方式“智造”立区，“数字”强区》，《产城》2023年第9期。

杨富、刘泰山：《推进产业建圈强链　构建产业生态优势》，《成都日报》2022年11月30日。

郑三波：《全球每10台手机、每3台电脑就有一台“重庆造”》，《重庆商报》2020年5月22日。

左佑名：《成渝地区双城经济圈制造业竞争力研究》，硕士学位论文，西南财经大学，2021。

B.4

成渝地区双城经济圈新型电子终端制造业发展报告*

罗文竹　徐耀德　张　洁**

摘　要： 本报告基于成渝地区双城经济圈新型电子终端制造业发展现状，运用描述性统计分析法和比较分析法分析该区域新型电子终端制造业市场规模与发展成效。成渝地区双城经济圈新型电子终端制造业企业不断集聚，产业结构持续优化，产品种类逐渐齐全，区域间发展和谐，市场规模正稳健扩张。但仍存在低附加值产品冗余、产业链转型压力加重、品牌缺乏核心竞争力以及数据安全存在隐患等问题。本报告提出一系列对策建议：需要调整战略研发方向和政策激励研发创新以强化高附加值产品研发；优化整合供应链，控制成本与管理风险，以优化供应链结构；塑造品牌意识传递文化价值，差异化竞争与客户服务，以提升品牌影响力；提升企业数据保护能力，建立行业监管机制，以推动行业标准化；等等。

关键词： 新型电子终端制造业　产业集群　产业崛起　成渝地区双城经济圈

从全球新型电子终端发展情况来看，随着互联网的快速发展，新型电子终端制造业与信息消费、大数据产业等紧密结合，产业链日趋完善。新型电

---

* 基于数据可获得性，本报告成渝地区双城经济圈相关数据根据重庆市与四川省总和进行统计。

** 罗文竹，博士，重庆邮电大学经济管理学院讲师，主要研究方向为数智技术创新与管理、区域绿色创新与管理；徐耀德，重庆邮电大学经济管理学院硕士研究生，主要研究方向为数智技术产业理论与政策；张洁，重庆邮电大学经济管理学院硕士研究生，主要研究方向为数智技术创新管理。

子终端制造业是高科技产业的重要组成部分，其发展可以促进成渝地区双城经济圈结构向高端制造业和服务业转型升级，提升产业附加值和竞争力。与此同时，新型电子终端制造业的发展需要大量的配套企业给予支持，如芯片、电子元器件、软件开发等方面的龙头企业，足以带动相关产业链发展并形成完整的产业生态系统。另外，该制造业是一个技术密集型产业，其发展有利于推动科技创新和研发能力提升，有利于提高整个地区的创新能力和竞争力。总而言之，推动成渝地区双城经济圈新型电子终端制造业的发展不仅对当地电子信息制造业经济有着深远的影响，也有助于提高整个区域的电子终端发展水平、吸引更多的人才和资本，推动电子信息制造业经济结构优化和创新能力提升，进而实现新型电子终端制造业的可持续发展。

一　新型电子终端制造业布局情况

新型电子终端制造业产业链涵盖了从原材料制造到最终产品销售的全过程，分为上游的硬件及软件、中游的产品制造，以及下游的应用场景。上游环节包括芯片、显示屏、传感器等智能硬件和数据平台、虚拟显示技术等软件系统；中游环节则涉及智能配饰、智能可穿戴设备等电子终端产品的制造；下游环节则包括这些产品在日常生活、医疗健康、教育教学等多个领域的应用场景。具体如图 1 所示。

成渝地区双城经济圈中的新型电子终端制造业主要分布在重庆市中心城区、成都市以及区域内其他的几个重点地级市之中，这些城区及城市中承载着新型电子终端制造业的功能区集中分布在新兴技术创新高爆发地段，呈现集聚且高质量发展之势。

（一）重庆市新型电子终端制造业布局

重庆市新型电子终端制造业主要以两江新区为核心地带并逐渐形成集群效应。两江新区中又以渝北区和江北区为集中区域，其中渝北区的重庆临空前沿科技城、保税港区空港功能区、两江数字经济产业园、金星科技

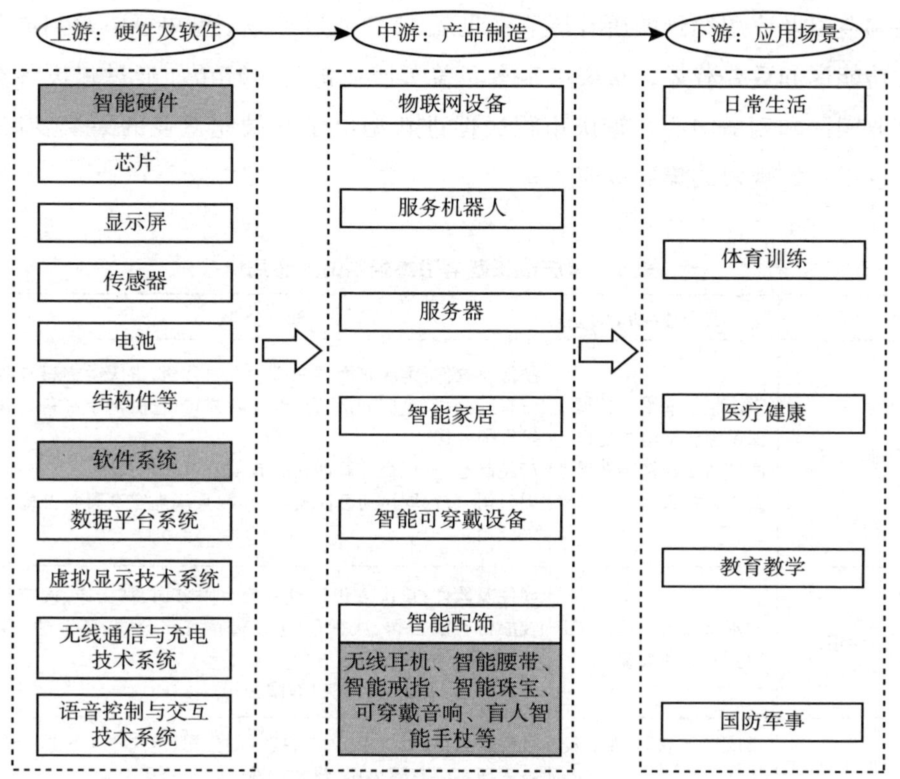

图1　新型电子终端制造业产业链示意

资料来源：根据中国知网、网上公开资料整理。

大厦以及江北区的两江产业园全面涉及新型电子终端制造业产业链上游的硬件及软件、中游的产品制造以及下游的应用场景。其余地区也有新型电子终端制造业发展功能区，如沙坪坝区以西永微电子产业园、口岸贸易服务大厦等载体主要发展新型电子终端的硬件及软件和产品制造环节；渝中区则主要以重庆市区块链数字经济产业园为核心功能区重点发展产业链的上游环节；北碚区依托水土高新技术产业园为载体发展全产业链环节；长寿区的重庆长寿工业园和开州区的赵家工业园区均着重发展产业链的上游和中游环节；荣昌区依托荣昌宏烨智造产业园重点发展产业链中游的产品制造和下游的应用场景环节；九龙坡区凭借重庆启迪科技园发展产业链的上游环节；大渡口区凭借建桥工业园区均衡发展产业链的硬件及软件、产品制造以及应用场景的所有环节（见表1）。通过承载新型电子终端制造业的功能区和重要载体，重庆市基本涵盖了产业链的全环节。通过建设各类产业园区和创新中心，重庆市积极促进新型电子终端制造业的集聚发展，形成了一定规模的集群效应。

表1　重庆市新型电子终端制造业布局

地区	重要载体/功能区	重点企业
渝北区	重庆临空前沿科技城、保税港区空港功能区、两江数字经济产业园、金星科技大厦	硬件及软件：重庆舟海智能科技有限公司、重庆微标科技股份有限公司、重庆同济研究院有限公司、重庆港宇高科技开发有限公司 产品制造：重庆舟海智能科技有限公司、纬创资通（重庆）有限公司、重庆同济研究院有限公司、重庆港宇高科技开发有限公司
沙坪坝区	西永微电子产业园、口岸贸易服务大厦	硬件及软件：重庆方正信息系统有限公司、富士康、茂德科技股份有限公司、旗探（重庆）科技有限公司、英业达（重庆）有限公司 产品制造：英业达（重庆）有限公司
渝中区	重庆市区块链数字经济产业园	硬件及软件：重庆市浪潮科技有限公司、重庆华工智造工业技术研究院有限公司、麒麟软件（重庆）有限公司
江北区	两江产业园	硬件及软件：重庆紫光华智电子科技有限公司、重庆泓宝科技股份有限公司、重庆普施康科技发展股份有限公司 产品制造：重庆紫光华智电子科技有限公司、峰米（重庆）创新科技有限公司、重庆泓宝科技股份有限公司、重庆普施康科技发展股份有限公司 应用场景：重庆紫光华智电子科技有限公司、峰米（重庆）创新科技有限公司
北碚区	水土高新技术产业园	硬件及软件：重庆两江联创电子有限公司、重庆中星微人工智能芯片技术有限公司 产品制造：重庆华数机器人有限公司、重庆鲁班机器人技术研究院有限公司 应用场景：重庆鲁班机器人技术研究院有限公司
开州区	赵家工业园区	硬件及软件：重庆市紫建电子股份有限公司 产品制造：重庆市紫建电子股份有限公司
荣昌区	荣昌宏烨智造产业园	产品制造：重庆川宏电子有限公司 应用场景：重庆川宏电子有限公司

续表

地区	重要载体/功能区	重点企业
长寿区	重庆长寿工业园	硬件及软件:重庆大唛物联网科技有限公司 产品制造:重庆大唛物联网科技有限公司
九龙坡区	重庆启迪科技园	硬件及软件:重庆赛迪奇智人工智能科技有限公司
大渡口区	建桥工业园区	硬件及软件:重庆海康威视科技有限公司 产品制造:重庆萤石电子有限公司、重庆海康威视科技有限公司 应用场景:重庆萤石电子有限公司

资料来源：根据前瞻产业园区库、爱企查、网上公开资料整理得出。

重庆市的新型电子终端制造业呈现多元化和高端化的特征。在多元化方面，通过各产业园区积极吸引和培育电子信息制造业的领军企业，重庆市成功打造了强大的产业集群，这些领军企业不仅包括知名的品牌商和整机制造商，还包括配套的零部件供应商，共同形成了一个“品牌+代工+配套”的产业链模式。产业集群覆盖智能终端、集成电路、仪器仪表等多个领域，实现了从单一产品到全方位产品线的拓展，形成了多个百亿级产业集群。在高端化方面，重庆市电子信息制造业不断向高端市场迈进，如京东方的液晶显示面板生产线项目，不仅填补了产业发展的空白，还推动了产业的垂直整合、提升了产品的本地配套率、增强了产业的核心竞争力。在产业链的上游，重庆市汇聚了一系列重点企业，如重庆舟海智能科技有限公司、重庆微标科技股份有限公司等，它们专注于智能硬件设计和软件系统开发。中游环节则由重庆紫光华智电子科技有限公司等企业主导，它们专注于电子产品的制造。下游应用层面，重庆紫光华智电子科技有限公司、峰米（重庆）创新科技有限公司等企业则致力于新型电子终端的应用服务，推动产品在日常生活、医疗健康、教育教学等多个领域的广泛应用。重庆市的新型电子终端制造业企业数量已超过50家，它们分布在产业链的各个环节，包括硬件及软件、产品制造和应用场景，形成了一个全面而高效的产业生态。

（二）成都市新型电子终端制造业布局

成都市新型电子终端制造业空间布局清晰，上中下游均衡发展。成都市新型电子终端制造业布局包括：以高新区的成都高新电子产业园区、成都新经济活力区、成都天府国际生物城为重要载体重点发展硬件及软件；新型电子终端制造业产业链中游的产品制造环节主要依托的是成都双流航空经济区、西南航空港经济开发区工业集中发展区、天府软件园以及智能硬件领域中试基地；微网优联智能终端产业园、白鹭湾科技生态园、天府智能制造产业园、中国（四川）自由贸易试验区以及金牛高新技术产业园等功能区更多的是承载新型电子终端的产品制造和应用场景环节（见表2）。各个功能区所承担产业链上中下游的侧重任务有所区别，但涵盖了新型电子终端制造业产业链的整个链条，包括硬件及软件、产品制造、应用场景环节，确保了产业链条的完整性和协同发展。

表2　成都市新型电子终端制造业布局

地区	重要载体/功能区	重点企业
高新区	成都高新电子产业园区、成都新经济活力区、成都天府国际生物城	硬件及软件:TCL、戴尔、鸿富锦、京东方、西门子、天马微电子 产品制造:鸿富锦 应用场景:TCL
双流区	成都双流航空经济区、西南航空港经济开发区工业集中发展区	硬件及软件:比亚迪、闻泰、华勤、仁宝、纬创 产品制造:比亚迪、闻泰、仁宝、纬创、成都市泰极电子科技有限公司 应用场景:比亚迪、闻泰、成都市泰极电子科技有限公司
武侯区	天府软件园	硬件及软件:成都亿盟恒信科技有限公司、成都联星技术股份有限公司 产品制造:成都思晗科技股份有限公司、成都联星技术股份有限公司 应用场景:浪潮、成都鼎桥通信技术有限公司、成都联星技术股份有限公司
新都区	微网优联智能终端产业园	硬件及软件:斯比泰电子(成都)有限公司、成都新鸿广科技有限公司 产品制造:微网优联、斯比泰电子(成都)有限公司、四川中杭机械集团有限公司、成都新鸿广科技有限公司 应用场景:微网优联、斯比泰电子(成都)有限公司、四川中杭机械集团有限公司

续表

地区	重要载体/功能区	重点企业
锦江区	白鹭湾科技生态园	硬件及软件:山东海天智能工程有限公司、深圳英飞拓科技股份有限公司 产品制造:成都云天励飞技术有限公司、山东海天智能工程有限公司、深圳英飞拓科技股份有限公司 应用场景:联通智网科技股份有限公司、山东海天智能工程有限公司
天府新区	天府智能制造产业园、中国(四川)自由贸易试验区	硬件及软件:大陆希望智能科技发展有限公司、成都阿加犀智能科技有限公司 产品制造:大陆希望智能科技发展有限公司、成都阿加犀智能科技有限公司 应用场景:大陆希望智能科技发展有限公司、四川墨心科语科技有限公司、成都三塔科技有限公司、成都阿加犀智能科技有限公司
金牛区	金牛高新技术产业园	硬件及软件:成都四海万联智能电子设备有限公司 产品制造:成都四海万联智能电子设备有限公司、成都辰启电子科技有限公司 应用场景:成都四海万联智能电子设备有限公司、成都辰启电子科技有限公司
郫都区	智能硬件领域中试基地	硬件及软件:蜂鸟智造(成都)科技有限公司 产品制造:蜂鸟智造(成都)科技有限公司
崇州市	成都智能应用产业功能区	应用场景:索菲亚、尚品宅配、喜临门
大邑县	文体智能装备产业功能区	产品制造:科利特 应用场景:科利特、圣诺生物科技

资料来源：根据前瞻产业园区库、爱企查、网上公开资料整理得出。

成都市电子终端制造业产业链完善，主要布局在科技园区等产业集聚区。成都市新型电子终端制造业产业链的重点企业达到了100余家，其涵盖了全产业链的各个环节。其中，在上游硬件及软件方面，汇聚了TCL、戴尔、鸿富锦、京东方、西门子、天马微电子、华勤、成都亿盟恒信科技有限公司等一系列重点企业；在中游产品制造环节，以比亚迪、闻泰、成都联星技术股份有限公司、成都市泰极电子科技有限公司、微网优联、成都云天励飞技术有限公司等企业为主要载体；下游的应用场景层面则包含浪潮、成都鼎桥通信技术有限公司、成都联星技术股份有限公司、联通智网科技股份有限公司、四川墨心科语科技有限公司、成都三塔科技有限公司、成都四海万联智能电子设备有限公司、成都辰启电子科技有限公司、蜂鸟智造（成都）科技有限公司等众多核心企业。

（三）成渝地区双城经济圈其他主要城市新型电子终端制造业布局

成渝地区双城经济圈其他主要城市在新型电子终端制造业布局上呈现协同发展和创新驱动的特点。成渝地区双城经济圈其他主要城市的新型电子终端制造业整体发展其实更加专注产业链中游的产品制造环节，在硬件及软件和产品应用场景环节相对薄弱。宜宾市的宜宾三江新区智能终端产业园和宜宾临港经济技术开发区涵盖了新型电子终端制造业全产业链的发展流程；自贡市的西南智能终端产业园和泸州市的泸州盈田智能终端产业园涉及产业链中游的产品制造和下游的应用场景环节；德阳市的德阳高新技术产业园以及南充市的南充临江新区电子信息产业园则主要涉及产业链的上中下游环节；绵阳市的九州科技工业园和绵阳科创园以及广安市的智汇谷西部智能产业园主要包含了新型电子终端的硬件及软件、产品制造流程，而内江市的内江经济技术开发区则只生产产业链上游的硬件及软件（见表3）。总体来看，成渝地区双城经济圈其他主要城市主要依托成都市和重庆市的产业转移，对核心城市的新型电子终端制造业起补充作用，并且主要承载的是产业链中游的产品制造环节。

表3　成渝地区双城经济圈其他主要城市新型电子终端制造业布局

地区	重要载体/功能区	重点企业
宜宾市	宜宾三江新区智能终端产业园、宜宾临港经济技术开发区	硬件及软件：康佳、凯翼汽车 产品制造：康佳、凯翼汽车、智威科技 应用场景：康佳、智威科技
自贡市	西南智能终端产业园	应用场景：自贡鹭燕医药有限公司

续表

地区	重要载体/功能区	重点企业
泸州市	泸州盈田智能终端产业园	产品制造:四川硕拓电子科技集团有限公司、四川鑫荣电子科技有限公司
绵阳市	九州科技工业园、绵阳科创园	硬件及软件:四川九洲北斗导航与位置服务有限公司、四川九洲空管科技有限责任公司 产品制造:四川九洲北斗导航与位置服务有限公司、四川九洲空管科技有限责任公司 应用场景:四川九洲北斗导航与位置服务有限公司、四川九洲空管科技有限责任公司
内江市	内江经济技术开发区	硬件及软件:内江市兴展光电有限公司
德阳市	德阳高新技术产业园	硬件及软件:四川六九一二通信技术股份有限公司 产品制造:四川六九一二通信技术股份有限公司 应用场景:四川六九一二通信技术股份有限公司
南充市	南充临江新区电子信息产业园	硬件及软件:南充三环电子有限公司 产品制造:南充三环电子有限公司、四川德尔博睿科技股份有限公司 应用场景:南充三环电子有限公司、四川德尔博睿科技股份有限公司
广安市	智汇谷西部智能产业园	硬件及软件:四川鹰眼航拍科技有限公司 产品制造:四川鹰眼航拍科技有限公司

资料来源：根据前瞻产业园区库、爱企查、网上公开资料整理得出。

成渝地区双城经济圈其他主要城市的新型电子终端制造业企业布局呈现区域协同发展和龙头企业带动等特征。成渝地区双城经济圈其他主要城市的新型电子终端制造业以成都市和重庆市的京东方、长虹、康佳等面板企业为龙头引领，以极米科技、辰显光电等终端企业为消费牵引，与虹科创新、汉朗精工等配套企业协同发展，形成较为完整的产业链条。成渝地区双城经济圈其他主要城市的新型电子终端相关企业以产业链中游的产品制造环节为主，以上游的硬件及软件和下游的应用场景为辅。其中，新型电子终端制造业产业链上游的硬件及软件环节，主要涵盖了康佳、四川九洲北斗导航与位置服务有限公司、四川九洲空管科技有限责任公司、内江市兴展光电有限公司等重要企业；在中游的产品制造环节，则汇聚了凯翼汽车、智威科技、四川硕拓电子科技集团有限公司、四川鑫荣电子科技有限公司、南充三环电子有限公司、四川鹰眼航拍科技有限公司等一系列重点企业；在下游的应用场景环节，主要以自贡鹭燕医药有限公司、四川六九一二通信技术股份有限公司、南充三环电子有限公司、四川德尔博睿科技股份有限公司等企业为依托重点发展相关领域。成渝地区双城经济圈其他主要城市将继续加强技术创新，提升企业引育水平，打造一流产业生态，并深化区域交流合作，以推动新型电子终端制造业的持续健康发展。

二　新型电子终端制造业发展现状

（一）产业整体概况

目前新型电子终端大致分为物联网设备、服务机器人、服务器、智能家居、智能可穿戴设备以及智能配饰等一系列新型智能电子终端产品。以服务机器人、智能可穿戴设备和智能家居为例。我国服务机器人企业在技术创新和市场应用方面取得了显著成就。据中商产业研究院发布的报告，我国服务机器人市场规模在 2022 年达到 516 亿元，2018～2022 年的年均增长率为 27.87%；2023 年我国服务机器人产量达到 783.33 万套，较上年增长 21.30%；2019～2022 年服务机器人相关企业数量增长了 296%，2022 年企业数量已超过 10 万家。我国已经实现了服务机器人全产业链布局，并拥有了完整的产业生态体系。产业链可分为上游的核心零部件制造，中游的机器人本体制造及系统集成，下游的终端应用。工业和信息化部等部门印发《“机器人+”应用行动实施方案》等一系列文件大力支持服务机器人产业的发展。服务机器人产业分布呈现两极分化态势，以华东、中南、华北地区为核心，而西南、东北、西北地区产业规模较小，其中华东地区产业规模占比较高，达到 40.6%。2016～2023 年我国智能可穿戴设备出货量总体呈现前期增长、后期回落的趋势。2021 年，我国智能可穿戴设备出货量达到峰值

1.4亿台，从2022年开始，出货量呈下降趋势（见图2）。2018~2023年我国智能家居市场同样总体呈现增长的态势，出货量整体变化幅度不大，2022~2023年出货量均在2.2亿台左右，其中，全屋智能、搭载毫米波技术的智能家居以及具有自主移动能力的智能家居将成为行业新的发展领域（见图3）。

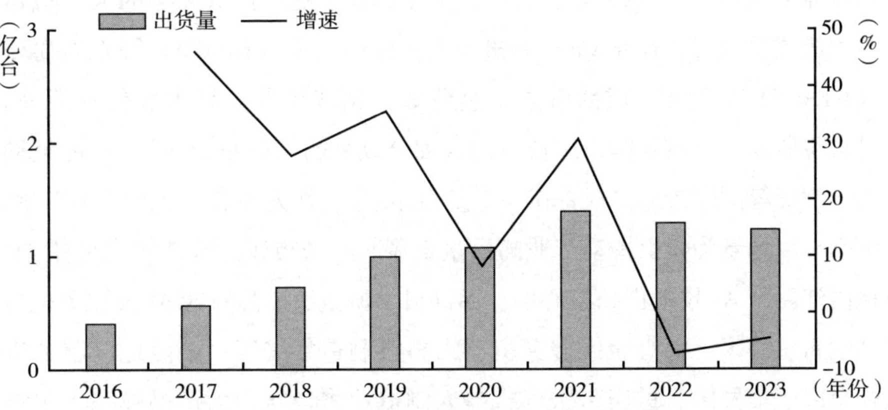

图2　2016~2023年我国智能可穿戴设备出货量及增速

资料来源：前瞻产业研究院。

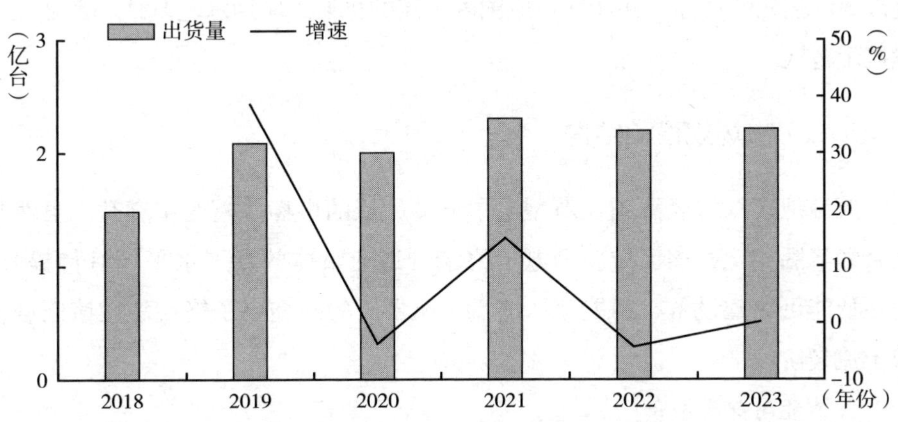

图3　2018~2023年我国智能家居出货量及增速

资料来源：前瞻产业研究院。

成渝地区双城经济圈新型电子终端制造业正处于逐步突破阶段。以服务机器人为例，成都市以天府新区、高新区、成华区等为主要承载地，集聚了一批重点企业，如卡诺普、布法罗、越凡创新等，并拥有了近20个高能级创新平台，如四川省智能服务机器人工程技术研究中心，形成了全产业链协同发展态势。成都市在服务机器人方面取得了一系列创新成果，如中西部首个人形机器人创新中心的组建，以及全国首个基于视觉扩散架构的人形机器人任务生成式模型（R-DDPRM）和机器人多模态模型（RRMM）及双臂协作系统（RTACS）的发布。成都市本土企业如卡诺普机器人技术股份有限公司，通过自主研发，已成为国产工业机器人细分领域的“隐形冠军”，产品远销东南亚、欧美等国际市场。成都市正致力于打造“无处不在、无时不用”的产业生态，以场景为牵引推动产业高质量发展。重庆市正建设四类产业集聚区，包括两江新区AI技术创新核心区、西部科学城重庆市高新区AI及服务机器人产品创新核心区、中心城区服务机器人整机制造集聚区、渝西地区服务机器人配套产业集群区。重庆市服务机器人制造业将建立六大产品体系，包括清洁服务机器人、物流服务机器人、医疗服务机器人、居家服务机器人、特种服务机器人、人形机器人，重庆市还提出到2025年智能工业机器人销售收入突破800亿元的目标，并计划建成国内一流的机器人应用示范基地和产业创新发展示范区。

（二）市场规模和结构

成渝地区双城经济圈在新型电子终端领域的市场规模逐年攀升。虽然与其余经济圈相比，该区域新型电子终端制造业整体的发展水平还有待提升，但在智能可穿戴设备、智能家居终端、机器人等新型电子终端领域该区域正处于追赶阶段。

1. 智能可穿戴设备

我国智能可穿戴设备市场规模自2016年的179.2亿元增长至2022年的812.5亿元，并预计在2023年达到850亿元（见图4）。中国证券网数据显示，成都市智能终端制造业在2022年实现营收4200亿元，其中智能可穿戴设备产量约占全国的4%，投影机市场占有率达20%，位居全国第一。成都市经济发展研究院的统计显示，2023年上半年，成都市智能终端的融资企业数量和制造业规模均位列全国前五，企业数量达4936家，彰显其较好的企业集聚效应和互联互通的产业生态体系。根据重庆市统计局的信息，重庆市作为重要的智能可穿戴设备制造基地，2021年智能可穿戴设备零售额同比增长26.9%，两年平均增长23.6%。

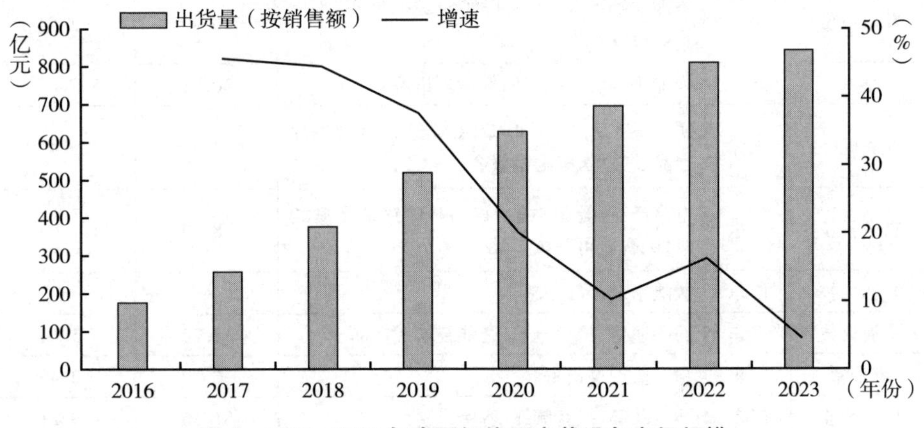

图4　2016~2023年我国智能可穿戴设备市场规模

资料来源：前瞻产业研究院。

分区域看，成渝地区双城经济圈正在缩小智能可穿戴设备制造业在地域分布上呈现的差距。广东省和江苏省作为该制造业的两大中心，分别以珠三角和长三角地区的龙头企业为代表，占据了市场的主导地位。2023年的数据显示，天津市和广东省的企业在智能可穿戴设备业务占比方面表现突出，九安医疗和佳禾智能的业务占比分别高达93.92%和81.16%（见表4）。成渝地区双城经济圈虽然在智能可穿戴设备领域也有所布局，但与广东省等地相比，仍存在一定差距。为此，成都市将高新区作为成都市智能可穿戴设备制造业发展的重要载体，集聚了包括富士康、英特尔、京东方等在内的多家世界500强企业，形成了强大的产业集群。重庆市也在快速发展智能可穿戴设备制造业，根据《重庆市智能装备及智能制造产业集群高质量发展行动计划

（2023—2027年）》，重庆市计划智能装备及智能制造产业到2027年营业收入突破5000亿元，成为制造强市建设的重要支撑。

表4　2023年智能可穿戴设备头部企业产品经营情况（部分）

单位：%，亿元

企业名称	地区	智能可穿戴设备产品	智能可穿戴设备业务占比	智能可穿戴设备业务营收
歌尔股份	山东	智能音响产品、增强现实和虚拟现实产品、智能可穿戴电子产品	20.49	92.54
小米	北京	智能手表、智能手环、智能耳机等	30.22	597.61
九安医疗	天津	Health系列产品、ODM/OEM产品、传统硬件产品、移动医疗通信设备	93.92	21.44
奋达科技	广东	电声产品、健康电器、移动智能终端金属结构件、智能可穿戴产品	8.43	1.09
光弘科技	广东	智能手表产品制造	—	—
卓翼科技	广东	网络通信、消费电子、智能终端类产品	18.26	1.64
宝莱特	广东	掌上监护仪设备	36.79	2.45
佳禾智能	广东	耳机及部件、音频线、音箱	81.16	9.21
乐心医疗	广东	家用医疗产品、家用健康产品、智能可穿戴产品	3.84	0.15

资料来源：前瞻产业研究院。

2. 智能家居终端

我国智能家居市场规模在2017～2022年由3342.3亿元增长至6515.6亿元，年均增长率为14.3%，预计2023年市场规模将达到7157.1亿元（见图5）。成渝地区双城经济圈作为西部经济的核心，其智能家居市场规模持续扩大。成都市智能家居制造业以新都智能家居产业城为代表，集聚了好迪、帝标、好风景等规模以上企业66家，以及10余家展贸综合体，形成了从生产制造到商贸及原辅材料市场销售的全产业链。

分区域看，成渝地区双城经济圈将加速智能家居终端企业的成长以填补产业链的短板。2023年智能家居排行数据显示，广东省共计6家企业上

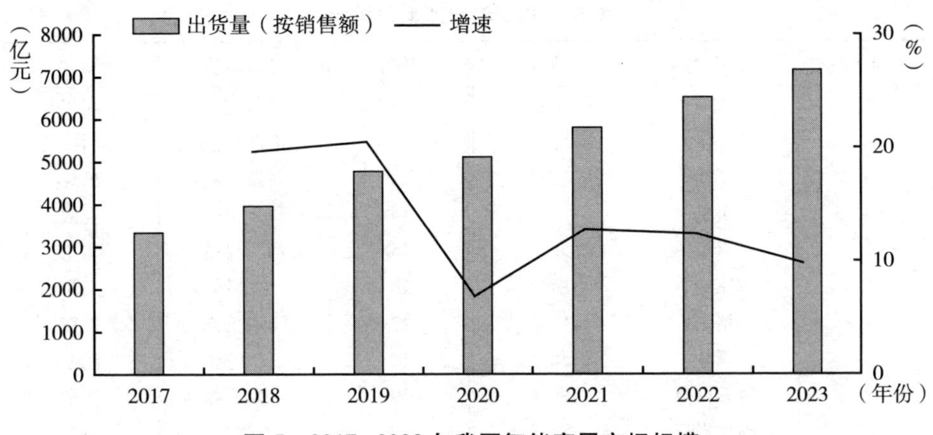

图 5　2017~2023 年我国智能家居市场规模

资料来源：中商产业研究院。

榜，浙江省共计 5 家企业上榜，北京市共计 4 家企业上榜（见表 5）。广东省作为智能家居终端领域的重要基地，处于国内领先地位。珠三角地区尤其突出，集聚了众多智能家居产业链相关的关键企业和技术研发机构，形成了完整的产业生态系统。在智能家居企业数量方面，相比其余经济圈，成渝地区双城经济圈只有长虹一家企业上榜，创新主体薄弱，但该地区正通过政策扶持和产业布局优化逐步迎头赶上。《重庆市智能家居产业高质量发展行动计划（2023—2027 年）》的实施为该地区描绘了明确的发展蓝图。计划到 2027 年，成渝地区双城经济圈将形成“1+1+N”现代智能家居制造业体系，预期产值规模将突破 800 亿元。以江北、南岸、九龙坡等核心区域为重点，联动周边地区，全面提升智能家电的技术水平和生产能力。计划建设不少于 20 个智能工厂和数字化车间，培育至少 1 个世界级智能家居品牌，并推出不少于 20 个“拳头”产品。通过产业链协同、科技创新引领、质量品牌提升、制造能力升级、优质企业引育和应用生态构建等六大行动方案，成渝地区双城经济圈将加速智能家居终端企业的成长，并填补产业链的短板。

表5　2023年智能家居排行

排名	品牌名称	地区	排名	品牌名称	地区
1	海尔	山东	11	长虹	四川
2	小米	北京	12	涂鸦智能	浙江
3	华为	广东	13	鸿雁电器	浙江
4	美的	广东	14	科大讯飞	安徽
5	百度	北京	15	商汤科技	北京
6	海康威视	浙江	16	欧瑞博	广东
7	格力	广东	17	HDL 河东	广东
8	京东	北京	18	科沃斯	江苏
9	萤石网络	浙江	19	云米科技	广东
10	阿里巴巴	浙江	20	澳柯玛	山东

资料来源：中商产业研究院。

3. 机器人

长三角、珠三角和京津冀地区作为我国机器人制造业的三大集群依托自身优势推动产业快速发展。长三角地区已经形成了涵盖核心零部件制造、机器人本体制造、系统集成以及终端应用等多个环节的产业链。特别是在上海市、昆山市、无锡市、常熟市等地，集聚了国内外众多知名企业和研发机构，截至2022年7月，长三角地区①机器人相关企业数量达4547家，其中上海市1118家、江苏省2254家、浙江省1175家。长三角地区以其科技创新服务平台和机器人发展体系，吸引了“四大家族”等全球顶尖机器人企业以及新时达等优秀的国内领军企业进驻。珠三角地区则以广州市、深圳市等城市为中心，形成了扩散效应。截至2022年，珠三角地区机器人相关企业数量达2643家，较上年增幅明显。机器人专精特新“小巨人”企业总数近40家，多聚焦在核心零部件制造、系统集成、机器人本体制造等细分领域，尤其是在机器人控制系统和伺候服务方面基础扎实、实力较强，具备了很强的市场竞争力，比如越疆、库卡、隆深、合信、华成工业等企业。珠三角地区在人工智能、自动化控制、感知技术等关键领域实现了重要突破，产

① 基于数据可获得性，本部分长三角地区相关数据根据上海市、江苏省与浙江省总和进行统计。

业成长迅速。京津冀地区以北京市为主导城市，以天津市和河北省为核心力量，在机器人制造业布局上呈现“点、线、面”相结合的特点。截至 2022 年，京津冀地区机器人相关企业数量达 995 家，其中，北京市 466 家、天津市 235 家、河北省 294 家。北京市作为国家科技创新中心，其在市场需求驱动下的医疗机器人、物流配送机器人等高端应用蓬勃发展。天津市则依托港口优势和工业基础，重点发展智能制造和服务机器人。河北省在经济转型升级中，推动机器人制造业在汽车制造、智能家居等领域的快速发展。

成渝地区双城经济圈机器人制造业近年来呈现快速发展的态势。截至 2022 年，成渝地区双城经济圈机器人企业数量共 545 家，其中，四川省 313 家、重庆市 232 家。目前，成都市在机器人制造业方面已经集聚了卡诺普、布法罗、越凡创新等重点企业，并拥有了四川省智能服务机器人工程技术研究中心等近 20 个高能级创新平台，已经初步形成了从核心零部件制造、机器人本体制造、系统集成到终端应用的全产业链发展态势。成都市经信局表示，到 2026 年，成都市将力争集聚机器人产业链上下游企业 100 家以上，制造业规模突破 100 亿元，关联产业突破 500 亿元。重庆市已经初步建成了工业机器人的完整产业链集群，拥有了 300 多家机器人企业及研发机构，其中规模以上的整机研制企业达到 15 家。此外，成都市还发布了《成都市机器人产业发展三年行动计划（2024—2026 年）》，明确了未来三年机器人产业发展的重点方向和目标。重庆市则发布了《重庆市 AI 及服务机器人产业集群高质量发展行动计划（2023—2027 年）》，为产业发展奠定了坚实的基础。

三　新型电子终端制造业布局与发展中的主要问题

（一）低附加值产品冗余，高附加值产业缺失

成渝地区双城经济圈新型电子终端制造业的组装、代工产品较多且此类产品多为单一、重复、简单类型的操作工艺，对于技术要求不高、价值也不大，而该区域在这种低价值链环节聚集了大量厂商，导致行业内部竞争持续

加剧，进一步压缩了利润空间。在这种环境下，单个厂商往往将企业生存放在首位，缺乏持续投入技术研发的能力，因此对于在成渝地区双城经济圈占多数的规模较小的新型电子终端企业而言，它们面临不具备成本优势和缺乏资金及研发实力进行产品线扩张的双重挑战。这些情况导致成渝地区双城经济圈低附加值产品过多且无法彻底消化。然而，互联网时代下的技术和价值集中体现在边缘计算、云计算、大数据等高附加值产业，移动互联网应用正在通过移动终端平台以及大数据、云计算的支撑而迅速发展。知名的新型电子终端品牌和运营商在软件应用领域加大投入，第三方开发者也纷纷进入市场抢占份额，推动市场的快速成长。但是，成渝地区双城经济圈引进或培育出的具有核心竞争力的软件应用厂商较少，导致其在这一高附加值环节面临缺失窘境，为了填补产业链这一重要环节，需积极引进和培育软件应用开发企业，以提升整个新型电子终端制造业的附加值和竞争力。

（二）产业链转型压力加重，供应链成本优势下降

成渝地区双城经济圈的新型电子终端制造业集中布局在一些产业园区内，如分布在成都市微网优联智能终端产业园内的电子终端企业，但这些企业以代工为主，大多处于生产加工制造的低端基础环节。重庆市的智能可穿戴设备等新型电子终端产品产量虽然有着不错的进步，但在核心芯片设计、关键材料研发等高端环节的自主研发能力仍有待提升，产业链升级转型需要突破重重压力。一是中低端供应链企业市场压力增大。在激烈的市场竞争环境下，中低端供应链企业会面临很大的市场压力，已有的电子终端产品虽然还是保持着一定的市场需求，但基本是低价格、低附加值的微利润情况，劳动密集型的生产制造和低端加工配套产业占比很高，而这些中低端加工配套产品在整个产业链中又处在盈利低、溢价低的位置，不具备抗风险能力和市场竞争力。二是当地新型电子终端制造业供应链成本优势下降。随着我国劳动力成本上升、优惠政策退出和土地价格骤升，当地制造业经营成本快速上升，而东南亚地区具有明显的成本优势，势必加速我国新型电子终端制造业产业链既有优势的丧失。市场需求变化和技术

换代会让新型电子终端市场发生重大调整，现有的新型电子终端厂商会对自身的产品线和发展方向做出调整，而这将直接影响成渝地区双城经济圈配套企业的生存。

（三）品牌缺乏核心竞争力，终端产品同质化严重

由于成渝地区双城经济圈承接的珠三角沿海地区的新型电子终端厂商业务以中低端为主，加之产品技术含量不高且入行门槛低，某些厂商仅仅是对其他知名厂商产品进行模仿跟随，通过网络媒体炒作、打价格战等方式逐渐陷入价格竞争泥潭，忽视对自身产品进行改造和原始创新的能力，从而导致产品参差不齐、同质化严重、缺乏核心竞争力。当前成都市布局的大部分新型电子终端企业以生产智能手机为主，智能腕表、智能家居等其他电子终端设备虽然有一定的规模，但是规模较小且品牌知名度不高，例如，成都市引进的企业中，只有颂歌、康佳、乐盟智联等少量企业可以生产智能可穿戴设备、无线智能家居系统，也只有易格等企业可以生产环卫手表、4G 老人手表、儿童手表等。由于缺乏差异化的产品特性和创新技术，不同品牌之间的产品在功能、设计和用户体验上往往难以区分，导致市场竞争加剧，利润空间受到挤压。虽然成渝地区双城经济圈在新型电子终端产品的制造和组装方面具有较强的能力，但在国际市场上缺少具有较高知名度和影响力的品牌，始终缺乏最核心的产品竞争力，这限制了其在全球市场的主导能力和议价能力。

（四）数据安全存在隐患，行业标准仍需统一

地处西部的成渝地区双城经济圈较其他经济圈而言，在以智能可穿戴设备为代表的新型电子终端发展方面仍处于追赶阶段，仍然面临数据安全隐患、行业标准不统一、监测数据精准度不够等问题。首先，由于智能可穿戴设备需要收集和分析大量的个人健康数据，包括心率、血压、睡眠质量、活动量等敏感信息，这就要求企业必须具备强大的数据保护能力。然而，现实情况是，许多中小型企业和初创公司在数据安全方面的投入有限，技术水平

也参差不齐，这使得用户数据面临着极大的泄露和滥用风险。一旦发生数据泄露事件，不仅会严重损害用户的利益，也会对企业的声誉和市场地位造成不可逆转的影响。其次，行业标准的不统一也是制约智能可穿戴设备发展的一个重要因素。目前，不同的设备制造商在产品设计、数据格式、接口协议等方面缺乏统一的标准，这导致了设备之间的兼容性问题，也给数据的整合和分析带来了困难。用户在使用不同品牌或型号的设备时，可能会遇到数据无法互通、应用无法兼容等问题，这无疑会影响用户体验，并限制行业的整体发展。最后，监测数据的精准度也是衡量智能可穿戴设备性能的重要指标。在健康监测、运动跟踪等关键应用领域，数据的准确性直接关系到用户的使用体验和决策依据。如果设备提供的数据不准确，不仅会降低用户对产品的信任度，还可能导致用户做出错误的健康决策，甚至对用户的身体健康形成潜在的风险。

四　成渝地区双城经济圈新型电子终端制造业发展对策建议

（一）强化高附加值产品研发

1. 调整战略研发方向

成渝地区双城经济圈的新型电子终端制造业必须进行战略重构，将研发重心从传统的低附加值产品转移到具有更高技术含量和市场潜力的高附加值产品上。面对全球化竞争和技术革新的双重挑战，企业需要重新审视自身的研发战略，聚焦能够带来更高附加值的集成电路产业领域。这不仅涉及产品功能的创新，更包括对新材料、新工艺的探索以及智能化、绿色化的实践。首先，企业需要深入分析市场需求，通过市场调研、消费者行为分析等手段，识别潜在的增长点和消费者需求的变化趋势。这要求企业不仅要关注当前的市场需求，更要预见未来的市场动向，从而在研发计划中占据先机。例如，随着5G、物联网、人工智能等新技术的快速发展，新型智能电子终端设备的需求日益增长，企业应积极布局这些新兴领域，开发具有前瞻性的创新产品。其次，企业应充分利用自身的技术积累和优势，结合市场需求，制订切实可行的研发计划。这不仅包括技术研发方向和重点的确定，还涉及研发资源的配置、研发团队的建设、研发流程的优化等方面。企业需要建立灵活高效的研发机制，以快速响应市场变化，缩短产品从研发到上市的周期。最后，企业还应加强与市场的对接，通过建立与消费者的直接沟通渠道，更精准地把握消费者需求。这可以通过社交媒体、在线调查、用户反馈等方式实现。通过与消费者的互动，企业可以及时了解市场反馈，不断优化产品功能和设计，提高产品的市场适应性和用户满意度。

2. 政策激励研发创新

政府在推动新型电子终端制造业向高附加值产品转型的过程中起着核心的引导和支持作用。通过一系列精准的政策扶持，政府不仅能够为企业减轻财务负担，更能激发整个行业的创新动力和发展潜力。具体而言，政府的税收优惠政策可以有针对性地减免企业在研发阶段的税负，让企业有更多的资金投入新技术和新产品的研发。同时，财政补贴能够为处于研发初期或关键阶段的企业提供必要的资金支持，降低其研发风险，加速研发进程。此外，政府的研发资助项目可以为在关键技术领域取得显著成果的企业提供额外的奖励，这种正向激励机制能够有效地促进企业加大研发力度，勇于探索技术前沿。政府的这些措施实质上是在构建一个有利于创新的政策环境，鼓励企业进行长期和持续的技术投入。除了资金支持，政府还可以通过建立和完善公共技术服务平台来提供更加全面的支持。这些平台可以集合行业内的专家资源，为企业提供技术咨询、评估、解决方案等一系列服务。通过这种方式，企业在研发过程中遇到的技术难题可以得到及时有效的解决，加速技术成果的转化和应用。

（二）优化供应链结构

1. 优化整合供应链

整合优化供应链是成渝地区双城经济圈新型电子终端制造业转型升级的

关键策略。首先，政府和行业协会应发挥引导作用，搭建供应链合作平台，促进上下游企业之间的信息共享和资源整合。通过建立供应链联盟，企业可以实现资源共享、风险共担，提高整个供应链的运作效率和市场适应性。例如，通过共享物流、仓储等基础设施，供应链联盟中的企业可以避免重复投资和降低运营成本，提高资源利用效率。其次，企业应加强与供应商的合作，建立长期稳定的合作关系。通过与供应商紧密合作，企业可以更好地了解市场需求，快速响应市场变化，缩短产品开发周期。同时，通过与供应商协同创新，企业可以开发出更具竞争力的新产品，提高产品的附加值。最后，企业应加强供应链的信息化建设，利用大数据、云计算、物联网等信息技术，实现供应链的智能化管理。通过供应链管理系统，企业可以实时监控供应链的运行状态，预测市场变化，优化库存管理，降低库存成本和风险。

2. 控制成本与管理风险

控制成本与管理风险是确保成渝地区双城经济圈新型电子终端制造业可持续发展的重要措施。首先，企业应加强成本管理，通过技术创新和管理优化，降低生产成本。例如，采用先进的生产设备和工艺，提高生产效率；采用精益生产、六西格玛等管理方法，降低劳动力成本，减少浪费，提高产品质量。同时，企业应加强供应链管理，优化采购策略，降低原材料成本。其次，企业应做好市场风险预警和应对策略，提高对市场变化的敏感度和应对能力。通过建立市场监测机制，企业可以及时收集和分析市场信息，预测市场趋势，制定相应的应对措施。例如，通过多元化市场布局，降低对单一市场的依赖；通过产品多样化，降低市场波动的影响。最后，企业应加强政策风险和法律风险管理，密切关注国家政策变化，及时调整经营策略，降低政策风险。同时，企业应加强合规管理，遵守相关法律法规，降低法律风险。

（三）提升品牌影响力

1. 塑造品牌意识传递文化价值

品牌不仅仅是一个标志或名称，它代表了企业的核心价值和文化。企业需要通过品牌建设，传递出独特的企业文化和价值观，建立起与消费者的情感连接。这可以通过创新产品设计、增加广告宣传、举办社会责任活动等多种方式来实现。通过塑造品牌意识，企业可以在消费者心中建立起独特的品牌形象，提高品牌的吸引力和消费者的忠诚度。例如，苹果公司就是一个品牌建设的典范。它的品牌不仅仅是一个简单的苹果标志，更是创新、简约和高端的代表。苹果通过产品设计、广告宣传和用户体验，传递出一种追求卓越和个性化生活的理念。苹果的广告经常展示其产品如何融入消费者的生活、解决实际问题，从而与消费者建立情感上的联系。此外，苹果还通过举办社会责任活动，如环保计划和教育项目，进一步强化其品牌的正面形象。通过社会责任活动来加强品牌建设确实不失为一种好方法。例如，许多企业通过参与环保、教育、公共卫生等领域的公益项目，展示其对社会的承诺和贡献。这些活动不仅能够提升企业的社会形象，也能够提高消费者对品牌的好感和信任度。品牌建设是一个多维度的过程，需要企业在产品设计、营销传播、社会责任等多个方面进行综合考虑和精心策划。

2. 差异化竞争与客户服务

在当今的国际市场中，企业之间的竞争已经超越传统的价格和质量竞争，转而更多地体现在品牌与服务的差异化以及卓越的客户体验方面。差异化的产品能够满足消费者多样化的需求，而优质的服务则是建立品牌声誉和客户信任的关键。首先，企业通过创新研发，可以开发出具有独特功能、设计甚至文化元素的产品，以此吸引消费者的注意力，并在市场上形成鲜明的品牌形象。其次，个性化的定制服务能够让客户感受到企业的专注和专业。在服务过程中，企业可以根据客户的个人喜好和需求，提供定制化的解决方案，这不仅能够提高客户的满意度，也能够加深客户与品牌之间的情感联系。例如，一些高端汽车品牌通过提供个性化定制服务，让客户参与到车辆设计和配置的过程中，从而极大地提升客户的购买体验和品牌忠诚度。再次，完善的售后服务体系是企业持续赢得客户信任的重要保障。快速响应客户的服务需求，提供专业、贴心的售后支持，能够增强客户的安全感和满意度。良好的售后服务不仅能够解决客户的即时问题，还能够在客户的心中建立起品牌具有可靠性和责任感的形象。最后，企业需要关注客户在每一个接触点的体验，从产品购买到使用再到服务的每一个环节，都应该力求提供无缝、愉悦的体验。通过收集和分析客户的反馈，企业可以不断优化服务流程，提升服务质量，从而在激烈的市场竞争中获得优势。

（四）推动行业标准化

1. 提升企业数据保护能力

企业必须高度重视数据安全，并通过持续投资研发来构建一个全面的数据保护体系。这包括采用先进的加密技术来保护数据在传输和存储过程中的安全，确保敏感信息即便落入不法分子手中也无法被解读。同时，企业需要实施严格的访问控制措施，确保只有经过授权的人员才能访问关键数据，从而降低内部数据泄露的风险。此外，建立一个可靠的数据备份系统至关重要，它能够确保在原始数据丢失或损坏时，企业能够迅速恢复数据，保障业务的连续性。同时，企业还应制订详尽的应急响应计划，以便在数据泄露或其他安全事件发生时，能够迅速有效地采取行动，最小化损失。通过这些措施，企业可以显著提高数据安全性，增强用户对企业产品的信任，从而在竞争激烈的市场中获得优势。在数字化时代背景下，企业尤其是涉足智能可穿戴设备领域的公司，必须将数据安全置于战略高度，以应对不断攀升的数据泄露风险。

2. 建立行业监管机制

政府和行业监管机构在确保智能可穿戴设备行业健康发展中扮演着至关重要的角色。随着智能可穿戴技术的飞速发展，这些设备已成为人们日常生活的一部分，它们收集和处理的个人数据量巨大，因此，制定全面的法律法规来约束企业在数据收集、存储和处理方面的行为变得尤为关键。这些法规需明确规定企业在保护用户隐私和数据安全方面的责任和义务，确保用户信息的安全性，防止数据被泄露或滥用。监管机构需定期对企业进行审查和评估，确保其产品质量和服务达到国家标准。这不仅涉及产品的安全性和可靠性评估，还包括对性能和兼容性的全面测试。对于不达标或违规的企业，监管机构必须采取严格的处罚措施，如罚款、产品召回或市场禁入，以维护市场秩序和消费者权益。此外，监管机构应积极推动行业内部建立统一的操作和安全标准，通过与行业协会、企业和其他利益相关者合作，制定公认的行业标准。这将提高技术的兼容性和产品的互操作性，提升整个行业的竞争力，并减少市场碎片化，推动行业整合和优化。

参考文献

程怡欣、刘泰山：《成渝两地共建高水平汽车产业研发生产制造基地》，《成都日报》2021 年 10 月 23 日。

黄小芹：《快来看，绵阳科技城新区怎样建》，《绵阳日报》2020 年 12 月 25 日。

缴翼飞：《机器人应用发展路线图出炉》，《宁波经济》（财经视点）2023 年第 3 期。

李艳玲、刘泰山：《到 2025 年成都将建成 100 家智能化示范工厂》，《成都日报》2023 年 4 月 14 日。

李周羲：《成都“智”造加“数”前行》，《产城》2023 年第 7 期。

鲁文林、彭紫薇：《向“新”成链　链出电子信息产业新图景》，《绵阳日报》2024 年 3 月 18 日。

罗静雯：《引智聚才共筑内陆人才高地》，《重庆日报》2010 年 12 月 24 日。

孙路阳、陈磊、孟庆磊：《移动智能终端产业发展的问题及建议》，《电信网技术》2017 年第 5 期。

夏元：《抢抓共建“一带一路”机遇　重庆电子信息产业向万亿级产值规模迈进》，《重庆日报》2023 年 10 月 20 日。

钟文：《融合发展如何助推产业建好“圈”做强“链”》，《成都日报》2023 年 11 月 24 日。

周烨：《Y 市智能终端产业发展路径研究——基于重庆智能终端标杆分析》，硕士学位论文，电子科技大学，2020。

B.5

成渝地区双城经济圈集成电路制造业发展报告

罗文竹　张　洁　徐耀德*

摘　要：　本报告基于成渝地区双城经济圈集成电路制造业发展现状，运用描述性统计分析法和比较分析法分析该区域集成电路市场规模与发展成效。成渝地区双城经济圈集成电路制造业发展呈现稳中求进状态。集成电路制造业布局均衡且集聚，产业生态逐步形成，产学研齐头并进，行业结构不断优化，不同地域制造业健康、差异化发展。但产业结构层级不高，全国市场竞争力不足；重点领域短板突出，自我保障能力较弱；关键环节联系不畅，产业链协同有待提高；外部形势依旧严峻，产业内竞争压力加剧；等等。本报告提出如下对策建议：鼓励技术创新，推动国产化进程；优化营商环境，完善基础设施；建立合作关系，开放创新平台；拓展国际市场，保护知识产权；等等。

关键词：　集成电路制造业　产业差异化　产业集群　成渝地区双城经济圈

集成电路制造业是关系国家安全和国民经济命脉的战略性、基础性和先导性产业，是引领新一轮科技革命型产业变革的关键力量。集成电路是采用一系列特定的加工工艺，把有源器件和无源器件通过电路互连制作在半导体

* 罗文竹，博士，重庆邮电大学经济管理学院讲师，主要研究方向为数智技术创新与管理、区域绿色创新与管理；张洁，重庆邮电大学经济管理学院硕士研究生，主要研究方向为数智技术创新管理；徐耀德，重庆邮电大学经济管理学院硕士研究生，主要研究方向为数智技术产业理论与政策。

晶片或介质基片上，经过封装测试后成为具有所需电路功能的微型电子器件或部件。作为数字经济发展基础，集成电路制造业是关乎现代化进程与国家经济发展的关键性产业，成渝地区双城经济圈不断健全产业链布局，强化关键技术攻关，完善产业发展生态，加速关键产品国产化替代，推动打造具有全国影响力的集成电路制造业集群。

一　集成电路制造业布局情况

成渝地区双城经济圈的集成电路制造业产业链覆盖了集成电路设计、晶圆制造、封装测试到产品应用的全过程。集成电路设计作为上游核心环节，包括电路设计等，是技术密集型产业发展的驱动力。中游的晶圆制造连接集成电路设计与封装测试，需要资本、技术、人才支持，且技术管理要求高。下游的封装测试和产品应用，虽技术附加值相对较低，但与各行业联系紧密，是产业链不可或缺的部分（见图 1）。

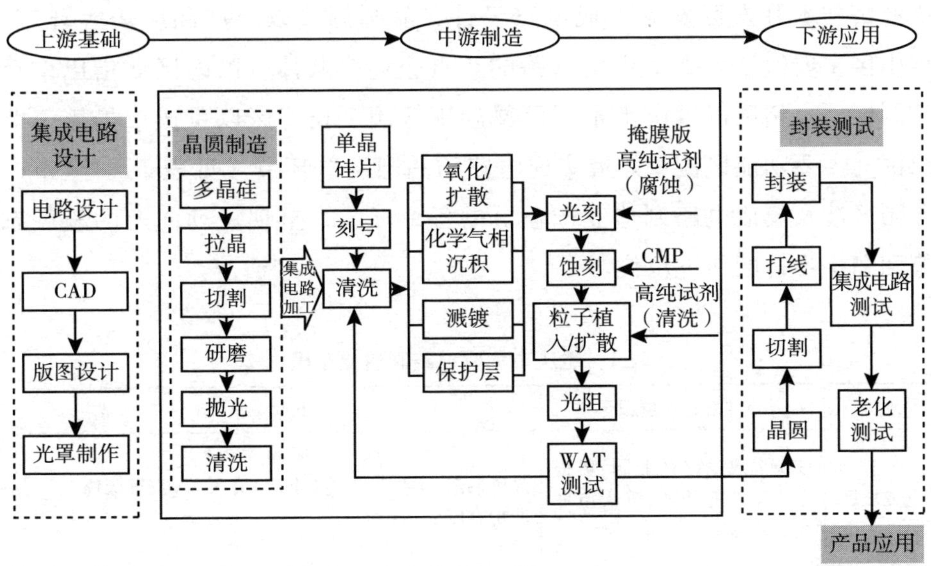

图 1　集成电路制造业产业链示意

资料来源：根据中国知网、网上公开资料整理。

成渝地区双城经济圈中的集成电路制造业主要分布在重庆市、成都市等几个重点城市，其中集成电路制造业的重点企业主要坐落在市区中的功能园区内，因此该制造业布局呈现均衡且集聚的态势。

（一）重庆市集成电路制造业布局

重庆市集成电路制造业布局呈现聚链成群态势。重点以沙坪坝区的西永微电子产业园为先锋，涉及集成电路设计、晶圆制造、封装测试以及产品应用的全产业链条，带动其余产业园区相继发展。诸如，九龙坡区以重庆集成电路产业园、奥松半导体产业基地、重庆市九龙坡西彭工业园区等为载体主要发展集成电路的晶圆制造环节；荣昌区以重庆西部电子电路产业园发展晶圆制造环节；渝北区以仙桃数据谷、金泰集成电路设计产业园、两江数字经济产业园为主要功能区重点发展集成电路设计环节；北碚区以水土高新技术产业园为主要载体均衡发展集成电路设计、晶圆制造、封装测试以及产品应用等全产业链环节；南岸区依托重庆经济技术开发区发展集成电路设计、晶圆制造以及产品应用等环节；璧山区主要以璧泉街道牛角湾路的重点企业为载体，巴南区凭借巴南经济园区，永川区以重庆市永川凤凰湖工业园、长寿区以重庆市晏家工业园区为主要功能区侧重发展集成电路的晶圆制造环节（见表1）。全市产业园区涉及集成电路制造业产业链的各个环节，呈现蓬勃向上的发展态势和蹄疾步稳的前进步伐。

表1　重庆市集成电路制造业布局

地区	重要载体/功能区	重点企业
九龙坡区	重庆集成电路产业园、奥松半导体产业基地、重庆市九龙坡西彭工业园区	晶圆制造：奥松半导体（重庆）有限公司、重庆臻宝科技股份有限公司
荣昌区	重庆西部电子电路产业园	晶圆制造：重庆臻宝科技股份有限公司

续表

地区	重要载体/功能区	重点企业
沙坪坝区	西永微电子产业园	集成电路设计:华润微电子(重庆)有限公司、中国电科芯片技术研究院、联合微电子中心有限责任公司、重庆吉芯科技有限公司 晶圆制造:华润微电子(重庆)有限公司、中国电科芯片技术研究院、重庆吉芯科技有限公司、重庆禾裕田精密电子有限公司、重庆力华自动化技术有限责任公司 封装测试:爱思开海力士半导体(重庆)有限公司 产品应用:爱思开海力士半导体(重庆)有限公司
渝北区	仙桃数据谷、金泰集成电路设计产业园、两江数字经济产业园	集成电路设计:重庆物奇科技有限公司
璧山区	璧泉街道牛角湾路	晶圆制造:昇印光电(重庆)有限责任公司、科芯盈科技(重庆)有限公司
北碚区	水土高新技术产业园	集成电路设计:重庆超硅半导体有限公司、重庆京东方光电科技有限公司 晶圆制造:重庆超硅半导体有限公司、重庆京东方光电科技有限公司 封装测试:重庆万国半导体科技有限公司 产品应用:重庆万国半导体科技有限公司、重庆京东方光电科技有限公司
南岸区	重庆经济技术开发区	集成电路设计:重庆鹰谷光电股份有限公司 晶圆制造:重庆鹰谷光电股份有限公司 产品应用:重庆鹰谷光电股份有限公司
巴南区	巴南经济园区	晶圆制造:重庆惠科金渝光电科技有限公司
永川区	重庆市永川凤凰湖工业园	晶圆制造:重庆邦锐特新材料有限公司
长寿区	重庆市晏家工业园区	晶圆制造:欧中电子材料(重庆)有限公司

资料来源：根据前瞻产业园区库、爱企查、网上公开资料整理得出。

重庆市集成电路制造业正快速发展，以功率半导体和特色工艺为核心。该制造业不仅形成了从设计到应用的全链条，还构建了创新生态，涵盖了人才培养、孵化服务等，为企业提供了优越的发展环境。重庆市集成电路制造业的重点发展领域包括功率半导体、混合集成电路、硅基光电子等，这些代表着行业的未来方向。此外，重庆市采取了与长三角、大湾区协同发展的区域战略布局，

促进了资源共享和市场联动，推动了产业整体向更高水平发展。全市上中下游企业汇聚了80余家。其中，在集成电路设计方面以华润微电子（重庆）有限公司、中国电科芯片技术研究院、联合微电子中心有限责任公司、重庆吉芯科技有限公司、重庆超硅半导体有限公司、重庆京东方光电科技有限公司等企业为重点研发主体；在晶圆制造方面，集合了奥松半导体（重庆）有限公司、重庆臻宝科技股份有限公司、重庆吉芯科技有限公司、重庆禾裕田精密电子有限公司、重庆力华自动化技术有限责任公司、昇印光电（重庆）有限责任公司、科芯盈科技（重庆）有限公司等众多知名企业；在封装测试方面，汇聚了爱思开海力士半导体（重庆）有限公司、重庆万国半导体科技有限公司等重点企业；在产品应用方面，则有爱思开海力士半导体（重庆）有限公司、重庆京东方光电科技有限公司、重庆鹰谷光电股份有限公司等突出企业。

（二）成都市集成电路制造业布局

成都市集成电路制造业构建“一核多园多点”的承载体系。成都市以高新区为发展核心区，以双流区和天府新区为发展重点区域，以成都电子信息产业功能区、成都芯谷、成都国家“芯火”双创基地、紫光芯城等为关键载体，专注于集成电路设计环节的发展，集聚了一批设计领域的领军企业和创新团队。在晶圆制造和封装测试方面，成都电子信息产业功能区和西南航空港经济开发区作为主要的承载平台，已经形成了规模化、集群化的产业布局。成都市结合各区特色及优势，全面覆盖了集成电路设计、晶圆制造、封装测试及产品应用等产业链环节（见表2）。

表2　成都市集成电路制造业布局

地区	重要载体/功能区	重点企业
高新区	成都电子信息产业功能区、成都国家“芯火”双创基地、联东U谷·成都高新电子产业园、IC设计大楼	集成电路设计：成都海光、新华三半导体、中微芯成、泰格微波、虹微、启臣微、国科微、和芯微、仕芯、瑞迪威、雷电微力、森未科技 晶圆制造：德州仪器 封装测试：英特尔、宇芯、奕斯伟

续表

地区	重要载体/功能区	重点企业
双流区	成都芯谷、四川双流经济开发区、西南航空港经济开发区	集成电路设计:海威华芯、澜至电子 封装测试:嘉纳海威 产品应用:华大九天
天府新区	紫光芯城、天府智能制造产业园、天府新区半导体材料产业功能区	集成电路设计:成都蜀微、紫光科润 产品应用:中电九天

资料来源:根据前瞻产业园区库、爱企查、网上公开资料整理得出。

成都市集成电路制造业相关企业的发展离不开特色工艺的先发优势和封装测试的规模优势。成都市在功率半导体芯片、射频芯片、信息安全芯片等领域具有较好的基础和先发优势,在集成电路设计领域拥有通信、微处理器、模拟、功率器件、传感器、光电器件、存储、半导体 IP 等八大技术特色优势。成都市的企业在封装测试领域具有规模优势,比如英特尔在该市建立了其全球最大的封装测试基地,该基地成为英特尔全球晶圆预处理三大工厂之一。成都市集成电路制造业产业链重点企业的分布,实现了从上游集成电路设计、中游晶圆制造到下游封装测试和产品应用全产业链布局,全市上中下游企业数量达到 400 余家。上游集成电路设计方面,汇聚了成都海光、新华三半导体、中微芯成、泰格微波、虹微、启臣微、国科微、和芯微、仕芯、瑞迪威、雷电微力、森未科技、海威华芯、澜至电子等一系列重点企业;中游晶圆制造方面,集合了以德州仪器为代表的核心企业;下游封装测试方面,以英特尔、宇芯、奕斯伟、嘉纳海威等企业为重点发展主体;下游产品应用方面,则以华大九天、中电九天为核心企业发展主体。

(三)成渝地区双城经济圈其他主要城市集成电路制造业布局

成渝地区双城经济圈其他主要城市集成电路制造业呈现集成电路设计和晶圆制造聚焦发展且均衡分布的特征。在集成电路设计环节,成渝地区双城经济圈其他城市有泸州市的江南科技产业园和四川泸州国家高新区电子信息特色园、宜宾市的宜宾高新技术产业园区和宜宾智能终端产业园、绵阳市的游仙高新区“绵阳之芯”集成电路高技术产业园、广安市的广安经济技术开发区、乐山市的乐山国家高新技术产业开发区、资阳市的资阳交通装备与电子信息产业功能区等一系列重要载体；在晶圆制造环节，则以自贡市的自贡高新区电子信息产业园、内江市的内江电子信息产业园和明泰微电子产业园、眉山市的四川仁寿经济开发区、乐山市的乐山国家高新技术产业开发区、雅安市的雅安经济技术开发区、南充市的南充高新技术产业园区和南部县东西部扶贫协作产业园以及四川营山经济开发区等众多功能区为载体；在封装测试环节，有自贡高新区电子信息产业园、德阳市的中江电子信息（元器件）特色园区、遂宁市的遂宁电子及新材料产业园和遂宁电子电路产业园、达州市的川渝合作（达州·大竹）示范园区和乐山国家高新技术产业开发区等功能区；在产品应用环节，则主要以巴州工业园为核心功能区。由表 3 可见，成渝地区双城经济圈其他主要城市的集成电路制造业以上游的集成电路设计和中游的晶圆制造环节为主，下游的封装测试相对集中，但产品应用环节则相对薄弱。

表 3　成渝地区双城经济圈其他主要城市集成电路制造业布局

地区	重要载体/功能区	重点企业
泸州市	江南科技产业园、四川泸州国家高新区电子信息特色园	集成电路设计：四川圣融达容阻科技有限公司
宜宾市	宜宾高新技术产业园区、宜宾智能终端产业园	集成电路设计：宜宾格立特电子有限公司
自贡市	自贡高新区电子信息产业园	晶圆制造：经略长丰 封装测试：联积电子
绵阳市	中国（绵阳）科技城 5G 科技园、绵阳高新区、游仙高新区“绵阳之芯”集成电路高技术产业园、绵阳市智慧家庭产业功能区	集成电路设计：四川长虹电子控股集团有限公司、四川九洲投资控股集团有限公司、绵阳惠科光电科技有限公司
德阳市	中江电子信息（元器件）特色园区	封装测试：中江立江电子有限公司
遂宁市	遂宁电子及新材料产业园、遂宁电子电路产业园	封装测试：四川遂宁市利普芯微电子有限公司

续表

地区	重要载体/功能区	重点企业
达州市	川渝合作(达州·大竹)示范园区	封装测试:曦鸿电子、金联富、兆纪光电
内江市	内江电子信息产业园、明泰微电子产业园	晶圆制造:长川科技(内江)有限公司 封装测试:四川雄富蕊能科技有限公司
眉山市	四川仁寿经济开发区	晶圆制造:博雅新材料 封装测试:眉山晶瑞
广安市	广安经济技术开发区	集成电路设计:广安市华格科技有限公司
乐山市	乐山国家高新技术产业开发区	集成电路设计:乐山-菲尼克斯半导体有限公司 晶圆制造:乐山-菲尼克斯半导体有限公司 封装测试:乐山-菲尼克斯半导体有限公司
雅安市	雅安经济技术开发区	晶圆制造:四川雅吉芯电子科技有限公司、雅安国镓芯科半导体科技有限公司
南充市	南充高新技术产业园区、南部县东西部扶贫协作产业园、四川营山经济开发区	晶圆制造:中科九微
资阳市	资阳交通装备与电子信息产业功能区	集成电路设计:资阳亿讯科技有限公司、四川粒创网络科技有限公司
巴中市	巴州工业园	产品应用:四川华榄物联网科技有限公司

资料来源：根据前瞻产业园区库、爱企查、网上公开资料整理得出。

成渝地区双城经济圈其他主要城市集成电路制造业协同发展，形成特色集群。成渝地区双城经济圈其他主要城市通过与成都市、重庆市的合作，实现产业链的互补和协同发展。这些城市依托自身产业基础，发展特色环节，如集成电路设计、晶圆制造或封装测试，并通过联盟等形式加强跨区域合作，共同推动形成专业配套、梯次布局的产业新格局。成渝地区双城经济圈其他主要城市集成电路制造业产业链重点企业分布情况如下：在上游的集成电路设计环节，包含四川圣融达容阻科技有限公司、宜宾格立特电子有限公司、四川长虹电子控股集团有限公司、广安市华格科技有限公司、乐山-菲尼克斯半导体有限公司、资阳亿讯科技有限公司、四川粒创网络科技有限公司等众多企业；在中游的晶圆制造环节，有着经略长丰、长川科技（内江）有限公司、乐山-菲尼克斯半导体有限公司、四川雅吉芯电子科技有限公司、雅安国镓芯科半导体科技有限公司、中科九微等大体量企业；在下游的封装测试和产品应用环节企业数量明显较少，其分别有联积电子、乐山-菲尼克斯半导体有限公司等企业和四川华榄物联网科技有限公司。

二　集成电路制造业发展现状

（一）产业整体概况

2019~2023 年我国集成电路产量提高、进口下降，市场规模持续扩大。在集成电路产量方面，2019 年开始，我国集成电路产量总体呈增长态势。我国集成电路产量从 2019 年的 2232 亿块增长到 2021 年的 3594 亿块，于 2021 年达到 2019~2023 年的峰值。受半导体紧缺以及环境因素的影响，2022 年我国集成电路制造业进入去库存阶段，产量首次呈下行态势，全国产量为 3242 亿块，同比下降 9.8%。2023 年集成电路制造业企业恢复生产，我国集成电路产量回升为 3514 亿块，同比增长 8.4%，与 2021 年产量基本保持一致（见图 2）。在集成电路进口方面，美国先进芯片出口管制加重，同时受智能手机和笔记本电脑产品销售疲软因素影响，集成电路进口呈下降态势。根据海关总署数据，2023 年我国进口集成电路 4795 亿块，同比下降 10.8%；进口金额同比下降 15.4%，其中二极管和类似半导体组件进口量同比下降 23.8%。这说明国内企业正大力提升芯片产量、减少进口依赖。在国家政策支持以及新能源汽车、智能终端制造、新一代移动通信等下游需求驱动的背景下，我国集成电路市场规模逐年递增，从 2019 年的 7562 亿元增长到 2023 年的 13093 亿元，增长率为 73.1%，但 2021~2023 年集成电路市场规模增速有所放缓（见图 3）。

重庆市作为成渝地区双城经济圈的核心，集成电路产量在 2020~2023 年呈现先增长再减少态势。以 2021 年为例，重庆市集成电路产量达到 54.78 亿块，同比增长 20.4%。尽管 2022 年受到国内外市场需求波动的影响，增速略有下降，但产量依然维持在 51.47 亿块的高水平，位居全国第十

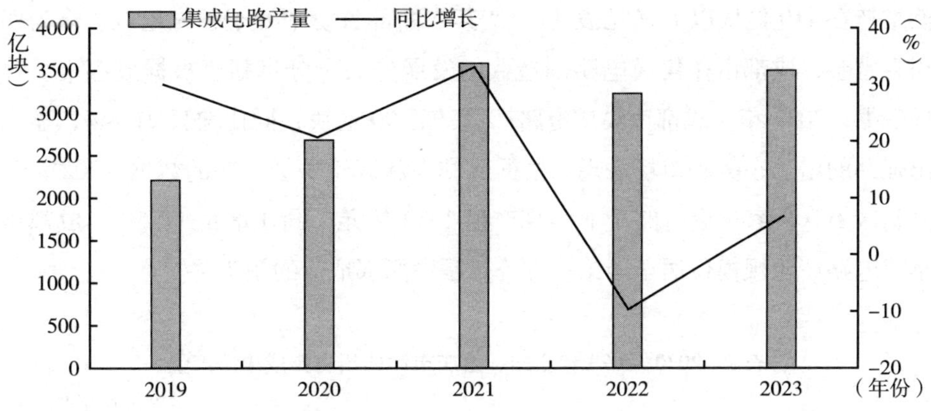

图 2　2019~2023 年我国集成电路产量及同比增长

资料来源：国家统计局。

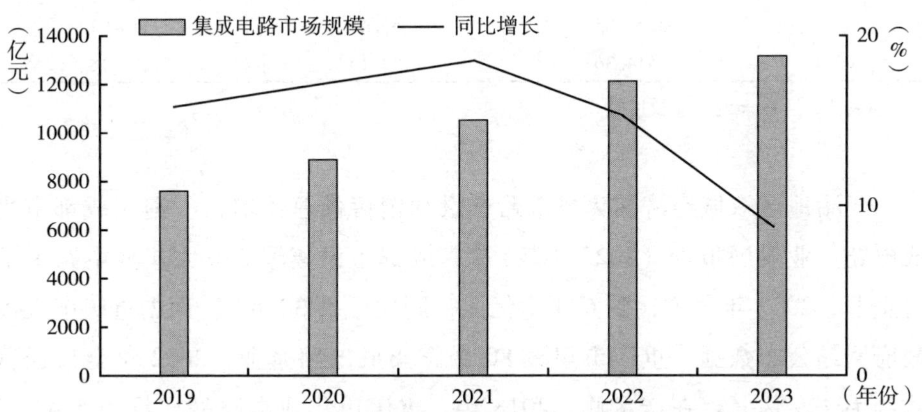

图 3　2019~2023 年我国集成电路市场规模及同比增长

资料来源：中国半导体行业协会、中商产业研究院。

名。根据当地规划，重庆市将加快打造全国最大的功率半导体产业基地和集成电路特色工艺高地，预计到 2027 年，将进一步提升其在新一代电子信息制造业中的地位。四川省作为西部省份，其集成电路制造业同样表现出动态发展的特征。以 2021 年为例，四川省集成电路产量达到 142.53 亿块，同比增长 34.0%，显示出较高的增长速度和较大的潜力。尽管在后续的 2022 年和 2023 年受到市场冲击和需求不稳定等因素的影响，产量有所下降，但整体仍然维持在 110 亿块以上（见表 4），使其在西部省份中处于领先地位。作为四川省省会，成都市在集成电路制造业的发展势头十分迅猛。根据成都市统计局数据，2021 年，成都市集成电路产量已约 90 亿块，同比增长 31.4%，显示出强劲的增长态势和市场表现。根据成都高新区管委会公布的数据，2021 年，高新区 160 余家集成电路企业实现产值 1332 亿元，同比增长 11.5%，成都市集成电路产业规模位居全国第一方阵，是中西部地区的领头羊。

表 4　2020~2023 年全国、重庆市和四川省集成电路产量

单位：亿块

年份	全国	重庆市	四川省
2020	2614.23	45.49	106.37
2021	3594.35	54.78	142.53
2022	3241.85	51.47	110.91
2023	3514.36	33.13	110.18

资料来源：中经网产业数据库。

成渝地区双城经济圈集成电路产量和销售额总体增长。据《成都市集成电路产业发展报告（2023 年版）》，成都市已集聚 390 家集成电路上下游企业，2022 年营收达到 674.7 亿元，同比增长 30.8%；而据重庆市人民政府网站公布数据，重庆市集聚 80 余家集成电路企业，2022 年全口径营收约为 429 亿元。在产量侧，2018 年，重庆市集成电路的产量为 5.41 亿块，而成都市则以 68.54 亿块的产量领先。随后，重庆市集成电路产量有所攀升，2019 年达到 33.72 亿块，2020 年进一步增长至 45.49 亿块，并在 2021 年达到顶峰 54.78 亿块。与此同时，成都市在 2019 年产量小幅下降至 52.44 亿块后，在 2020~2021 年继续呈增长趋势，在 2021 年强劲增长至 90.30 亿块，但在 2022 年小幅回落至 89.50 亿块。整体来看，2018~2021 年成渝地区双城经济圈集成电路产量逐步提升。2021 年成都市和重庆市集成电路产量达 145.08 亿块，同比增长 27.05%，2022 年两市同步进入去库存阶段，其中重庆市集成电路产量同比下降 6%（见图 4）。在集成电路销售领域，2023 年成渝地区双城经济圈[①]实现销售额 285.9 亿元，同比增长 7.64%，其中重庆市增速（19.2%）位列全国第二，成都市销售额（223.9 亿元）位列全国第八（见表 5）。该区域销售过亿企业共计 43 家、全国占比 6.9%。根据仲量联行发布的《成都产业办公楼白皮书》报告，截至 2023 年第二季度，成都市集成电路中游相关企业达 239 家且取得了一些成果，例如国际知名企业英特尔在成都市建立了其全球最大的封装测试基地，并联动奕斯伟等 10 余家国内外封装测试企业建成我国中西部地区规模最大的封装测试基地之一。

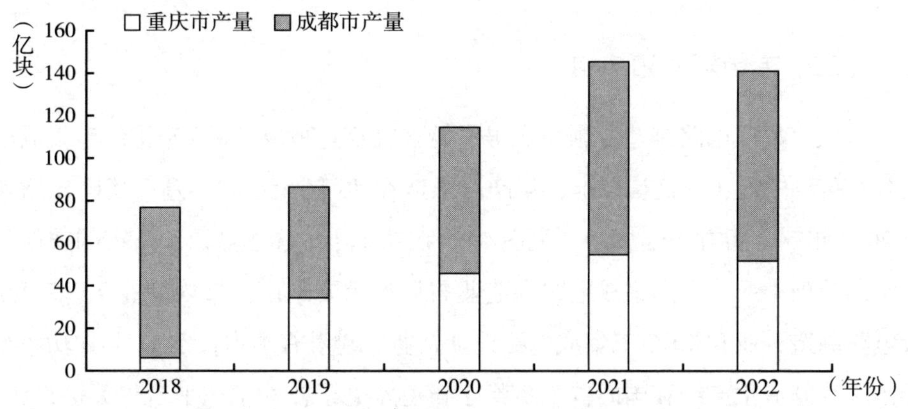

图 4　2018~2022 年成渝地区双城经济圈集成电路产量

资料来源：国家统计局、重庆市统计局、成都市统计局。

表 5　2023 年全国集成电路设计产业销售额、增速前十城市

单位：亿元，%

销售额前十城市	销售额	增速前十城市	增速
上海	1400.0	深圳	65.9
深圳	1201.5	重庆	19.2
北京	907.5	杭州	18.9
杭州	619.5	济南	15.4

① 基于数据可获得性，本部分成渝地区双城经济圈相关数据根据成都市与重庆市总和进行统计。

续表

销售额前十城市	销售额	增速前十城市	增速
无锡	589.7	苏州	12.3
南京	376.2	无锡	11.0
西安	233.9	南京	10.0
成都	223.9	西安	9.9
武汉	220	北京	7.3
苏州	137	珠海	6.6

资料来源：中国半导体行业协会。

（二）市场规模和结构

重庆市集成电路制造业领域取得了显著成效。2020~2023年重庆市集成电路月产量稳定在1.9亿块以上，年产值维持在40亿元左右，月产量同比增速自2020年5月后有小幅波动（见图5）。在功率半导体领域，重庆市的产能位居全国前列，成为全国集成电路制造业布局的重要地区。市内拥有70多家集成电路制造企业和40余家集成电路设计企业，建设有国内首条12英寸功率半导体芯片制造生产线和国内首个8英寸硅基光电子技术工艺平台等关键设施。预计到2027年，封装测试营收将突破200亿元，新增企业数量将在10家以上，其中超过5亿元营收的企业有望在2家以上。这种发展计划有助于支柱产业的发展和经济结构的优化调整。2019年底，重庆市电子信息制造业的增加值占全市GDP的比重达到了16.6%，增长贡献率更是高达33.9%。电子信息制造业超过了传统的汽车产业，成为全市工业增长的主要推动力量。2022年11月，工业和信息化部公布国家先进制造业集群名单，重庆市电子信息先进制造集群入选。2022年重庆市电子信息制造业全年进出口总额达到了4951.2亿元，占同期重庆外贸进出口总值的60.7%。与此同时，重庆市电子信息制造业产值规模达到了7356.3亿元，形成了多个百亿级产业集群，涉及智能终端、集成电路、新型显示等领域。截至2022年前10个月，西部（重庆）科学城集成电路规模以上工业企业实现产值77.7亿元，占全市的比重约为42%。

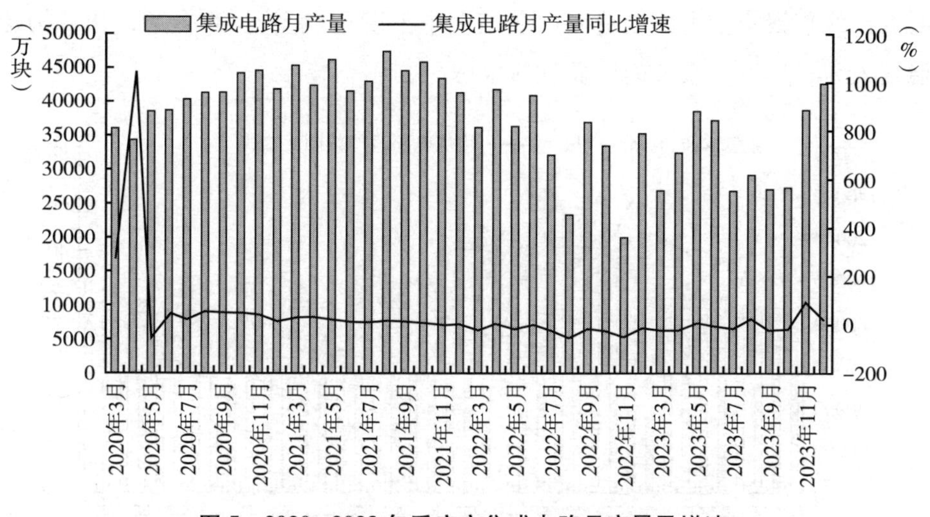

图 5　2020~2023 年重庆市集成电路月产量及增速

资料来源：中经网产业数据库。

四川省集成电路制造业的规模呈现迅猛的增长势头。据成都海关统计，2021 年 1~9 月，四川省货物贸易进出口总值为 6692.1 亿元，其中出口 3912.6 亿元，同比增长 18.1%，与 2019 年同期相比增长 42.8%；进口 2779.5 亿元，同比增长 9.4%，与 2019 年同期相比增长 33.6%。四川省集成电路外贸出口 728.3 亿元，同比增长 1.5%；集成电路进口 1813.4 亿元，同比增长 11.1%。2020~2023 年，四川省集成电路月产量基本在 6 亿块以上，累计产量基本在 200 亿块以上，由于市场不稳定，其月产量同比增速始终不太稳定，但在 2023 年 8 月增长势头十分突出（见图 6）。截至 2022 年 8 月 29 日，成都市集成电路已有超过 434 家注册企业，其中 2021 年新增企业数达 127 家，2022 年初至 8 月，成都市集成电路制造业注册企业数达到 48 家，涵盖半导体 IP、EDA、半导体材料和设备、集成电路设计、集成电路制造、封装测试及产品应用等多个关键领域。在细分领域上，成都市拥有芯片设计的特色优势、特色工艺的先发优势和封装测试的规模优势，同时拥有一批高校和科研院所，如电子科技大学，四川大学，以及中电科 10 所、29 所、30 所。据西部（重庆）科学城公布数据，截至 2023 年 10 月科学城核心区已经集聚集成电路制造业产业链上中下游重点企业40多家，初步构建涵盖人才、产业、服务的产业创新生态。

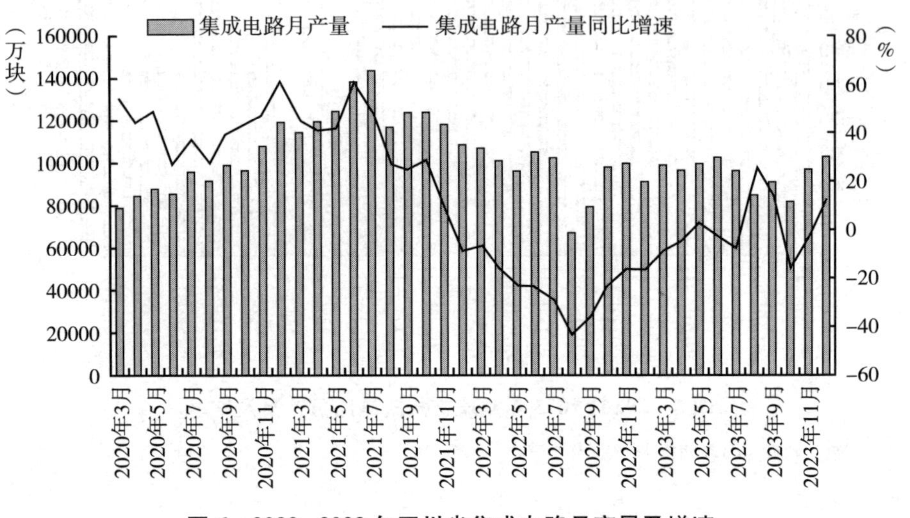

图6　2020~2023年四川省集成电路月产量及增速

资料来源：中经网产业数据库。

我国集成电路制造业呈现明显的地区差异性。长三角经济圈集成电路制造业规模持续增长，珠三角和京津冀经济圈分别以广东省、北京市为重点区域，推动其集成电路制造业得到快速发展，而成渝地区双城经济圈相比其余经济圈产量较低、占比较小。

长三角经济圈凭借独特的地理位置和政策、人才、技术等优势，其集成电路制造业规模持续增长。2022年长三角经济圈集成电路设计、晶圆制造、封装测试三大领域营收共计7235亿元，在全国占比超60%，其中，上海市营收在全国的占比超过25%。根据中商产业研究院数据表明，2023年长三角经济圈集成电路制造业规模达8600余亿元，在全国占比达65.58%。在集成电路设计领域，2022年，长三角经济圈中的上海市、无锡市、杭州市、南京市、苏州市挺进全国前十，销售额分别达1350亿元、531亿元、521亿元、342亿元、122亿元。2020年，长三角经济圈集成电路产量1308.4亿块，同期，全国集成电路产量2614.23亿块，长三角经济圈占全国集成电路产量一半以上。

2023年，长三角经济圈集成电路产量达到1641.26亿块，占全国集成电路产量的46.70%。长三角经济圈集成电路产业链较完备。上海市集成电路设计与制造综合竞争优势明显，以芯片制造和设计为主导、设备原料和封装协同发展。江苏省集成电路产业链完备、配套能力强，芯片设计与制造能力提升较快，封装测试领域产值占全国一半。浙江省新兴集成电路设计企业加速集聚，在硅材料生产、特种工艺芯片制造、行业应用等领域优势明显。安徽省新型显示、存储芯片、驱动芯片、家电芯片等特色产业发展较快，成本优势相对突出。根据中商产业研究院数据，截至2023年8月，长三角经济圈集成电路相关上市企业共有59家，其中集成电路设计相关企业40家；集成电路封装测试相关企业9家；半导体设备、半导体材料相关企业各4家；集成电路制造相关企业2家。从区域分布看，上海市企业数量最多，达29家。

珠三角经济圈集成电路制造业增长势头强劲。截至2022年10月，珠三角经济圈集成电路制造业产业链企业数量超过2万家，其中包括3500多家集成电路设计企业和2500多家集成电路制造企业。珠三角经济圈培育出多家知名的集成电路企业，如汇顶科技、炬芯科技、力合微等，它们在行业内担当着技术领先和市场引领的角色。从2013年开始，珠三角经济圈在集成电路领域的专利申请量呈现快速增长的趋势，年均突破5000件。到2022年，珠三角经济圈集成电路领域的累计专利申请数量居全国首位。根据《广东省培育半导体及集成电路战略性新兴产业集群行动计划（2021—2025年）》，到2025年，珠三角经济圈集成电路产业主营业务收入预计将突破4000亿元，年均增长率超过20%。其中，集成电路设计业的主营业务收入将超过2000亿元，形成多家销售收入超过100亿元和一批销售收入超过10亿元的设计企业；集成电路制造业的主营业务收入将超过1000亿元，建成较大规模特色工艺制程生产线，同时先进封装测试技术的比例也将显著提升。特别是在晶圆制造工艺、FPGA、DSP、数模混合芯片、模拟信号链芯片、射频前端、EDA工具、关键IP核等领域，广东省将加快实现技术突破，推动特色制程和先进制程集成电路的制造发展。

京津冀经济圈集成电路制造业以北京市为主导，产量增长迅速。京津冀经济圈集成电路产量从 2018 年的 153.91 亿块增至 2022 年的 245.46 亿块，年均增长率达到 12.4%。2023 年上半年，其集成电路产量达到 108.18 亿块。在京津冀经济圈内部，北京市在集成电路产量中占据主导地位，2023 年上半年该市产量 96.73 亿块，占比高达 89.42%；天津市集成电路产量 11.32 亿块，占比 10.47%；河北省集成电路产量相对较小，产量 1289 万块，占比 0.12%。京津冀经济圈的集成电路制造业产业链集中在芯片设计、设备制造两个关键环节。北京市在芯片设计方面占据主导地位，这与其科研实力和技术创新密切相关，而天津市不仅在芯片设计上有所涉足，还具备一定的设备制造能力，但北京市和天津市与上海市在工业化基础和市场化转化方面的发展相比还有待提升。京津冀经济圈内集成电路制造业产业链下游的相对薄弱，制约了整体产业的发展潜力。因此，《北京市“十四五”时期高精尖产业发展规划》提出了一系列量化发展指标，旨在通过加强高精尖产业的培育，促进集成电路、智能网联汽车等领域的发展，进一步巩固和提升京津冀经济圈在全国产业链中的地位和影响力。

成渝地区双城经济圈集成电路发展较其他经济圈有一定差距，仍需迎头赶上。长三角经济圈以其稳定的高产量占比，继续巩固其在全国集成电路制造业中的领导地位，其产量占全国总产量的比重从 2020 年的 50.05%略微下降至 2023 年的 46.70%，尽管有所减少，但其核心地位并未动摇。珠三角经济圈则展现出强劲的增长势头，其产量占比从 2020 年的 14.29%显著提升至 2023 年的 19.51%，特别是在 2023 年其余经济圈占比普遍下降的情况下，这一增长显得尤为突出。相比之下，京津冀经济圈的产量占比较小，从 2020 年的 7.27%小幅下降至 2023 年的 6.79%。与此同时，其他地区的产量保持相对稳定，但在全国总产量中所占的比重有所增加，从 2020 年的 22.58%小幅增长至 2023 年的 22.91%，然而，成渝地区双城经济圈①的产量占比却呈现下降趋势，从 2020 年的 5.81%下降至 2023 年的 4.08%。2020~2023 年成渝地区双城经济圈集成电路年产量大概只占到全国的 5%，同为经济圈的长三角经济圈的集成

① 基于数据可获得性，本部分成渝地区双城经济圈相关数据根据重庆市与四川省总和进行统计。

电路产量大概占到全国的一半，珠三角经济圈大概占到15%，京津冀经济圈也高于成渝地区双城经济圈的年产量（见图7至图10）。

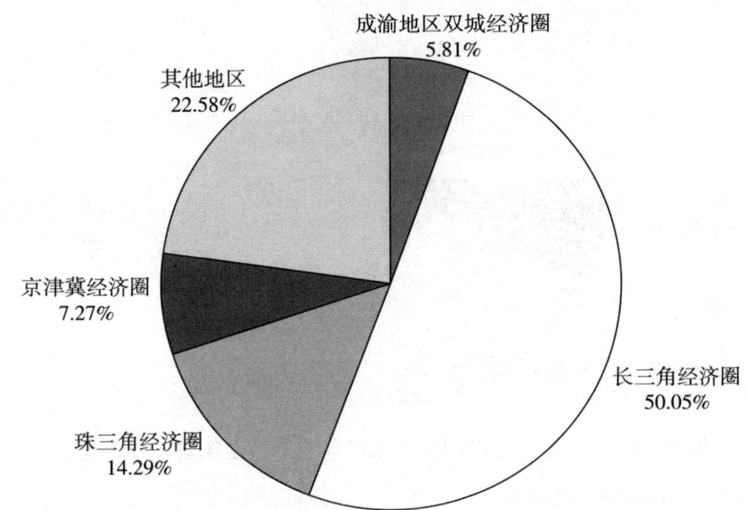

图7　2020年各个经济圈集成电路年产量占全国总产量的比重

资料来源：中经网产业数据库。

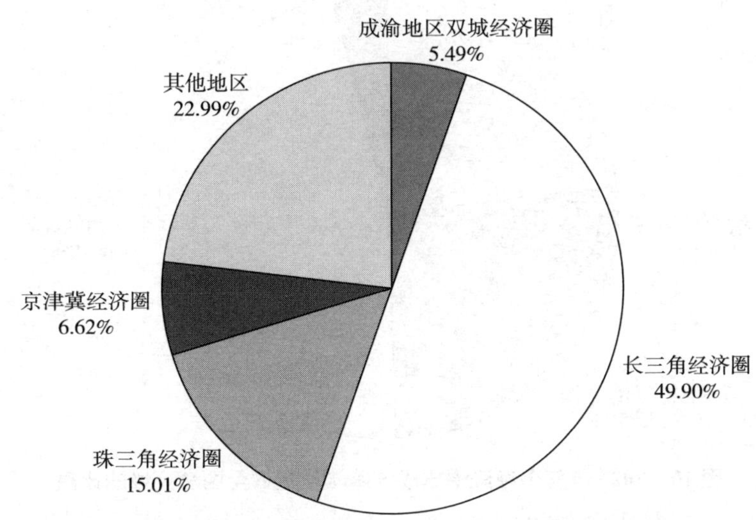

图8　2021年各个经济圈集成电路年产量占全国总产量的比重

资料来源：中经网产业数据库。

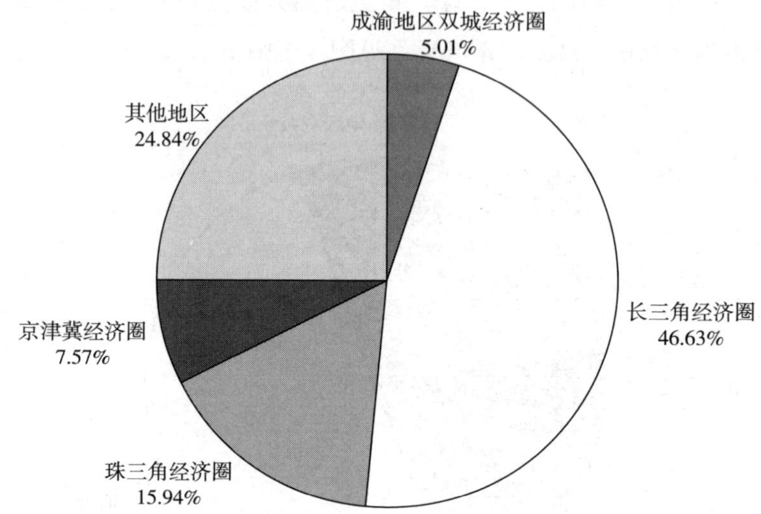

图 9　2022 年各个经济圈集成电路年产量占全国总产量的比重

资料来源：中经网产业数据库。

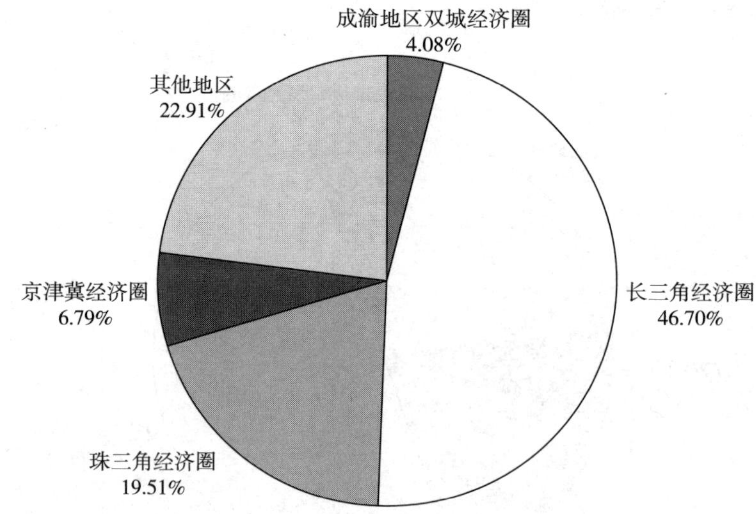

图 10　2023 年各个经济圈集成电路年产量占全国总产量的比重

资料来源：中经网产业数据库。

三　集成电路制造业布局与发展中的主要问题

（一）产业结构层级不高，全国市场竞争力不足

成渝地区双城经济圈集成电路制造业发展取得了积极成效，但总体产业结构层级不高，在全国竞争力不够突出。成渝地区双城经济圈在集成电路制造业产业链的下游环节，即封装测试和产品应用方面，占据了巨大的市场优势。在中游的晶圆制造环节，该地区也展现出了一定的实力和市场潜力。然而，对于产业链的上游，尤其是集成电路设计的先进材料和设备供应方面，成渝地区双城经济圈的自给能力则显得相对较弱。尽管成渝地区双城经济圈在封装测试环节保持一定的国内领先地位，但必须正视的是，与国际领先水平相比，该区域在集成电路设计和晶圆制造环节仍存在显著差距。这种差距横跨了设备、材料、软件三大关键领域，同时也体现在关键的设计和制造环节上。因此，对于成渝地区双城经济圈的企业来说，当前的任务是努力提高在这些关键环节上的竞争力，以逐步缩小与国际领先水平的差距。成渝地区双城经济圈虽形成了从集成电路设计到晶圆制造再到封装测试等较为完整的产业链体系，但80%以上的资源集中在附加值较低的封装测试环节，其中龙头企业引领作用较弱，例如英特尔成都工厂只供内部使用、对外呈封闭状态。成渝地区双城经济圈集成电路制造业溢出效应较低，没有与本地相关产业形成关联，其本土骨干企业长期处于被动跟随、同质化竞争的状态，封装测试环节与集成电路设计、晶圆制造等环节协同发展、紧密衔接水平不够。晶圆制造作为牵引产业链上下游布局的关键环节，在成渝地区双城经济圈主要依靠引入国际先进生产线完成，导致本地关键技术自给率较低、高根植性的龙头企业缺乏。在附加值最高的集成电路设计环节，虽然成渝地区双城经济圈集聚效应突出，但仍以中小微企业为主，整体发展的成熟度不够。

（二）重点领域短板突出，自我保障能力较弱

成渝地区双城经济圈集成电路制造业产业链面临着多重技术挑战和发展

瓶颈，与国际先进水平存在显著差距。首先，该地区在集成电路设备制造方面的缺失尤为突出。先进的芯片制造工艺高度依赖尖端设备，例如光刻机、薄膜沉积和离子注入设备，然而与国际领先的 EUV、DUV 技术相比，成渝地区双城经济圈的技术水平和设备更新速度明显滞后，这导致其芯片制造的自主性和创新能力受到限制。其次，在设计工具自主化方面，成渝地区双城经济圈依然面临挑战。国际领先的 EDA 仿真软件公司如新思科技、楷登电子和西门子主导市场，而国产 EDA 工具的替代率仅约为 10%，我国的华大九天、芯愿景、芯禾科技、广立微电子等企业只能够提供部分环节的 EDA 软件，并且在技术成熟度和完整性上与国际领先水平存在明显差距。最后，在材料方面，成渝地区双城经济圈的发展水平尚需提升。从大尺寸硅片到光刻胶、掩膜版等关键材料，均与目前先进的芯片设计要求存在差距。成渝地区双城经济圈大多数高端材料依然依赖进口，这不仅增加了成本，也影响了地区内产业链的完整性和竞争力。

由于高端设备和材料国产化水平较低，加之行业整体技术壁垒深厚、美欧等对我国的相关限制持续加强，先进制程国产化受阻。成渝地区双城经济圈集成电路关键材料供给多集中在中低端，光刻胶、CMP 抛光液以及溅射靶材等高端材料供给较少，并且参与国际竞争的能力远不及国外成熟企业。光刻、刻蚀、镀膜三大前道关键设备被美国、日本和欧洲巨头企业所把控，受技术壁垒高、资金投入大、不确定性大等因素影响，成渝地区双城经济圈鲜有企业有信心迈入关键设备国产化队伍，产业链上游关键设备受制于国外设备厂商的形势依然严峻。

（三）关键环节联系不畅，产业链协同有待提高

成渝地区双城经济圈集成电路制造业产业链面临着多重挑战和发展瓶颈，主要体现在技术依赖性高、自主创新能力不足导致的关键环节联系不畅以及产业链协同有待提高等方面。长期以来，成渝地区双城经济圈在集成电路制造业产业链的发展上更注重短期的质量和效益，而对于自主创新的扶持和重视不足，许多企业倾向于“造不如租、租不如买”的策略，依赖外国

技术和供应链，难以形成自主可控的产业链。这种情况导致企业间缺乏紧密的供需联系，整体产业链的协同性有待提高。近年来，随着集成电路制造业产业链的发展和完善，成渝地区双城经济圈在一些领域如制造工艺、封装技术有了显著进步，部分企业在集成电路设计和封装测试领域取得了一定的科技优势。然而，依然面临光刻胶、光刻机等关键材料和设备被国外企业垄断的困境，尚未实现完全自主可控的生产线。

尽管成渝地区双城经济圈部分企业在局部环节形成了竞争力，但整体产业链协同创新和系统创新不足。企业间合作和技术共享有限，未能形成真正意义上的自主可控集成电路制造业产业链。进一步观察企业规模层面，成渝地区双城经济圈的集成电路制造业呈现市场集中度较低的特点，企业规模普遍偏小，这使得企业在创新能力上受到了规模和盈利能力等多重因素的限制，从而在整个行业中处于相对弱势的地位。此外，成渝地区双城经济圈集成电路制造业产业链中缺乏具有强大影响力的领军企业，这对于推动整个行业的协同发展无疑是一个不利因素。

（四）外部形势依旧严峻，产业内竞争压力加剧

集成电路制造业作为一个高度全球化的产业，成渝地区双城经济圈的集成电路企业不可避免地需要融入全球供应链和价值链。成渝地区双城经济圈超过80%的技术应用采用全球化标准，例如该地区的电子元器件、电动汽车、消费电子和互联网设备、人工智能应用等。这意味着该地区的企业在技术规范和市场接受度上必须与全球市场保持一致。中美之间的半导体竞争已经成为全球关注的焦点，而这对成渝地区双城经济圈的集成电路制造业产业链影响深远。美国及其盟友对向我国出口半导体制造设备实施严格管制，试图以此限制我国在高科技领域的发展。与此同时，美国、欧盟和韩国等主要经济体相继推出大规模的半导体产业投资计划，旨在提升本地区的半导体制造能力和技术领先地位。比如美国投资1100亿美元实行《无尽前沿法案》；欧盟跟风推出《欧洲处理器和半导体科技计划联合声明》，并投资1450亿欧元；韩国也相应推出“K半导体”计划。

在国内，随着国家和各地区纷纷出台一系列政策支持集成电路制造业的发展，这一战略性新兴产业吸引了大量资本投入和众多企业参与。各地政府为了抢占科技高地，纷纷加大了集成电路制造业产业链的布局力度，从上游的集成电路设计、中游的晶圆制造到下游的封装测试和产品应用，各个环节都迎来了新的发展机遇。然而，随之而来的是行业竞争的加剧。企业之间为争夺市场份额，技术和人才的竞争越发激烈。这种竞争不仅推动了技术的快速进步，也导致了行业内和跨行业并购的现象频发。这种情况将成为未来集成电路制造业发展的常态。众多参与者在涌入市场之后，不可避免地将面临市场的重新洗牌，优胜劣汰将成为调整行业结构、提升行业整体水平的重要机制。由于集成电路制造业对产业链配套的需求极为迫切，特别是对高端科技人才的依赖性强，制造业的布局和集聚态势将进一步优化调整。预计未来集成电路制造业将向拥有丰富科技资源和优质高校、科研机构的大城市及其周边地区集中。这些地区通常具备良好的营商环境，能够为集成电路制造业的发展提供更为有利的条件。同时，随着核心企业的不断发展壮大，它们将成为引领行业发展的龙头，吸引更多中小企业围绕其进行布局，形成具有明显特色和竞争优势的集成电路制造业集聚区。

四　成渝地区双城经济圈集成电路制造业发展对策建议

（一）促进本土企业的技术创新

1. 鼓励技术创新

本土企业需加大集成电路关键材料和核心技术的研发力度，比如在半导体材料、设计软件、制造工艺等方面进行深入研究和创新。通过提升自主研发能力，本土企业可以在供应链中占据更有利的位置，减少对外部供应商的依赖。鼓励技术创新是指政府或相关机构通过政策、资金等手段，激励本土企业提升关键材料的自主生产能力。首先，在当今竞争激烈的市场环境下，本土企业只有不断创新，才能保持领先地位。因此，鼓励本土企业进行技术创新，是提升其整体实力的关键。其次，关键材料的自主生产对于国家的经济发展和安全具有重要意义。如果过度依赖进口，可能会受到外部环境的影响，导致供应不稳定。最后，技术创新还可以带来新的商业模式和市场机会。随着科技的进步，一些新兴产业正在崛起，如人工智能、大数据等。这些产业需要大量的关键技术和材料支持。如果本土企业能够掌握关键技术和材料，就能在这些新兴产业中获得更多的市场份额。然而，技术创新并非易事，它需要投入大量的资金和时间。因此，政府和相关机构应该提供必要的支持，如资金补贴、政策优惠等，帮助本土企业克服困难，实现技术创新。

2. 推动国产化进程

通过推动关键设备的国产化，可以有效减少对外部技术的依赖，从而提升产业链的自主可控能力。首先，国产化进程的推动有助于提升我国科技实力。在过去，由于技术限制和市场垄断等原因，很多关键设备需要从国外进口。然而，随着国产化进程的推进，我国已经开始逐渐掌握核心技术，并能够自主研发和生产关键设备。这不仅提升了我国的科技实力，也为我国在国际舞台上争取到了更多的话语权。其次，国产化进程的推动有助于降低生产成本。进口设备往往价格昂贵，而且需要支付额外的运输费用和关税等，而国产设备则可以大大降低这些成本，从而提高企业的竞争力。最后，国产设备还可以根据国内市场需求进行定制化生产，更好地满足我国用户需求。

（二）优化营商环境与基础设施

1. 优化营商环境

成渝地区双城经济圈作为我国西部的经济增长极，其营商环境的优化对于促进区域经济的高质量发展至关重要。为此，需采取一系列切实有效的措施，以构建更具吸引力的商业氛围。首先，财税优惠政策的制定是关键。成渝地区双城经济圈应考虑为研发活动提供税收减免，降低高新技术企业的税负，同时对研发成果转化给予财政补贴，减轻企业的研发成本压力。这些措施将有效激励企业增加研发投入，推动整体的技术创新和产业升级。其次，应加强知识产权保护，构建一个公平公正的法治环境，确保企业的创新成果得到有效保护，增强企业的研发动力和信心。再次，成渝地区双城经济圈应进一步优化政务服务，简化行政审批流程，提高行政效率，实现政务服务的标准化、规范化，推动“川渝通办”，确保企业能够快速便捷地获取所需服务。同时，加强基础设施建设，提升交通、信息、能源等基础设施的支撑能力，为高新技术企业和研发机构的运营和发展提供坚实的物质基础。最后，成渝地区双城经济圈还应推动人才政策的创新，建立人才引进和培养机制，为高新技术企业提供充足的人才支持。实施更具吸引力的人才引进计划，提供人才住房、科研启动资金等支持措施，以及加强企业与高校和研究机构的合作，共同培养符合产业需求的高素质人才。

2. 完善基础设施

成渝地区双城经济圈集成电路制造业的快速发展，离不开基础设施的完善与支撑。基础设施作为产业发展的基石，其完善程度直接影响到产业的集聚效应和区域竞争力。为此，成渝地区双城经济圈需加大基础设施建设力度，构建高效便捷的交通网络，提升物流效率，降低企业运营成本。同时，加强信息基础设施建设，提高宽带网络覆盖率和服务质量，为集成电路制造业提供高速、稳定的数据传输服务。此外，还需完善能源供应体系，保障产业用电的稳定性和经济性，为产业的持续发展提供充足的能源保障。成渝地区双城经济圈应积极打造集成电路制造业研发中心，吸引国内外顶尖研发团队和机构入驻，形成技术创新的高地。通过建设公共技术服务平台，提供集成电路设计、封装测试、验证等专业服务，以降低企业研发门槛、加速技术成果的转化应用。成渝地区双城经济圈还应加强产业园区建设，打造一批集成电路制造业特色园区，为企业提供优质的生产、办公、生活等配套设施，营造良好的产业发展环境。通过产业园区的集聚效应，促进企业间的交流合作，实现资源共享，推动产业链上中下游的协同发展。

（三）产学研合作与创新平台建设

1. 建立合作关系

产学研合作是推动科技创新和产业发展的关键纽带。通过建立紧密的合作关系，企业、高校和科研院所能够实现资源共享、优势互补，共同促进技术进步和产业升级。在这一过程中，企业可以充分利用高校和科研机构的研究力量和创新成果，加速产品的迭代更新和新技术的应用实施。同时，高校和科研院所也能通过与企业的合作，将理论研究转化为实际应用，提高科研成果的转化率和社会经济效益。为加强这种合作关系，需要构建一个开放的创新平台，这个平台不仅是技术交流的场所，更是创新思想碰撞和融合的空间。通过这个平台，企业可以发布技术需求，高校和科研机构可以提供解决方案，双方可以共同开展研发项目，推动科技成果的快速转化。此外，创新平台还应提供政策咨询、知识产权保护、技术市场评估等配套服务，降低合作风险，提高合作效率。产学研合作还应注重人才培养和交流，通过创建联合培养项目、实习实训基地等方式，加强学生和科研人员的实践能力培养，为企业输送高质量的人才，为科研机构注入新鲜的创新活力。通过这些措施，成渝地区双城经济圈可以形成一个良性互动的产学研合作生态系统，推动科技创新和产业发展的深度融合，实现共同发展。

2. 开放创新平台

创新平台的开放性是促进技术进步和产业升级的关键。通过开放创新平台，成渝地区双城经济圈可以吸引全球的技术和创新资源，形成一个活跃的技术交流和合作网络。这样的平台不仅能够提供技术研发、测试验证、人才培养等一站式服务，还能够促进不同领域、不同背景的创新主体之间的思想碰撞和知识共享。开放创新平台将促进产业链上中下游企业之间的紧密协作，加强从集成电路设计到最终产品应用的每一个环节的协同效应。通过这种方式，成渝地区双城经济圈可以加速技术难题的解决，推动新产品的快速迭代，缩短研发周期，提高市场响应速度。同时，还能吸引更多的国际合作伙伴，让本土企业通过国际合作项目和交流，学习前沿技术和管理经验，提升国际竞争力。此外，开放创新平台意味着在高校、科研机构和企业之间搭建起桥梁，进一步推动产学研用的深度融合。通过共享研发资源、联合承担重大科技项目，创新平台可以促进基础研究成果的快速产业化，加速技术成果的市场化应用。最终，通过创新平台，集成电路制造业将在全球范围内构建起更加紧密的合作网络，实现资源共享、优势互补，推动产业链向高端化、智能化、绿色化发展。开放创新平台不仅有助于提升产业链的整体竞争力，也将为区域经济的高质量发展注入新动能。

（四）实施多元化竞争策略

1. 拓展国际市场

首先，企业需要将眼光放得更长远一些，跨越国界，探索和进入新的市场领域。这不仅涉及地理上的扩张，还包括对不同文化、法律和商业环境的适应。因此，企业必须进行市场研究，了解目标市场的消费者行为、偏好以及购买力，从而制定出符合当地市场的产品定位和营销策略。其次，品牌国际化是企业在全球范围内建立和提升品牌知名度的过程。这要求企业不仅要有高质量的产品，还要有清晰的品牌定位和一致的品牌信息。通过有效的品牌传播策略，企业可以在不同国家和地区建立起品牌的正面形象，增强消费者对品牌的认知和忠诚度。例如，华为通过与品牌咨询机构合作，全面评估和定位品牌，制定了打造国际主流电信制造商品牌的战略目标。最后，企业应该积极参与国际合作，通过与国际品牌企业的合作，提高自身的国际化运营能力。同时，企业还可以参与国际标准的制定和修订，推动品牌标准的国际化应用和信息共享，从而提升品牌的全球竞争力。市场多元化与品牌国际化是企业在全球化时代实现可持续发展的关键。通过深入了解不同市场的特点、加强品牌建设、积极参与国际合作，企业才能在国际市场上建立起强大的品牌影响力，实现长期的发展。

2. 保护知识产权

在持续研发的过程中，企业需要密切关注行业发展趋势和前沿技术，通过与科研机构、高等院校的合作，加速技术成果的转化和应用。同时，企业还应该建立完善的研发管理体系，从项目立项到成果产业化的每一个环节都要确保研发活动的有效性和针对性。知识产权保护是技术领先的另一个重要方面。企业必须加强对专利、商标、版权等知识产权的管理，通过法律手段保护自身的创新成果不受侵犯。这不仅有助于维护企业的市场竞争优势，还能够为企业带来潜在的经济收益。例如，通过专利授权或技术转让，企业可以将自身的技术优势转化为经济效益。企业还应该积极参与国际知识产权规则的制定，提升自身的国际话语权。在全球化的背景下，企业的技术成果往往面临着国际市场的竞争和挑战。通过加强国际合作和交流，企业不仅能够更好地保护自己的知识产权，还能够借鉴和吸收国际先进的知识产权保护经验，提升自身的国际竞争力。综上所述，通过持续的研发投入和有效的知识产权保护，企业不仅能够在市场中保持技术领先，还能够实现可持续发展，为长远发展奠定坚实的基础。

参考文献

鲍安华：《加快打造电子信息产业功能区　成都高新区电子信息产业产值破 3000 亿》，《四川经济日报》2019 年 1 月 29 日。

黄小芹：《乘势快上，奏好绵阳重大项目建设“进行曲”》，《绵阳日报》2020 年 7 月 7 日。

宋妍妍：《成都电子信息产业功能区将建 7 大产业社区》，《成都日报》2019 年 3 月 13 日。

吴怡霏：《集成创新资源　对硬核科技下硬功夫》，《成都日报》2022 年 1 月 11 日。

吴怡霏：《整合 13 家公共服务平台　为企业提供全流程服务》，《成都日报》2022 年 2 月 17 日。

夏元：《抢抓共建“一带一路”机遇　重庆电子信息产业向万亿级产值规模迈进》，《重庆日报》2023 年 10 月 20 日。

夏元、周丹：《“智造重镇”轮廓初显　“芯屏器核网”全产业链加速发展》，《重庆日报》2022 年 8 月 2 日。

许小燕：《成都“芯火”基地　共“创”成渝技术协同和产业升级》，《产城》2023 年第 5 期。

叶伟：《重庆高新区全力冲刺国家集成电路产业基地》，《中国高新技术产业导报》2017 年 8 月 28 日。

张莎：《重庆高新区打造集成电路产业重镇》，《重庆日报》2017 年 8 月 10 日。

周雪松：《西部“芯”潮澎湃　“成渝西”领先》，《中国经济时报》2023 年 11 月 28 日。

周雨：《重庆西部电子电路产业园初具规模》，《重庆日报》2020 年 11 月 3 日。

B.6
成渝地区双城经济圈新型显示制造业发展报告

董 静　杨一帆　袁 杰*

摘　要： 本报告以实地调研的第一手信息和权威的统计数据为依据，分为布局情况、发展现状、主要问题和对策建议四大主要板块，全面呈现、深入分析了成渝地区双城经济圈新型显示制造业发展情况。本报告首先从新型显示制造业技术演变、行业需求，以及我国的产能布局等宏观角度入手，进而研究成渝地区双城经济圈新型显示制造业的产业链布局和产能的地理布局情况。接着详细分析成渝地区双城经济圈各主要城市以及国内其他主要产业聚集地的新型显示制造业的市场规模和结构。基于这些翔实的信息和数据，归纳总结成渝地区双城经济圈新型显示制造业布局与发展中存在的主要问题，并提出要挖掘存量项目和细分领域的潜力；抓住新业态新应用带来的机遇；加强区域内的政策集成度和产业研究，加强区域内产业链互补、提升产业链韧性。

关键词： 新型显示制造业　技术创新　产业链布局　成渝地区双城经济圈

一　新型显示制造业布局情况

我国是全球最大的电子消费品市场之一，尤其是智能手机、平板电

---

* 董静，成都市工业互联网发展中心高级工程师，主要研究方向为智能制造、数字化转型；杨一帆，重庆邮电大学现代邮政学院硕士研究生，主要研究方向为数智技术创新管理；袁杰，重庆邮电大学现代邮政学院硕士研究生，主要研究方向为数智技术创新管理。

脑和电视等产品对高质量显示屏的需求不断增长为新型显示产品提供了稳固的市场基础，并逐渐形成了一批具有核心技术的龙头企业，使我国新型显示制造业在全球市场上的竞争优势逐渐增强，从原来的低端加工制造转向技术创新、高端研发和品牌建设。我国面板厂的市场份额也在持续增长，如京东方、TCL 华星、惠科三大企业占据了全球出货量的 60%，形成了多个成熟的区域性产业集群。这些产业集群集聚了一批拥有核心技术和创新能力的企业，形成了完整的产业链和供应链体系，促进了新型显示产品的研发、生产和推广。图 1 展示了新型显示制造业产业链各环节情况。

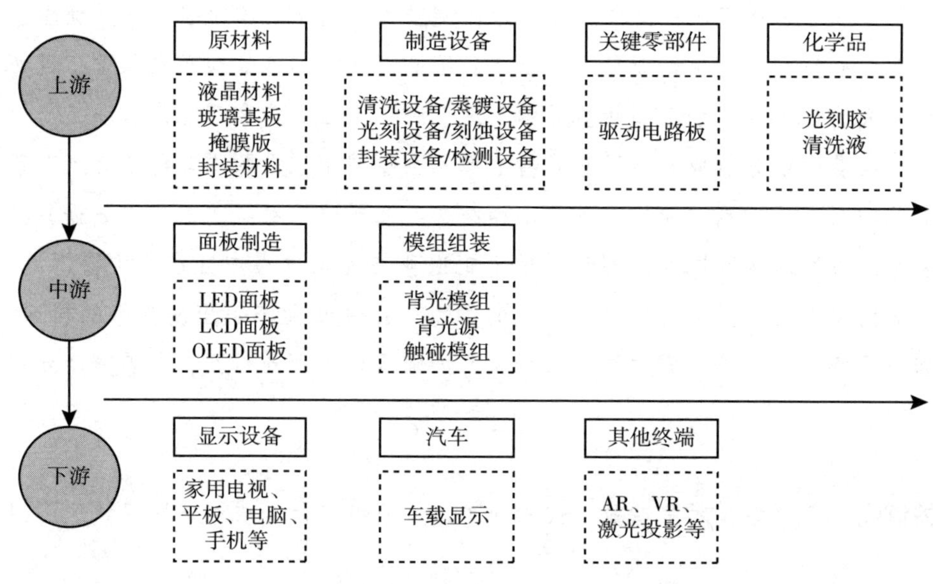

图 1　新型显示制造业产业链各环节情况

资料来源：根据中国知网、网上公开资料整理。

伴随着我国新型显示制造商的崛起和综合竞争力的增强，曾经主导大尺寸 LCD 液晶面板市场的韩国厂商逐渐退出舞台，而我国厂商则顺势而为，迅速填补市场空缺。全球 LCD 液晶面板产能高速向京东方、TCL 华星和惠科聚集，其中京东方、惠科在成渝地区双城经济圈的产能布局和投资方面表现突出，在技术创新和生产能力提升方面取得了显著进展，不仅为当地经济注入了强劲动力，也进一步巩固了我国在全球 LCD 面板市场的领导地位，同时也推动了成渝地区双城经济圈成为全球新型显示制造业的重要生产基地。表 1 是成渝地区双城经济圈新型显示制造业产业链布局情况。

表 1　成渝地区双城经济圈新型显示制造业产业链布局情况

城市	上游:原材料及设备供应	中游:面板及模组生产	下游:显示设备等终端制造
重庆市	玻璃基板:康宁、艾杰旭(日本旭硝子) 特殊气体:空气化工、液化空气、爱发科 掩膜版:HOYA(在建) 光刻胶:东进世美肯 偏光片:旭福达 驱动 IC:康佳 湿电子化学品:住化电子(瑞晶)	面板:京东方、惠科、康佳 背光模组:翰博光电、颖台科技 触屏/模组:莱宝、中光电、宇隆光电、富士康、台冠科技、联创电子、合益光电、京东方、重庆中显智能、金显像、峻凌、翰博光电	手机/平板:OPPO、VIVO、传音、华硕、一加、百立丰、360、与德、辉烨、国威、国信通、好万达、金茂、翊宝 电脑:联想、惠普、华硕、宏碁、纬创、旭硕、鸿富锦、广达、仁宝、英业达 汽车:长安、赛力斯、力帆等 激光投影:峰米 其他新型显示终端:苹果可穿戴设备
成都市	玻璃基板:中光电、虹宁显示 激光电视光学屏:菲斯特科技 特殊气体:液化空气、空气化工、梅塞尔、林德 掩膜版:路维光电、拓维高科 光刻胶:东进世美肯 发光材料:日本出光 薄膜:东材科技(在建) 偏光片:兴飞、日东电工、冠石科技、奥希特 生产设备:思越智能 检测设备:华兴源创 驱动 IC:奕斯伟、华大半导体、晶砂科技	面板:京东方、天马微电子 触屏/模组:业成科技、吉锐触摸、TCL 华星、精电国际、住友集团	电视:TCL、创维 手机/平板:鸿富锦、捷普科技 电脑:纬创、仁宝、联想、戴尔 汽车:大众、丰田、吉利、神龙等 激光投影:极米科技 其他新型显示终端:苹果可穿戴设备

续表

城市	上游:原材料及设备供应	中游:面板及模组生产	下游:显示设备等终端制造
绵阳市	玻璃基板:康宁、旭虹光电 薄膜:东材科技、龙华光电薄膜、东旭腾达 偏光片:杉金光电 智能终端显示用保护玻璃:虹科创新 湿电子化学品:艾萨斯电子材料、澄泓微电子	面板:京东方、惠科	电视:长虹 智能显示终端:示润科技
眉山市	光刻胶:眉山晶瑞、东进世美肯 发光材料:阿格瑞 湿电子化学品:格林达、艾萨斯电子材料	面板:信利	VR/AR:理想境界 (在建)

注:①2024 年 4 月,镇江润晶高纯化工科技股份有限公司全资收购住友化学株式会社旗下住化电子材料科技(重庆)有限公司;②2023 年 12 月,比亚迪电子完成对新加坡捷普科技位于成都、无锡的产品生产制造业务的现金收购。

资料来源:根据前瞻产业园区库、爱企查、网上公开资料整理得出。

(一)重庆市新型显示制造业布局情况

重庆市的新型显示制造业主要布局在两江新区、巴南区和璧山区。通过从原材料及设备供应到面板及模组生产再到显示设备等终端制造的全产业链的引进与深度培育,重庆市正努力推动新型显示制造业实现更高水平的协同发展,以助力地区经济的持续繁荣。

两江新区的新型显示制造业领域具有深厚积淀。2013 年,京东方在重庆市的首个第 8.5 代新型半导体显示器件项目落户两江新区 B8 工厂。该项目释放出的强大龙头效应持续推动产业链上中下游企业集聚两江新区,形成从原材料及设备供应到显示设备等终端制造的完整产业链。玻璃基板全球领先供应商——康宁,于 2005 年投资建设第 8.5 代液晶玻璃基板工厂,该工厂与京东方 B8 工厂毗邻而建,为成渝地区双城经济圈其他高世代液晶面板制造项目提供玻璃基板产品。该工厂成功运营后康宁持续加大投资、扩大熔融产能,投资 10 亿美元建成首个大猩猩玻璃生产项目,于 2024 年初正式量产。康宁通过大猩猩玻璃的本地化供应，进一步支持重庆市包括手机制造商合作伙伴在内的相关产业链企业。2021 年，重庆京东方显示技术有限公司的 B12 项目开始第一阶段运营，每月产能 1.6 万片基板，首批客户为 OPPO 手机全球最大的生产基地——OPPO（重庆）智能科技有限公司，该项目强化了产业链“从屏到端”的本地布局。2023 年，由 HOYA 株式会社与京东方集团联合投资建设的重庆迈特光电光掩膜版项目正式启动建设。此项目总投资额高达 22 亿元，进一步助推重庆市新型显示制造业发展。

巴南区和璧山区在新型显示制造业领域也具有一定的基础和优势。2015 年，重庆惠科金渝光电科技有限公司在巴南区成立，建设了行业领先的第 8.6 代液晶面板生产线。通过该生产线集聚了众多上中下游企业，共同构建了一个覆盖玻璃基板、液晶面板、液晶材料和显示模组的产业集群，巴南区因此成功创建了重庆市新型显示制造业示范基地。康佳在璧山区打造了“科技+产业+园区+基金”的商业模式，重庆康佳半导体光电技术研究院与重庆康佳半导体光电产业园于 2019 年落户璧山，助力璧山区以产业为核心、以基金为助力，打造了新型显示制造业特色生态链。巴南区和璧山区与两江新区相互补充，共同构建了重庆市新型显示制造业以两江新区为核心、多个区县协同发展的格局。表 2 是重庆市新型显示制造业重点项目情况。

表 2　重庆市新型显示制造业重点项目情况

项目名称	建设内容	投资规模	项目状态
两江新区康宁重庆三期盖板玻璃熔炉生产线项目	建成 2 条 7.5 代盖板玻璃生产线	未披露	2024 年建成
重庆迈特光电光掩膜版项目(两江新区豪雅光掩膜版项目)	建设年产能达到约 2250 张光掩膜版产品生产线,计划 2027 年实现满负荷生产	22 亿元	2024 年四季度
重庆京东方光电科技有限公司第 8.5 代新型半导体显示器件 30K 扩产项目	通过增加工艺设备、IT 和自动化设备及部分动力设备,将原项目玻璃基板加工能力由 9 万片/月提升至 12 万片/月	35 亿元	产线设备密集招标中

续表

项目名称	建设内容	投资规模	项目状态
重庆高新区杰恩特喜智能终端面板制造项目	生产微晶手机盖板及车载盖板,布局研发中心和化学抛光垫等新业务板块	未披露	立项
南川普利英电子玻璃显示面板项目	建设年产 3000 万片 2D 显示面板、3000 万片 2.5D 显示面板、800 万片 3D 显示面板全制程工艺生产线	未披露	新开工
綦江新视通 LED 显示屏核心生产基地三期	建设先进封装生产线,进行自主研发芯片及 Micro LED 屏生产	5.2 亿元	续建
巫山触摸屏、液晶模组及智能终端设备项目	生产触摸屏、液晶模组及智能终端设备等	未披露	签约

资料来源：根据爱企查、网上公开资料等整理得出。

成渝地区双城经济圈与“一带一路”倡议，与长江经济带高质量发展、国家战略腹地建设等国家重大战略在重庆市形成了独特的交会点。重庆市紧紧抓住这一历史机遇，积极布局、着力打造国家级的新型显示制造业集群。通过政府的精准政策导向与市场机制的有机结合，重庆市成功吸引了约 60 家新型显示制造业相关的上下游企业落户，从而构建了从原材料及设备供应、面板及模组生产到显示设备等终端制造的全产业链体系，并不断对其进行完善和优化。表 3 展示的是重庆市新型显示制造业重点企业情况。

表 3　重庆市新型显示制造业重点企业情况

重点企业	基本情况	成渝地区双城经济圈主要上下游配套企业	本地研发中心
京东方,1993 年成立,2001 年在深交所上市(000725.SZ)	(1)重庆京东方光电科技有限公司 B8:G8.5-a-Si/LTPS-TFT-LCD (2)重庆京东方显示技术有限公司 B12:G6-AMOLED (3)重庆京东方电子科技有限公司 模组 (4)重庆京东方智慧电子系统有限公司 电子纸	原材料及设备供应: 康宁显示科技(重庆)有限公司、重庆东进世美肯电子材料有限公司 面板及模组生产:重庆宇隆光电科技股份有限公司、四川阿格瑞新材料有限公司 显示设备等终端制造:重庆两江联创电子有限公司、仁宝电脑(重庆)有限公司、OPPO(重庆)智能科技有限公司、重庆长安汽车股份有限公司	京东方(重庆)智慧系统创新中心

续表

重点企业	基本情况	成渝地区双城经济圈 主要上下游配套企业	本地研发中心
惠科，2001 年成立，拟上市	(1)重庆惠科金渝光电科技有限公司 H1:G8.5-a-Si-TFT-LCD 投产时间:2017 年 (2)重庆渝惠科技有限公司 显示模组生产线项目 (3)重庆惠科金扬科技有限公司 智能显示终端项目 投产时间:2017 年	原材料及设备供应: 康宁显示科技(重庆)有限公司、艾杰旭显示玻璃(重庆)有限公司、峻凌电子(重庆)有限公司、空气化工产品(重庆)有限公司 显示设备等终端制造:惠普	重庆先进光电显示技术研究院
康佳	重庆康佳光电科技有限公司 Micro LED 芯片、直显产品、可穿戴产品等	原材料及设备供应: 重庆芯源半导体有限公司、重庆渝惠科技有限公司、峨眉电影集团有限公司	重庆康佳光电技术研究院

资料来源：根据爱企查、网上公开资料等整理得出。

（二）成都市新型显示制造业布局情况

成都市高新区是新型显示制造业的核心承载区。高新区以京东方、天马微电子等行业领军企业为龙头，大力推进新型显示配套产业园的建设。2007 年京东方第 4.5 代 TFT-LCD 液晶面板生产线项目（B2）在高新区的落地实现了成都市液晶显示生产线零的突破。目前，该区域已成功落地 40 余家新型显示重点企业，覆盖材料、显示模组、显示芯片、激光显示配套器件等多个细分领域，形成 TFT-LCD、OLED、Micro LED、激光显示等技术路线百花齐放的产业生态。高新区本土企业菲斯特科技深耕数年推出了大尺寸菲涅尔透镜光学屏。值得一提的是，以京东方 B7 工厂为基础的柔性 AMOLED 产线，作为全国首条、世界第二条的第 6 代生产线，已吸引了超过 40 家相关配套企业的集聚；LG 化学 OLED 材料评价实验室已完成厂房租赁，目前全球 OLED 发光材料 5 家领军企业中已有 3 家在成都市高新区布局。这些企业的集聚说明成都市高新区构建了一个包括路维光电、LG 化学、日本出光、华兴源创等在内的完整配套供应链，并能辐射周边，如住友集团在中国唯一的 OLED 触控模组生产基地——住化电子材料科技（成都）有限公司就落户在高新区辐射的郫都区内。

双流区以京东方 B19 工厂（原中国电子熊猫集团与成都市政府共同投资 280 亿元的第 8.6 代线 IGZO-TFT-LCD 项目）的先进技术为核心牵引力，促成了虹宁显示、奥希特、思越智能、冠石科技等的落户，在玻璃基板、偏光片、驱动电路板等方面均实现了本地高品质配套，还落地了仁宝、纬创等终端龙头企业，打造了一个相对成熟的 TFT-LCD 产业链。

崇州市针对捷普科技、鸿富锦、京东方等头部企业的配套需求，持续开展精准定向的招商引资工作，已与全球第一大偏光片制造商——日东电工达成初步合作意向，双方将在 OLED 偏光片及配套产品的生产制造领域展开深入合作，共同推动成都市新型显示制造业的高质量发展。通过多区域的协同发展，成都市正逐步构建一个完整、高效、创新的新型显示制造业生态体系。表 4 是成都市新型显示制造业在建中的重点项目情况。

表 4　成都市新型显示制造业在建中的重点项目情况

项目名称	建设内容	投资规模	项目状态
京东方 B16 项目	设计产能每月 3.2 万片（尺寸 2290mm×2620mm）玻璃基板	630 亿元	动工，厂房建设中
日东电工（成都）OLED 偏光片生产基地	建设偏光片生产线 5 条，生产销售新型 OLED 专用偏光片，建成后，年产新型 OLED 专用偏光片 1.2 亿片	未披露	建设中
东材科技成都创新中心及生产基地项目	项目主要建设创新中心大楼、西南高频高速 5G 材料实验室、集成电路材料实验室，建设光学聚酯基膜、液晶聚合物薄膜（LCP）、超薄聚丙烯（BOPP）薄膜及金属化膜等生产线	55.7 亿元	建设中，预计 2024 年 9 月试生产

续表

项目名称	建设内容	投资规模	项目状态
瑞波科总部及高机能半导体材料研发制造基地项目	涂布型 OLED 相位差补偿膜项目和集成电路等相关领域功能膜材	30 亿元	建设中
成都思越高端智能仓储装备总部基地项目	智能仓储机器人系统（AMHS）、超声波干式清洗设备（USC）、自动光学检查设备（AOI）的研发、生产	35 亿元	建设中
梅塞尔中国技术及应用技术研发中心和川渝区区域总部基地项目	梅塞尔中国技术中心（包含远程控制中心）、梅塞尔中国应用技术研发中心（包括燃烧实验室、食品应用实验室、医用气体试验中心、焊接试验室等）以及集研发、运营、物流、结算中心等功能于一体的川渝区域总部基地，未来将提供 100000nm^3/h 气体配套需求	10 亿元	设备招标中

资料来源：根据爱企查、网上公开资料等整理得出。

根据“龙头项目—产业链—产业集群—产业生态圈”的发展思路，成都市构建了从上游原材料及设备供应、中游面板及模组生产到下游显示设备等终端制造相对完整的生态体系，集聚了 250 余家新型显示企业、相关人才约 2 万人，其面板产品涵盖了中小尺寸和大尺寸，在柔性显示、微显示等布局领先，在高世代掩膜版、激光显示等细分领域有特色优势，达到了产业链完善度 71%、产业本地化配套率 38%，[①] 涵盖了玻璃基板、有机发光材料、掩膜版、偏光片、电子气体、集成电路设计、制造设备等多个环节，但在湿电子化学品、玻璃基板前道工序等环节布局较少。表 5 是成都市新型显示制造业重点企业情况。

① 数据来源于 2022 年成都市鲜荣生副市长讲话。

表 5　成都市新型显示制造业重点企业情况

重点企业	基本情况	成渝地区双城经济圈主要上下游配套企业	本地研发中心
京东方，1993 年成立，2001 年在深交所上市(000725. SZ)	(1)成都京东方光电科技有限公司 B2:G4.5-a-Si/LTPS-TFT-LCD (2)成都京东方显示科技有限公司 B19:G8.6-IGZO-TFT-LCD (3)成都京东方显示技术有限公司 B7:G6-OLED B16:G8.6-AMOLED(在建) (4)成都京东方车载显示技术有限公司 液晶车载显示模组	原材料及设备供应: 成都虹宁显示玻璃有限公司、成都思越智能装备股份有限公司、爱发科东方真空(成都)有限公司、四川梅塞尔气体产品有限公司、绵阳艾萨斯电子材料有限公司、四川阿格瑞新材料有限公司、四川东材科技集团股份有限公司、成都拓维高科光电科技有限公司、鸿富锦精密电子(成都)有限公司	京东方(成都)智慧系统创新中心

资料来源：根据前瞻产业园区库、爱企查、网上公开资料整理得出。

（三）成渝地区双城经济圈其他主要城市新型显示制造业布局情况

1. 绵阳市新型显示制造业产业链完善

绵阳市拥有完善的产业集群。绵阳市是西部地区传统显示制造业的重要基地，拥有一批优秀的新型显示企业和研发机构。长虹于 1958 年创建于绵阳市，经过几十年的发展，已成为融军工、消费电子研发与制造为一体的大型集团公司，并向信息家电内容与服务提供商挺进，其主导产品为 8K 电视，该产品拥有极高的国内市场占有率。随着京东方 AMOLED 6 代线和惠科 TFT-LCD 8.6 代线相继落地，绵阳市新型显示制造业迅速崛起，新型显示制造业规模以上工业企业达 23 家，其产品涵盖了液晶显示、OLED 显示等多个领域，形成了液晶显示和 OLED 显示齐头并进，激光显示、Mini LED 等多种显示路线并存的“双核多元化”产业格局。绵阳市通过“龙头企业—产业链—产业集群—产业生态圈”的发展思路，因地制宜构建了“原料+产品+应用+服务”全产业链生态，以迈向千亿级的新型显示制造业集群，其产业链上下游涵盖了玻璃基板、气体、偏光片、电子化学品、光学膜、智能电视、激光投影仪等产品，吸引了康宁、液化空气等一批行业知名企业落户绵阳，深度融入了成渝地区双城经济圈新型显示制造业发展生态圈。同时，绵阳市还注重发挥自身在科技研发和人才培养方面的优势，为新型显示制造业的发展提供了有力支撑。绵阳市拥有省级及以上创新平台19家（省级创新平台15家，国家级创新平台4家）。近年来，绵阳市大力推进以激光技术为代表的科技成果转化，与中物院合作共建高功率光纤激光技术联合创新中心、光子技术研究院等激光显示产业协同创新平台。

绵阳市各地区协同发展成效迅速。绵阳市的高新技术产业开发区、临港经济发展区、经济技术开发区合理分工、协同布局。针对新型显示配套企业的共性需求，高新技术产业开发区在新型显示产业园A、B、C区量身打造现代化标准厂房，围绕龙头企业长虹、京东方的配套需求，重点关注OLED、Micro LED、Mini LED面板上下游相关产业，加快配套建设。临港经济发展区则以TFT-LCD面板及上下游配套产业为发展重点，围绕惠科、康宁、示润科技、龙华光电薄膜等重点企业，制造面板、玻璃基板、驱动电路板、偏光片、背光模组等产品，不断完善新型显示制造业产业链。经济技术开发区重点发展新型显示相关配套，目前已引入虹科创新、艾萨斯电子材料、旭虹光电等重点企业。表6是绵阳市新型显示制造业重点企业情况。

表6　绵阳市新型显示制造业重点企业情况

重点企业	基本情况	成渝地区双城经济圈主要上下游配套企业
京东方，1993年成立，2001年在深交所上市（000725. SZ）	（1）绵阳京东方光电科技有限公司B11：G6-AMOLED （2）绵阳京东方电子科技有限公司高端模组项目（在建）	康宁显示科技（绵阳）有限公司、液化空气（绵阳）有限公司、绵阳东旭腾达光学科技有限公司、四川欣富瑞科技发展有限公司

续表

重点企业	基本情况	成渝地区双城经济圈 主要上下游配套企业
惠科，2001 年成立，拟上市	(1)绵阳惠科光电科技有限公司 H4：G8.6 - a - Si - TFT - LCD 和 Oxide-TFT-OLED (2)绵阳惠科显示科技有限公司	成都思越智能装备股份有限公司、康宁显示科技(绵阳)有限公司、杉金光电(绵阳)有限公司、四川长虹电子集团控股有限公司

资料来源：根据前瞻产业园区库、爱企查、网上公开资料整理得出。

2. 眉山市新型显示制造业产业链特色突出

眉山市在一定程度上形成了特色产业集群。眉山市与成都市、重庆市等城市相比，起步较晚，发展相对较弱，拥有新型显示企业 17 家，其产品以液晶面板和化学材料为主，在产业链完善度、技术创新能力等方面还有待提升。眉山市的新型显示制造业起步于落户在仁寿经开区的眉山信利高端显示项目，这是眉山建市以来最大的单个工业项目，项目包含一条第 5 代 TFT-LCD 生产线和一条第 6 代 AMOLED（柔性）生产线。第 5 代 TFT-LCD 生产线定位于中小尺寸车载及智能终端显示市场，是截至 2018 年全球最大产能的车载显示屏生产线，投产后这条生产线通过重大技术改造升级同时拥有非晶硅（a-Si）、金属氧化物（Oxide）和低温多晶硅（LTPS）三种显示技术的生产能力，可以满足不同产品的显示要求。第 6 代 AMOLED（柔性）生产线于 2020 年投产，定位于高端显示领域，产品主要供给华为、小米、OPPO、VIVO、三星等企业。2022 年，眉山信利高端显示项目产值突破了百亿元，在信利的带动下，眉山市聚焦背光模组、显示材料等细分环节，推动显示面板、模组制造等关键环节集聚成链，打造小尺寸新型显示制造业重地。2024 年，熙泰科技 12 英寸 Micro OLED 模组生产线签约眉山市，Micro OLED 是目前最适合虚拟现实的显示技术，此项目填补了眉山市产业链的空白，有着广阔的市场前景。表 7 是眉山市新型显示制造业重点企业情况。

表 7　眉山市新型显示制造业重点企业情况

重点企业	基本情况	成渝地区双城经济圈主要上下游配套企业	本地研发中心
信利,1978 年成立,港资企业(HK00732)	(1)信利(仁寿)高端显示科技有限公司 G5-a-Si-TFT-LCD (2)信利光电仁寿有限公司 G6-AMOLED	四川阿格瑞新材料有限公司、成都思越智能装备股份有限公司	四川信仁光电显示技术研究院

资料来源：根据前瞻产业园区库、爱企查、网上公开资料整理得出。

眉山市各地区产业配套能力较强。眉山市天府新区和彭山经开区主要生产与新型显示制造业配套的各类化学新材料，拥有阿格瑞、眉山晶瑞、艾萨斯电子材料、东进世美肯等重点企业，其中阿格瑞具备年产 30 吨 OLED 高纯材料和 200 吨其他功能材料的生产能力，是国内生产规模最大、技术水平最高的 OLED 新材料生产基地，该基地进一步延伸了成渝地区双城经济圈新型显示配套产业链，并有望成为西南地区湿电子材料品类最全的产业配套基地。

二　新型显示制造业发展现状

（一）产业整体概况

我国新型显示制造业市场规模稳居全球首位。工业和信息化部的数据显示，2022 年，我国新型显示制造业全行业产值全球占比 36%，高达 4900 亿元。成渝地区双城经济圈作为我国重要的经济区域，充分利用其地理位置和产业优势，通过不断投入资源和推动创新，在新型显示制造业领域实现了较为突出的发展，涌现出一批具有核心技术和市场影响力的企业，构建了以京东方为龙头的较为完整的产业链，具备了完整的供应链，制造了从玻璃基板、背光模组、光掩膜版到显示屏、触控屏再到电视、手机、智能穿戴、车载显示等产品，形成了产业集聚区，加速了产业的集聚与协同发展，还孕育了一些新兴的企业，在 OLED、柔性显示、Micro LED 等领域积极开展研发和创新，不断推动着新型显示技术的发展。

成渝地区双城经济圈新型显示制造业名列前茅。赛迪顾问发布的“2023 年新型显示十大城市”中成都市、重庆市和绵阳市三个城市上榜。2022 年，重庆市新型显示制造业实现产值 755 亿元，成都市新型显示制造业实现产值约 740 亿元，绵阳市新型显示制造业实现产值 674 亿元，眉山市新型显示制造业也实现了 147 亿元产值。2023 年，成都市和重庆市两地新型显示制造业产值占全国的比重超 30%，已成为我国柔性显示产业最大集聚地和全球最大的智能终端生产基地。

成渝地区双城经济圈柔性显示领域拔尖。赛迪顾问发布的“2022 年柔性显示五大城市”中成都市、重庆市和绵阳市占据了三席。2017 年我国首条、全球第二条第 6 代柔性 AMOLED 面板生产线在成都京东方光电科技有限公司实现量产。2019 年总投资 465 亿元，占地约 1200 亩的绵阳京东方第 6 代柔性 AMOLED 生产线项目，依托的是京东方布局的第二条柔性显示生产线，该生产线目前产能为 4.8 万片/月，其产品主要用于显示终端的中小尺寸柔性 AMOLED 模组屏幕，预计 2024 年产值达 200 亿元。2021 年重庆京东方第 6 代柔性 AMOLED 生产线成功量产，该项目充分利用区位优势，与京东方在成都、绵阳的另外两条柔性显示生产线形成集聚效应。2024 年全球第二条、我国第一条高世代 AMOLED 生产线——京东方第 8.6 代 AMOLED 生产线的项目正式破土动工，进一步扩大成渝地区双城经济圈柔性显示技术储备与产能规模，助力区域内高端显示产业快速发展。

成渝地区双城经济圈新型显示制造业基金规模较大。除了成渝地区双城经济圈内各城市的多个与新型显示相关的创投基金，成渝两地整合各方资源要素，还共同设立了总规模 300 亿元的成渝地区双城经济圈发展基金、总规模 50 亿元的成渝地区双城经济圈科创母基金和总规模 10 亿元的成渝团结湖战略性新兴产业投资基金。通过成渝两地专业团队的协同运作，这些基金为产业发展提供了坚实的资金保障。表 8 是成渝地区双城经济圈新型显示制造业主要企业参与基金与项目情况。

表 8　成渝地区双城经济圈新型显示制造业主要企业参与基金与项目情况

城市	主要平台公司	参与基金	参与项目
重庆市	重庆渝富资本股权投资基金管理公司(重庆产业投资母基金普通合伙人)	重庆产业投资母基金、渝富基金公司、成渝地区双城经济圈发展基金	重庆惠科金渝光电科技有限公司(H1:G8.5-a-Si-TFT-LCD)
	重庆两江新区产业发展集团有限公司	重庆两江股权投资基金、重庆京东方智慧私募股权投资基金	重庆京东方显示技术有限公司(B12:G6-AMOLED)、峰米科技、赛力斯
	重庆渝资光电产业投资有限公司	—	重庆京东方显示技术有限公司(B12:G6-AMOLED)
	重庆战略性新兴产业股权投资基金合伙企业(有限合伙)	重庆战略性新兴产业股权投资基金	重庆京东方显示技术有限公司(B12:G6-AMOLED)
	重庆市巴南建设(集团)有限公司	—	重庆惠科金渝光电科技有限公司(H1:G8.5-a-Si-TFT-LCD)
	重庆两山产业投资有限公司	重庆康芯半导体产业基金	重庆康佳半导体光电产业园项目
成都市	成都先进制造产业投资有限公司(成都产业投资集团旗下)	成都市重大产业化项目一期股权投资基金	成都京东方显示科技有限公司(京东方 B19)、成都路维光电有限公司、成都辰显光电有限公司
	成都高新投资集团有限公司	成都高新区产业基金	成都京东方显示技术有限公司(B16:G8.6-AMOLED)、成都辰显光电有限公司、成都思越智能装备股份有限公司
	成都双流兴城建设投资有限公司	成都双流兴融光电显示产业股权投资	—
	成都高新区电子信息产业发展有限公司	四川省集成电路和信息安全产业投资基金	成都辰显光电有限公司
绵阳市	绵阳市投资控股(集团)有限公司	—	绵阳惠科光电科技有限公司
	绵阳科技城发展投资(集团)有限公司	—	绵阳京东方光电科技有限公司

资料来源:根据前瞻产业园区库、爱企查、网上公开资料整理得出。

（二）市场规模和结构

成渝地区双城经济圈成为全球新型显示制造业的重要生产基地。成渝地区双城经济圈是西部内陆腹地连接“长江经济带”和“一带一路”的天然交会点，东西互济功能承接、南北互通枢纽支撑的作用凸显，辐射内的西南区域市场有近2亿人口的消费规模，并有效连通西北、华中、中原、华南等市场，是重要的战略纵深区。成渝地区双城经济圈的土地、水电以及劳动力等生产要素不仅成本低廉，而且供应稳定，其整体成本仅为东部地区的50%~60%。此外，该地区的工业用地价格和员工薪酬大约只是东部地区的一半。同时，成渝地区双城经济圈在人才获取方面表现出色，其因特殊的区位优势是我国西部科教资源的主要聚集区。值得一提的是，在新一线城市中，成渝地区双城经济圈的房价控制得最为得当。结合其优质的生活环境，该地区对人才的吸引力正在日益增强。“一带一路”倡议的深入实施，极大地推动了中西部地区的基础设施的建设和投资环境的优化。以成都市、重庆市为龙头的成渝地区双城经济圈在政策引导和市场机制的双重作用下，不断优化营商环境，稳步提升制造业发展速度，成功吸引众多新型显示制造业产业链上下游企业入驻，推动产业集群纷纷建立扩张，已形成一条健全而完整的产业链。成渝地区双城经济圈不仅已成为全球最大的OLED生产基地，更是我国柔性显示产业的最大集聚中心，彰显出强大的产业集聚效应和创新能力。

我国面板制造商的集中度较高，在珠三角地区、长三角地区、成渝地区、环京地区、中部地区集聚发展，形成了成熟的产业群。五大产业群各具特色，珠三角地区产能规模目前最大，并贴近市场用户；长三角地区产业链成熟、配套完善；成渝地区近年来柔性显示产线建设速度加快，极具增长后劲；环京地区、中部地区也形成了结合区域优势的成熟产业集群。表9是全国新型显示制造业重点企业情况。

珠三角地区是新型显示制造业发展最迅速、创新能力最强、产能最大、终端需求最旺盛的区域。华经产业研究院、南方财经网数据显示，珠三角地区2022年新型显示制造业产能达到10746万平方米，产业规模较为领先。

表9　全国新型显示制造业重点企业情况

区域	面板企业	面板项目	产能(千片/月)	投资
环京地区	京东方	B1:G5-a-Si-TFT-LCD	100	103亿元
		B4:G8.5-a-Si-TFT-LCD	**90**	**280亿元**
		B20:G6-LTPS/Micro LED(在建)	45	290亿元
	维信诺	G6-AMOLED	30	300亿元
长三角地区	京东方	B3:G6-a-Si-TFT-LCD	90	175亿元
		B5:G8.5-a-Si/IGZO-TFT-LCD	**90**	**285亿元**
		B9:G10.5-a-Si/LTPS-TFT-LCD	**90**	**400亿元**
		B1:G8.5-a-Si/IGZO-TFT-LCD	**60**	**291.5亿元**
	TCL华星	**T10:G8.5-TFT-LCD**	**100**	**30亿美元**
	惠科	**H2:G8.6-a-Si-TFT-LCD**	**120**	**240亿元**
	友达	G6-LTPS-TFT-LCD	60	48.22亿美元
	南京中电熊猫	G6-a-Si-TFT-LCD	60	126亿元
	天马微电子	G4.5-a-Si-TFT-LCD	30	32.9亿元
		G5-a-Si-TFT-LCD	90	10亿美元
		G5.5-AMOLED/LTPS	15	—
	维信诺	G5.5-OLED	15	150亿元
		G6-AMOLED	30	440亿元
	龙腾光电	G5.5-TFT-LCD	90	9.89亿美元
	和辉光电	G4.5-AMOLED	—	—
		G6-AMOLED	45	—
珠三角地区	LG	**G8.5-a-Si-TFT-LCD**	**120**	**40亿美元**
		G8.5-OLED	**60**	**460亿元**
	TCL华星	**T1:G8.5-LCD**	**100**	**245亿元**
		T2:G8.5-TFT-LCD	**120**	**244亿元**
		T6:G11-TFT-LCD及AMOLED	**140**	**538亿元**
		T7:G11-TFT-LCD及AMOLED	**90**	**426.83亿元**
		T8:G8.5-OLED	**在建**	**460亿元**
		T9:G8.6-Oxide	**180**	**350亿元**
	信利	G4.5-OLED	30	63亿元
		G5-a-Si-TFT-LCD	50	39.7亿元
	柔宇	类六代全柔性屏	45	110亿元

续表

区域	面板企业	面板项目	产能(千片/月)	投资
中部地区	京东方	**B17:G10.5-a-Si-TFT-LCD**	**120**	**460 亿元**
	TCL 华星	T3:G6-LTPS-LCD	30	160 亿元
		T4:G6-LTPS-LCD	45	350 亿元
		T5:G6-LTPS-LCD	45	150 亿元
	惠科	**H5:G8.6-a-Si-TFT-LCD 和 Oxide TFT-OLED**	**138**	**280 亿元**
	天马微电子	G6-LTPS/AMOLED	30	120 亿元
成渝地区	京东方	B2:G4.5-a-Si/LTPS-TFT-LCD	30	34.14 亿元
		B7:G6-OLED	48	465 亿元
		B8:G8.5-a-Si/LTPS-TFT-LCD	**90**	**328 亿元**
		B11:G6-AMOLED	48	465 亿元
		B12:G6-AMOLED	48	465 亿元
		B16:G8.6-AMOLED(在建)	**32**	**630 亿元**
		B19:G8.6-IGZO-TFT-LCD	**120**	**280 亿元**
	惠科	**H1:G8.5-a-Si-TFT-LCD**	**120**	**240 亿元**
		H4:G8.6-a-Si-TFT-LCD 和 Oxide TFT-OLED	**210**	**265 亿元**
	信利	G5-a-Si-TFT-LCD	140	125 亿元
		G6-AMOLED	30	279 亿元
	天马微电子	G4.5-a-Si-TFT-LCD	30	30 亿元
	康佳	Micro LED	—	300 亿元
	辰显光电	Micro LED(在建)	—	30 亿元

注：数据截至 2024 年 5 月 31 日，加粗为高世代生产线项目。

资料来源：根据前瞻产业园区库、爱企查、网上公开资料等整理得出。

广州市于 2006 年引入 LG 模组项目。2012 年，LG 投资 40 亿美元建设第 8.5 代液晶面板项目并于 2014 年竣工投产，该项目是 LG 在韩国本土之外的首条液晶面板生产线，也是广州市当时有史以来最大的外商投资项目，使广州市的新型显示制造业实现了“从无到有”。TCL 华星的 G8.5-OLED 和 G8.6-Oxide 两大项目，柔宇的类六代全柔性屏等多个项目集聚广州市。广州市各类面板产线齐全，产能领先，年产值超过千亿元。广州市科教资源丰富，2021 年落户的国家新型显示技术创新中心是当时我国在新型显示领域唯一的国家级技术创新中心。紧跟广州市的步伐，2010 年 TCL 设立深圳市华星光电技术有限公司，其自主建设的 TCL 华星 T1 项目第 8.5 代液晶面板线落地深圳，这是深圳市建市以来最大的工业项目，TCL 华星又建设了同为第 8.5 代液晶面板线的 T2 项目，让深圳市在新型显示制造业有了一席之地。深圳市的新型显示制造业逐渐做大做强，引进日本旭硝子、日东电工、LG 化学等国际知名配套生产企业，结合深圳市本地大量的电视、手机和平板等下游电子产品制造企业集聚、核心器件自主化水平高和生产工艺配套能力强大等优势，在超高清显示、激光显示和柔性显示领域自主创新较为突出，并构建起从原材料及设备供应到面板及模组生产再到显示设备等终端制造的产业链条，年产值超过 1300 亿元。

环京地区具备了拥有完全自主知识产权的新型显示制造业集群。北京市汇聚了国内顶尖的高等学府与科研机构，成为众多国内外知名企业总部、研发中心的所在地。早在 2003 年，京东方便在北京经济技术开发区独立投资建设了中国大陆首条第 5 代 TFT-LCD 生产线，并随后斥资 280 亿元打造了首条第 8.5 代 TFT-LCD 生产线。在京东方的引领下，康宁、住友集团、冠捷等知名厂商纷纷加盟，共同打造了完整的产业链条。2006 年，京东方（河北）移动显示技术有限公司的成立，标志着固安在新型显示制造业上的起步。而 2018 年国内首条拥有完全自主知识产权的维信诺柔性第 6 代 AMOLED 生产线在固安县实现量产，更是将固安县推向了新型显示制造业的前沿。该生产线已获批专利近 8000 项，并主导制定了多项 OLED 国家标准，如今已成为荣耀手机的核心供应商。值得一提的是，河北省固安县是国内唯一一个同时拥有京东方和维信诺两大显示行业领头羊的县级城市，集聚了 30 余家上下游关联企业。此外，得益于河北省新型显示产业发展基金等 8 只基金的支持，固安县构建了一个健康、活跃的产业生态环境。

中部地区新型显示制造业形成了成熟的产业集群。武汉市也是国内最早布局新型显示制造业的城市之一，自 2008 年第一家新型显示企业天马微电子落户以来，武汉市布局新型显示制造业已达 16 年，形成了从原材料及设备供应到面板及模组生产再到显示设备等终端制造的完整产业链条，依托武汉东湖、光谷的光电基础和科研资源，武汉市瞄准原材料及设备供应产业链上游进行技术攻关，并辐射鄂州市、仙桃市等周边城市。从产线数量和产能上，武汉市并不占优，于是走出了另一条特色道路，目前已成为全国最大的中小尺寸显示面板研发生产基地之一，集聚了多家优质企业，在手机、车载、平板、医疗等显示面板领域优势明显，位列“2023 年新型显示十大城市”前五。2023 年底，全球首条第 6 代印刷 OLED 显示屏的 LTPS-LCD 生产线作为 TCL 华星武汉 T5 工厂的技改项目正式落地，预计 2025 年正式验收量产。根据 2022 年发布的《武汉市促进新型显示产业创新发展实施方案（2022—2025 年）》，2025 年武汉新型显示产值有望突破千亿元。长沙市的发展重心定位于新型显示器件制造业产业链，规划了“强玻—引屏—补端”的发展路径。2006 年，长沙市引入玻璃盖板领域的龙头企业的蓝思科技，实现差异化突围。2019 年，惠科 H5 的第 8.6 代线项目落户长沙，填补了湖南省面板制造的空白，逐渐集聚了围绕蓝思科技的防护玻璃、触控模组、蓝宝石材料、陶瓷材料，围绕惠科的显示模组、触控，以及以比亚迪、纽曼为代表的智能终端等相关上下游企业达 135 家，包括 3 家产值百亿元企业、32 家省级及以上专精特新中小企业和 60 余家重点企业。2020 年，长沙市新型显示功能器件制造业产业链产值突破 600 亿元大关。得益于强大的智能终端制造业，郑州市在新型显示制造业方面也有显著的发展。根据河南省工信厅官方公布的数据，2023 年河南省新型显示和智能终端制造业规模达到 5700 亿元，手机产量达到 1.45 亿部，其中郑州市贡献了主要的产值。惠科在郑州市的第 11 代 TFT-LCD 生产线项目也有望重启，这将进一步完善整个产业链条。

长三角地区拥有配套完善的全产业链布局且本地化配套水平领先。2008 年，合肥市政府停掉了地铁项目，通过地方平台公司投资合肥京东方建设我国第一条高世代 LCD 生产线，合肥市也成为我国最早布局新型显示制造业的城市之一。以这个项目为起点，合肥市还引入了首条采用非晶硅技术的第 8.5 代 TFT-LCD 生产线、全球首条第 10.5 代 TFT-LCD 生产线等重点项目，集聚产业链上下游企业近 150 家、从业人员近 4 万人，其中规模以上企业 60 余家、高新技术企业近 40 家。自 2020 年起，合肥市的新型显示制造业连续四年年产值突破千亿元，

2023 年更是实现了 1016.8 亿元的产值，其中仅面板制造环节的产值就高达 534 亿元，位列赛迪顾问发布的“2023 年新型显示十大城市”榜首。而合肥市也是新型显示制造业产业链上下游配套最为完整的地区，例如，由领先玻璃基板制造的康宁投资建设的全球首条第 10.5 代液晶玻璃基板生产线和汽车玻璃制造的全球首个工厂选址合肥，不仅推动了长三角高世代生产线的发展，更是推广了新型显示在汽车领域的应用。电子信息制造业是南京市的传统支柱产业，熊猫电视更是被誉为“中国电子工业的摇篮”。2009 年，南京市接手了日本夏普第 6 代线开始发展新型显示制造业。2013 年，日本夏普与南京中电熊猫合作了全球第一条采用第 6 代非晶硅技术的生产线。多年来，南京市先后集聚了京东方、喜星电子、杉金光电、瀚宇彩欣、群志光电等新型显示企业 120 余家。江苏省人民政府官网有关数据显示，2023 年该制造业产值约 1200 亿元。作为我国工业强市和电子信息制造业的代表城市，苏州市的新型显示制造业发展成熟，产业链齐备，涵盖了原材料及设备供应、面板及模组生产、显示设备等终端制造等环节，目前拥有面板制造生产线 4 条，吸引了 TCL 华星、维信诺、奇美、友达等业内知名企业投资，培育了龙腾光电等 18 家上市公司、168 家规模以上企业、11 家国家级专精特新“小巨人”企业以及多个研发创新中心。苏州市人民政府官网有关数据显示，2023 年苏州市新型显示制造业实现产值 1359 亿元。上海市新型显示制造业聚焦中小尺寸 AMOLED，围绕天马微电子第 4.5 代和第 5 代 a-Si-TFT-LCD 生产线，以及诞生在上海市的上市公司和辉光电的第 4.5 代和第 6 代 AMOLED 生产线等项目，布局了奥来德 OLED 材料、日东电工偏光片、繁枫真空光学镀膜机、升翕光电高世代线蒸镀机、日本光驰刻蚀设备等高端配套项目，其整个产业链投资超过 500 亿元。

三　成渝地区双城经济圈新型显示制造业布局与发展中存在的主要问题

（一）产业同质化问题突出与产业链捆绑依赖的风险

由于新型显示制造业的核心原材料，即玻璃基板、气体、湿电子化学品等对运输要求高，成渝地区双城经济圈的新型显示制造业呈现高度集中的特点，加上其在核心技术、高端装备以及关键材料方面对进口有相当程度的依赖，为了提高供应链的稳定性和降低运输成本，一些领先企业开始更加重视就近布局产业链，提高就地配套率。近年来，成渝地区双城经济圈的新型显示制造业产业链逐步健全、产业结构持续优化、产业规模提升迅速，但产业发展均以芯、屏、端、软、网为主，无论是在成渝地区双城经济圈内部还是与其他地区相关产业集群相比均存在同质化程度高、创新水平亟待提升、整体配套能力缺乏的问题，尤其是在承接沿海产业转移过程中恶性竞争、重复建设的问题突出，不仅表现在主导产品上，还体现在产业链的各个环节以及各城市地方政府对平台公司的出资比例上，这些问题加剧了成渝地区双城经济圈内各城市的内部竞争，降低了整体的市场竞争力并且加大了风险。

新型显示制造业的专业化分工细，这依赖于复杂的供应链，供应链包括材料供应、制造设备和组装工艺，供应链中的任何问题都可能影响生产能力和产品质量。由于新型显示制造业的高资本投入，企业一旦资金链出现问题，可能就会导致生产中断、研发停滞，甚至倒闭。产业链的捆绑依赖加剧了这种风险，这种风险导致的脆弱性可能会因为外部环境的微小变化而引发连锁反应，一旦某个关键环节出现问题，整个产业就会出现动荡，进而影响当地产业经济。成渝地区双城经济圈内各城市以及其他地区都在大力发展新型显示技术，并引进相应的生产线和配套企业，这种趋同可能会导致产能过剩、价格战等恶性竞争现象，不利于产业的健康发展。

（二）区域内部资源不均衡

成渝地区双城经济圈内成都市和重庆市两大城市的新型显示制造业集聚度明显高于区域内其他城市。成都市和重庆市依托其强大的经济实力、科技资源和政策支持，吸引了大量新型显示相关企业入驻，形成了较为完善的产业链条，在从原材料及设备供应到面板及模组生产再到显示设备等终端制造等各环节都有较好的配套能力。区域内其他城市由于经济实力和政府资源的限制，在产业政策和资金投入上无法与成都市和重庆市两大城市相比。

成渝地区双城经济圈内的科研机构和高等院校基本集中在成都市和重庆市，这为其新型显示制造业的技术研发提供了强大的支持，而区域内其他城市在技术研发和创新能力上相对较弱，缺乏高端的研发资源和良好的创新环境，同时，人才资源主要汇聚在成都市和重庆市，大部分人才倾向于前往成都市、重庆市这样拥有更多机会和资源的大城市。这对于成渝地区双城经济圈的其他城市来说，招聘新型显示高端人才可能面临更大的难度，同时还可能面临人才流失到大城市的问题。

在人才和科创资源过度集中的情况下，该区域还可能会出现科创资源的浪费和重复建设问题。多个研发机构或企业可能同时投入大量资源进行相似或相同的项目研究，造成资源的浪费。大量的同类型研发机构在同一地区集聚，虽然有助于技术创新和产业升级，但同时也可能导致过度竞争，压缩企业的利润空间。

（三）各地合作机制不完善

尽管成渝两地已经实施了一些协同发展的政策并进行了相关实践，但成渝地区双城经济圈内各城市之间尚未建立起一套高效的合作机制。目前的合作大多仅限于政府间的会谈和协议的签署，缺乏具体可行的执行细则与后续的跟进措施，这严重制约了协同发展的实质性成效。同时，成渝地区双城经济圈内各城市的产业规划并未形成有效的衔接，由于各城市都希望在本地区发展如面板及模组生产这样的关键环节，因此在新型显示面板制造项目的招商引资、政策扶持等方面存在激烈的竞争，这种竞争有时甚至是无序的，不利于区域整体的产业发展。各城市相应的配套政策也存在相互竞争的现象，在内容和形式上高度相似，缺乏针对本地特色和优势的创新性政策设计。这不仅阻碍了成渝地区双城经济圈在新型显示制造业方面的协同创新和资源整合，更导致了不必要的重复建设和资源的浪费。为了提高区域协同发展的效率，成渝地区双城经济圈必须深化城市间的合作，明确各自的发展定位，避免政策上的重复与冲突，从而实现资源的优化配置和高效利用。

（四）新型显示产品产能饱和与市场价格持续走低的压力

通常情况下，一个典型的面板周期会经历以下阶段：首先，当面板制造商研发出新的显示应用技术，并通过工业化进程成功降低成本、提高效率后，将助力下游品牌创造出新的市场需求；其次，随着新产品在市场上的广泛推广，会迅速吸引大量跟随者投资，进而导致产能过剩、供需关系失衡，使得面板价格下滑；最后，面板价格的降低会对部分规模较小、技术落后的制造商造成盈利压力，这些制造商可能会选择缩减产能或退出市场，从而使供需关系逐渐恢复平衡，面板价格也会趋稳或回升。这一过程会周而复始地进行。目前，一方面，成渝地区双城经济圈多个不同世代的 LCD 制造项目产能已经饱和且其产品生命周期处于成熟期，近两年将一直面临价格竞争；另一方面，新建 OLED 项目的产能大多处于爬坡期，稼动率未达到最优，而全国各地都在集中抢建 OLED 项目，未来其产品价格竞争将更加激烈，这会对项目运营造成巨大的压力。

（五）技术创新迭代的冲击和挑战

新型显示制造业属于典型的资本和技术密集型行业，每个项目的生产线建设、设备采购以及后续技术研发均需要大量资金投入，成渝地区双城经济圈近期启动的新项目均是高世代生产线、百亿元起步，设备折扣成本巨大，需要较长的回报周期来收回成本并实现盈利，显示技术市场受产品创新、消费者偏好和经济周期等因素影响较大。未来需求波动或技术替代可能影响项目的运营和盈利能力，进而可能导致投资风险过大，而在这些项目中各地方政府通过平台公司进行深度参与，可能会对政府财政安全构成较大风险。新型显示技术迭代快，技术的迅速发展意味着今天先进的技术可能很快就被更新的技术所取代，成渝地区双城经济圈近期重资布局的 OLED 技术在过去几年中遥遥领先，但在几年后可能面临其他更先进技术的挑战，这将对相关项目影响巨大。

未来新型显示制造业发展还将呈现技术百花齐放的局面，创新技术能否在市场中脱颖而出存在不确定性，如 Apple Vision Pro 带动了 Micro OLED 显示技术，但该技术是否会影响传统大尺寸液晶面板市场需求尚待市场验证，竞争者可能采取价格战、营销战等手段来争夺市场份额，对创新技术的推广和盈利造成威胁。同样地，若未来显示市场涌现具有巨大优势的创新技术，可能会对传统显示技术形成竞争压力，而一旦产业技术路线选择错误，项目效益不达预期，就可能严重影响地方财政状况。与此同时，追求创新技术还存在多重风险，包括但不限于创新技术的开发进程不及预期的风险、产业链相关公司的技术突破不及预期的风险，以及下游终端的市场需求不及预期的风险等。

四　成渝地区双城经济圈新型显示制造业发展对策建议

（一）挖掘存量项目和细分领域的潜力

在全球经济一体化的今天，新型显示制造业作为科技前沿领域，正成为各国竞相发展的重点。这一产业不仅是技术创新的集结地，也是经济增长的新引擎。随着新型显示制造业的竞争日益激烈，企业不仅要在国内市场站稳脚跟，还需在国际舞台上与各大巨头角逐。成渝地区双城经济圈作为我国西部地区的重要经济中心，肩负着推动区域产业升级和创新发展的重要使命，其在新型显示制造业的发展更是面临着巨大的机遇与挑战。

成渝地区双城经济圈新型显示制造业初具规模，充分挖掘存量项目潜力至关重要，政策支持重点应鼓励引导区域内企业通过智能化改造进行数字化转型，合理配置人力、物力、财力等资源，确保各项生产要素得到充分利用，并提高产线稼动率和生产要素利用率，减少资源浪费，确保项目投资资金使用效率最大化、项目产出最大化，推动产业高质量发展，为区域经济增长注入新的活力。

新型显示制造业的细分赛道仍然蕴藏着巨大的潜力。在产业链上游中，特别是一些高附加值且国产化率低的原材料和设备供应环节，存在较大的发展空间。以眉山市为例，该市以液晶面板制造的湿电子化学品产业配套为突破口，成功走出了一条特色发展之路，有效避免了同质化竞争。这种差异化的发展策略，不仅提升了眉山市在新型显示制造业中的地位，也为整个成渝地区双城经济圈带来了新的增长点。

除核心城市外，成渝地区双城经济圈外围的区县同样拥有不可忽视的潜力。这些地区产业密集度相对较低，转型成本小，项目落地和布局调整的回旋空间大。充分挖掘这些区域的潜力，可以进一步完善产业链的整体配套，从而提升产业的整体竞争力和抗风险能力。例如，可以在这些地区布局新型显示产业的上游原材料及设备供应或下游显示设备等终端制造等环节，形成产业链的有机衔接和高效协同。

全球化经营布局是我国新型显示制造业的必经之路，成渝地区双城经济圈有开行最早、货值最高、带动最强的中欧班列（成渝）的交通优势，位于成都国际铁路港综合保税区的 TCL 光电科技（成都）有限公司的显示模组产品通过该铁路为欧洲多个面板厂供货，为很多企业做了示范。在“一带一路”倡议引领下，成渝地区双城经济圈应促进相关企业积极拓展国际市场，参与全球竞争与合作，不断提升在新型显示制造业中的影响力和话语权。

（二）抓住新业态新应用带来的机遇

新型显示制造业技术框架相对稳定，但受到各个行业的渗透，因此也产生层出不穷的硬件创新。应用生态是牵引供需两侧的重要力量，传统市场增长乏力或进入下滑后需寻找新的突破口才能实现整体发展，实现应用与模式创新。推动新型显示产品在商业显示、汽车、智慧教育、医疗、智慧家居等领域的应用服务是关键，成渝地区双城经济圈应探索新型显示的应用场景，重点向“产品+软件+内容+交互体验”方向拓展，以推动产业向价值链中高端跃进。

1. 显示与传感结合

显示与传感技术的结合为新型显示产品带来了更多的智能化和交互性。通过集成传感器，显示屏能够感知用户的操作和环境变化，从而提供更加个性化的服务和体验。例如，在智能手机中，触摸屏通过传感技术感知用户的触摸动作，实现了直观、便捷的人机交互。此外，传感技术还可以应用于智能家居、智能穿戴等领域，通过显示屏提供实时的环境信息、健康数据等，让用户能够更好地了解和控制周围环境。

这种结合带来的创新应用包括但不限于：智能家居中通过显示屏实时显示温度、湿度等环境信息；智能穿戴设备通过显示屏和传感器监测用户的心率、含氧量、运动轨迹等健康数据；在教育领域，通过智能黑板等设备实现互动式教学。

2. 显示与集成电路结合

显示与集成电路的结合为新型显示产品提供了更强大的数据处理和图像渲染能力。集成电路技术的进步使得显示屏能够实现更高的分辨率、更丰富的色彩和更流畅的动态效果。这种结合不仅提升了显示效果，还使得显示屏能够承担更复杂的任务。例如，在增强现实（AR）和虚拟现实（VR）应用中，高性能的集成电路与显示屏的结合能够实现沉浸式的视觉体验。

此外，集成电路的微小化、低功耗等特点也使得新型显示产品能够更加便携、高效。这种结合带来的创新应用还包括智能车载显示屏、智能腕表等，它们能够提供导航、娱乐等多种功能。

3. 显示与传输技术结合

显示与传输技术的结合则让新型显示产品能够更好地满足远程协作、在线教育、视频会议等需求。高速稳定的传输技术保证了显示屏能够实时接收并显示高质量的视频流和数据流。例如，在线教育领域中，高清显示屏与高速传输技术的结合使得远程教学变得更加生动和高效；视频会议中，高清晰度的显示屏和流畅的传输技术则提升了沟通效率。

这些技术的融合不仅提升了显示效果和用户体验，还推动了新型显示产品在各个领域的广泛应用，也带来了新的用户需求和市场增长点。与此同时，创新进步依赖于大量资本和高水平的技术研发，这对企业来说是巨大的财务负担和挑战，这些挑战和风险需要企业在技术研发、市场定位、资本运作和供应链管理等方面保持高度警觉和灵活应对能力，以确保在竞争激烈的新型显示行业中持续取得成功。

（三）加强区域内的政策集成度和产业研究，加强区域内产业链互补、提升产业链韧性

在全球视野下，成渝地区双城经济圈要想在新型显示制造业中占据一席之地，就必须加强区域内的资源整合和协同创新。成渝地区双城经济圈的政策集成是关键，统一顶层设计思路，创新规划编制模式，建立协同编制、联合报批、共同实施的规划管理体系，各地各级政府可以提供相关配套政策支持，鼓励企业在区域内进行合理布局，围绕关键环节聚链成片，引导企业在不同环节进行合作，形成相对完整的产业集群，从而实现互补优势，提高整个产业链的韧性。

政策的集成不仅应体现在顶层设计上，更应贯穿产业发展的全过程。各级政府应鼓励企业在区域内进行合理布局，围绕关键环节聚链成片，这是形成产业集群、提升产业链韧性的重要步骤。通过引导企业在研发、生产、销售等不同环节展开深度合作，成渝地区双城经济圈可以促进资源共享、优势互补，进而形成相对完整的产业集群。这种集群效应不仅能够降低企业的运营成本，还能提高整个产业链的响应速度和抗风险能力。

在新型显示制造业建设和推进过程中还离不开科学决策，加强产业研究也是不可或缺的一环，产业规划必须紧跟技术趋势，以确保规划发展方向与市场需求相契合。政府充分利用数据分析、专家咨询等手段，以便每一项决策都建立在充分的信息和理性的判断之上，同时，对历史数据、市场趋势、用户需求等信息的深入挖掘和分析，有助于其更准确地把握市场动态和产业发展趋势，以及及时发现和解决问题，优化产业资源配置。还需借助行业专家的专业知识和丰富经验获取更为全面、专业的建议。通过与专家的沟通交流，政府能够更好地了解新型显示行业前沿动态，把握技术发展趋势，才能

在新技术、新产品层出不穷的产业演变中，动态调整产业规划，做出更具前瞻性和战略性的决策。

此外，成渝地区双城经济圈还应注重产业规划与实际执行的紧密结合。规划是指导产业发展的蓝图，但在实际执行过程中可能会遇到各种挑战和变化。因此，政府需要在实践中不断调整和优化规划方案，确保规划与实际情况紧密结合，推动产业持续健康发展。

在成渝地区双城经济圈内部，合作的力量应远远大于竞争。成都市与重庆市两座城市，地理相近、文化同源、经济互补性强，这为两地在新型显示制造业上的深度合作提供了得天独厚的条件。当前，随着成渝地区双城经济圈建设的推进，以及成德眉资同城化的发展，区域内产业的协作与产业链的互补显得尤为关键。政府、科研机构、行业协会等多方应进行深入交流，共同探索新的合作模式和发展路径，通过加强产学研合作、共享研发资源，以深入合作与创新，有望共同突破新型显示制造业的关键技术，寻找新的增长点，提升整个产业链的竞争力。

参考文献

曹惠君：《四川：抢抓产业招引　打造全国新型显示产业重要集聚区》，中国新闻网四川网站，2023 年 9 月 7 日，https：//www. sc. chinanews. com. cn/cjbd/2023-09-07/194737. html#：~：text=%E4%BB%8A%E5%B9%B43%E6%9C%88%EF%BC%8C%E6%88%90%E9%83%BD%E5%8F%91%E5%B8%83%E5%85%A8。

陈辉：《打通上下游　共谋共建共享产业链》，《河南日报》2024 年 6 月 27 日。

储玮玮：《〈2023 新型显示十大城市及竞争力研究〉报告发布》，“中国新闻网”百家号，2023 年 9 月 21 日，https：//baijiahao. baidu. com/s？ id = 1777653305855160638&wfr = spider&for=pc。

董世梅、刘宏顺、祖明远：《以中国唯一科技城之名，绵阳何为?》，四川在线网，2023 年 12 月 26 日，https：//sichuan. scol. com. cn/ggxw/202312/82435850. html。

方旭：《眉山国内最大 OLED 新材料建设项目正式投产》，四川在线网，2020 年 12 月 8 日，https：//meishan. scol. com. cn/tfxq/202012/57977057. html。

龚勤林、宋明蔚：《成渝地区双城经济圈国家战略腹地建设的内在逻辑、现实基础

与路径选择》，《重庆大学学报》（社会科学版）2024 年第 4 期。

郭侨：《乘风破浪立潮头　信利集团成为眉山第二个“百亿企业”》，《眉山日报》2023 年 2 月 15 日。

洪敬谱：《安徽合肥：小小显示屏　承托产业梦》，《科技日报》2024 年 6 月 13 日。

姜念月：《高质量发展加油干丨重庆这样打造西部人才中心和创新高地》，“华龙网”百家号，2023 年 12 月 20 日，https：//baijiahao. baidu. com/s？id=1785751446493296703&wfr=spider&for=pc。

兰小欢：《置身事内：中国政府与经济发展》，上海人民出版社，2021。

李世芳：《在蓉两院院士 36 人　人才总量超 650 万》，《成都日报》2024 年 5 月 9 日。

李晓婷、吴燕霞、李力可：《崛起的科创“新高地”——成渝地区共建“一带一路”科技创新合作区》，中国政府网，2023 年 11 月 5 日，https：//www. gov. cn/lianbo/difang/202311/content_ 6913683. htm。

刘畅：《成渝地区新型显示产业“显”优势》，《经济日报》2023 年 10 月 10 日。

刘艳：《深化双城经济圈人才协同发展　川渝共享共用 4 万余名专家资源》，“华龙网”百家号，2024 年 1 月 8 日，https：//baijiahao. baidu. com/s？id = 1787477998817105283&wfr=spider&for=pc。

卢梦琪：《投资大年！2023 年我国新建显示产线超千亿元》，“中国电子报”百家号，2023 年 12 月 30 日，https：//baijiahao. baidu. com/s？id = 1786700613062092794&wfr = spider&for=pc。

彭竞兰、周南：《近半产能落子长沙　利亚德华中总部及研发生产基地项目签约落地》，“红网”百家号，2024 年 3 月 21 日，https：//baijiahao. baidu. com/s？id=1794119958776414455&wfr=spider&for=pc。

宋美倩、杨雅淇：《新型显示行业崛起“固安力量”》，《经济日报》2020 年 5 月 15 日。

王博：《全球一半柔性屏产自这里　成都成为新型显示产业一极》，第一财经网站，2022 年 11 月 30 日，https：//www. yicai. com/news/101609706. html。

王珍：《京东方拟斥 121 亿收购中电熊猫　掀国内面板业最大并购案》，第一财经网站，2020 年 9 月 23 日，https：//m. yicai. com/news/100782819. html。

夏元、申晓佳：《从京东方生产线变迁看重庆的创新之路》，《重庆日报》2024 年 4 月 28 日。

杨奔非：《广州，这次要守住全国第一》，“城市进化论”百家号，2023 年 5 月 10 日，https：//baijiahao. baidu. com/s？id=1765521061661504356&wfr=spider&for=pc。

杨阳腾：《深圳骨干企业发挥带头作用——引领新型显示产业向价值链高端延伸》，《经济日报》2021 年 4 月 14 日。

尧欣雨：《成都双流加速打造千亿级电子信息产业集群》，中国新闻网四川网站，2022 年 12 月 8 日，http：//www. sc. chinanews. com. cn/bwbd/2022-12-08/178598. html。

张桂林、黄兴、伍鲲鹏：《“一块屏”看见显示产业新活力》，《经济参考报》2024年2月23日。

张琪玮：《四川：显示产业蓄势赋能　擘画发展新蓝图》，《中国电子报》2023年9月1日。

张守帅、吴忧、张彧希：《打造世界级产业集群　这个全球大会“显示”的四川抱负》，《四川日报》2022年12月1日。

张维佳：《四川绵阳：奋力打造全国新型显示产业知名城市》，《中国电子报》2022年11月25日。

张辛欣：《我国显示面板年产能达到2亿平方米》，“新华社”百家号，2022年12月3日，https://baijiahao.baidu.com/s?id=1751159114665459551&wfr=spider&for=pc。

张亦筑：《成渝双城经济圈科创母基金成立》，《重庆日报》2020年9月21日。

张彧希：《聚焦2022世界显示产业大会　点亮四川的“追光”之路》，四川省人民政府网站，2022年11月29日，https://www.sc.gov.cn/10462/10464/10797/2022/11/29/6660bebd65e1442682fecc426a9d49fc.shtml。

赵晓晨等：《我国新型显示产业“长短板”：产能全球第一，但核心材料和关键装备国产化率相对较低》，21世纪经济报道网站，2023年2月27日，https://www.21jingji.com/article/20230227/herald/6cd59ade817e0b29d9e2c5515be960df.html。

专 题 篇

B.7

成渝地区双城经济圈电子信息制造业政策发展研究*

袁 野 陈从稳 陈金雨**

摘 要： 本报告深入研究了成渝地区双城经济圈电子信息制造业的政策现状与发展趋势，采用内容分析法对政策文本进行分析，构建了环境类、供给类和需求类政策工具分析框架。研究发现，部分政策显著促进了成渝地区双城经济圈电子信息制造业的发展、企业成长和科技创新。成渝地区双城经济圈电子信息制造业在政策引导下，产业集群效应显现，创新能力提升，未来需加强区域协同、优化政策环境，以推动产业高质量发展。本报告提出加速推动电子信息制造业产业集群发展、促进电子信息制造业人

* 本报告是根据截至 2024 年 3 月，重庆市、四川省发布的相关政策进行的分析，涉及的四川省仅包括成都市以及成渝地区双城经济圈其他城市。

** 袁野，博士，重庆邮电大学经济管理学院教授、硕士生导师，主要研究方向为技术经济及管理、数智技术创新与管理；陈从稳，重庆邮电大学现代邮政学院硕士研究生，主要研究方向为数智技术产业理论与政策；陈金雨，重庆邮电大学现代邮政学院硕士研究生，主要研究方向为数智技术创新管理。

才合作交流共享、强调电子信息制造业科技创新、加大投资力度等多项政策建议，对地方政府和企业决策者具有重要参考价值，有助于成渝地区双城经济圈在全球电子信息制造业竞争中保持领先地位。

关键词： 电子信息制造业 政策文本 内容分析法 成渝地区双城经济圈

一 成渝地区双城经济圈电子信息制造业政策概况

近年来，成渝地区双城经济圈相继出台多项政策，助力电子信息制造业高质量发展。《国家数字经济创新发展试验区（四川）建设工作方案》明确提出“电子信息产业‘1234’工程”，旨在构建一个更加稳固、更加先进的电子信息产业基础，为成渝地区双城经济圈的电子信息制造业发展注入新的活力；《四川省“十四五”数字经济发展规划》则从多个维度出发，为电子信息制造业的发展指明方向。提质、引强、补链、建圈等策略的实施，将进一步推动产业链的发展，加快优质电子信息制造业前进的步伐，不仅有利于提升四川省的电子信息制造业水平，也将对成渝地区双城经济圈的制造业发展产生积极的影响。《成渝地区双城经济圈建设规划纲要》要求成渝地区双城经济圈在合作中取得突破，形成具有全球竞争力的电子信息制造业集群。这不仅需要各地政府之间紧密合作，也需要企业、高校、研究机构等多方面的共同参与和努力。作为成渝地区双城经济圈的重要一极，重庆市也在积极行动。《深入推进新时代新征程新重庆制造业高质量发展行动方案（2023—2027 年）》和《重庆市新一代电子信息制造业产业集群高质量发展行动计划（2023—2027 年）》都明确提出打造世界级产业集群的目标，构建现代制造业体系，着重培养电子信息制造业这一万亿级的“领军力量”。这些行动方案的实施，将进一步推动重庆市电子信息制造业的发展，为成渝地区双城经济圈电子信息制造业的崛起提供有力支撑。

（一）国家层面政策概况

近年来，我国电子信息制造业受到各种因素的影响，面临着需求疲软、预期下降、增长放缓等挑战。为进一步发挥电子信息制造业在工业领域的支撑作用，推动实现工业经济的主要目标，工业和信息化部和财政部联合发布了《电子信息制造业2023—2024年稳增长行动方案》，该文件旨在应对当前面临的重大挑战，促进电子信息制造业持续稳定增长以及高质量发展，将电子信息制造业定义为国民经济的战略性、基础性、先导性产业，还强调了扩大内需、激发市场潜力、培育壮大新增长点的重要性。例如，要推动虚拟现实、新型显示、先进计算、智能光伏等产业的发展。同时，国家还发布了一系列相关政策文件，如《虚拟现实与行业应用融合发展行动计划（2022—2026年）》《智能光伏产业创新发展行动计划（2021—2025年）》《新时期促进集成电路产业和软件产业高质量发展的若干政策》《基础电子元器件产业发展行动计划（2021—2023年）》等（见表1）。国家旨在通过一系列文件政策推动电子信息制造业实现高质量发展，促进技术创新和产业升级，助力行业不断追求创新突破和加强发展动力。

表1　国家层面电子信息制造业相关政策（部分）

时间	政策名称	政策要点
2022年10月28日	《虚拟现实与行业应用融合发展行动计划（2022—2026年）》	到2026年，三维化、虚实融合沉浸影音关键技术重点突破，新一代适人化虚拟现实终端产品不断丰富，产业生态进一步完善，虚拟现实在经济社会重要行业领域实现规模化应用，形成若干具有较强国际竞争力的骨干企业和产业集群
2021年12月31日	《智能光伏产业创新发展行动计划（2021—2025年）》	到2025年，光伏行业智能化水平显著提升，产业技术创新取得突破。新型高效太阳能电池量产化转换效率显著提升……智能制造、绿色制造取得明显进展，智能光伏产品供应能力增强
2020年7月27日	《新时期促进集成电路产业和软件产业高质量发展的若干政策》	进一步优化集成电路产业和软件产业发展环境，深化产业国际合作，提升产业创新能力和发展质量
2021年1月15日	《基础电子元器件产业发展行动计划（2021—2023年）》	面向智能终端、5G、工业互联网等重要行业，推动基础电子元器件实现突破，增强关键材料、设备仪器等供应链保障能力，提升产业链供应链现代化水平

资料来源：根据习近平系列重要讲话数据库、北大法宝、各省市官方网站等公开资料整理得出。

（二）成渝地区双城经济圈政策概况

《成渝地区双城经济圈建设规划纲要》中指出，成渝地区双城经济圈应遵循规律，发挥比较优势，推动协同发展，加强重庆市和成都市的引领作用，成为经济发展、科技创新、改革开放和高品质生活的核心地区，促进区域经济协同发展。

1. 重庆市相关政策

近年来，重庆市政府提出了一系列政策促进电子信息制造业发展，旨在增强行业竞争力，出台了包括《重庆市智能终端产业高质量发展行动计划（2021—2025 年）》《重庆市装备制造业高质量发展行动计划（2021—2025 年）》等 10 余项电子信息制造业相关政策，其中政策类型为方案的有 2 项、行动计划有 8 项、通知有 3 项、其他类型有 4 项，部分政策见表 2。

表 2　重庆市电子信息制造业相关政策（部分）

政策类型	政策名称
方案	《江津区深化"互联网+先进制造业"发展工业互联网的实施方案》
	《深入推进新时代新征程新重庆制造业高质量发展行动方案（2023—2027 年）》
行动计划	《重庆市智能终端产业高质量发展行动计划（2021—2025 年）》
	《重庆市装备制造业高质量发展行动计划（2021—2025 年）》
通知	《重庆市经济和信息化委员会关于组织开展 2023 年新一代信息技术与制造业融合发展示范申报工作的通知》
	《重庆市经济和信息化委员会关于推进先进制造业企业增值税加计抵减政策相关工作的通知》
其他	《重庆市先进制造业发展"渝西跨越计划"（2023—2027 年）》
	《重庆市先进制造业发展产业地图（2023 年）》

资料来源：根据重庆市官方网站等公开资料整理得出。

其中，行动计划类型的政策最多，可能说明了政府更加注重实施可操作性强、具体措施清晰的政策，以促进电子信息制造业的发展。这种政策类型通常会包括具体的行动计划、时间表和目标，以确保政策的有效实施和落实，反映了重庆市政府对电子信息制造业的重视程度以及对该行业发展方向的明确认识。政府可能认为通过制订具体的行动计划，可以更好地引导和推动企业在加大投入、加强技术创新、优化产业结构、培养人才等方面的工作，从而提升电子信息制造业的整体竞争力和核心技术水平。此外，行动计划类型的政策也更容易被企业和相关利益相关者理解和接受，有利于形成共识、凝聚各方力量，推动政策的有效实施。因此，政府在制定电子信息制造业政策时倾向于采取行动计划类型的政策，以期更加有效地推动产业发展，实现经济增长和社会进步的目标。

2. 四川省相关政策

2022 年 5 月 9 日，成都市经济和信息化局发布《成都市“十四五”制造业高质量发展规划》，明确提出要致力于建设世界级先进制造业集群，推动五大支柱产业的发展。预计到 2025 年，支柱产业集群的规模突破 4 万亿元。其中，电子信息和装备制造两大产业集群将分别达到万亿级规模，以及打造超过 10 个千亿级的产业集群，包括集成电路、智能终端和汽车制造等。

为贯彻落实国家制造强国战略和四川制造强省战略，推动实施现代化产业体系建设改革和工业稳链补链行动，四川省发布了多项电子信息制造业相关政策。例如，《〈成都高新技术产业开发区关于支持集成电路设计产业发展的若干政策（修订）〉实施细则》《成都市人民政府办公厅关于促进电子信息产业高质量发展的实施意见》《南充市“十四五”电子信息产业发展规划》《遂宁市“十四五”电子信息产业发展规划》等 10 余项，其中政策类型为方案的有 2 项、规划有 3 项、细则有 7 项、其他类型有 3 项，旨在推动电子信息制造业发展，提升产业水平，促进经济增长。四川省电子信息制造业相关政策（部分）见表 3。

表 3　四川省电子信息制造业相关政策（部分）

政策类型	政策名称
方案	《达州市电子信息产品物流专线建设实施方案》
	《成都建设国家新一代人工智能创新发展试验区实施方案》
规划	《南充市“十四五”电子信息产业发展规划》
	《遂宁市“十四五”电子信息产业发展规划》

续表

政策类型	政策名称
细则	《〈成都高新技术产业开发区关于支持集成电路设计产业发展的若干政策(修订)〉实施细则》
	《成都市加快集成电路产业高质量发展的若干政策实施细则》
其他	《成都市人民政府办公厅关于促进电子信息产业高质量发展的实施意见》
	《遂宁市船山区关于支持电子信息智能制造产业发展若干政策》

资料来源：根据四川省成都市及成渝地区双城经济圈其他城市的官方网站公开资料整理得出。

四川省电子信息制造业相关政策中细则类型的政策最多，这可能反映了政府对于产业发展的关注点和重点领域有着更为具体和细致的考量。这种政策类型通常会更加注重在政策中有明确具体的细则、措施和操作步骤，以便更好地指导企业和相关机构在实践中落实政策，推动产业发展。政府可能通过制定大量的细则来规范产业发展的各个方面，包括技术标准、质量控制、市场准入、资金支持、人才培养等方面的内容。这些细则可以帮助企业更好地了解政策的具体要求，明确自身在产业发展中的角色和责任，从而更有针对性地开展相关工作。此外，政策以细则为主也有助于提高政策的可操作性和执行效率。通过明确具体的细则，可以更好地监督和评估政策的执行情况，及时调整和完善政策措施，以确保政策的有效实施和产业发展的顺利推进。因此，电子信息制造业政策中以细则为主，这表明政府在促进产业发展方面更加注重细致入微、务实可行的政策设计和实施，以期更好地推动电子信息制造业的发展，实现经济增长和产业升级的目标。

二　成渝地区双城经济圈电子信息制造业政策现状分析

（一）研究思路

利用内容分析法对电子信息制造业政策进行分析，核心思想是将政策文本内容转化为可用于数学分析的量化结果，在政策原文中抽取有意义的内容，使用情景再现等方法对所选政策文本进行有效推断，主要工作是运用 NVivo 11 质性分析软件对政策文本数据进行编码和分类，通过对编码节点的从属关系进行梳理，形成具有一定结构层次的电子信息制造业政策体系，从而进一步对政策进行量化分析和对比。这种研究方法能够在政策文本的分析中更全面地了解不同政策的细节，为产业政策制定和实施提供重要参考，有助于促进电子信息制造业的健康发展和政策的持续优化。

（二）电子信息制造业政策高频关键词分析

本报告采用微词云软件对成渝地区双城经济圈电子信息制造业政策文本进行词性划分、高频关键词词云图展示以及高频关键词共现网络分析，是将重庆市、四川省电子信息制造业作为整体进行的分析。其中，关键词分析采用词频统计方法，即针对政策文本中的词出现的频率进行统计分析；在评估关键词时，采用 TF-IDF 加权的方法来避免常用词对关键词搜索结果的影响，关键词提取之后构建二模的共词矩阵，从而形成高频关键词共现网络。

1. 重庆市政策高频关键词分析

（1）关键词分析

本报告首先对重庆市电子信息制造业政策文本进行词性划分，其中名词占 53.31%、动词占 19.90%、名动词占 9.20%以及地名占 6.43%（见图 1）。

高频关键词主要包括科技、企业、发展、智能制造、平台、产品、产业、信息技术、数字化等（见图 2）。

基于政策文本的高频关键词可以发现，重庆市电子信息制造业正经历着由科技创新驱动的快速变革，特别是在智能化和数字化方面。企业正在积极投资研发，以整合最新的信息技术和智能系统，提高生产效率和产品质量。同时，随着平台经济的兴起，电子信息制造企业不仅关注产品的硬件开发，还致力于开发与之相关的软件和服务，以提供更加全面的解决方案。产业政策的支持加上企业间的合作，共同促进了全行业健康稳定发展，但同时也面临着数据安全问题。因此，电子信息制造业的未来发展将依赖于企业在保持

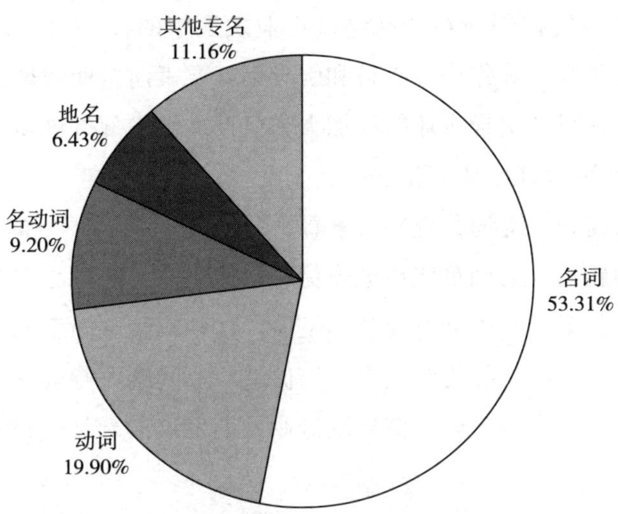

图 1　重庆市电子信息制造业政策文本词性划分

资料来源：根据重庆市官方网站等公开资料绘制得出。

图 2　重庆市电子信息制造业政策文本高频关键词词云图

资料来源：根据重庆市官方网站等公开资料绘制得出。

创新的同时，成功应对这些挑战，并有效利用政策环境为自身发展创造有利条件。例如，《重庆市智能终端产业高质量发展行动计划（2021—2025

年）》指出，要坚持创新在智能终端产业发展中的核心地位，强化企业技术创新主体地位和主导作用，支持和引导创新要素向企业集聚，推进高水平研发创新平台建设。引导企业持续加大整机及关键零部件创新研发投入。

（2）高频关键词共现网络分析

从图3的高频关键词共现网络来看，“企业”、“科技”和“发展”在网络中的影响力较高，表明重庆市电子信息制造业政策的重心旨在支持企业成长、鼓励科技创新以及推动行业整体发展。这种政策导向反映了政府对于以企业为发展主体、以科技为驱动力、以促进行业健康可持续发展为目标的承诺，旨在构建一个有利于电子信息制造业长期发展的环境。例如，《重庆市

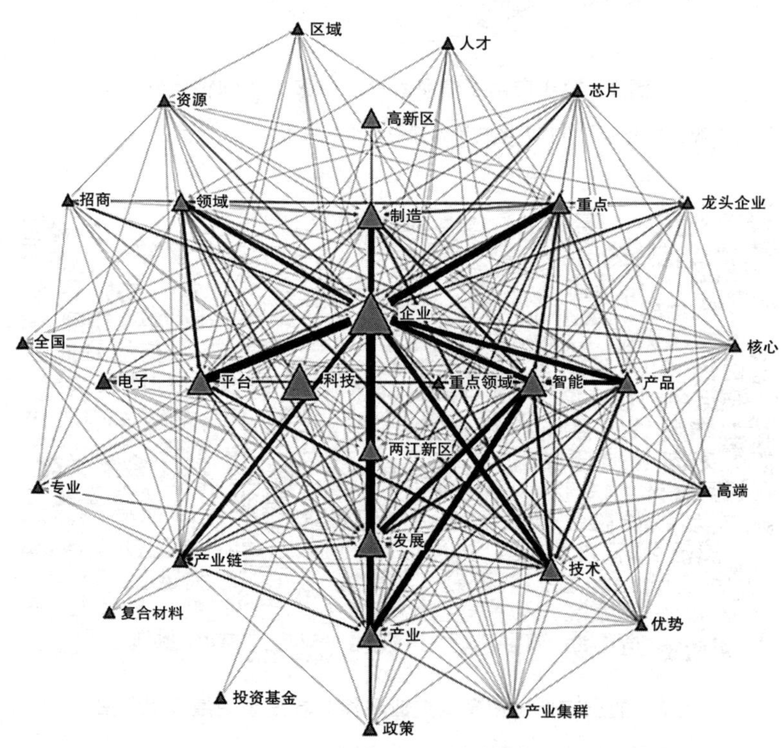

图3　重庆市电子信息制造业政策高频关键词共现网络

资料来源：根据重庆市官方网站等公开资料绘制得出。

新一代电子信息制造业产业集群高质量发展行动计划（2023—2027 年）》中指出，要梳理一批发展潜力好、科技创新能力强的重点企业，在融资需求、市场拓展等事项上为其提供精准服务。从其他高频词来看，“技术”、“平台”、“产品”和“智能”则揭示了重庆市电子信息制造业政策关注的细节方面，包括推动技术升级及平台经济发展、注重产品创新、促进智能化转型等。这些关键词表明政策不仅聚焦于企业发展、科技驱动和行业增长的宏观层面，还细化到一系列具体措施，包括提升核心技术能力、利用新兴平台、开发创新产品、采用智能技术等，旨在确保重庆市电子信息制造业在全球竞争日趋激烈的背景下稳固其领先地位。例如，《重庆市新型显示产业集群高质量发展行动计划（2023—2027 年）》中指出，要推进高水平研发平台建设，支持智慧系统创新中心、光电技术研究院等平台建设，发挥重庆市新型显示行业协会组织作用，鼓励新型显示龙头企业联合产业链上下游骨干企业创建联合实验室。

2. 四川省政策高频关键词分析

（1）关键词分析

本报告首先对四川省电子信息制造业政策文本进行词性划分，其中名词占 51.16%、动词占 23.18%、名动词占 10.73%以及地名占 2.79%（见图 4）。

高频关键词主要包括企业、发展、产业、项目、技术、产品、集成电路、软件、创新等（见图 5）。

基于政策文本的高频关键词可以发现，四川省电子信息制造业的发展受到政策环境、技术创新以及市场动态等多维度的综合影响。首先，电子信息制造业中的企业在这一领域的角色至关重要。市场竞争的激烈态势迫使企业必须持续提升自身的创新能力与核心竞争力，从而灵活应对市场需求的多样化演变。同时，政府的支持政策也对企业的发展起到了关键作用，例如对技术创新、产品研发等方面的扶持，能够有效地促进企业的发展。其次，产业结构的调整与优化是电子信息制造业发展的重要方向之一。随着全球产业链格局的调整和技术的更新换代，电子信息制造业正面临着从传统制造向智能制造、数字化制造的转型升级。在这一过程中，集成电路、软件等高新技术

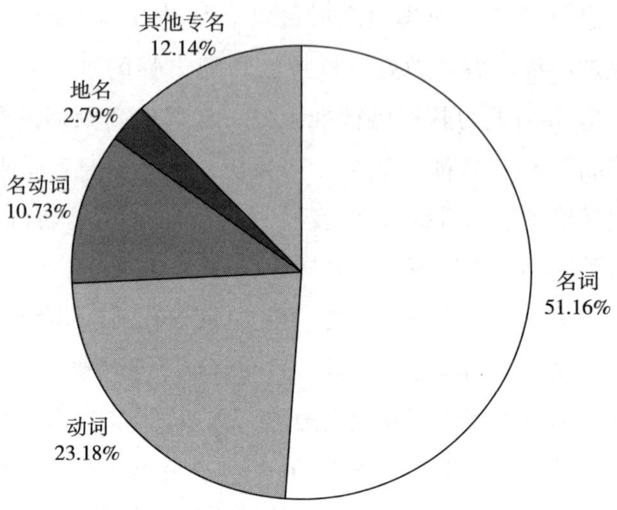

图 4　四川省电子信息制造业政策文本词性划分

资料来源：根据四川省、成都市及成渝地区双城经济圈其他城市的官方网站公开资料绘制得出。

图 5　四川省电子信息制造业政策文本高频关键词词云图

资料来源：根据四川省、成都市及成渝地区双城经济圈其他城市的官方网站公开资料绘制得出。

的应用将成为推动产业发展的关键因素。企业需要加大对技术研发和创新的投入，不断提升产品的附加值和竞争力，实现产业链的高端化和智能化。再次，项目推进和技术应用也是电子信息制造业未来发展的重要方向。随着新一代人工智能技术、物联网技术、大数据技术等的不断成熟和应用，电子信息制造业将进一步深化与其他行业的融合，推动传统产业的升级换代。例如，在智能制造方面，企业可以通过工业互联网、智能制造系统等项目的推进，提高生产效率，降低成本，实现数字化、智能化生产。最后，创新驱动是电子信息制造业持续发展的内在动力。在激烈的市场竞争中，只有不断推进科技创新，提升自主研发能力，企业才能稳固市场地位，确保其不败于竞争之中。政府应加强对创新型企业的支持，建立完善的创新生态系统，为企业提供更好的创新环境和政策支持，激发企业的创新活力，推动整个行业朝着更加高质量、高效率的方向发展。

综上所述，四川省电子信息制造业在未来将持续快速发展，但也面临着诸多挑战和机遇。企业需要加强技术创新，政府需要提供更加有力的政策支持和服务保障，双方共同推动电子信息制造业朝着更加健康、可持续的方向发展。

（2）高频关键词共现网络分析

从图6的高频关键词共现网络来看，“企业”、“发展”和“产业”在网络中的影响力较高，表明了四川省电子信息制造业政策重心是希望通过支持电子信息制造企业的发展，进而推动产业结构的优化升级。在这一过程中，企业作为经济活动的主体，其发展状况直接影响到产业的兴盛和经济的繁荣。政府通过制定相应的政策，为企业提供良好的发展环境和政策支持，鼓励其加大研发投入、提升技术水平，推动产业向高端、智能化方向迈进。此外，政府将发展作为首要任务，通过制定有针对性的政策和措施，激发市场活力，推动电子信息制造业朝着更加健康、可持续的方向发展。同时，政府也关注产业的发展状况，意识到产业的结构调整和升级对经济发展的重要性。因此，政府将资源和政策向支持和引导产业发展倾斜，促进传统产业智能化、数字化转型，推动四川省电子信息制造业的提质增效。

从其他高频词来看，“技术”、“项目”、“产品”和“集成电路”等也

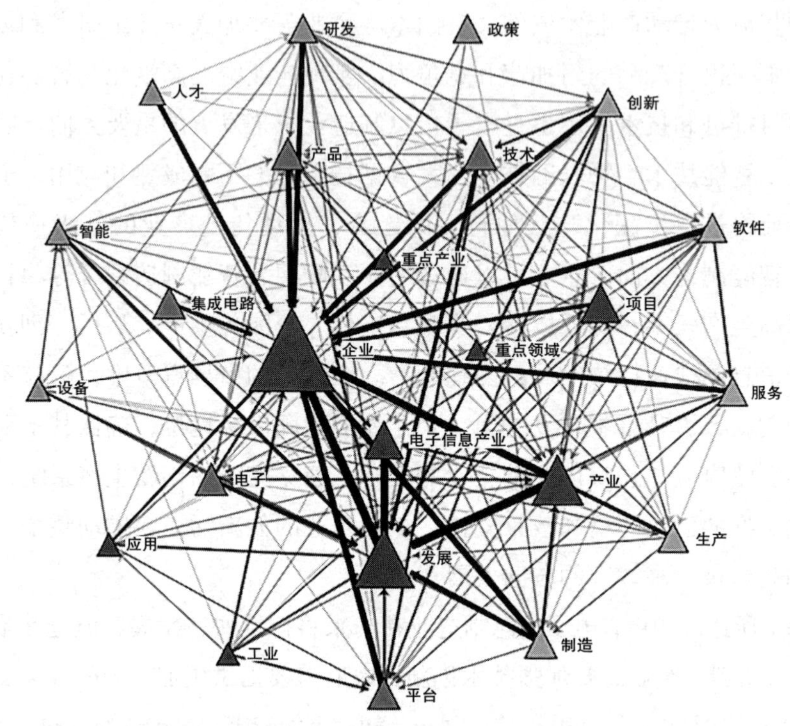

图 6　四川省电子信息制造业政策高频关键词共现网络

资料来源：根据四川省、成都市及成渝地区双城经济圈其他城市的官方网站公开资料绘制得出。

表明四川省电子信息制造业发展受到了多方面因素的影响与关注。首先，技术的不断进步是推动产业发展和提升竞争力的关键因素。政府鼓励电子信息制造企业加大对技术研发的投入，推动先进技术在生产制造中的应用，提高产品质量和技术含量，从而增强企业的核心竞争力。其次，通过引导各类项目的实施，促进电子信息产业链的完善和延伸，加速技术成果的转化和应用，推动企业的创新发展，进而推动整个产业的提升。再次，“产品”关键词的出现说明政府注重提高产品质量和市场竞争力。政府通过制定相关政策，鼓励企业加强产品研发和设计，提升产品的附加值和市场认可度，从而实现产业的可持续发展。最后，“集成电路”关键词的高频出现表明政府在电子信息制造业中重视高新技术的应用和发展。集成电路作为电子信息制造业的核心组成部分，其发展水平直接影响着整个产业的发展水平和竞争力。政府通过制定专项政策，加大对集成电路产业的扶持力度，推动其快速发展，为电子信息制造业的稳定发展提供坚实的技术支撑。

综上所述，从四川省政策文本中高频出现的关键词可以看出，政府致力于通过技术创新、项目推进、产品质量提升和集成电路产业发展等举措，推动电子信息制造业在该地区的持续发展与壮大。

（三）电子信息制造业政策工具维度分析

1. 分析框架构建

为了客观地评估政策体系的完备性和协同性，需构建一个逻辑严密、科学合理的政策文本分析框架。本报告将政策工具分为环境类、供给类和需求类三个维度，在图 7 中构建了相应的分析框架。不同类别的政策工具类型和含义可参见表 4。

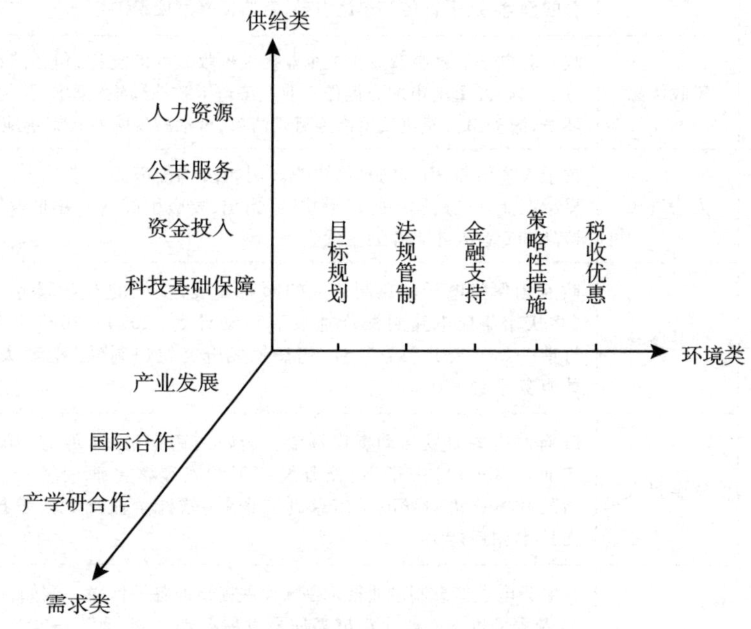

图 7　电子信息制造业政策分析框架

资料来源：根据中国知网等公开资料整理得出。

表 4　政策工具类型及其含义

工具类型	工具名称	含义
环境类	目标规划	政府对电子信息制造业达成目标及远景的总体规划。例如,《重庆市新型显示产业集群高质量发展行动计划(2023—2027 年)》指出,到 2027 年,重庆市新型显示产业综合实力显著增强,建成具有全球影响力的新型显示创新发展高地
	法规管制	政府为促进电子信息制造业发展制定的法律法规。例如,《重庆市装备制造业领军企业培育行动计划》指出,加强对培育企业的指导、跟踪与服务,建立工作阶段性总结与监督检查制度
	金融支持	各种金融及衍生机构提供贷款、担保、风险投资、补贴等对电子信息制造业的支持。例如,《成都市人民政府办公厅关于促进电子信息产业高质量发展的实施意见》指出,采用直接融资给机会、间接融资给补贴、财政资金给引导等多元化扶持方式,加快建立市场化、精准化金融支撑体系
	策略性措施	政府为促进电子信息制造业发展的各项保障措施。例如,《绵阳高新区(科技城直管区)制造业数字化转型三年行动计划(2023—2025 年)》中指出,坚持“政府引导、市场主导”原则,坚持审慎监管与包容开放相结合的理念,加强宣传和舆论引导,营造良好发展氛围
	税收优惠	政府对电子信息制造业相关企业提供税收方面的支持,包括减税、免税等。例如,《重庆市加力振作工业经济若干政策措施》指出,要优化营商环境,滚动出台减负政策措施目录清单,推动减税降费政策落地
供给类	人力资源	关于人才培养、引进的具体措施。例如,《成都市关于进一步促进新型显示产业高质量发展的若干政策》指出,要吸引高端人才来蓉发展,支持高端专业人才来蓉创业就业
	公共服务	政府为保障电子信息制造业的顺利发展,提供的专业服务。例如,《重庆市集成电路封测产业发展行动计划(2023—2027 年)》指出打造一站式公共服务平台,建设集成电路快速封装、检测认证等公共服务平台
	资金投入	政府对有关研发活动提供资金。例如,《南充市“十四五”电子信息产业发展规划》中指出,充分发挥工业发展资金使用绩效,用强有力的政策积极引导电子信息制造企业、软件企业加大研发投入、增强技术创新能力
	科技基础保障	政府为电子信息制造业技术创新发展提供的各项保障。例如,《重庆市 AI 及服务机器人产业集群高质量发展行动计划(2023—2027 年)》指出,构建形成“2346”产业发展格局,打造国内领先的 AI 及服务机器人产业集群

续表

工具类型	工具名称	含义
需求类	产业发展	政府为了促进电子信息制造业高质量发展，建立技术标准、质量保障机制等
	国际合作	政府鼓励企业进行海外拓展与合作的相关措施。例如，《重庆市智能终端产业高质量发展行动计划（2021—2025年）》中指出，要持续做大产业规模、提升产业核心竞争力，打造具有国际竞争力的智能终端产业集群
	产学研合作	鼓励和提倡电子信息制造企业与高校、研究机构等积极参与产学研协同创新合作等。例如，《南充市"十四五"电子信息产业发展规划》指出，要推动产学研协同，创新攻关组织形式，构建高效转化体系

资料来源：根据中国知网，重庆市、四川省成都市及成渝地区双城经济圈其他城市的官方网站等公开资料整理得出。

环境类政策旨在为电子信息制造业营造良好发展环境。这类政策包括目标规划、法规管制、金融支持、策略性措施和税收优惠，间接为行业发展提供支持。通过这些政策，政府为企业提供清晰的发展目标和法规依据，提供财政和税收优惠措施，以及制定策略性举措，从而激励和引导电子信息制造业健康发展。

供给类政策对电子信息制造业发展起主要驱动作用。这类政策涵盖人力资源、公共服务、资金投入和科技基础保障。供给类政策直接促进电子信息制造业发展，扩大行业供给，优化产业要素配置，有助于提升行业的生产能力、技术水平和创新能力，推动产业的可持续发展。通过识别和实施合适的供给类政策，政府可以有效推动电子信息制造业的发展，促进产业链完善，推动整个行业向着更加健康、高效和可持续的方向发展。

需求类政策旨在扩大电子信息制造业的市场需求，激发发展动力并提供相关监管措施。这类政策主要涵盖产业发展、国际合作和产学研合作，以促进市场拓展和需求增长，推动行业发展与创新。这些政策措施将帮助拓宽电子信息制造业的市场辐射及合作范围，助力产业发展与市场适应，进一步提升行业的竞争力和发展活力，推动行业走向更广阔的发展前景。

2. 电子信息制造业政策整体态势分析

（1）政策工具的使用情况

本报告量化分析政策工具使用情况，聚焦于编码以及参考点的数量。本报告通过分析编码结果中节点的层级结构、编码的材料来源，并结合参考点的数量和节点类别，从而能够系统地展现从上级节点到下级节点的层级关系，以及编码过程中参考点的具体状况。不同节点编码数量可反映各级政府及相关部门对电子信息制造业的政策关注度。分析编码参考点数量将有助于细致地了解政策工具实施情况，反映政策对产业的关注程度。这种量化分析方法能够提供客观的评估结果，让指导决策者更好地了解政策执行情况，为推动电子信息制造业的发展提供科学依据。

根据表5，父节点中环境类政策有272个编码参考点，数量最多；其次是供给类政策，有150个编码参考点；需求类政策最少，有124个编码参考点。结果表明，不论是在国家还是地方，营造优质的产业发展环境，都对于促进电子信息制造业的蓬勃发展具有举足轻重的意义，对于产业的整体进步具有不可忽视的推动作用。环境类政策可为行业提供坚实基础和支持，供给类政策提供动力和资源，需求类政策则开拓市场需求和提升产业发展活力，三种政策共同推动电子信息制造业蓬勃发展。

表5　重庆市、四川省、成都市及成渝地区双城经济圈其他城市节点相关情况

名称	节点层级结构	编码的材料来源	编码参考点数量	节点类别
环境类政策	父节点	38	272	—
供给类政策	父节点	31	150	—
需求类政策	父节点	29	124	—
目标规划	子节点	20	66	环境类
法规管制	子节点	10	24	环境类
金融支持	子节点	22	67	环境类
策略性措施	子节点	24	73	环境类
税收优惠	子节点	12	42	环境类
人力资源	子节点	25	38	供给类
公共服务	子节点	23	52	供给类

续表

名称	节点层级结构	编码的材料来源	编码参考点数量	节点类别
资金投入	子节点	19	21	供给类
科技基础保障	子节点	18	39	供给类
产业发展	子节点	25	59	需求类
国际合作	子节点	17	28	需求类
产学研合作	子节点	22	37	需求类

资料来源：根据中国知网，重庆市、四川省、成都市及成渝地区双城经济圈其他城市的官方网站等公开资料整理得出。

在子节点的运用情况中，策略性措施以 73 个编码参考点排名第一，金融支持和目标规划分列其后，分别有 67 个和 66 个编码参考点。经过深入分析，策略性措施在子节点的编码占比中占据显著地位，这充分反映出国家和地方政府对电子信息制造业的实际行动给予了高度的关注和重视。各级政府通过实施一系列策略性措施，促进了电子信息制造业的发展。同时，政府对电子信息制造业的资金支持和发展目标亦颇为关注，金融支持被视为电子信息制造业发展的必要条件，目标规划则具有引领产业方向的作用，可以逐步实现各阶段目标，从而有效推动行业发展。

（2）政策的文本分析

为了直观地展示各种政策工具的运用情况，本报告采用图表的方式对数据进行了可视化处理。这些图表基于 NVivo 11 软件的编码功能，经过导出并精心调整绘制而成，旨在清晰呈现数据背后的信息。考虑到成渝地区双城经济圈各地区电子信息制造业政策数量的不同，分析各维度政策工具的覆盖率可以直观展示各政策工具在不同维度中的运用情况，提供更直观的数据比较和分析结果，为政策研究和决策制定提供有效参考。

图 8 显示，国家层面的环境类政策占 49.57%，供给类政策占 29.57%，需求类政策占 20.86%。重庆市主要侧重于环境类政策，占 50%；然后是供给类政策，占 25.23%；需求类政策最少，占 24.77%。四川省则以环境类政策为主，占 49.77%，供给类政策占 28.57%，需求类政策占 21.66%。综

合分析显示国家层面和成渝地区双城经济圈更注重环境类政策工具的运用，其次是供给类政策。各地区对环境类政策工具的运用具有一定的同质性，可能受到整体环境影响。截至 2023 年 12 月，成渝地区双城经济圈电子信息制造业规模超过 1.6 万亿元，初步构建了先进制造集群，消费品品牌价值与影响力持续提升。在 2023 年 6 月举行的重庆四川党政联席会议第七次会议上，两省市明确了推动川渝金融企业战略互投、共建智能网联新能源汽车产业集群、共同打造电子信息制造业产业集群、推动数字经济产业发展等重点。这表明成渝地区双城经济圈高度关注环境类政策的推动作用，包括目标规划、金融支持、税收优惠、法规管制、策略性措施，以促进电子信息制造业的持续发展。这些政策的实施旨在为产业提供必要支持和指导，推动产业协同发展，促进经济整体增长。

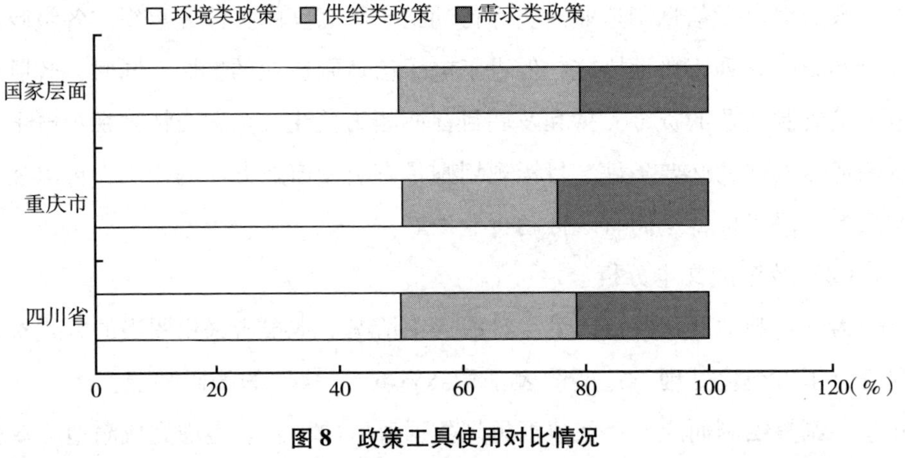

图 8　政策工具使用对比情况

资料来源：根据北大法宝，重庆市、四川省、成都市及成渝地区双城经济圈其他城市的官方网站公开资料绘制得出。

3. 电子信息制造业环境类政策分析

环境类政策旨在创造有利于产业发展的环境，鉴于不同地区的产业发展状况各异，因此各地区在环境类政策工具的运用上呈现差异化的特征。各地区环境类政策工具的使用情况参考图 9。这种区域差异化的政策实施有助于优化产业发展环境，促进地方经济持续发展。

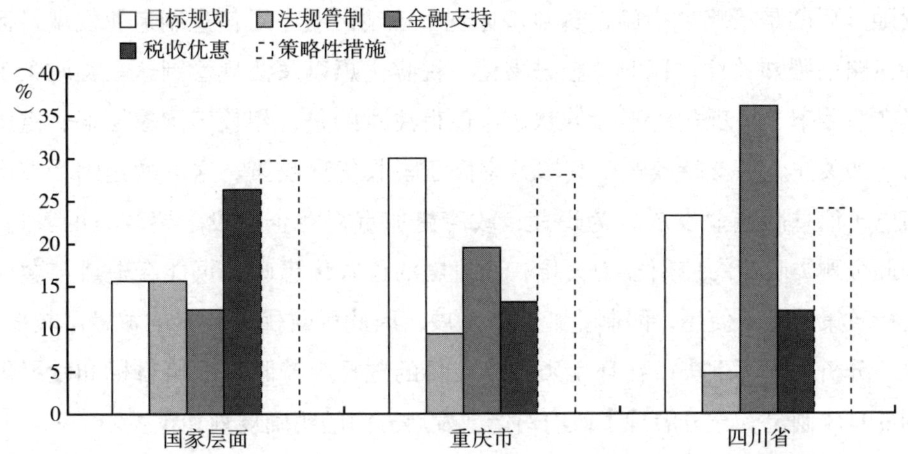

图 9　各地区环境类政策工具使用覆盖率

资料来源：根据北大法宝，重庆市、四川省、成都市及成渝地区双城经济圈其他城市的官方网站公开资料绘制得出。

国家层面环境类政策工具使用覆盖率排序为：策略性措施>税收优惠>目标规划=法规管制>金融支持。国家作为顶层设计者，首先是特别重视策略性措施，表明对电子信息制造业的发展目标和发展策略的重视。其次是税收优惠政策，显示国家推动财政政策对电子信息制造业的支持。最后是目标规划、法规管制和金融支持政策工具的使用覆盖率较低，这说明国家在政策设计中充分考虑各地区发展差异，目标、规定、金融和财政政策由地方政府根据具体情况制定。这一分析显示了国家层面在环境类政策工具的运用上注重战略性和财政支持，体现了政策设计的灵活性和包容性。国家为电子信息制造业制定明确的发展目标和方向，同时鼓励财政支持措施，以期带动产业的稳步发展。通过调整不同政策工具的使用频率，能更好地协调全国各地区发展差异，推动整体产业的协同发展，促进经济稳定增长。而地方政府在制定具体目标、规定和财政政策时，可参考国家政策框架，结合本地实际情况，更具针对性地制定政策，推动本地电子信息制造业的持续发展。

重庆市环境类政策工具使用覆盖率排序为：目标规划>策略性措施>金融支持>税收优惠>法规管制。在重庆市，目标规划政策工具成为主要焦点，紧随其后的是策略性措施，这显著体现了该地区对电子信息制造业发展目标和策略的强烈关注。同时，金融支持、税收优惠以及法规管制这三类政策工具在覆盖率上呈现相对平衡的状态。值得注意的是，相较于国家层面，重庆市更加关注金融支持政策，其覆盖率高于税收优惠政策。这可能是因为重庆市电子信息制造业发展较为迅速，政府更加重视对企业投融资政策的支持，因此金融类政策的使用较为突出；而过度的税收优惠政策可能会造成与金融支持政策的重复使用，限制企业创新发展，因此税收优惠政策的覆盖率较低。这一分析表明，重庆市在环境类政策工具的选择上着眼于战略目标和发展规划的具体制定，充分展现了政府对产业发展方向的明确规划和重视。

四川省环境类政策工具使用覆盖率排序为：金融支持>策略性措施>目标规划>税收优惠>法规管制。四川省电子信息制造业的快速发展，特别重视金融政策对产业发展的支持，金融支持政策在实际应用中占据较高比例。制定策略性措施可直接促进企业创新发展，这也是四川省各市政府重要的政策措施。目标规划政策则规范并引导产业发展，保障创新主体的知识产权。税收优惠政策较少被采用，旨在避免与金融支持政策重叠，促进企业多元发展。此外，法规管制政策在四川省的覆盖率较低。这种情况显示出四川省政策执行的差异化特点，说明该地区政策是针对当地产业特点和发展阶段制定的，能为电子信息制造业的快速增长提供有效支持和指导，有助于促进产业创新和可持续发展。四川省借助多元政策工具的统筹运用，助力电子信息制造业实现更好发展，推动经济实现跨越式发展。

4. 电子信息制造业供给类政策分析

作为电子信息制造业发展的直接推动力，供给类政策扮演着至关重要的角色。图 10 详细展示了各地区具体的供给类政策工具的使用覆盖率，为相关分析提供了有力的数据支持。

国家层面供给类政策工具使用覆盖率排序为：公共服务>科技基础保障>人力资源>资金投入。国家重视提高公共服务效率，能有效推动产业发展。科技基础保障得到次重视，如工业和信息化部办公厅发布的《关于做好 2023 年信息通信业安全生产工作的通知》中对基础电信企业就加强了安

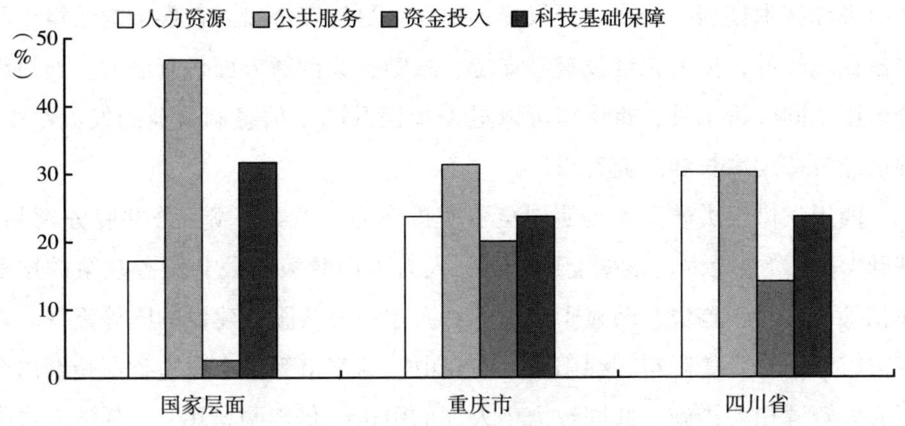

图 10　各地区供给类政策工具使用覆盖率

资料来源：根据北大法宝，重庆市、四川省、成都市及成渝地区双城经济圈其他城市的官方网站公开资料绘制得出。

全生产指导。人力资源和资金投入方面，各地产业发展需求不同，政策应根据实际情况制定。这一分析表明，国家着重提升公共服务水平，促进产业健康发展。加强科技基础保障有助于推动行业安全生产和提升技术支撑。国家通过综合利用各种供给类政策工具，为电子信息制造业发展提供全面支持，致力于推动产业向更高水平迈进。

重庆市供给类政策工具使用覆盖率排序为：公共服务>人力资源=科技基础保障>资金投入。从上述分析来看，重庆市这几类政策工具的使用覆盖率相差不大。其中，公共服务政策工具的使用覆盖率位于第一，公共服务是电子信息制造业发展中的一项基础工作，因此重庆市政府十分重视公共服务效率的提升。人力资源和科技基础保障居第二位，由于重庆市人力资源发展水平和科技基础相对落后，电子信息制造业的发展急需技术研发、科研支持，在人力资源与科技基础设施建设的双重考量下，该地区人才引进与基础设施的完善需要相辅相成，因此，在人力资源与科技基础保障两类政策工具的使用上，重庆市展现出了相对均衡的策略布局。这一分析表明，重庆市注重为电子信息制造业提供必要的公共服务支持，努力提高服务效率，为产业发展奠定良好基础。同时，对人力资源和科技基础保障的重视有助于推动人才引进和技术创新，为产业升级提供保障。尽管资金投入在供给类政策工具中覆盖率较低，但其在铺设资金支持、激励企业创新方面仍有潜力。通过综合运用不同政策工具，重庆市可以进一步提升电子信息制造业的发展水平，推动经济持续增长和产业升级。

四川省供给类政策工具使用覆盖率排序为：人力资源=公共服务>科技基础保障>资金投入。根据上述分析，人力资源政策与公共服务政策的覆盖率相等，均居于首位，凸显了四川省对人才和公共服务建设的同等重视。以成都市为中心，德阳市、绵阳市、南充市、遂宁市等多个周边省市相继出台了人力资源相关措施，共同致力于人才的引进、培养与留用。《南充市“十四五”电子信息产业发展规划》中提到大力实施“嘉陵江英才工程”“归雁计划”等高层次人才引进计划，建设融合政府、企业、社会组织、专业人才信息资源的综合性服务平台，构建平台揽才、赴外招才、活动引才、项目聚才的立体引才网络。打造高层次国际人才的招引窗口，支持有条件的企业“走出去”与“双一流”高校开展技术研发、人才培养等方面的合作，鼓励行业龙头企业建设产业人才实训基地。在探讨公共服务时，考虑到电子信息制造业涉及多项公共服务，因此公共服务被视为电子信息制造业发展的基础性支撑工作，从四川省人力资源与公共服务覆盖率相等来看，各级政府同样重视公共服务效率的提升。使用覆盖率较低的是科技基础保障和资金投入。

5. 电子信息制造业需求类政策分析

需求类政策涵盖了产业发展、国际合作与产学研合作三个方面。各地区需求类政策工具的使用覆盖率见图 11。

国家层面需求类政策工具使用覆盖率排序为：国际合作>产业发展>产学研合作。国际合作的使用覆盖率为 41.67%，这体现在多部文件中，如《新时期促进集成电路产业和软件产业高质量发展的若干政策》《电子信息制造业 2023—2024 年稳增长行动方案》等。这类政策强调高水平、多形式、广泛领域的国际科技合作，倡导融合国内外循环，加强基础研究，推动电子信息制造业高质量发展，并指出企业可通过国际合作获得全球资源和技术，提升行业竞争力，促进产业的可持续发展。

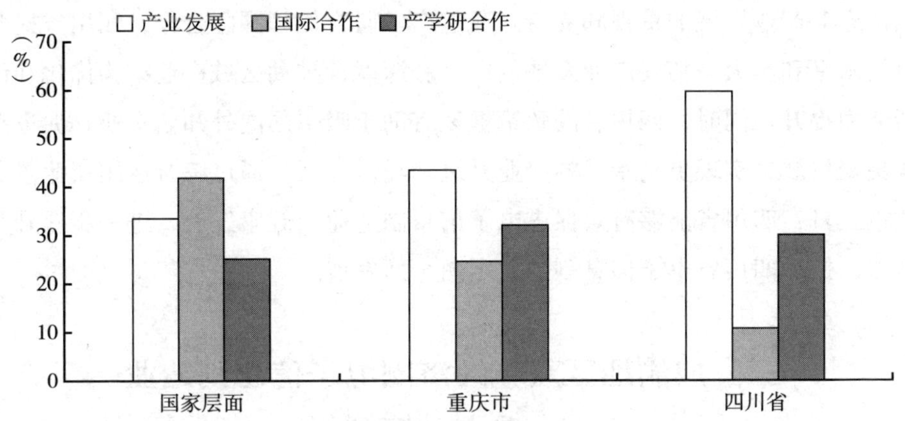

图 11　各地区需求类政策工具使用覆盖率

资料来源：根据北大法宝，重庆市、四川省、成都市及成渝地区双城经济圈其他城市的官方网站公开资料绘制得出。

重庆市需求类政策工具使用覆盖率排序为：产业发展>产学研合作>国际合作。首先是产业发展政策的使用覆盖率最高，达到 43.40%，其次是产学研合作，最后是国际合作。重庆市与四川省在需求类政策使用的覆盖率排序上相似，说明成渝地区双城经济圈对电子信息制造业发展的重视。产学研合作方面，重庆市鼓励企业与职业院校合作共建产教融合基地，促进课程资源、师资培养、实习实训等合作，推动人才与产业融合发展。另外，重庆市还着眼于补齐产业链环节短板，提升产业发展水平，并与周边地区展开合作，实现错位发展和共同提升。综合重庆市和四川省的情况来看，成渝地区双城经济圈在需求类政策方面强调产业发展，体现了电子信息制造业发展的迫切性。

四川省需求类政策工具使用覆盖率排序为：产业发展>产学研合作>国际合作。首先是产业发展政策的使用覆盖率达到 59.57%；其次是产学研合作，使用覆盖率达到 29.89%；最后是国际合作，使用覆盖率达到 10.64%。产业发展政策的覆盖率明显高于产学研合作和国际合作。《成都高新技术产业开发区关于支持集成电路产业高质量发展的若干政策》《南充临江新区电子信息产业发展规划》强调通过发展壮大企业、整合产业资源、提升市场竞争力、促进优势企业快速扩张等措施支持产业发展。这些政策措施凸显了四川省对产业发展的重视和支持。通过产学研合作和国际合作，四川省提升科技水平和实力，拓展产业发展的广度和深度，推动区域产业结构优化和创新能力提升。同时，四川省的政策框架有助于吸引国内外知名企业，促进产业集聚发展，实现更高水平的产业升级和经济发展。通过综合运用产业发展政策工具，四川省能够有效促进电子信息制造业的健康发展，进一步提升竞争力，推动四川省电子信息制造业走向全面发展。

三　成渝地区双城经济圈电子信息制造业重点政策解析

（一）国家出台电子信息制造业发展政策

工业和信息化部、财政部于 2023 年 8 月 10 日联合印发《电子信息制造业 2023—2024 年稳增长行动方案》，指出要充分发挥并推动电子信息制造业在工业中的支撑引领作用，通过深化供给侧结构性改革、激发企业活力、优化政策环境等措施，促进电子信息制造业经济稳定增长，为工业经济增长提供支持。预计 2023～2024 年，计算机、通信和其他电子设备制造业增加值保持约 5%的年均增长率，目标是到 2024 年电子信息制造业规模以上企业的营收超过 24 万亿元。具体到各个领域，2024 年中国 5G 手机出货量的市场占有率将超过 85%，太阳能电池的年产量将超过 450 吉瓦，75 英寸及以上的彩色电视市场份额将超过 25%。同时，这一发展目标的实现将伴随产业结构的持续优化和产业集群建设的不断推进。通过加强上下游产业的协同发展，电子信息制造业将逐步实现高质量发展，并进一步提升国际竞争力。

该文件提出六项工作措施以保障各重点任务和专项工程实施，可以将其概括为三个方面。一是扩大内需战略，激发市场潜力。扩大内需战略是推动电子信息制造业持续发展的重要举措。通过技术和产品创新，推动传统电子消费品如手机、电脑和电视的升级换代，释放国内市场的巨大潜力。通过引导消费者购买更高性能、更智能化的产品，进一步刺激市场需求。同时，积极培育虚拟现实、视听产业、先进计算、北斗应用、新型显示和智能光伏等具有广阔的发展前景和巨大的市场潜力的新兴产业，有助于形成多元化的市场需求、推动产业结构的优化和升级、促进内需增长，从而为电子信息制造业注入新的活力。二是加大投资和开放合作。加大投资力度和提升开放合作水平是推动电子信息制造业高端化、绿色化、智能化发展的关键。该文件强调，支持重大项目建设，推动产业逆周期升级改造，促进绿色制造和智能化升级，以提升整体产业水平。同时，通过优化出口产品结构和加强国际合作，稳定出口市场。坚持扩大开放和合作共赢的原则，优化外资环境，吸引更多外资在电子信息领域投资，推动国内企业与国际领先企业的交流与合作。三是提升供给水平和优化产业布局。提升供给水平和优化产业布局是推动电子信息制造业实现高质量发展的重要保障。加快关键技术的创新，特别是在信息技术领域，争取取得更大进步，提高国际竞争力。

（二）保障重点产业政策发展

2023 年 11 月 10 日，重庆市经济和信息化委员会发布《重庆市新型显示产业集群高质量发展行动计划（2023—2027 年）》（以下简称《行动计划》）。《行动计划》指出新型显示在数字经济时代的关键地位，作为人机交互的重要媒介，新型显示承载着超高清视频和万物互联的重要功能，对于推动信息消费、加速数字技术与各行业融合具有重要意义。《行动计划》旨在推动制造业高质量发展，加快新型显示产业发展，增强主体培育、提升创新能力和研发能力。计划到 2027 年，重庆市新型显示制造业规模将超过 1000 亿元，成为具有全球影响力的新型显示创新发展高地。

《行动计划》重点任务主要包括五个方面。一是加速产业补链强链。明确加快产业补链和强链的重要性，不仅要补齐电子信息制造业关键材料和元器件的短板，还要拓展这些技术在更广泛场景中的应用，特别是智能终端领域的优势要进一步发挥，同时大力推动超高清内容的研发和应用，以提升整体产业链的竞争力和创新能力。二是持续强化企业引育。持续引进具备科技创新力和市场竞争力的龙头企业，并持续培育具有生态主导力和核心竞争力的新型显示骨干企业，有助于增强企业的创新能力和市场竞争力，推动地方产业结构的优化和升级，提高整体经济效益和国际竞争力。三是坚持科技创新引领。推动核心技术的攻关和科研成果的产业化。通过建设高水平的研发平台，例如智慧系统创新中心和光电技术研究院，促进科技成果的快速转化，培育出一批能够提供优质服务的成果转化机构和评估机构，推动科技创新对经济发展的直接贡献。四是推动成渝产业协同。通过促进两地产业链的互补和互利，特别是在新型显示制造业的规划和供应链的互联互通方面，计划加强创新链的互融互动，推动产学研合作，以提升整体产业创新能力和市场应对能力。五是提升智能制造水平。加速培育行业智能制造解决方案的供应能力，尤其注重新型显示制造业的系统解决方案供应能力的提升，并推动企业实现数字化转型，有助于企业更好地适应市场需求和技术变革，增强产业可持续发展能力。

（三）深入推进制造业高质量发展

2023 年 9 月，重庆市委办公厅和重庆市人民政府办公厅联合印发《深入推进新时代新征程新重庆制造业高质量发展行动方案（2023—2027 年）》，旨在加强“33618”现代制造业集群体系建设，加速推进制造业质量、效率和动力变革，实现制造业质量和数量的双重提升。

为了贯彻习近平总书记关于制造强国战略的重要论述，推动重庆市制造业高质量发展，加快构建重庆市“33618”现代制造业集群体系。在该方案实施之后，重庆市出台了《重庆市传感器及仪器仪表产业集群高质量发展行动计划（2023—2027 年）》《重庆市新型显示产业集群高质量发展行动计划（2023—2027 年）》《重庆市集成电路设计产业发展行动计划（2023—2027 年）》等一系列相关政策（见表 6）。此外，《重庆市 AI 及服务机器人产业集群高质量发展行动计划（2023—2027 年）》指出，要增加企业在研发上的投入，推动重点制造业向高端化、智能化和绿色化方向转型，攻克关键技术难题，显著提升科技创新能力和话语权，为支持电子信息先进制造集群向全球级别迈进注入新动力。

表 6　重庆市制造业高质量发展相关政策（部分）

时间	政策	要点
2023 年 11 月 13 日	《重庆市新一代电子信息制造业产业集群高质量发展行动计划(2023—2027 年)》	到 2027 年,新一代电子信息制造业营业收入突破 10000 亿元……突破一批重点领域、关键环节“卡脖子”技术
2023 年 11 月 9 日	《重庆市传感器及仪器仪表产业集群高质量发展行动计划(2023—2027 年)》	到 2027 年,传感器及仪器仪表规上企业产值达到 500 亿元……形成以两江新区、西部科学城重庆高新区及其拓展区为核心,重点区县及重点基础产业园为增长极的“双核多级”产业格局
2023 年 11 月 10 日	《重庆市新型显示产业集群高质量发展行动计划(2023—2027 年)》	到 2027 年,全市新型显示产业综合实力显著增强,建成具有全球影响力的新型显示创新发展高地
2023 年 12 月 29 日	《重庆市集成电路设计产业发展行动计划(2023—2027 年)》	到 2027 年,全市集成电路设计产业营收突破 120 亿元……集成电路设计能力对支柱产业的支撑能力显著增强,建成具有重要全国影响力的集成电路设计产业集群

资料来源：根据重庆市政府官方网站等公开资料整理得出。

（四）多地聚焦电子信息产业发展

2022 年 5 月 9 日，成都市经济和信息化局发布《成都市“十四五”制造业高质量发展规划》，旨在通过构建成都市制造业优势产业生态体系，推动成都市制造业向高质量发展，规划重点包括突出发展支柱产业、加快发展新兴产业、布局未来产业、联动生产性服务业、优化空间功能布局等。成都市将积极应对新一轮的科技革命和产业变革，以智能制造为主要发展方向，助力成渝地区双城经济圈产业协同发展，从而打造具有国际竞争力的先进制造业集群。到 2025 年，成都市计划成功创建国家制造业高质量发展试验区，成为国内先进制造业领军城市。成都市重点发展五大支柱产业：电子信息、装备制造、医药健康、新型材料和绿色食品。成都市还致力于成为推动全国制造业高质量发展的重要力量，通过加强数字化生产力、推进工业结构调整、发展清洁能源和节能减排、推进绿色制造和营造“碳中和+”场景等方式，加快实现高质量发展。同时，成都市还积极打造多层次制造业创新平台，推进关键领域技术攻关，提升产业技术和核心能力。

2022年1月30日，南充市人民政府发布《南充市“十四五”电子信息产业发展规划》（见表7），主要内容包括以下几个方面。一是强调创新驱动和产业融合，推动电子信息产业高质量发展，包括产业链提升、5G加速商用、创新驱动发展、“软件小巨人”培育等八大优先工程。创新创业载体包括12个平台，汽车电子产业项目包括车联网信息服务、车载多媒体导航系统等。二是构建新格局，以“一核三区”为总体布局，推动电子信息产业实现高质量发展。南充市电子信息产业发展的新战略包括打造电子信息产业拓展区，发展汽车电子，构建存储产业链新生态，推动“两化”深度融合，打造区域软件新标杆。三是构建创新平台，在创新驱动发展、“两化”深度融合、重点市场应用推广、智能制造以及企业上云等方面积极推进创新和数字化转型。同时加快打造工业互联网创新平台、实施“软件小巨人”培育计划、实施人工智能推进工程和军民融合工程等。

表7　四川省部分地区电子信息产业相关政策

时间	政策名称	发展目标
2022年1月30日	《南充市“十四五”电子信息产业发展规划》	打造“成渝经济区北部电子信息产业高地”，建成现代区域通信枢纽中心，实现电子信息产业产值倍增达到260亿元
2019年5月8日	《成都市人民政府办公厅关于促进电子信息产业高质量发展的实施意见》	到2020年，成都市电子信息产业主营业务收入突破1万亿元……到2022年，将成都市打造成为全球电子信息高端研发制造基地和世界软件名城
2022年6月16日	《遂宁市“十四五”电子信息产业发展规划》	到2025年，营业收入超10亿元的电子信息企业达到20家以上，规上电子信息企业数量达到130家以上，实现营业收入500亿元、利润总额45亿元
2023年12月20日	《南充临江新区电子信息产业发展规划》	2026年末实现“131”发展目标，即建设1个高地——成渝地区双城经济圈北部电子信息产业高地；建设3个示范区——省级电子信息产业示范区、四川省“5+1”重点特色园区（电子信息产业）和国家级高新区；建设1个枢纽中心——现代区域通信枢纽中心

资料来源：根据成都市、遂宁市、南充市政府官方网站等公开资料整理得出。

四　成渝地区双城经济圈电子信息制造业政策趋势分析

（一）电子信息制造业政策综合分析

1. 外部结构分析

（1）发布年份

图 12 展示了成渝地区双城经济圈电子信息制造业政策发布时间序列分布。若以年份为观察点，该地区的电子信息制造业相关政策最早可追溯到 2017 年。2017~2021 年，政策发布的频率相对平稳；而 2021~2023 年，政策发布出现了明显的增长，特别是在 2022~2023 年，政策发布数量有了显著的大幅提升。

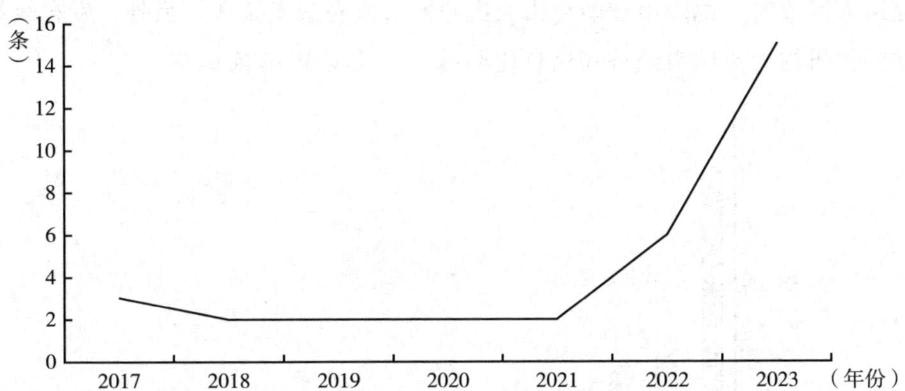

图 12　2017~2023 年成渝地区双城经济圈电子信息制造业政策发布时间序列分布

资料来源：根据重庆市、四川省、成都市及成渝地区双城经济圈其他城市的政府官方网站等公开资料绘制得出。

（2）效力级别

成渝地区双城经济圈电子信息制造业政策类型包括方案、行动计划、通知、细则、其他等类型的文件。2017~2023 年该地区主要政策类型是行动计划，有 11 条，通知只有 4 条，政策效力相对较低（见表 8）。

表 8　2017~2023 年成渝地区双城经济圈电子信息制造业政策类型统计

单位：条

政策类型	数量	政策类型	数量
方案	4	细则	7
行动计划	11	其他	6
通知	4	总计	32

资料来源：根据重庆市、四川省、成都市及成渝地区双城经济圈其他城市的政府官方网站等公开资料整理得出。

（3）发文机构分析

2017~2023 年成渝地区双城经济圈电子信息制造业政策发文机构频次如图 13 所示。一共有 16 个机构参与了成渝地区双城经济圈电子信息制造业政策发布，其中，发布政策最多的 5 个机构分别是重庆市经济和信息化委员会、重庆市人民政府办公厅、成都市人民政府办公厅、德阳市人民政府和南充市人民政府。德阳市和南充市人民政府各发布政策 2 次。另外，发布政策最多的机构为重庆市经济和信息化委员会，共发布 10 次政策。

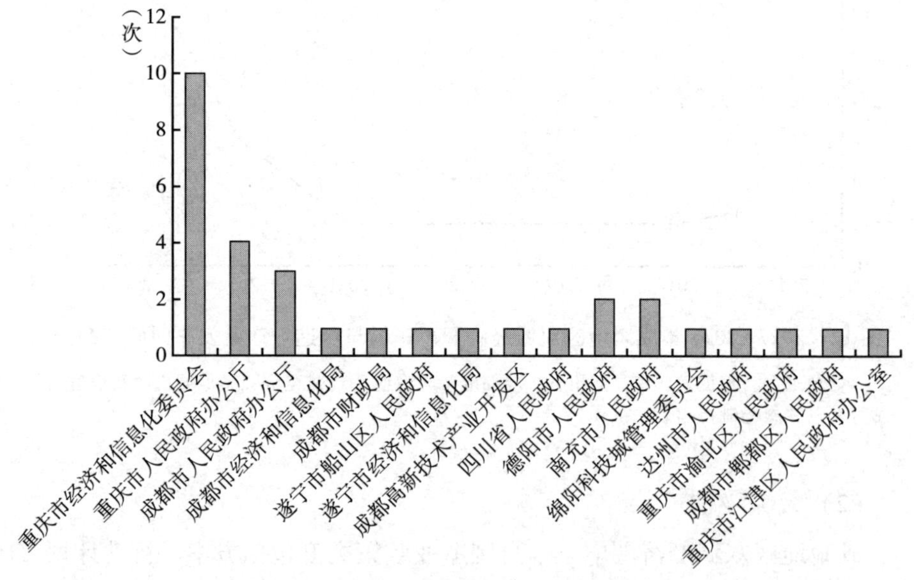

图 13　2017~2023 年成渝地区双城经济圈电子信息制造业政策发文机构频次

资料来源：根据重庆市、四川省、成都市及成渝地区双城经济圈其他城市的政府官方网站等公开资料整理得出。

从部门职能来看，各级人民政府对成渝地区双城经济圈电子信息制造业发展具有最直接的职责。在这些政策中，重庆市经济和信息化委员会发布的数量最多，其主要职能包括拟定工业、信息化和生产性服务业、工业技术进步和高新技术产业发展等相关政策，这与成渝地区双城经济圈电子信息制造业政策的演化紧密关联。成都市经济和信息化局是成都市人民政府工作部门，其核心职责包括制定制造业产业功能区的发展战略和关键政策，特别关注电子信息、装备制造、医药健康、新型材料和绿色食品等核心产业，并牵头推动这些产业集群化、链条化发展。同时，该局还致力于在产能规模、研发创新能力以及标准品牌建设等多个维度上提升核心产业的竞争力。成渝地区双城经济圈 2022 年后发布的电子信息制造业政策也有明显增加，主要是各地区针对某一电子信息产业发布的区域政策，由此可见目前成渝地区双城经济圈电子信息制造业的政策比以往更加关注区域优势。

2. 主题时序演化分析

在进行主题时序演化分析前要对政策语料进行数据清洗。采用正则表达式去除语料中的非文本部分，主要包括活动内容文本中的空白符、换行符、标点符号等；加载国务院公文主题词表作为用户词典，使用 Python jieba. posseg 组件分词并进行词性标注，去除结果中长度小于 2 的词和非中文字符；综合哈工大停用词表、四川大学机器智能实验室停用词库、百度停用词表去除停用词，再根据结果人工添加政策文本中常见的无意义的停用词，包括“建立”“发展”等，最终共得到 1636 个停用词。

本报告使用 Python 3. 9 中的 Gensim 库进行主题演化分析。首先计算主题困惑度（Perplexity）和一致性（Coherence）分析其在不同主题数的分布情况，发现主题数多于 4 个时困惑度波动较大，4 个时一致性最高，可确定最佳主题数为 4 个（见图 14）。其次采用动态主题模型来识别带有时间序列标签的政策文件，得到每年的政策主题和主题词的概率分布，使用每年的主题词概率分布计算 2017～2023 年整体的分布情况，得到表 9 所示结果。最后使用政策主题概率分布计算 2017～2023 年的政策主题强度，发现其演化趋势，如图 15 所示。

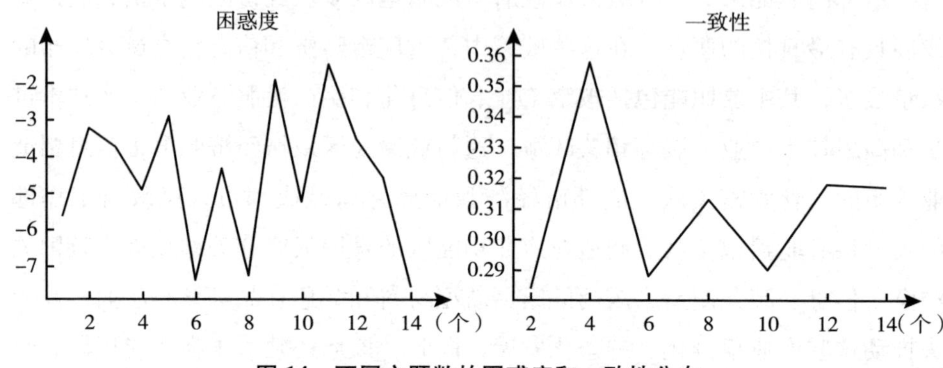

图 14　不同主题数的困惑度和一致性分布

资料来源：根据 Python 绘制得出。

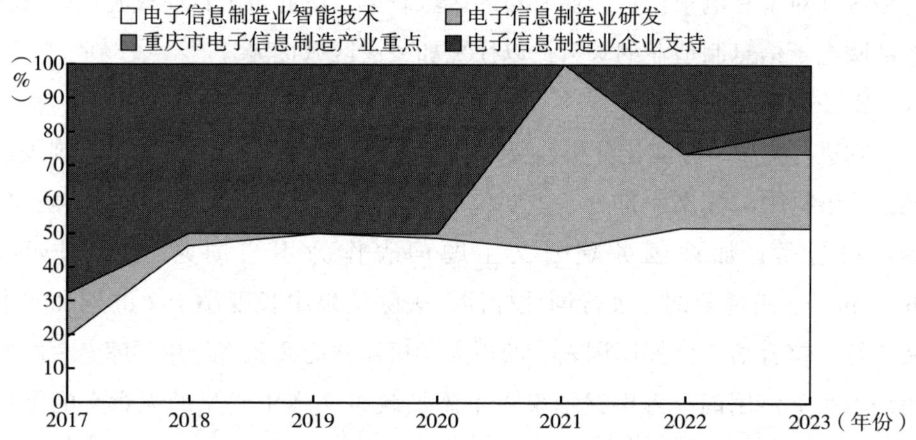

图 15　2017~2023 年电子信息制造业政策主题强度及演化趋势

资料来源：根据 Python 绘制得出。

表 9 中主要有 4 个政策主题，分别为电子信息制造业智能技术、电子信息制造业研发、重庆市电子信息制造产业重点、电子信息制造业企业支持。电子信息制造业智能技术主要是将智能技术，例如互联网、服务平台、智能终端、大数据等，运用于电子信息制造业的相关政策，最早出现在 2017 年四川省人民政府发布的《四川省深化制造业与互联网融合发展实施方案》中，该文件是为了贯彻落实《国务院关于深化制造业与互联网融合发展的

指导意见》，进一步深化四川省制造业与互联网融合发展而提出的。电子信息制造业智能技术经过近几年蓬勃发展后，已成为当前热点主题。电子信息制造业研发主要体现在政府通过资金支持或税收减免等政策鼓励企业做大做强、支持企业引进建设、支持企业创新提升、支持企业品牌创建等内容。重庆市电子信息制造产业重点涉及重点区域和重点产业内容，其中重点区域包括江津区、九龙坡区、渝北区、巴南区、北碚区、长寿区等地，重点产业内容包括建设、制造、发展、智能等内容。电子信息制造业企业支持主要指为电子信息各产业集群高质量发展而制定的相关政策，例如南充市、绵阳市、德阳市、遂宁市、达州市等地都根据其区域特点制定了支持电子信息制造业企业发展的政策。

表 9　2017~2023 年成渝地区双城经济圈政策主题词分布及政策主题识别结果

主题序号	政策主题词分布	政策主题
主题 1	企业、产业、发展、工业、电子、项目、建设、平台、创新、服务、支持、技术、智能、制造、重点、研发、产品、领域、互联网、申报	电子信息制造业智能技术
主题 2	企业、发展、产业、重庆、制造、智能、有限公司、技术、制造业、建设、推动、重点、产品、创新、装备、支持、平台、电子、服务、研发	电子信息制造业研发
主题 3	有限公司、重庆、科技、企业、江津区、发展、九龙坡区、重庆市、渝北区、产业、巴南区、制造、重点、工业、北碚区、智能、建设、长寿区	重庆市电子信息制造产业重点
主题 4	企业、发展、产业、集成电路、支持、申报、万元、建设、电子、给予、材料、项目、工业、制造、重庆、单位、平台、复印件、软件、技术	电子信息制造业企业支持

资料来源：根据 Python 主题识别得出。

（二）电子信息制造业政策演化阶段分析

根据前文综合分析结果，成渝地区双城经济圈电子信息制造业政策从 2017 年的首次出台到 2019 年，主要是整体建设阶段，发文机构较为固定，主要是各级人民政府。到 2020 年，成都市公布了两个与集成电路产业发展相关的政策，分别是《成都市加快集成电路产业高质量发展的若干政策实施细则》和《〈成都高新技术产业开发区关于支持集成电路设计产业发展的若干政策（修订）〉实施细则》。这两项政策都是专门针对集成电路产业发布的。2020~2023 年关于电子信息制造业的整体建设政策的主题强度下降，各专项政策，如智能终端产业、装备制造业、新型显示产业、集成电路产业成为热点主题，发文机构的种类也大幅增加。结合上文识别出的主题，可以将成渝地区双城经济圈电子信息制造业政策演化过程分为整体政策建设阶段、专项政策建设阶段，共两个阶段。

1. 整体政策建设阶段（2017~2019年）

2017 年 6 月 27 日，四川省人民政府发布《四川省深化制造业与互联网融合发展实施方案》，旨在推动制造业与互联网的融合发展，以及深化“互联网+四川制造”行动的实施。紧接着，遂宁市船山区人民政府发布《遂宁市船山区关于支持电子信息智能制造产业发展若干政策》，其中船山区政府为支持电子信息智能制造产业发展、引进智能终端产业，为企业提供包括财政补贴、税收优惠、土地供应等方面的政策支持，旨在吸引更多的电子信息制造企业在该地区投资兴业。

2018~2019 年成渝地区双城经济圈各地方政府针对电子信息制造业发布支持政策较多，逐步优化产业布局，着力打造电子信息制造业集聚区域，通过引导和扶持电子信息制造企业集聚，提高产业集聚效应，促进相关产业的协同发展；加大对技术创新的支持力度，包括加大科研投入、建立技术研发平台、推动企业间技术合作等措施；加强与相关产业的协同发展，鼓励电子信息制造企业与产业链上下游企业进行合作，提升整个产业链的竞争力和附加值。这些政策措施共同推动了成渝地区双城经济圈电子信息制造业的健康发展。

本阶段政策主要由各地人民政府发布，可见成渝地区双城经济圈各地方政府对电子信息制造业整体的重视程度较高。综上所述，在这一阶段，成渝地区双城经济圈进入电子信息制造业发展初期，各产业集群刚刚萌芽，政策内容主要集中在整体政策基础建设阶段，内容尚不够细化，且面向不同电子信息制造产业集群的政策占比较少，针对性不强。

2. 专项政策建设阶段（2020年至今）

自 2020 年起，成渝地区双城经济圈的电子信息制造业政策朝着持续推动行业发展的方向前进。在四川省和重庆市，电子信息制造业已逐渐崭露头角，发展为具有深厚底蕴、强劲创新力和深远影响力的万亿级支柱产业。2023 年，成渝地区双城经济圈的经济总量达到 8.19 万亿元。2023 年 12 月，在川渝党政联席会议第八次会议上，川渝两地共同启动成渝地区电子信息先进制造集群培育提升三年行动。预计到 2025 年，集群主导产业规模突破 2.2 万亿元，世界级成渝地区电子信息先进制造集群初具形象，高质高效跨省域协同发展格局基本形成；到 2030 年，世界级集群基本建成，规模突破 3 万亿元。

根据《成渝地区双城经济圈建设规划纲要》的指引，成渝两地需携手共建现代化产业体系，聚焦于集成电路、新型显示及智能终端等领域，力求构建以“云联数算用”为核心要素的集群，并完善“芯屏器核网”的全产业链。这将加速超高清视频、人工智能、区块链及数字文化创意等创新应用的成长，从而使成渝地区双城经济圈的电子信息制造业具备更强的国际竞争力。

从产业实力角度看，成都市已实施一系列产业建设举措，特别强调集成电路、新型显示和智能终端等产业链的发展。通过吸引了包括华为、京东方等在内的 50 余家行业领先企业入驻，成都市成功培育了如极米科技、天邑康和、新易盛、创意信息等 31 家本土上市企业。

同时，重庆市作为我国电子信息制造业的一个关键集聚地，近年来成功构建了“芯屏器核网”全产业链，形成了以智能终端和软件信息产业为主导的两个千亿级产业集群，以及集成电路、新型显示等数十亿级的产业集群。这些综合措施共同推动了成渝地区双城经济圈电子信息制造业的繁荣和竞争力的全面增强。

在集成电路制造业方面，成渝地区双城经济圈汇聚了全球领先的功率半导体研究团队，该团队成功实现了 x86 通用芯片的首次量产，并建立了国内首个 8 英寸硅基光电子集成工艺平台。此外，该地区还开设了国内首条 12 英寸功率半导体生产线。全球知名企业如英特尔、德州仪器和 SK 海力士等，也选择在成渝地区双城经济圈建立其全球最大的封装测试和生产基地，其智能功率模块等产品在全球市场占有显著份额。

在新型显示技术方面，成渝地区双城经济圈在全球柔性显示研发领域处于领先地位，不仅是全球最大的 AMOLED 生产基地，还拥有全国首条、全球第二条第 6 代全柔性 AMOLED 生产线。同时，还设立了全国首条自主建设运营的第 8.6 代 TFT-LCD 生产线，并已完成全国首条自主研发的高精度第 11 代掩膜版生产线的建设。

在智能终端制造领域，成渝地区双城经济圈已成为全球最大的智能终端生产基地、计算机整机制造基地，以及全球第三大智能手机制造基地。全球范围内，有高达 50%的计算机整机和 10%的智能手机是在成渝地区双城经济圈生产的。此外，成渝地区双城经济圈生产的智能投影设备在全球市场上的占有率已超过 15%。

综上所述，进入“十四五”后，成渝地区双城经济圈对电子信息制造业的重视程度进一步增加，开始出台专项电子信息制造业政策，对于相关产业也提出有针对性的发展方案，聚焦集成电路、新型显示、智能终端、传感器及仪器仪表等领域的政策发布密度大幅提高、政策发布机构增加、协作体系更加丰富，电子信息制造业政策的适用场景得到扩展。

五　成渝地区双城经济圈电子信息制造业发展政策建议

（一）加速推动电子信息制造业产业集群发展，优化产业集群生态

一是加速构建制造业集群体系。成渝地区双城经济圈作为西部经济的重要引擎，正积极推进制造业集群体系的构建。要重点聚焦集成电路、智能终端、新型显示等关键领域，推动“云联数算用”要素集群和“33618”现代制造业集群体系的建设。通过培育卫星互联网、人工智能、机器人、区块链、智能手机等前沿创新技术，力求打造一个具有国际竞争力的电子信息制造业集群。

二是要加快构建产业创新生态。为了推动电子信息制造业的高质量发展，成渝地区双城经济圈应致力于建设一个全面的产业创新生态系统，包括技术支持、人才服务、资金支持、创新协同、创业孵化、要素保障六大服务支持体系。成渝地区双城经济圈应通过引进领先的产业项目，加强对民营企业的支持，培育专业化企业，促进大中小型企业的互补合作，实现产业链的强链、全链和补链，形成良性发展的“集聚效应”，为电子信息制造业的创新提供坚实保障。

三是加强产业链供应链上下游合作。成渝地区双城经济圈的电子信息制造业发展需要一个紧密合作的产业链供应链体系。为此，区域内应积极推行“总部+基地”“研发+转化”“终端产品+协作配套”的模式，旨在形成产业专业配套、创新高效协同、品牌共建共享的多元化发展格局。这一格局不仅能够增强产业链的协同性，还能提高整体的生产效率和产品质量，为成渝地区双城经济圈的电子信息制造业集群建设提供强有力的支持。

四是重点突破关键环节与提升国际竞争力。成渝地区双城经济圈要聚焦产业链、供应链、要素链和创新链中的关键环节和薄弱环节，通过发挥龙头企业的引领作用，建立数字经济产业联盟，推进电子信息制造业的“补链成群”，提升整个产业链的稳定性和韧性。通过提升区域内企业的竞争力和创新能力，成渝地区双城经济圈要为我国在全球电子信息制造业格局中争取更多的话语权和市场份额、为国家战略目标的实现提供有力支持。

（二）促进电子信息制造业人才合作交流共享

一是要建立成渝地区双城经济圈的高校创新生态，以支持西部科技创新中心的建设。联合争取更多国家级“双一流”学科，推动成渝地区双城经济圈高校与政府战略合作，打造西部电子信息人才教育中心，形成核心人才吸引力，确保人才储备和供给。同时联合培养优秀学科人才，促进高校学生跨校交流，鼓励企业在电子信息产业发展优势地区设立培训基地，并邀请一流专家指导，支持科技人才参与国内外高科技俱乐部和国际会议，旨在激发成渝地区双城经济圈电子信息制造业人才的创新活力，促进成渝地区双城经济圈的人才培养和交流，助力地区产业创新和人才素质提升。

二是要推动产教深度融合，构建电子信息制造业人才培养的新格局。强调高校专业设置自主权，鼓励开设新型显示、集成电路、人工智能等前沿学科及跨学科交叉融合课程。支持企业与院校合作共建，建设电子信息教学实践基地，打造定制化电子信息人才培养平台，推进订单式培训。同时鼓励企业和专业机构提供在职培训和新型学徒制度，支持企业内部人才培养计划。成立电子信息制造业发展引导基金，推动科研成果所有权改革，加强人才表彰和激励措施，从而推动产学研深度合作，培养符合电子信息制造业需求的高素质人才，提升人才培养质量和效率，以满足产业发展的需求。

三是完善电子信息制造业人才培养体系，提升人才基础保障。面向西部陆海新通道建设等促进人才开放合作，强化对引进的高端人才的实时联系与项目跟踪，通过领导实地走访的方式加强面对面沟通，及时发现并解决工作和生活上的问题，真正实现"引得进，用得好，留得住"的引智目标。通过积极布局大科学装置，谋划科学基础工程，建设国家级创新发展试验区，为成渝地区双城经济圈电子信息制造业人才发展营造空间，建设以电子信息制造业人才为核心的创新创业生态系统。

（三）强调电子信息制造业科技创新，激发产业新动能

科技创新是发展新质生产力的核心要素，能够催生新产业、新模式和新动能。因此，必须加强科技创新，特别是原创性和颠覆性科技创新，以加快实现高水平科技自立自强，打好关键核心技术攻坚战。这样可以促使原创性和颠覆性科技创新成果竞相涌现，从而培育和发展新质生产力的新动能。

一是建设世界级重大科技基础设施群。规划和布局科技基础设施集群，包括提升现有设施性能、新建具有重大影响力的科学装置，并促进这些设施与相关产业的协同应用。要致力于推动这些设施升级至国际水平，成为科技创新的重要支柱。同时要支持重大战略需求，重点聚焦于智能网联、新型显示和集成电路等新兴领域。不断推动这些重点产业设施向世界级水平发展，使其成为成渝地区双城经济圈电子信息制造业科技创新的重

要支撑。

二是协同搭建电子信息研发创新平台。成渝地区双城经济圈应以西部（重庆）科学城为平台，重点提升资源配置能力，大胆探索新型体制、科技成果转化、国际人才引进、区域协同创新，成为国家科技改革“试验田”，推动众多项目落地和人才引进。应努力增强创新策源能力，策划建设关键国家实验室，加速构建产学研合作平台。还应深化与中国科学院等合作，促进国内外顶尖高校、研究机构在成渝地区双城经济圈设立分院分所，提升电子信息技术创新和产业技术攻关能力。同时，专注提升产业发展能力，致力于建设成渝国家级传感器产业创新中心、智能网联汽车技术创新中心，加速培育工业大数据制造业创新中心，助推成渝地区双城经济圈电子信息制造业高质量发展。

三是建设世界一流高校科研机构聚集区。鼓励高水平院校、研究所、实验室、创新中心和服务平台有机整合，支持合作共建“双一流”大学，加强学科发展，尤其是重点学科，打造人才和科研资源聚集区。同时，吸引国际顶尖大学、科研机构和跨国企业，引进领先科学家团队，设立高水平新型大学和国际化学院，并助力高校和研究机构与科技园区、产业功能区合作，共同打造科创空间和研发机构。

（四）加大投资力度，推动电子信息制造业“三化”发展

成渝地区双城经济圈需以数字信息技术为核心，推动电子信息制造业的高端化、智能化和绿色化，与国际科技发展保持同步，通过发展特色优势产业和战略性新兴产业，实施前瞻性布局，打造现代化电子信息产业体系，促进经济结构转型升级。

一是优化投资营商环境与金融支持。优化投资营商环境是促进电子信息制造业发展的关键一环。通过简化审批流程、降低市场准入门槛和提高行政效率，吸引更多企业投资。政府部门积极运用成渝地区双城经济圈产业投资基金和科创基金等财政政策工具，引导社会资本和金融资本向该行业倾斜，支持企业的创新和发展。此外，通过提供税收优惠、用地支持、财政补贴等

多方面的扶持政策，增强企业的发展信心和活力，进一步推动地区经济的持续增长和产业结构的优化。

二是支持重大项目建设和重点企业发展。应致力于推动集成电路、新型显示、智能终端和智能网联汽车等领域的重大项目建设。通过优化能源、资源和用地的服务保障，吸引并整合多方资源，提高产能供给能力。同时，重点培育具有创新潜力和科技领先优势的企业，为其提供全方位的支持和服务，包括科技创新、融资支持和法律咨询等“一对一”服务模式，以促进电子信息制造企业的健康发展和产业的持续壮大。

三是促进绿色制造和智能化升级。为响应全球绿色发展趋势，成渝地区双城经济圈应积极推动电子信息制造企业建设绿色工厂，并依据《电子信息制造业绿色工厂评价导则》开展评估认证，旨在提高资源的循环利用率和能源的有效利用程度，提升工艺技术和设备的无害化处理能力。同时，通过智能化升级转型，支持关键技术的突破和新产品应用的开发，助力光伏产业、装备制造业和智能终端等行业实现高效生产和资源节约，为双碳目标的实现贡献力量。

参考文献

邓涵予等：《推动成渝地区双城经济圈建设走深走实》，《四川日报》2023 年 8 月 8 日。

冯瑜满、梁育填：《中国电子信息制造业时空格局演化及影响因素》，《热带地理》2022 年第 12 期。

计方、刘星：《产业链视角下成渝经济圈新能源汽车产业政策协同性研究》，《企业经济》2022 年第 5 期。

李玥等：《新兴产业创新政策演进研究——基于政策文本的三维分析》，《中国科技论坛》2023 年第 1 期。

四川日报全媒体评论员：《凝聚成渝地区双城经济圈建设更大合力》，《四川日报》2023 年 12 月 29 日。

杨桐彤、张国圣：《重庆：打造新时代西部大开发重要战略支点》，《光明日报》

2024 年 6 月 6 日。

殷为华、陈晓玲：《长三角城市群电子信息制造业的空间集聚及生产绩效研究》，《世界地理研究》2021 年第 6 期。

袁野：《构建现代化的数字技术应用业创新体系》，载《推动重庆数字产业化要做好四篇文章》，《重庆日报》2023 年 12 月 25 日。

赵惠、吴有红：《深挖电子信息制造业新增长点》，《经济日报》2023 年 11 月 14 日。

赵筱媛、苏竣：《基于政策工具的公共科技政策分析框架研究》，《科学学研究》2007 年第 1 期。

周正柱、沈思含：《三维分析框架下长三角地区科技创新政策协同演进研究》，《软科学》（网络首发），2024 年 5 月 23 日。

朱小乔：《川渝 CP 携手“双圈”建设再提速》，重庆日报网，2024 年 4 月 22 日，https：//www. cqrb. cn/shishi/2024-04-22/1922426_ pc. html。

B.8 成渝地区双城经济圈电子信息制造业人才发展研究

袁 野 陈怡静 张金彪*

摘 要： 本报告通过归纳总结电子信息制造业及电子信息制造业人才的特征，提出电子信息制造业人才的概念与内涵。基于此，本报告从成渝地区双城经济圈本科高校人才培养现状、专科高等院校人才培养现状及其对比分析中探究人才供给情况；通过 Python 技术抓取招聘网站上的成渝地区双城经济圈电子信息制造业人才招聘现状，探究人才需求情况。由此结合紧缺人才目录将成渝地区双城经济圈电子信息制造业人才划分为重度、中度、轻度三类并进行比较分析。最后从优化电子信息制造业人才培养体系、健全电子信息制造业人才引进机制、畅通人才晋升与发展通道、完善薪酬分配与奖励机制、强化跨区域人才协同共享及落实制度保障与政策实施六方面提出发展政策建议。

关键词： 电子信息制造业 人才供给 人才需求 人才紧缺度 成渝地区双城经济圈

一 电子信息制造业人才的概念与内涵

随着人工智能、通用大模型、区块链和元宇宙等新一代信息技术的迅猛

* 袁野，博士，重庆邮电大学经济管理学院教授、硕士生导师，主要研究方向为技术经济及管理、数智技术创新与管理；陈怡静，重庆邮电大学现代邮政学院硕士研究生，主要研究方向为数智技术产业理论与政策；张金彪，重庆邮电大学经济管理学院硕士研究生，主要研究方向为数智技术创新管理。

发展，全球正迎来一场深刻的科技革命和产业变革。这些技术推动了信息技术和数字技术的创新，催生了新的经济模式和业态。在此背景下，电子信息制造业也迎来了快速增长期。依托新兴技术，电子信息制造业不断提升技术水平和生产效率，推动产品创新和质量提升，满足市场对高性能电子产品和信息化解决方案的需求，成为推动数字经济发展的重要引擎。由此可见，未来随着数字产业的不断发展壮大，电子信息产业尤其是电子信息制造业对于人才的需求将会越来越大。

习近平总书记在党的二十大报告中指出，“教育、科技、人才是全面建设社会主义现代化国家的基础性、战略性支撑。必须坚持科技是第一生产力、人才是第一资源、创新是第一动力，深入实施科教兴国战略、人才强国战略、创新驱动发展战略，开辟发展新领域新赛道，不断塑造发展新动能新优势”，还提出要深入实施人才强国战略。坚持尊重劳动、尊重知识、尊重人才、尊重创造。完善人才战略布局。加快建设世界重要人才中心和创新高地，促进人才区域合理布局和协调发展，着力形成人才国际竞争的比较优势。这充分展示了党和国家对人才的高度重视。在当前推动高质量发展和深入实施创新驱动发展战略的背景下，显著增强人才资源对经济社会发展的引领和支撑作用显得尤为重要，更是走好中国式现代化道路的关键因素之一。通过加强人才战略布局、完善人才培养体系和优化人才发展环境，可以充分发挥人才在科技创新和产业发展中的核心作用，从而推动中国经济向高质量和可持续发展迈进。因此，构建新时代电子信息制造业人才的高质量发展格局对我国实现网络强国、数字中国、制造强国具有重要的战略意义。

2024 年 4 月，习近平总书记在主持召开新时代推动西部大开发座谈会时强调“要一以贯之抓好党中央推动西部大开发政策举措的贯彻落实，进一步形成大保护、大开放、高质量发展新格局，提升区域整体实力和可持续发展能力，在中国式现代化建设中奋力谱写西部大开发新篇章”“强化科技创新和产业创新深度融合，积极培养引进用好高层次科技创新人才，努力攻克一批关键核心技术”。其间，习近平总书记在重庆考察时强调“建设成渝地区双城经济圈是党中央作出的重大战略决策。重庆、四川两地要紧密合作，不断提升发展能级，共同唱好新时代西部‘双城记’。支柱产业是发展新质生产力的主阵地。重庆的制造业有自身的结构特点、有相应的优势，希望重庆牢牢抓住科技创新这个‘牛鼻子’，扬优势、补短板，抓当前、谋未来，坚定不移、久久为功，奋力推动制造业高质量发展”。这说明成渝地区双城经济圈中重庆、四川两地应结合自身的产业优势发展战略性新兴产业、培养高层次科技创新人才，而电子信息制造业作为战略性新兴产业“电子信息产业”和优势产业“制造业”的结合，本报告探究当前成渝地区双城经济圈电子信息制造业人才发展现状，发现其中的问题，并提出政策建议是十分有意义的。

工业和信息化部2022年10月印发的《关于加强和改进工业和信息化人才队伍建设的实施意见》指出“鼓励开发工业和信息化领域新职业的国家职业技术技能标准，推动技术技能人才培养标准体系建设”“加大高素质技术技能人才培养力度。面向工业和信息化重点领域，开展大规模职业技能培训”“选拔和支持一批高水平管理、技术、技能人才”。中共中央办公厅、国务院办公厅2022年10月印发的《关于加强新时代高技能人才队伍建设的意见》提到“加强高级工以上的高技能人才队伍建设”“打造一支爱党报国、敬业奉献、技艺精湛、素质优良、规模宏大、结构合理的高技能人才队伍”，强调健全高技能人才培养体系、创新高技能人才培养模式、加大急需紧缺高技能人才培养力度。

目前，学界尚未有对电子信息制造业人才的准确定义，依据前文对电子信息制造业概念的剖析，其从业人员在《中华人民共和国职业分类大典》中大致属于第二大类“专业技术人员”和第六大类“生产制造及有关人员”，其中专业技术人员是指从事科学研究和专业技术工作的人员，生产制造及有关人员是指从事产品生产及设备制造、矿产开采、工程施工和运输设备操作的人员及有关人员。电子信息制造业是一个涵盖广泛、技术密集的行业，涉及从基础研究到产品制造的多个环节，具有高附加值、高技术含量和高创新性的特点，故而对从业人员具有高技能、高素质、强专业性等要求，所需人才属于技能人才。2020年3月，四川省人力资源和社会保障厅出台《分类推进技能人才评价机制改革的实施细则》，将技能人才重点分为技术技能型人才、知识技能型人才和复合技能型人才三类。同时，根据人力资源和社会保障部办公厅在 2021 年 1 月发布的《技能人才薪酬分配指引》，技能人才是指在生产或服务一线从事技能操作的人员。通过梳理对技能人才的界定，本报告发现技能人才有以下几个特点：一是具有一定的理论知识，二是具有比较丰富的实践经验，三是具有较强的动手操作能力，四是具有良好的职业道德。

综上所述，电子信息制造业人才可以界定为在电子信息制造业领域具有专业知识和技能的人员，一般分为技术技能型人才、知识技能型人才及复合技能型人才。这类人才通常具备电子、通信、计算机、半导体、自动化等相关领域的专业背景，能够从事电子产品和信息技术产品的设计、研发、生产、销售和服务等工作。电子信息制造业人才需要具备较强的创新能力、实践能力和团队协作能力，以适应行业快速发展和不断变化的需求。一般来说，电子信息制造业人才需要具备以下能力和素质：一是专业知识和技能，二是创新能力，三是团队合作精神，四是质量意识，五是国际化视野。

二　成渝地区双城经济圈电子信息制造业人才供给情况

成渝地区双城经济圈电子信息制造业人才的供给主要由两部分构成。一是通过优越的就业环境、产业现状、政府政策等引进电子信息制造业发展所需的高层次人才。近年来，成渝地区双城经济圈通过颁布《重庆市人民政府关于进一步鼓励和吸引海外留学人员来渝工作的意见》《成都市企业引进培育急需紧缺专业技术人才补贴实施办法》等一系列政策文件及引入各类国际知名企业等措施，支持成渝地区双城经济圈电子信息制造业人才引进，支撑战略性新兴产业发展。二是通过成渝地区双城经济圈本地高校、职业院校和培训机构等自主培养电子信息制造业人才，着力实施“产教融合”等创新培养模式。将本地作为成渝地区双城经济圈电子信息制造业人才培养的主阵地，该区域电子信息制造业的发展前景与其培养的人才数量、类型和质量密切相关，掌握了电子信息制造业人才培养现状，就能根据产业人才需求情况对产业人才培养体系做出相应的调整，促进电子信息制造业健康发展。

（一）成渝地区双城经济圈本科高校电子信息制造业人才培养

根据教育部普通高校名单，截至 2024 年 6 月成渝地区双城经济圈本科高校共计 78 所，其中公办 51 所、民办 27 所，“双一流”高校 10 所（重庆大学、西南大学、四川大学、电子科技大学、西南交通大学、西南财经大学、四川农业大学、西南石油大学、成都理工大学、成都中医药大学），“211”高校 7 所（重庆大学、西南大学、四川大学、电子科技大学、西南交通大学、西南财经大学、四川农业大学），“985”高校 3 所（重庆大学、四川大学、电子科技大学）。

成渝地区双城经济圈形成了以重庆大学、四川大学、电子科技大学 3 所“985”高校为牵引，以西南交通大学、重庆邮电大学、重庆理工大学、成都理工大学等一系列各具电子信息制造业相关专业特色的本科高校为支撑的电子信息制造业人才培养体系。

1. 成渝地区双城经济圈本科高校电子信息制造业相关专业建设情况

本报告参考前述对电子信息制造业人才的定义，基于 2022 年 9 月颁布的新版专业目录《研究生教育学科专业目录（2022 年）》，将电子信息等 13 个专业定义为电子信息制造业相关硕士、博士专业。基于《电子信息产业人才培养标准化白皮书（2023 版）》对电子信息产业本科高校专业的汇总，结合 2023 年《教育部关于公布 2022 年度普通高等学校本科专业备案和审批结果的通知》（教高函〔2023〕3 号），整理电子信息制造业人才培养涉及的专业，这些专业属于“工学”门类，主要包含“电子信息类”“计算机类”“自动化类”“机械类”“仪器类”，确定电子信息工程等 60 余个专业为电子信息制造业人才相关本科专业。

通过对各本科高校官网公开数据的统计，2023 年成渝地区双城经济圈各本科高校共设立电子信息制造业相关本科专业点 637 个、硕士点 291 个、博士点 59 个。其中，重庆市各本科高校共设立电子信息制造业相关本科专业点236个、硕士点109个、博士点13个；成都市共设立相关本科专业点263个、硕士点139个、博士点45个；成渝地区双城经济圈其他城市共设立相关本科专业点138个、硕士点43个、博士点1个。

从各地区开设相关专业的数量来看，成渝地区双城经济圈其他城市本科高校相关本科专业点、硕士点、博士点数量及总数都少于重庆市和成都市，尤其在博士点数量上。而重庆市与成都市开设的本科专业点数相差不大，前者硕士点、博士点的数量明显少于后者，说明成都市培养的电子信息制造业高水平人才占比更大。2023年重庆市、成都市、成渝地区双城经济圈其他城市部分本科高校电子信息制造业相关专业点数量见表1、表2、表3。

表1　2023年重庆市本科高校电子信息制造业相关专业点数量（部分）

单位：个

高校名称	专业点数量		
	本科	硕士	博士
重庆大学	22	17	9
西南大学	13	7	1
重庆邮电大学	34	23	2
重庆交通大学	11	6	1
重庆师范大学	6	9	0
重庆理工大学	22	18	0
重庆工商大学	12	9	0
重庆科技大学	13	8	0
重庆文理学院	13	1	0
重庆三峡学院	11	7	0

资料来源：根据各高校官网数据整理得出。

表2　2023年成都市本科高校电子信息制造业相关专业点数量（部分）

单位：个

高校名称	专业点数量		
	本科	硕士	博士
四川大学	15	15	12
电子科技大学	22	22	17
西南交通大学	16	24	12

续表

高校名称	专业点数量		
	本科	硕士	博士
西南石油大学	23	13	1
成都理工大学	13	15	1
成都信息工程大学	20	17	0
成都大学	13	5	0
西华大学	17	9	0
西南民族大学	8	9	0
四川师范大学	5	3	0

资料来源：根据各高校官网数据整理得出。

表 3　2023 年成渝地区双城经济圈其他城市本科高校电子信息制造业相关专业点数量（部分）

单位：个

高校名称	专业点数量		
	本科	硕士	博士
四川农业大学	4	1	0
西南科技大学	16	12	1
四川轻化工大学	14	16	0
西华师范大学	7	5	0
宜宾学院	8	0	0
四川文理学院	8	0	0
成都理工大学工程技术学院	16	0	0
四川工业科技学院	10	0	0
四川大学锦江学院	11	0	0
绵阳城市学院	10	0	0

资料来源：根据各高校官网数据整理得出。

2. 成渝地区双城经济圈本科高校电子信息制造业相关专业招生情况

党的二十大报告指出，“加快建设国家战略人才力量，努力培养造就更多大师、战略科学家、一流科技领军人才和创新团队、青年科技人才、卓越工程师、大国工匠、高技能人才”。

成渝地区双城经济圈本科高校电子信息制造业相关专业招生的层次分别

为本科、硕士研究生及博士研究生。据各高校官方网站发布的数据，2023年成渝地区双城经济圈本科高校电子信息制造业相关专业共招生5.8万余人。其中，相关本科招生4.3万余人，相关硕士研究生招生1.4万余人，相关博士研究生招生不足1000人。

如图1所示，本科高校电子信息制造业人才培养形成“金字塔”结构，其中博士研究生招生处于“塔尖”，硕士研究生招生处于“塔身”，本科招生处于“塔基”。越靠近“塔尖”，人才培养的数量越少，其创新水平越高，越能够为电子信息制造业带来“新生”，越能填补当前电子信息制造业缺乏高端技术人才和复合型人才的空缺。

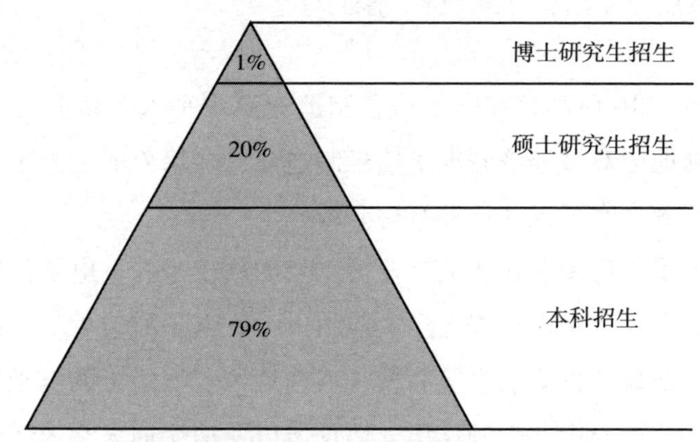

图1　2023年成渝地区双城经济圈本科高校招生层次分布

资料来源：根据各高校官网数据整理得出。

（1）硕博点建设

如图2所示，成渝地区双城经济圈本科高校硕士点、博士点的设置集中在软件工程、机械工程、计算机技术、机械、电子信息、人工智能、控制工程、计算机科学与技术及新一代电子信息技术等专业。

从开设电子信息制造业相关专业硕士点的高校数量来看，成渝地区双城经济圈共有50所高校，其中重庆市有18所、成都市有24所、其他城市仅有8所。其中开设相关专业硕士点超过10个的高校有10所，这10所高校的电子信息制造业相关硕士点数占该区域所有高校硕士点数的60.8%，这

图 2　成渝地区双城经济圈硕士点、博士点相关专业

资料来源：根据各高校官网数据整理得出。

一方面体现出这 10 所高校在电子信息制造业高水平人才培养上具有较强的能力，是成渝地区双城经济圈电子信息制造业人才培养的主力军；另一方面也反映出该区域高水平人才培养有待升级。

从开设电子信息制造业相关专业博士点的高校来看，电子信息制造业相关专业博士点主要集中在重庆大学、四川大学、电子科技大学、西南交通大学四所高校，凸显了重庆大学等高校在成渝地区双城经济圈电子信息制造业高水平创新人才培养中的引领作用，体现出以西南交通大学为例的一系列各具专业特色的高校也为培养电子信息制造业高水平创新型人才提供了助力。

从开设电子信息制造业相关专业硕士点的招生人数来看，如图 3 所示，成渝地区双城经济圈相关硕士点招生人数共计 1.4 万余人。重庆市相关硕士点招生 5000 余人，其中学术型硕士占 51.8%，专业型硕士占 48.2%；成都市相关硕士点招生 7000 余人，其中学术型硕士占 48%，专业型硕士占 52%；成渝地区双城经济圈其他城市相关硕士点招生 1000 余人，其中学术型硕士占 47%，专业型硕士占 53%。从学术型硕士与专业型硕士的招生占比来看，成渝地区双城经济圈中各地区两者占比接近 50%，说明该区域电子信息制造业高水平人才在学术型、专业型培养数量上是均衡的。

从开设电子信息制造业相关专业博士点的招生人数来看，如图 3 所示，成渝地区双城经济圈相关博士点招生人数共计800余人。重庆市相关博士点招生仅有200余人，而成都市相关博士点招生有600余人，成渝地区双城经济圈其他城市相关博士点招生50余人。这说明成都市的电子信息制造业高水平创新型人才供给占比更大，重庆市及其他城市的相关建设有待加强。

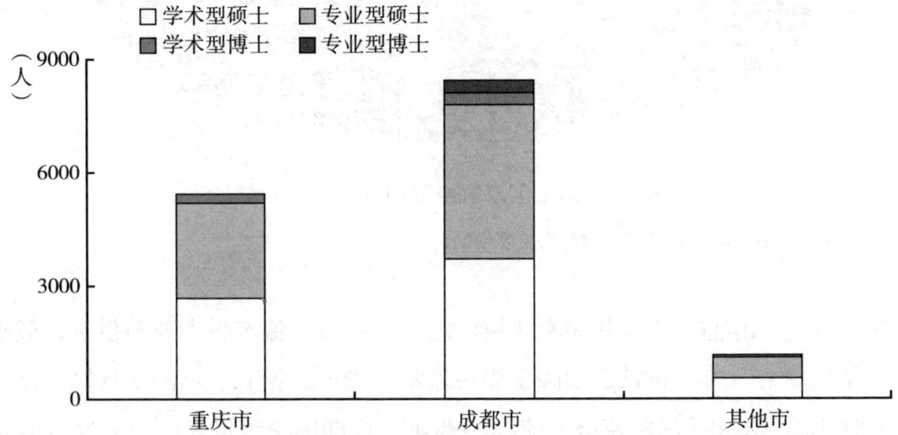

图3　2023年成渝地区双城经济圈硕士点、博士点招生情况

资料来源：根据各高校官网数据整理得出。

（2）本科专业点建设

从专业点来看，成渝地区双城经济圈本科高校共有电子信息制造业相关本科专业点637个。如图4所示，通过对78所本科高校专业设置进行统计，发现在电子信息制造业相关本科专业的建设中，较多高校开设的专业有计算机科学与技术、物联网工程、软件工程、电子信息工程等；开设应用电子技术教育、电信工程及管理等专业的高校较少。

从专业层次来看，国家级特色专业是中国高校在特定办学思想指导下，通过长期办学实践逐步形成的专业，这些专业在教育目标、师资队伍、课程体系、教学条件等方面展现出独特性和优势，充分体现了学校的办学特色。高校的国家级特色专业的建设会加深人才培养程度，成渝地区双城经济圈相关本科国家级特色专业点共计51个，占相关本科专业点总数的8%。

根据教育部公布的第三批国家级和省级一流本科专业建设点名单，重庆市

图 4　成渝地区双城经济圈本科相关专业

资料来源：根据各高校官网数据整理得出。

共有 16 个电子信息制造业相关专业被认定为国家级一流本科专业建设点，成都市共有 33 个相关专业被认定为国家级一流本科专业建设点。据图 5 计算，从与电子信息制造业相关的国家级一流本科专业（也即国家级特色专业）在各专业类的占比来看，仪器类和机械类的占比分别为 21. 4%和 13. 2%，为相关领域电子信息制造业人才培养的质量提供了保障；计算机类和电子信息类虽然在数量上有一定优势，但是从占比来看处于较低水平，相关专业的建设质量还需进一步提高。

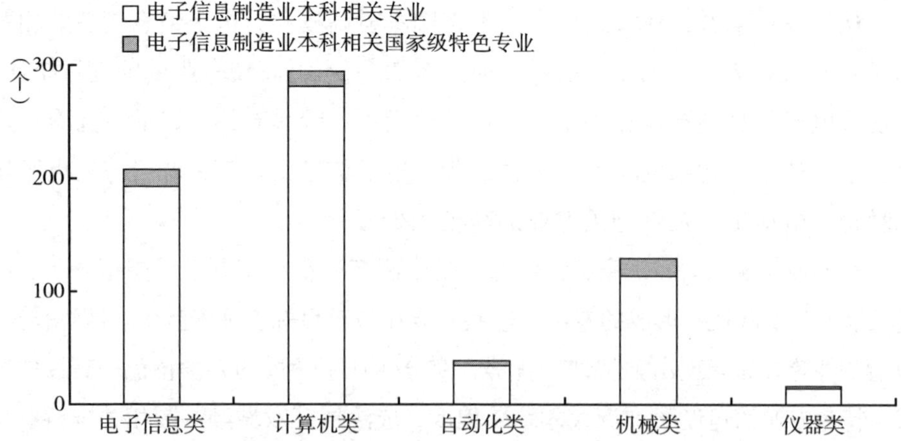

图 5　2023 年成渝地区双城经济圈本科相关专业及国家级特色专业

资料来源：根据各高校官网数据整理得出。

从招生人数来看，如图 6 所示，成渝地区双城经济圈电子信息制造业各专业类相关本科招生人数共计 4.3 万余人，其中重庆市相关本科招生 1.5 万余人、成都市相关本科招生 1.8 万余人、其他城市相关本科招生 0.9 万余人。

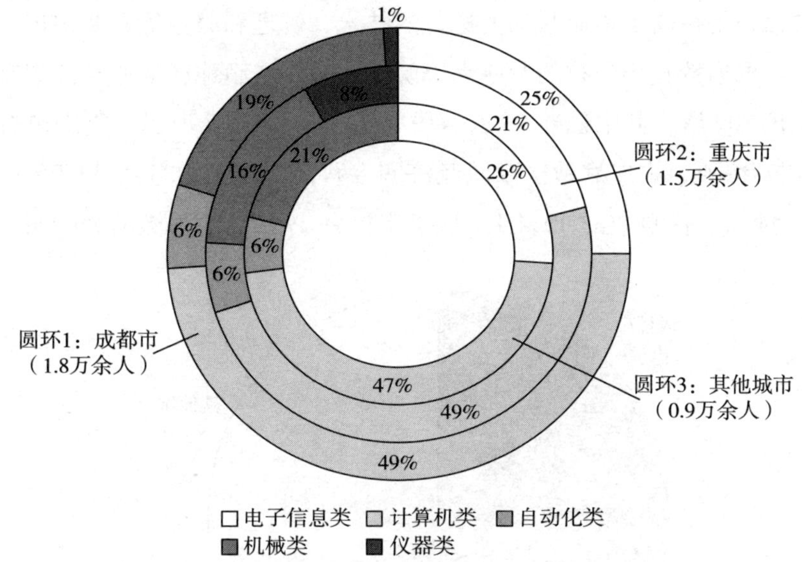

图 6　2023 年成渝地区双城经济圈各专业类相关本科招生人数

资料来源：根据各高校官网数据整理得出。

对成渝地区双城经济圈各本科高校官网公布的 2023 年招生人数进行统计，在所有电子信息制造业相关专业中，计算机类专业招生人数占比最高，计算机类本科专业点开设数量共有 282 个，占全部相关专业的 44.3%，招生人数达 20524 人。计算机领域的电子信息制造业人才培养力度远超其他专业类，说明该领域是成渝地区双城经济圈电子信息制造业人才培养的重中之重。电子信息类和机械类本科专业点开设数量处于第二档，平均在 160 个左右，招生人数分别为 10172 人和 7939 人，虽然与计算机类开设数量和招生人数差距较大，但与其他本科专业类开设数量相比仍有很大优势，电子信息类和机械类人才培养也是该区域电子信息制造业本科高校人才培养的两个重点领域。自动化类、仪器类的电子信息制造业相关本科专业点开设数量处于第三档，均不足 50 个，且招生人数不足 3000 人。

（二）成渝地区双城经济圈专科高等院校电子信息制造业人才培养

高等专科教育是指专科层次的高等教育，包括普通高等专科教育等各类专科教育，是在高中毕业基础上进行的技术、管理和服务等专业知识与技能的培养。根据教育部公布的专科高等院校名单，成渝地区双城经济圈有专科高等院校 109 所，其中公办 63 所、民办 46 所。如图 7 所示，重庆市有专科高等院校 36 所，占成渝地区双城经济圈专科高等院校总数的 33. 0%；其他城市有 44 所，占总数的 40. 4%；成都市仅有 29 所，占总数的 26. 6%。

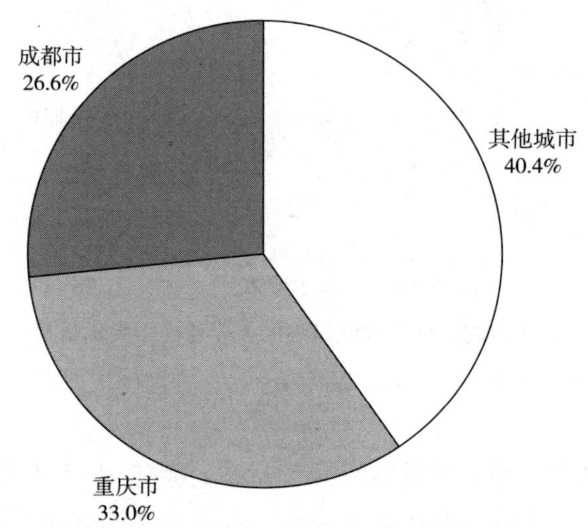

图 7　2023 年成渝地区双城经济圈专科高等院校分布情况

资料来源：根据各高校官网数据整理得出。

本报告参考前述对电子信息制造业人才的定义，基于教育部发布的《职业教育专业目录（2021 年）》，整理出如图 8 所示的专科高等院校电子信息制造业人才培养体系，涉及的专业属于“装备制造大类”“电子与信息大类”，主要包含“机械设计制造类”“机电设备类”“电子信息类”“计算机类”等，确定电子信息工程技术等 100 余个专业为电子信息制造业人才培养相关专科专业。

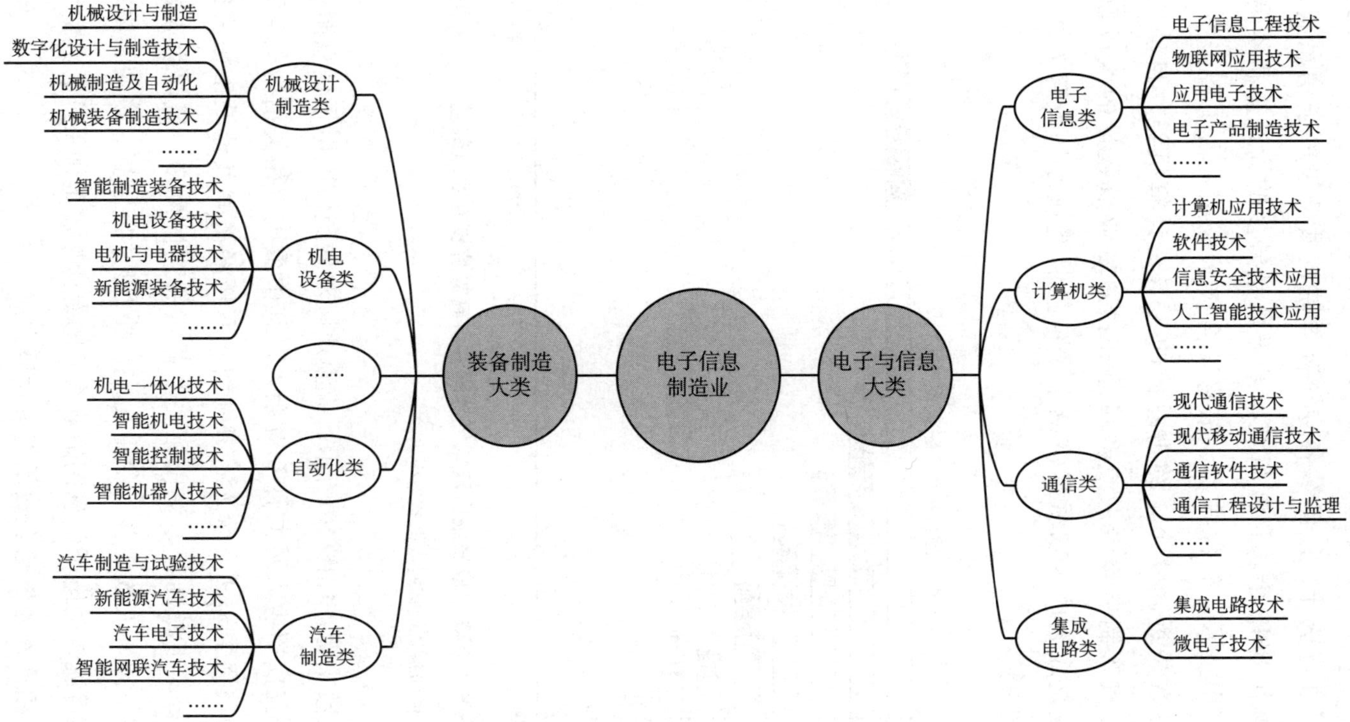

电子信息制造业

装备制造大类

- 机械设计制造类
  - 机械设计与制造
  - 数字化设计与制造技术
  - 机械制造及自动化
  - 机械装备制造技术
  - ……
- 机电设备类
  - 智能制造装备技术
  - 机电设备技术
  - 电机与电器技术
  - 新能源装备技术
  - ……
- ……
- 自动化类
  - 机电一体化技术
  - 智能机电技术
  - 智能控制技术
  - 智能机器人技术
  - ……
- 汽车制造类
  - 汽车制造与试验技术
  - 新能源汽车技术
  - 汽车电子技术
  - 智能网联汽车技术
  - ……

电子与信息大类

- 电子信息类
  - 电子信息工程技术
  - 物联网应用技术
  - 应用电子技术
  - 电子产品制造技术
  - ……
- 计算机类
  - 计算机应用技术
  - 软件技术
  - 信息安全技术应用
  - 人工智能技术应用
  - ……
- 通信类
  - 现代通信技术
  - 现代移动通信技术
  - 通信软件技术
  - 通信工程设计与监理
  - ……
- 集成电路类
  - 集成电路技术
  - 微电子技术

图 8　成渝地区双城经济圈专科高等院校人才培养体系

资料来源：《职业教育专业目录（2021 年）》。

从专业点数量来看，通过对成渝地区双城经济圈各专科高等院校官网的公开数据进行统计，该区域各专科高等院校共开设电子信息制造业相关专科专业点 1049 个。各专科院校开设数量最多的为计算机类专业，包括计算机应用技术、软件技术、信息安全技术应用、人工智能技术应用等，专业点数量近 400 个，约占总数的 38%。计算机类、自动化类、电子信息类、汽车制造类专业点数量总和占总专业点数量的八成以上，说明以上专业是成渝地区双城经济圈电子信息制造业专科教育人才供给的重点（见图 9）。

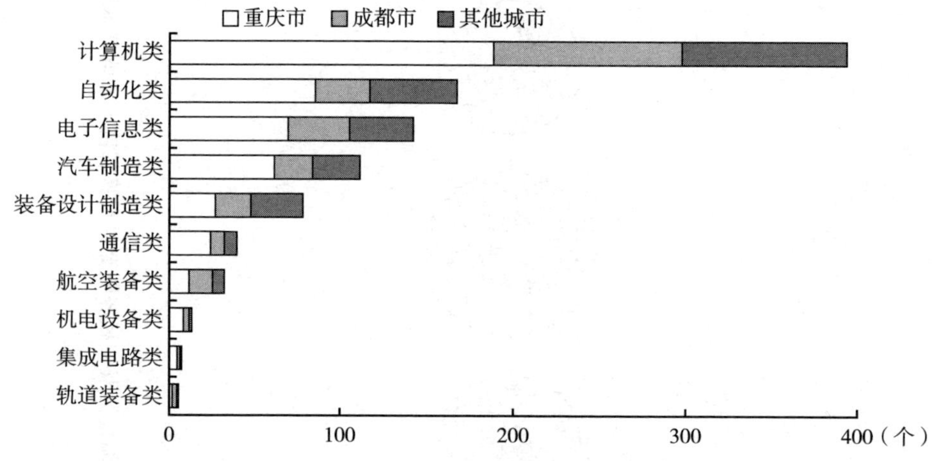

图 9　2023 年成渝地区双城经济圈专科高等院校专业点数量

资料来源：根据各高校官网数据整理得出。

从招生人数来看，如图 10 所示，成渝地区双城经济圈电子信息制造业相关专科高等院校招生人数共计 6 万余人，其中重庆市相关招生 1.4 万余人、成都市相关招生 1.9 万余人、成渝地区双城经济圈其他城市相关招生 2.7 万余人。重庆市专科高等院校相关专业点的数量最多，但招生人数最少，而其他城市招生人数最多，专业点数量则处于中间位置，说明相比之下重庆市专科高等院校的电子信息制造业人才的专业培养范围最广，其他城市专科高等院校相关人才供给在数量上贡献最大。

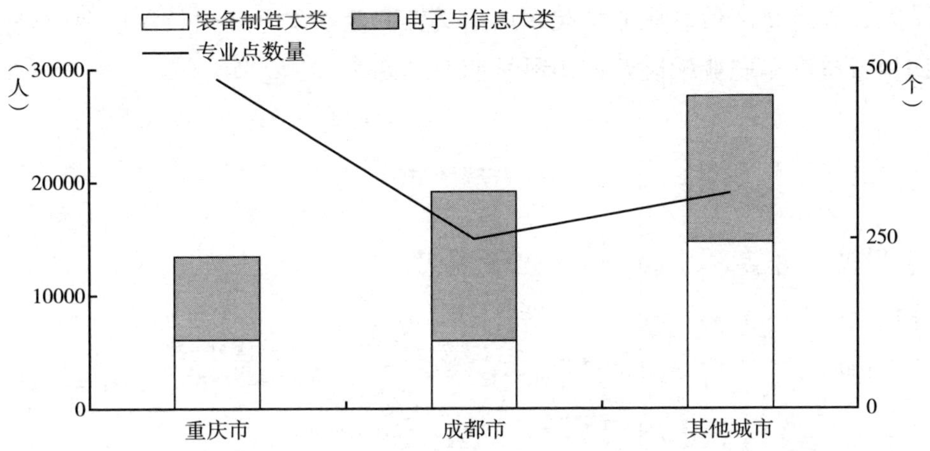

图 10　2023 年成渝地区双城经济圈各地区专科高等院校专业点数量及招生人数

资料来源：根据各高校官网数据整理得出。

从院校来看，本报告引入“人才供给系数”①（人才供给系数越大表明人才供给贡献越多）将成渝地区双城经济圈电子信息制造业相关专科高等院校人才培养供给分为四个聚类，分别为“H-H”（第一象限）、“L-H”（第二象限）、“L-L”（第三象限）、“H-L”（第四象限）。“H-H”指成渝地区双城经济圈电子信息制造业相关专科高等院校人才培养供给贡献较多的院校，反之“L-L”指较少的院校。如图 11 所示，大部分成渝地区双城经济圈电子信息制造业相关专科高等院校人才供给系数集中在“H-H”“L-L”“H-L”三个聚类，说明该区域内专科高等院校相关人才的培养差异较大，并且相比之下开设相关专业种类比较多，而目前各专业招生人数较少。相比其他聚类，“H-H”聚类分布得比较分散，说明当前成渝地区双城经济圈相关人才供给贡献较多的专科高等院校水平差异较大。成渝地区双城经济圈电子信息制造业相关专科高等院校人才供给贡献较多的高校有四川托普信息技术职业学院、重庆电子工程职业学院、重庆工业职业技术学院、四川航天职业技术学院、四川城市职业

① 某高校人才供给系数 =（某高校相关招生人数/所有高校相关招生总人数）×（某高校相关专业点数/所有高校相关专业点总数）。

学院、天府新区信息职业学院、四川文轩职业学院、四川长江职业学院、四川希望汽车职业学院及四川科技职业学院。

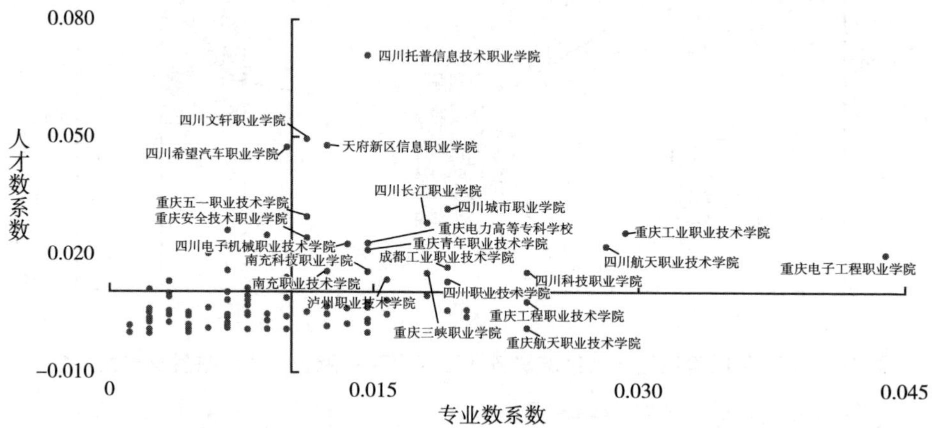

图 11　成渝地区双城经济圈专科高等院校电子信息制造业人才培养供给贡献散点图

注：人才供给系数=人才数系数×专业数系数；图中仅显示人才培养供给贡献显著的学校。
资料来源：根据各高校官网数据整理得出。

（三）成渝地区双城经济圈高校电子信息制造业人才培养对比分析

1. 成渝地区双城经济圈本科高校比较

（1）本科高校数量

根据教育部普通高校名单，2024 年成渝地区双城经济圈本科高校共 78 所。重庆市共计 28 所，其中公办 19 所、民办 9 所，“双一流”高校 2 所（重庆大学、西南大学），“211”高校 2 所（重庆大学、西南大学），“985”高校 1 所（重庆大学）。成都市共计 29 所，其中公办 18 所、民办 11 所，“双一流”高校 7 所（四川大学、电子科技大学、西南交通大学、西南石油大学、成都理工大学、西南财经大学、成都中医药大学），“211”高校 4 所（四川大学、电子科技大学、西南交通大学、西南财经大学），“985”高校 2 所（四川大学、电子科技大学）。成渝地区双城经济圈其他城市共计 21 所，其中公办 14 所、民办 7 所，“双一流”高校 1

所（四川农业大学），“211”高校1所（四川农业大学），暂无“985”高校（见表4）。

表4　2024年成渝地区双城经济圈本科高校数量

单位：所

地区	高校类型		高校总数	“双一流”高校数	“211”高校数	“985”高校数
	公办	民办				
重庆市	19	9	28	2	2	1
成都市	18	11	29	7	4	2
其他城市	14	7	21	1	1	0

资料来源：根据教育部普通高校名单整理得出。

首先，据表4可知，成渝地区双城经济圈三个地区的本科高校数量差距不大，各地区高校总数由大到小排序分别是成都市、重庆市、其他城市。但是成都市“双一流”等高水平本科教育的建设水平显著高于其他两个地区，高水平本科教育可以为电子信息制造业的发展培养大量的中、高端人才，是电子信息制造业人才培养的主阵地。

其次，从办学类型来看，公办本科高校占总体的65.4%，重庆市、其他城市公办本科高校与民办的数量比例都是2∶1，成都市是18∶11，说明该区域本科高校人才培养还是以公办为主、民办为辅。

（2）本科高校电子信息制造业相关专业建设

对各本科高校官网专业设置情况进行统计，2023年成渝地区双城经济圈本科高校设立相关本科专业点637个、硕士点291个、博士点59个。重庆市设立相关专业招生的本科高校有23所，设立相关本科专业点236个、硕士点109个、博士点13个。成都市设立相关专业招生的本科高校有25所，设立相关本科专业点263个、硕士点139个、博士点45个。成渝地区双城经济圈其他城市设立相关专业招生的本科高校有18所，设立相关本科专业点138个、硕士点43个、博士点1个（见表5）。

表 5　2023 年成渝地区双城经济圈本科高校电子信息制造业相关专业点建设情况

单位：所，个

地区	高校总数	设立相关专业高校总数	本科专业点数	硕士点数	博士点数
重庆市	28	23	236	109	13
成都市	29	25	263	139	45
其他城市	21	18	138	43	1

资料来源：根据各高校官网数据整理得出。

从相关专业点建设来看，成渝地区双城经济圈其他城市本科高校电子信息制造业相关专业的本科专业点、硕士点、博士点数量均大幅落后于重庆市、成都市，说明重庆市、成都市是该区域本科高校电子信息制造业人才培养的主力军。其中，重庆市在本科高校相关本科专业点、硕士点、博士点的数量上均落后于成都市。成都市相关博士点的建设较强，而且成都市依托更多的“985”高校、“211”高校、“双一流”高校开展相关专业点建设（见表 6），因此在电子信息制造业人才培养能力上体现出更强的竞争力，并且能培养出更多电子信息制造业高水平创新型人才。

表 6　2023 年成渝地区双城经济圈本科高校电子信息制造业相关专业点建设数量

单位：所，个

指标	重庆市本科高校	成都市本科高校	其他城市本科高校
“985”高校	1	2	0
“211”高校	2	4	1
“双一流”高校	2	7	1
电子信息制造业相关本科专业点	236	263	138

资料来源：根据各高校官网数据整理得出。

从本科高校相关专业类建设来看，成渝地区双城经济圈三个地区本科高校在电子信息制造业相关专业类建设上表现出较强的一致性。第一，三个地区本科高校电子信息制造业相关专业类前三均是计算机类、电子信息类、机械类。第二，计算机类专业点开设数量远超其他相关专业类的专业点开设数量，计算机类是三个地区的第一档相关专业类，其中重庆市本科高校共开设专业点 107 个、成都市开设 112 个、其他城市开设 63 个。第三，电子信息类、机械类相关专业在重庆市、其他城市本科高校的专业点开设数量上均处于第二档，其中重庆市本科高校分别开设了 67 个、45 个，成都市分别开设了 92 个、39 个，其他城市分别开设了 34 个、30 个，与计算机类相关专业的专业点开设数量相比存在较大差距，但与其他专业类相关专业的专业点开设数量相比存在一定优势。唯一不同的是成都市本科高校电子信息类与计算机类均并入第一档（见表 7）。

表 7　成渝地区双城经济圈本科高校电子信息制造业相关专业类建设情况

专业点开设数量档次	重庆市本科高校	成都市本科高校	其他城市本科高校
第一档	计算机类	计算机类、电子信息类	计算机类
第二档	电子信息类、机械类	机械类	电子信息类、机械类

资料来源：根据各高校官网数据整理得出。

（3）本科高校电子信息制造业相关招生情况

通过对各本科高校官网 2023 年招生情况进行统计，成渝地区双城经济圈电子信息制造业本科高校电子信息制造业相关本科、硕士、博士招生 5.8 万余人。

首先，从本科高校电子信息制造业相关专业本科招生情况来看，成渝地区双城经济圈本科高校电子信息制造业相关专业本科招生共计 4.3 万余人，其中重庆市相关本科招生 1.5 万余人、成都市相关本科招生 1.8 万余人、其他城市相关本科招生 0.9 万余人。从电子信息制造业相关专业硕士点招生情况来看，成渝地区双城经济圈相关硕士点招生人数共计 1.4 万余人，其中重庆市相关硕士点招生 5000 余人、成都市相关硕士点招生 7000 余人、其他城市相关硕士点招生 1000 余人。从电子信息制造业相关专业博士点招生情况来看，成渝地区双城经济圈相关博士点招生人数共计800余人，其中重庆市相关博士点招生仅有200余人、成都市相关博士点招生600余人、其他城市招生50余人（见表8）。

表8　2023年成渝地区双城经济圈本科高校电子信息制造业相关招生情况

单位：万余人

地区	本科招生人数	硕士点招生人数	博士点招生人数
重庆市	1.5	0.5	0.02
成都市	1.8	0.7	0.06
其他城市	0.9	0.1	0.005

资料来源：根据各高校官网数据整理得出。

成都市本科高校电子信息制造业相关的本科专业点、硕士点、博士点招生总人数多于重庆市，并且成都市、重庆市相关招生总人数相当于其他城市招生总人数的2倍左右，且成都市、重庆市本科高校电子信息制造业相关本科专业点、硕士点、博士点的设立也是其他城市的多倍，说明成渝地区双城经济圈中重庆市、成都市、其他城市的本科高校电子信息制造业相关招生人数与相关专业点在人才培养供给上呈正比例关系。

其次，成渝地区双城经济圈本科高校本科招生、硕士点招生、博士点招生比例是74∶24∶2，说明该区域本科高校电子信息制造业人才培养供给以本科生作为输出的主要群体，硕士研究生、博士研究生的输出数量远少于本科生数量，但硕士、博士研究生教育在培养目标、教学方式、课程设置、学术要求、学生自主性以及职业发展上区别于本科生教育，更侧重于学生的主动探索和创新能力的培养，这会为该区域电子信息制造业的发展带来新点子、新路径、新模式，为该区域电子信息制造业输出具有创新思维的知识技能型人才和复合技能型人才。

2. 成渝地区双城经济圈专科高等院校比较

（1）专科高等院校数量

根据教育部公布的专科高等院校名单，2023年成渝地区双城经济圈共计109所专科高等院校，其中公办63所、民办46所。重庆市专科高等院校有36所，其中公办23所、民办13所。重庆电子工程职业学院、重庆工业职业技术学院、重庆电力高等专科学校、重庆五一职业技术学院、重庆青年职业技术学院、重庆安全技术职业学院、重庆三峡职业学院等专科高等院校在电子信息制造业人才培养上展现出较强的竞争力。成都市专科高等院校有29所，其中公办18所、民办11所。四川托普信息技术职业学院、四川航天职业技术学院、四川城市职业学院、四川文轩职业学院、四川长江职业学院、四川科技职业学院、成都工业职业技术学院、四川华新现代职业学院等专科高等院校电子信息制造业的人才培养能力较强。其他城市专科高等院校有44所，其中公办22所、民办22所（见表9）。天府新区信息职业学院、四川希望汽车职业学院、四川电子机械职业技术学院、四川职业技术学院、南充科技职业学院等专科高等院校电子信息制造业人才培养供给能力较强。

表9　2023年成渝地区双城经济圈专科高等院校数量

单位：所

地区	院校类型		院校总数
	公办	民办	
重庆市	23	13	36
成都市	18	11	29
其他城市	22	22	44

资料来源：根据各高校官网数据整理得出。

成渝地区双城经济圈三个地区专科高等院校数量从多到少依次是其他城市、重庆市、成都市，与本科高校数量排名相反，说明成渝地区双城经济圈其他城市可以为电子信息制造业的发展培养更多的技术技能型人才。

（2）专科高等院校电子信息制造业相关专业建设

通过对各专科高等院校官网的专业设置情况进行统计，2023年成渝地区双城经济圈专科高等院校电子信息制造业设立相关专科专业点1049个。

重庆市设置相关专业招生的专科高等院校有 34 所，设立相关专科专业点 483 个。成都市设置相关专业招生的专科高等院校有 27 所，设立相关专科专业点 249 个。其他城市设置相关专业招生的专科高等院校有 35 所，设立相关专科专业点 317 个（见表 10）。

表 10　2023 年成渝地区双城经济圈专科高等院校电子信息制造业相关专业建设情况

单位：所，个

地区	院校总数	设置相关专业招生院校总数	电子信息制造业相关专科专业点数	第一档电子信息制造业相关专业类	第二档电子信息制造业相关专业类
重庆市	36	34	483	计算机类	自动化类、电子信息类、汽车制造类
成都市	29	27	249	计算机类	电子信息类、自动化类
其他城市	44	35	317	计算机类	自动化类、电子信息类

资料来源：根据各高校官网数据整理得出。

从相关专业点建设来看，成渝地区双城经济圈其他城市设置电子信息制造业相关专科专业招生的院校数量与重庆市差不多，最少的是成都市，但重庆市专科高等院校设立相关专科专业点数量远多于其他城市、成都市，说明重庆市专科高等院校有关电子信息制造业人才培养的专业分类更丰富，院校开设的相关专业更多。

从相关专科专业类建设来看，成渝地区双城经济圈三个地区专科高等院校电子信息制造业相关专科专业类建设同样表现出较高的一致性，具体表现为以下方面。第一，计算机类是三个地区专科高等院校开设最多的电子信息制造业相关专业类，重庆市专科高等院校共开设 189 个、成都市开设 109 个、其他城市开设 97 个，远超其他相关专业类的开设数量，是专科高等院校电子信息制造业人才培养的核心内容。第二，三个地区电子信息制造业相关专业点开设数量位于第二档的专业类大致相同，重庆市为自动化类、电子信息类、汽车制造类，成都市为电子信息类、自动化类，其他城市为自动化类、电子信息类。重庆市专科高等院校开设以上专业类的专业点数量为60~190个，成都市为30~110个，其他城市为35~100个。第三，汽车制造类、装备设计制造类、通信类电子信息制造业相关专业点的开设数量也较多，上述专业点重庆市专科高等院校共开设113个、成都市开设51个、其他城市开设67个。

（3）专科高等院校电子信息制造业相关招生情况

通过对各专科高等院校官网的2023年招生情况进行统计，成渝地区双城经济圈专科高等院校电子信息制造业相关专业招生6万余人。

从不同地区电子信息制造业相关专科专业招生情况来看，重庆市电子信息制造业相关专科专业招生人数是1.4万余人，成都市电子信息制造业相关专科专业招生人数是1.9万余人，其他城市电子信息制造业相关专科专业招生人数是2.7万余人（见表11）。

表11　2023年成渝地区双城经济圈专科高等院校电子信息制造业相关专科专业招生情况

指标	重庆市	成都市	其他城市
设置相关专业招生院校总数(所)	34	27	35
相关专科专业点数(个)	483	249	317
专科招生人数(万余人)	1.4	1.9	2.7

资料来源：根据各高校官网数据整理得出。

其他城市专科高等院校相关专科专业招生总人数多于成都市、重庆市，可以为成渝地区双城经济圈培养更多的电子信息制造业技术技能型人才。而相比之下，重庆市专科高等院校相关专科专业点数虽然最多，但专科招生人数却是最少的，说明重庆市专科高等院校开设电子信息制造业相关专科专业更丰富，但相对来说各专业招生人数较少。

3. 成渝地区双城经济圈本科高校与专科高等院校对比分析

高等教育大学生教育阶段分为三种形式：大学本科、研究生（包括硕士研究生和博士研究生）和大学专科。本科教育与专科教育同属高等教育，

二者在专业设置上十分相似，本科高校与专科高等院校均开设了计算机类、电子信息类、通信类、机械类等电子信息制造业相关专业。

（1）成渝地区双城经济圈本科高校与专科高等院校的人才培养规模比较

从培养规模来看，2023 年各高校官方公布的招生数据为 11.2 万人，本科及专科人才培养规模较大，分别占 38.0%、48.6%，说明两种培养模式均是成渝地区双城经济圈电子信息制造业人才培养的主要途径（见图 12）。成渝地区双城经济圈专科教育主要集中在其他城市，培养相关人才数量占到整体人数的 50.6%；本科教育主要集中在重庆市及成都市，培养相关人才数量占到整体人数的 81.6%，其中成都市本科生、硕士研究生、博士研究生的整体培养规模都大于重庆市。

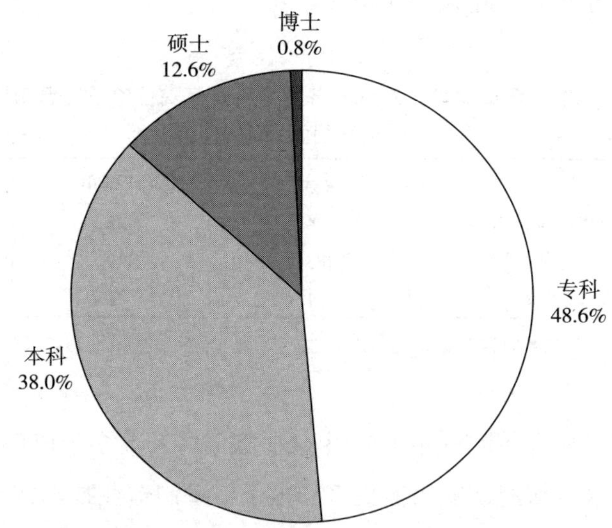

图 12　2023 年成渝地区双城经济圈高校电子信息制造业人才培养规模

资料来源：根据各高校官网数据整理得出。

（2）成渝地区双城经济圈本科高校与专科高等院校的人才培养目标比较

本科教育与专科教育在培养目标上十分不同。本科教育旨在使学生系统掌握本学科和专业所需的基础理论、基本知识和必要的基本技能与方法，学习相关知识、培养从事专业实际工作和研究工作的初步能力，全面提升学生的学术能力和实践素质，为未来的职业发展和进一步深造奠定坚实基础。专科教育旨在使学生掌握本专业必备的基础理论和专门知识，具备从事专业实际工作的基本技能和初步能力，更侧重于对实践应用能力的培养，确保学生能够胜任专业工作岗位，快速适应工作环境并有效解决实际问题。简单来说，本科高校培养人才更关注电子信息制造业理论与研究工作，而专科高等院校培养人才更注重电子信息制造业技能学习与知识应用。

培养目标的不同决定了培养方式和培养结果的差异。本科教育的培养多采用“理论+研究”的方式进行，让学生在学习现有理论的基础上进行深入研究，拓宽知识的广度并加深学习的深度，培养毕业生的相关理论知识及综合能力，让毕业生在就业时有更多元的选择。就电子信息制造业领域而言，本科教育培养的人才可以满足技术技能型人才、知识技能型人才和复合技能型人才的基本要求，对于电子信息制造业人才的培养是比较全面的。不同的是，专科教育的培养多采用“理论+应用”的方式进行，指在学习理论的基础上将其应用于实践中，突出在特定领域的专业技能，专科毕业生虽然就业选择不如本科毕业生丰富，但其在专业领域的实操性、专业性方面具有较强的竞争力，专科教育培养的电子信息制造业人才主要是技术技能型人才，而知识技能型人才和复合技能型人才的培养能力较弱。

总体来看，重庆市高校和成都市高校有较强的电子信息制造业人才培养能力。与重庆市、其他城市相比，成都市高水平本科院校更多，因此可以依托这些院校更好地开展相关专业的本科专业点、硕士点和博士点建设，培养更多电子信息制造业知识技能型人才和复合技能型人才。与重庆市、成都市相比，其他城市专科高等院校的数量更多，开设的电子信息制造业相关专科专业点也较多，电子信息制造业技术技能型人才的培养能力更强。成渝地区双城经济圈本科高校与专科高等院校在电子信息制造业相关专业设置上结构相似，计算机类、电子信息类专业是开设院校最多的专业，体现出计算机类、电子信息类专业建设在电子信息制造业人才培养中具有重要作用。

4. 成渝地区双城经济圈培训机构电子信息制造业人才培养

根据重庆市人力资源和社会保障局认定的培训机构名单，本报告对培训机构类型和培训内容进行统计，截至 2024 年 7 月，成渝地区双城经济圈培训机构共计 505 所，其中公办 319 所、民办 170 所、企业办 16 所。成渝地区双城经济圈电子信息制造业人才培训机构包括中等专业学校、职业高中、技工院校、技师学院及高技能人才培训基地等。本报告基于前述对电子信息制造业人才的定义，参考教育部发布的《职业教育专业目录（2021 年）》，将“机械设计制造类”“机电设备类”“自动化类”“汽车制造类”“电子信息类”“计算机类”“通信类”“集成电路类”等相关领域的培训业务界定为电子信息制造业人才培养的相关培训内容。

从培训机构类型来看，如图 13 所示，成渝地区双城经济圈公办培训机构占比较大，为 63. 2%。开展电子信息制造业相关培训的培训机构占总体的一半左右，其中公办占 74%左右，说明成渝地区双城经济圈电子信息制造业相关的人才培训多数还是以当地政府为主导，也证明成渝地区双城经济圈有关电子信息制造业人才培训是当前该区域热门之一。

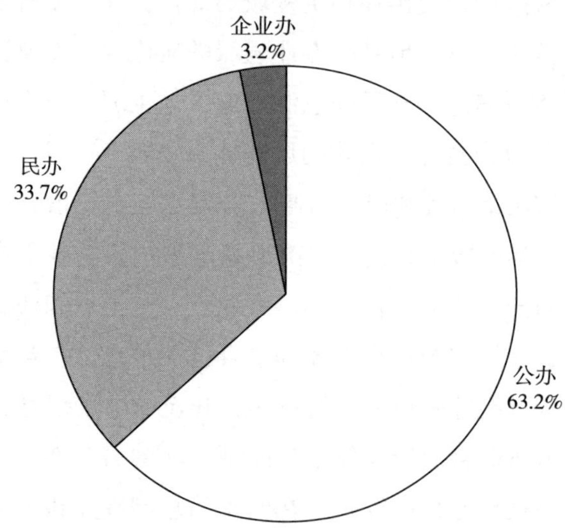

图 13　成渝地区双城经济圈培训机构类型占比情况

资料来源：重庆市人力资源和社会保障局。

从培训机构培训内容来看，如图 14 所示，成渝地区双城经济圈培训机构有关电子信息制造业人才的培训内容集中在计算机应用、数控技术应用、工业机器人技术应用、汽车制造与检测、电子技术应用、物联网技术应用等方面，以“计算机类”“机械设计制造类”“电子信息类”培养为主、其余专业类培养为辅。

图 14　成渝地区双城经济圈培训机构相关培训内容

资料来源：重庆市人力资源和社会保障局。

三　成渝地区双城经济圈电子信息制造业人才需求情况

本报告根据 2022 年人力资源和社会保障部、国家市场监管总局、国家统计局共同发布的最新修订版《中华人民共和国职业分类大典》中标注的 100 余个电子信息制造业职业，运用 Python 技术抓取截至 2024 年 3 月智联招聘网站上成渝地区双城经济圈电子信息制造业相关职业招聘信息，绘制职业和岗位对应表（见表 12）。本报告主要围绕重庆市、成都市、成渝地区双城经济圈其他城市企业对电子信息制造业人才的岗位需求、学历需求、经验需求、区域需求以及专业技能需求，结合薪资水平和区县分布综合进行分析，为教育机构进行人才培育、为政府部门进行政策出台提供借鉴。

表 12　截至 2024 年 3 月成渝地区双城经济圈职业及岗位数量

单位：个

职业	重庆市岗位数量	成都市岗位数量	其他城市岗位数量
集成电路	183	861	165
通信工程师	94	283	73
算法工程师	152	430	48
前端开发	230	675	40
后端开发	107	332	45
锂电池工程师	86	149	109
人工智能	130	237	43
网络安全	229	32	121
智能制造	30	50	62
芯片制造	6	4	11
显示器制造	4	7	21
光伏	88	282	106
计算机制造	3	8	31
软件工程师	536	881	97
汽车电子	31	20	9
虚拟现实	13	20	11
传感器	29	73	24
5G 工程师	2	11	2
硬件工程师	152	393	54
光电工程师	5	17	8

资料来源：智联招聘网站。

（一）成渝地区双城经济圈电子信息制造业人才需求概况

借助 Python 技术抓取截至 2024 年 3 月智联招聘网站发布的电子信息制

造业相关岗位的人才招聘信息，抓取字段包括岗位名称、薪资、经验要求、学历要求等 9 个维度，并经过数据清洗最终得到有效数据 7955 条。

本报告从电子信息制造业人才的学科专业设置、职业属性和供需匹配的视角，对接电子信息制造业企业活动中技术研发、运营管理和产品后期维护等关键环节，将电子信息制造业人才岗位划分为技术研发人才、管理运营人才和运行维护人才三类。

技术研发人才指专门从事技术研发和创新工作的专业人员，具备深厚的电子信息理论知识，熟悉相关的制造工艺和技术，能够根据市场动态和技术前沿，进行新产品的创新设计、高效开发和持续优化。他们通常需要具备电子信息工程、自动化等相关专业的高等教育背景与过硬的专业知识和技能，而且需要具备技术创新思维、团队协作能力等综合素质，以适应快速变化的市场环境和技术发展趋势。

管理运营人才指专注于企业运营管理、业务运作以及能提供信息化、自动化和智能化解决方案的专业人员。他们负责协调企业内部各个部门之间的运作，确保生产流程的顺畅进行，能提升企业运营推广效率，实现企业的战略目标。他们通常需要具备工商管理、电子信息工程等相关专业的高等教育背景，以及卓越的管理能力和敏锐的市场洞察力，还需要具备良好的组织协调与沟通交流能力，能够协调组织内部不同部门之间的工作，解决各种运营问题。

运行维护人才指具有电子信息基础知识，熟悉电子信息终端设备与应用，能够对电子信息设备进行安装、调试、运行和维护的人员。他们通常需要具备丰富的设备维护和运行经验，熟悉各种生产设备的工作原理和维修技术，具备快速定位和解决问题的能力。

1. 薪资岗位分布

从成渝地区双城经济圈电子信息制造业需求岗位薪资分布情况可以看出，“5000 元以下”的薪资区间在成渝地区双城经济圈三个地区的占比均较少，这类薪资区间涉及一些基础或入门级的职位，对于初入职场或技能水平较低的求职者来说，这些岗位是主要选择。随着薪资水平的上升，“5000~

10000 元”和“10000～15000 元”的岗位数量呈现增加的趋势（见图 15）。在重庆市电子信息制造业的需求岗位中，薪资水平在“5000～10000 元”和“10000～15000 元”两个区间的需求岗位占比分别为 42.2%和 26.8%（见图 16），

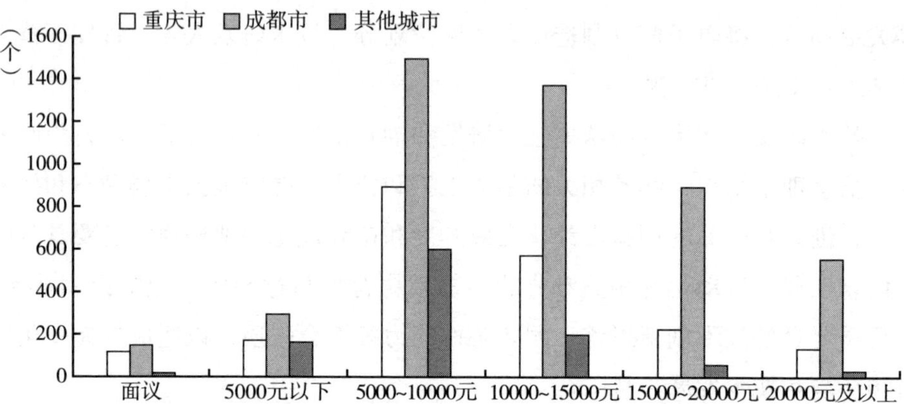

图 15　成渝地区双城经济圈电子信息制造业需求岗位薪资分布情况

资料来源：智联招聘网站。

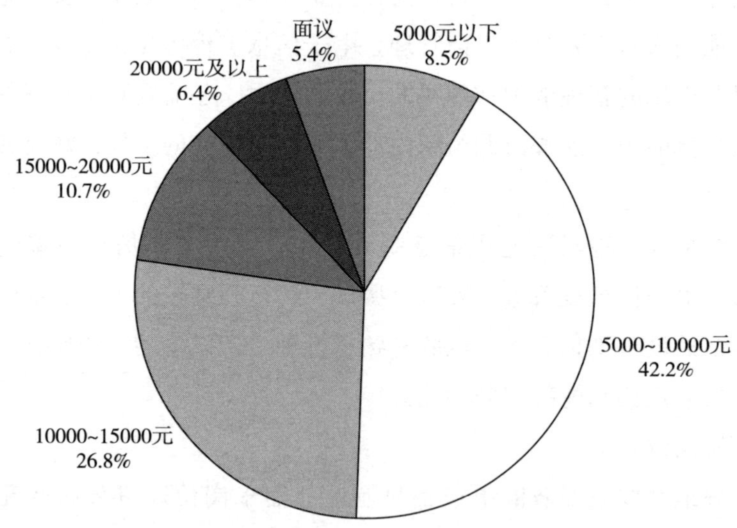

图 16　重庆市电子信息制造业需求岗位薪资分布情况

资料来源：智联招聘网站。

成都为31.4%和28.7%（见图17），成渝地区双城经济圈其他城市为56.6%和19.4%（见图18）。这类中高薪资区间的岗位数量较多，说明电子信息制造业对于具备一定专业技能和经验的求职者有较大的需求。各地区在“15000~20000元”和“20000元及以上”的高薪区间，需求岗位数量则明显减少。在重庆市电子信息制造业的需求岗位中，薪资水平在“15000~20000元”和“20000元及以上”两个区间的需求岗位占比分别为10.7%和6.4%，成都市为19.0%和11.7%，成渝地区双城经济圈其他城市为5.3%和2.9%。可以发现，这三个区域整体的高薪岗位相对较少，竞争更为激烈，通常需要求职者具备较高的技能水平和较好的学历背景。此外，成都市的电子信息制造业高薪岗位占比在三个地区中最高，反映出成都市电子信息制造业发展现状较优、产业链供应链完善、企业集聚效应良好。而重庆市和成渝地区双城经济圈其他城市的高薪岗位需求相对较少，未来仍具有广阔的发展空间。

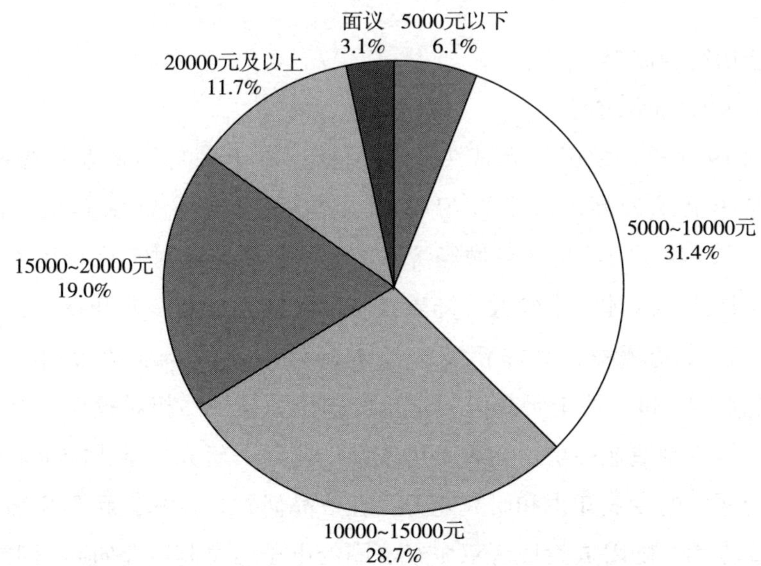

图17　成都市电子信息制造业需求岗位薪资分布情况

资料来源：智联招聘网站。

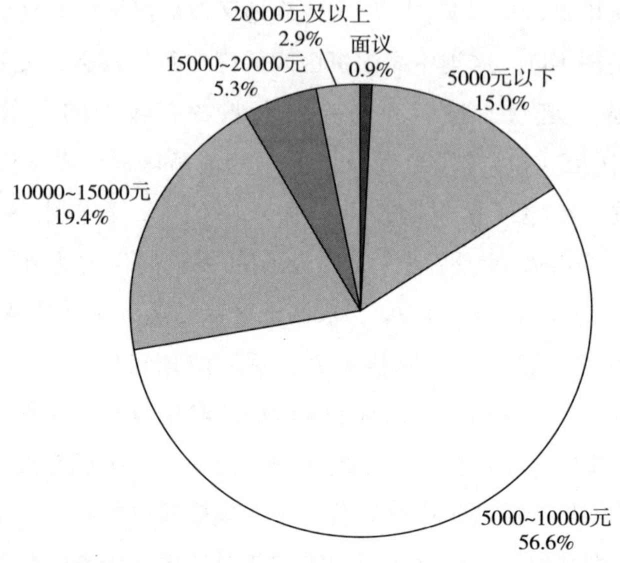

图 18　成渝地区双城经济圈其他城市电子信息制造业需求岗位薪资分布情况

资料来源：智联招聘网站。

2. 学历经验需求

（1）从学历需求看

如图 19 所示，学历没有成为主要门槛，电子信息制造业岗位对“本科”的学历需求最高，占比为 61.2%；“大专”学历需求其次，占比为 22.5%。这反映了成渝地区双城经济圈电子信息制造业对于具有系统专业知识和广泛技能的人才需求较大。随着技术的不断发展和产业升级，企业对于能够迅速适应新环境、掌握新技术的本专科毕业生需求持续增长。需要“硕士研究生”和“博士研究生”学历的岗位数量虽然相对较少，但相关人才在电子信息制造业中也扮演着不可或缺的角色。研究生学历的求职者通常具备更为深入的专业知识和研究能力，在产品研发、技术创新等高端领域发挥着重要作用。随着成渝地区双城经济圈的电子信息制造业向高精尖方向发展，企业对于这类高端人才的需求也将逐渐增长。对于“初中及以下”、“中专/中技”和“高中”学历的求职者，相关岗位数量较少，这些岗位主要集中在一些基础性和辅助性的工作上，如生产线操作、设备维护等。此外，“学历不限”的岗位数量占比5.5%，这表明有部分企业更加注重求职者的实际能力和工作经验，而非单纯地以学历作为筛选标准。这为那些没有高学历但具备丰富实践经验和技能的求职者提供了就业机会。

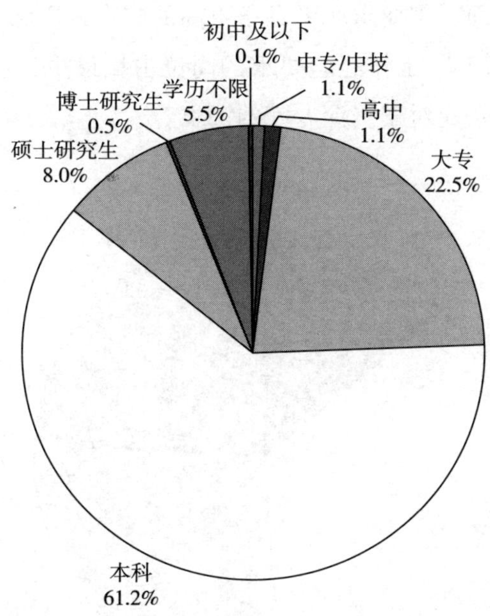

图19　成渝地区双城经济圈电子信息制造业岗位的学历需求分布情况

资料来源：智联招聘网站。

（2）从经验需求看

如图20所示，“经验不限”的岗位数量较多，这反映了电子信息制造业对于新人的包容和接纳。由于电子信息制造业领域的技术更新迅速，新人的学习能力和适应能力往往成为企业看重的特质。因此，即便没有丰富的工作经验，只要具备相关的专业知识、较好的学习能力和良好的工作态度，求职者仍然有机会找到合适的岗位。同时，有“1~3年”和“3~5年”工作经验要求的岗位数量占比较大。这表明在电子信息制造业中，对于一些基础性和技术性的岗位，企业更加偏向聘用具备一定行业工作经验和技能的求职者，这类岗位涉及具体的生产操作、技术支持或项目管理等方面，需要求职者迅速融入团队并承担相应的工作职责。有“5~10年”工作经验要求的岗位数量相对较少，但也体现出企业在不同发展阶段对于人才的需求。随着企业规模的扩大，对于能够独当一面、具备丰富经验和深厚专业背景的求职者，企业的需求也在不断增加。这些岗位涉及更为复杂的技术研发、市场拓展或高层管理等方面，需要求职者具备更高的综合素质和卓越的问题处理能力。有“10 年及以上”工作经验要求的岗位占比最少，但也反映了在一些高端、专业的领域企业对于资深专家的渴求。

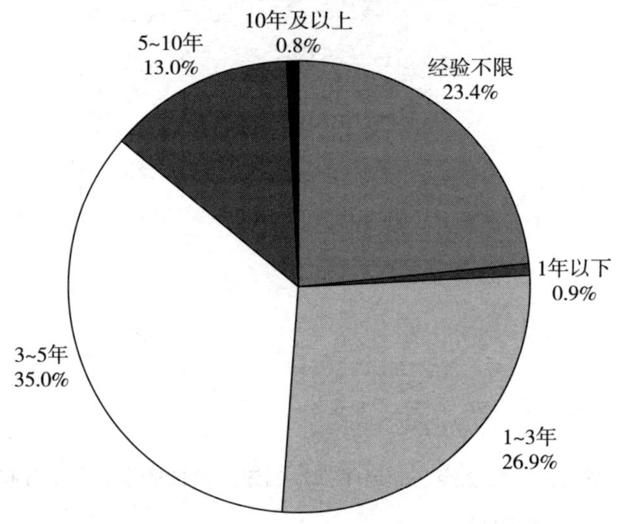

图 20　成渝地区双城经济圈电子信息制造业岗位的经验需求分布情况

资料来源：智联招聘网站。

3. 区域需求分布

从成渝地区双城经济圈电子信息制造业岗位区域需求分布来看，需求分布呈现明显的地域差异。首先，成都市的需求占比最大，达到了 59.9%（见图 21）。这反映出成都市在电子信息制造业领域的发展势头较为迅猛，人才缺口较大。这是因为成都市在电子信息行业具备较为完善的产业链和较强的产业集群效应，吸引了大量企业入驻，从而带动了人才需求的增长。其次，重庆市的需求占比为 26. 5%，虽然不及成都市，但也呈现较高的需求水平。重庆市作为西南地区的重要城市和全国著名的传统制造业重镇，近年来在电子信息制造业方面也有着不俗的发展，吸引了大量的投资和人才。成都市的科研实力和人才储备为其在该行业的发展提供了强劲支撑。最后，成渝地区双城经济圈其他城市的需求占比为13.6%，虽然比例不高，但也表明电子信息制造业在这些地区具有极大的发展潜力和良好的市场环境。结合发展实际来看，电子信息制造业是一个发展潜力大、技术含量高的行业。随着电子信息技术的更迭和产业发展，电子信息制造业对人才的需求将长期保持增长。因此，成渝地区双城经济圈应当根据自身的优势产业和丰富资源，制定合理的人才引进和培养政策，以推动电子信息制造业的持续健康发展。

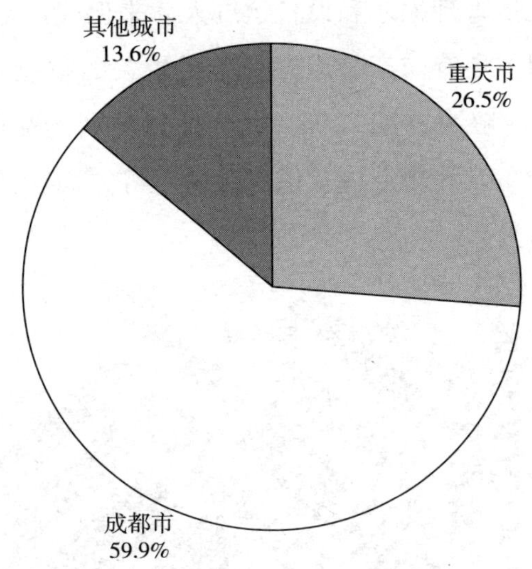

图21　成渝地区双城经济圈电子信息制造业岗位区域需求分布情况

资料来源：智联招聘网站。

4. 专业技能需求

从招聘数据和电子信息制造业专业技能需求的角度来看，电子信息制造业对从业人员的技术要求和专业知识要求较高，包括电子、通信、计算机等技术和基础原理。从图22中可以看出，“自动化控制”“Python/Java/C++”“C语言”“数据挖掘/分析”等技能在词云图中占据显著位置。这表明这些

技能在电子信息制造业中具有较高的需求度和重要性。首先，Python、Java、C++等编程语言，被广泛用于软件和系统开发等领域；“数据挖掘/分析”对于提升工作效率和开展精细化运营具有关键作用；而“自动化控制”则是电子产品设计和制造过程中不可或缺的环节。其次，一些与新电子材料、新电子硬件制造相关的技能，如“刻蚀技术”“锂电池制造”“PHP”等也在词云图中有所体现。这些技能直接涉及电子信息产品的生产流程，对于提升产品质量和技术含量具有重要意义。再次，词云图中还出现了一些与质量管理和测试相关的术语，如“质量管理”“设备装配/调试/维修”等。这表明在电子信息制造业中，产品质量把控和后期运行维护同样重要，需要专业的质量管理人才和设备运维人才来保障产品的稳定性和安全性。最后，词云图中还有与产品运营和交付相关的技能，如“产品经理”“采购/仓储”“售前解决方案”等，这些技能涉及产品的市场前景调研、市场需求分析、产品设计规划以及供应链管理等方面，是产品成功上市和运营不可或缺的部分。

图 22　成渝地区双城经济圈电子信息制造业岗位专业技能需求词云图

资料来源：智联招聘网站。

（二）成渝地区双城经济圈电子信息制造业人才需求维度

1. 岗位人才需求类型

从岗位人才需求类型这一维度来看，技术研发人才的需求数量在电子信息制造业中占据主导地位，这深刻地反映了该行业的专业性和技术密集特性（见图 23）。技术研发人才，包括软件工程师、硬件工程师、系统架构师等，是电子信息制造业的中坚力量，他们在产品、技术和工艺方面的创新和优化中扮演着至关重要的角色。随着市场竞争的加剧，电子信息制造业对技术研发人才的需求持续旺盛。企业为了维持市场规模以及持续增强竞争力，必须不断地进行技术创新和产品迭代，而这离不开技术研发人才的创新思维和不懈努力。同时，管理运营人才和运行维护人才的需求虽然相对较少，但同样不可或缺。管理运营人才负责企业的战略规划、项目管理、资源配置等工作，能够确保企业的有序运转和高效发展。而运行维护人才则专注于电子信息设备和系统的维护和优化，确保其稳定运行和数据安全。

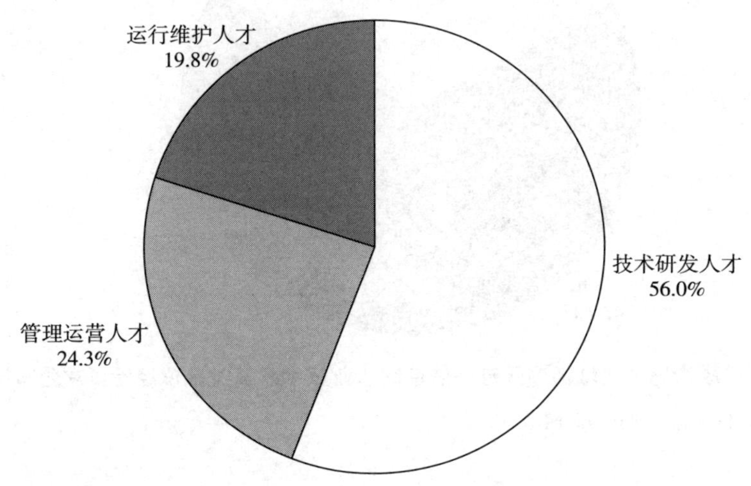

图 23　成渝地区双城经济圈电子信息制造业岗位人才需求类型分布情况

资料来源：智联招聘网站。

2. 岗位经验要求

从岗位经验要求这一维度来看（见图 24 至图 26），技术研发类和管理运营类岗位对工作经验的要求呈现一定的集中性，即大部分企业更倾向于招聘具有长期工作经验的人才。无论是技术研发类还是管理运营类岗位，对“1~3 年”和“3~5 年”的工作经验要求占比都相对较高。这表明电子信息制造业作为技术密集型行业，对人才的工作年限和工作经验有一定的要求，以保证企业稳定、高效地运行。此外，运行维护类岗位对工作经验没有要求的需求量占比是三类岗位中最大的，而技术研发类岗位中工作经验不限的占比为三类岗位中最小的，这和不同类别岗位的需求技能和工作任务密切相关。技术研发类岗位对专业知识、项目经验、开发经历等有较高要求，而运行维护类岗位的工作偏向于一线操作、易上手，需要保障系统的稳定运行。

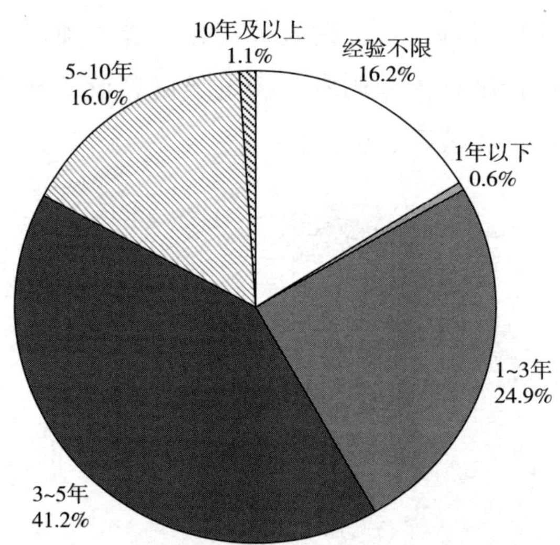

图 24　成渝地区双城经济圈电子信息制造业技术研发类岗位经验要求分布情况

资料来源：智联招聘网站。

3. 岗位学历需求

从岗位学历需求这一维度来看，首先，在技术研发类岗位中，对大专和

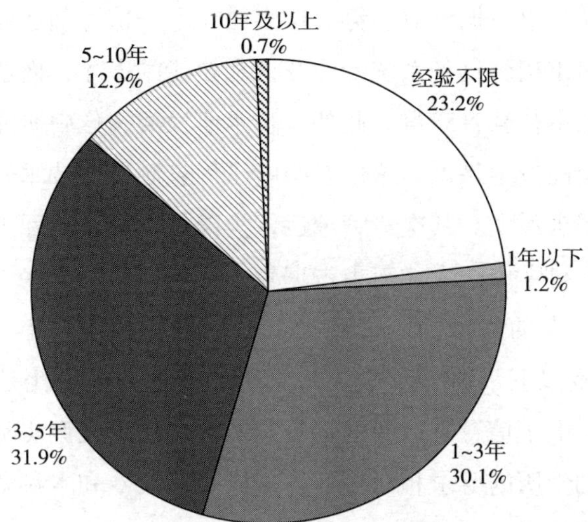

图 25　成渝地区双城经济圈电子信息制造业管理运营类岗位经验要求分布情况

资料来源：智联招聘网站。

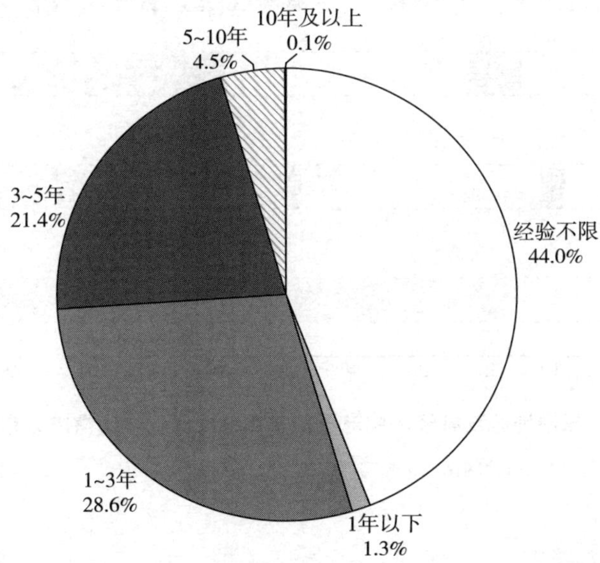

图 26　成渝地区双城经济圈电子信息制造业运行维护类岗位经验要求分布情况

资料来源：智联招聘网站。

本科学历的人才需求占据绝对优势。这表明在电子信息制造业的技术研发领域，企业更倾向于招聘具备系统专业知识和技能的人才，而这些知识和技能通常通过大专或本科教育获得。此外，技术研发类岗位中研究生学历的人才需求占比在三类岗位中最大，这也表明电子信息制造业技术研发类岗位对高端研发人才的需求最大。其次，管理运营类岗位更注重实际工作经验和管理能力，大专和本科学历的人才需求占据较大比例，说明这些学历背景在管理运营领域具有一定的竞争力。最后，在运行维护类岗位中，“学历不限”“高中”“初中及以下”“中专/中技”学历的需求人数占比是三类岗位中最大的。这反映了电子信息制造业的运行维护类工作更强调实际操作技能和实践经验，对基础学历的要求相对较低。但同时，大专和本科学历的人才需求也具有一定规模，说明随着行业和技术的发展，运行维护类岗位对人才的要求也在逐步提高（见图 27）。

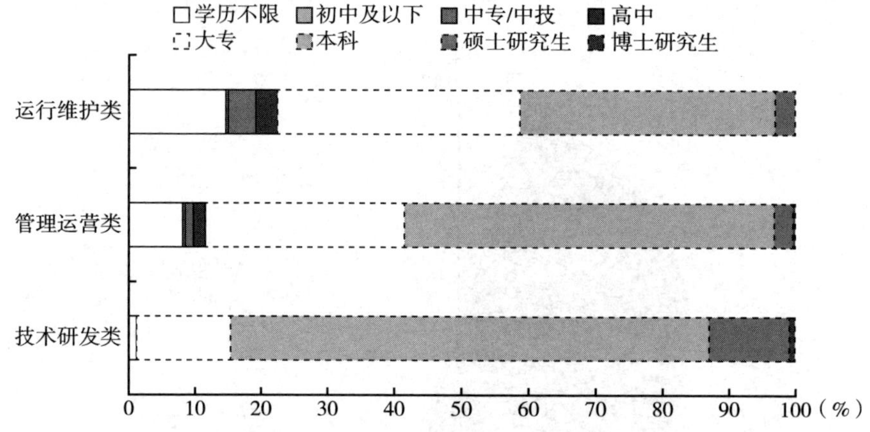

图 27　成渝地区双城经济圈电子信息制造业岗位学历需求分布情况

资料来源：智联招聘网站。

4. 岗位能力需求

从技术研发类岗位的能力需求词云图来看，该词云图包含了多种编程语言和工具，如 MySQL/Oracle 数据库、C 语言、C++/Python/Java、深度学习算法等（见图 28）。这些技能是构建、维护和管理复杂系统的基础，尤其是在数据处理、软件开发、系统设计和人工智能方面。图 28 中出现了“加密解密算法”和“传感器设计”等，表明在如今数据驱动和网络连接的时代，信息安全和硬件可靠性是技术研发中不可忽视的方面。

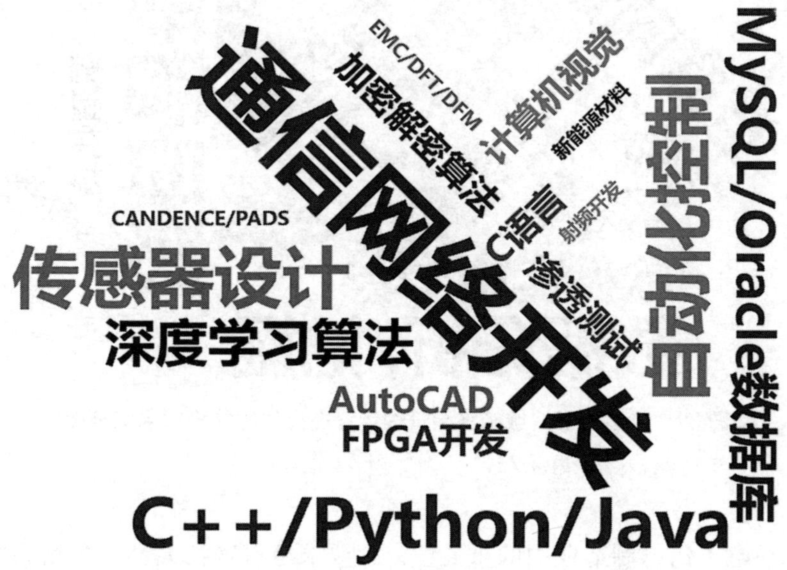

图 28　成渝地区双城经济圈技术研发类岗位的能力需求词云图

资料来源：智联招聘网站。

从管理运营类岗位的能力需求词云图来看，电子信息制造业管理运营类岗位不仅要求从业者具备基础的商业知识和技能，如“商务谈判”、“策划”和“会计/审计/税务”，还需要涉及产品的管理与营销，如“产品经理”、“业务拓展”和“销售”（见图 29）。这些词意味着管理运营人员需要具备全面的商业视野和战略思维，能够把握市场动态，进行有效的市场推广和销售策略制定。

从运行维护类岗位的能力需求词云图来看，“CNC”和“模具加工”等体现了电子信息制造业中精密加工和自动化生产的重要性（见图 30）。这说明运行维护人员需要了解这些技术和设备的基本原理和操作过程，以确保生产线的稳定运行。“MSA”作为质量控制工具的代表，强调了质量控制和质

图 29　成渝地区双城经济圈管理运营类岗位的能力需求词云图

资料来源：智联招聘网站。

量管理在电子信息制造业中的重要性，这要求运行维护人员具备相关的质量控制知识，以保证产品的稳定性和可靠性。

图 30　成渝地区双城经济圈运行维护类岗位的能力需求词云图

资料来源：智联招聘网站。

四　成渝地区双城经济圈电子信息制造业人才紧缺度分析

（一）成渝地区双城经济圈电子信息制造业人才紧缺目录

为了更好地服务成渝地区双城经济圈电子信息制造业建设，本报告从重庆市人力资源和社会保障局、四川省人力资源和社会保障厅联合发布的《成渝地区双城经济圈急需紧缺人才目录（2023 年）》中截取了电子信息制造业相关的紧缺人才目录，并按照其重要程度分为重度、中度、轻度三类紧缺人才。

1. 重度紧缺人才

重度紧缺人才是未来成渝地区双城经济圈电子信息制造业进一步发展的关键拼图，是引领未来发展方向的重要创新力量（见表 13）。因此，加强重度紧缺人才的培养与引进，优化人才结构，构建有利于人才成长和发展的生态体系，对于成渝地区双城经济圈电子信息制造业的长远发展具有深远意义。

表 13　成渝地区双城经济圈电子信息制造业重度紧缺人才目录

岗位类型	学历要求	专业要求
通信工程技术人员	本科及以上	计算机、信息工程、通信工程、软件工程、自动化等相关专业
电子仪器与电子测量工程技术人员	大专及以上	电子技术与仪器相关专业
化工生产工程技术人员	博士研究生	企业管理、化工生产等相关专业
密码技术应用员 S	本科以上	计算机、信息安全专业
人力资源管理专业人员	专科以上	人力资源管理专业
自动控制工程技术人员 S	大专及以上	机电一体化、机械设计及自动化等相关专业
仪器仪表工程技术人员	本科及以上	自动化相关专业
会计专业人员	大专及以上	财务管理、会计等相关专业

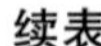

续表

岗位类型	学历要求	专业要求
数字化解决方案设计师 S	本科及以上	计算机相关专业
设备工程技术人员	大专及以上	机械、计算机、电气工程等相关专业
信息系统运行维护工程技术人员 S	本科及以上	计算机、软件工程、通信工程、自动化控制、电子信息等相关专业
集成电路工程技术人员 S	本科及以上	材料、化学、物理等专业

注：S 表示“数字职业”。
资料来源：《成渝地区双城经济圈急需紧缺人才目录（2023 年）》。

2. 中度紧缺人才

中度紧缺人才涵盖了从大专到博士研究生多个学历层次，专业要求广泛，包括电子信息、计算机、通信工程、大数据智能化等（见表 14）。从岗位类型可以看出，中度紧缺人才中，技术研发类岗位占据了绝大多数，这也反映出成渝地区双城经济圈电子信息制造业对于高技能人才的迫切需求。

表 14　成渝地区双城经济圈电子信息制造业中度紧缺人才目录

岗位类型	学历要求	专业要求
电子材料工程技术人员	大专及以上	电磁场与无线技术、电子信息、通信工程、机电一体化等相关专业
电子元器件工程技术人员	大专及以上	电子科学与技术、光电科学与工程等相关专业
计算机软件工程技术人员 S	大专及以上	计算机、软件工程、统计学、信息技术等相关专业
航空动力装置设计工程技术人员	博士研究生	工程技术、艺术设计、新材料与应用技术等相关专业
云计算工程技术人员	本科及以上	计算机、信息工程等相关专业
战略规划与管理工程技术人员	本科及以上	工商管理、经济学、金融学、物流工程等相关专业
人工智能工程技术人员	研究生	人工智能、计算机等相关专业
数据分析处理工程技术人员	本科及以上	计算机、大数据智能化、自动化等相关专业
物联网工程技术人员	本科及以上	工程管理、计算机、通信工程等相关专业
大数据工程技术人员	本科及以上	计算机、软件工程、数学等相关专业

续表

岗位类型	学历要求	专业要求
工业机器人系统操作员	本科及以上	工业工程、统计学、数学等相关专业
再生资源工程技术人员 L	本科及以上	金属材料、化工类相关专业
嵌入式系统设计工程技术人员 L	本科及以上	电子工程、通信工程、计算机等相关专业
信息安全工程技术人员 S	本科及以上	机电类、自动化、电力工程等专业
计算机网络工程技术人员	本科及以上	计算机、通信工程等相关专业
信息管理工程技术人员	本科及以上	信息安全、大数据、计算机等相关专业
计算机硬件工程技术人员	本科及以上	计算机、电子工程、通信工程等相关专业
审计专业人员	本科及以上	财务管理、审计学等相关专业
营销员	本科及以上	市场营销、计算机等相关专业
材料成形与改性工程技术人员	研究生	材料科学与工程、化学工程与工艺等相关专业
电子商务师	大专及以上	通信工程、电子商务等相关专业
计算机程序设计员	本科及以上	计算机、信息技术、软件工程、通信工程等相关专业
电子工程技术人员	本科及以上	电子信息工程、机械设计制造及其自动化、电气自动化等相关专业
项目管理工程技术人员	本科及以上	项目管理、工程管理、计算机、通信工程等相关专业
电工电器工程技术人员	大专及以上	机械设计制造及其自动化、电子信息工程、电气工程及其自动化等相关专业
产品设计工程技术人员	大专及以上	机械设计及自动化、自动化、电子信息、通信工程、计算机等相关专业
品牌专业人员	本科及以上	工商管理、工业设计、广告学等相关专业
机械制造工程技术人员	大专及以上	机械制造、电气自动化、电子信息等相关专业
市场营销专业人员	本科及以上	市场营销相关专业
物理学研究人员	研究生	物理学、热能与动力工程、流体力学等相关专业
机械设计工程技术人员	大专及以上	机械、冶金、材料、电气等相关专业
视觉传达设计人员	本科及以上	视觉传达设计、计算机、电子等相关专业
嵌入式系统设计工程技术人员 S	大专及以上	电子工程、微电子相关专业
动画设计人员	本科及以上	视觉传达设计、艺术设计、美术学、动画等相关专业
质量管理工程技术人员	大专及以上	质量管理工程相关专业

续表

岗位类型	学历要求	专业要求
电池制造工	大专及以上	机械,材料、化学、电子信息类等相关专业
客户服务管理员	大专及以上	人力资源管理相关专业
工业设计工程技术人员	研究生	工业设计相关专业
信息系统分析工程技术人员 L	本科及以上	计算机、软件工程、通信工程、自动化控制、电子信息等相关专业
电工	本科及以上	机电、暖通等相关专业
秘书	大专及以上	人力资源管理、工商管理等相关专业
焊接工程技术人员	大专及以上	电气自动化等相关专业
数字媒体艺术专业人员	大专及以上	计算机、新媒体、广告学、美术学等相关专业

注：L 表示“绿色职业”。

资料来源：《成渝地区双城经济圈急需紧缺人才目录（2023 年）》。

3. 轻度紧缺人才

从轻度紧缺人才的学历要求可以看出，轻度紧缺人才对于高学历人才的需求较少，紧缺岗位更多涉及电子信息制造业的日常维护和保养方面，更注重实践技能和经验的积累（见表 15）。企业应当重视对这部分人才的培养和激励，通过提供持续的职业技能培训和晋升机会，激发其工作热情，提升其忠诚度，组建一支稳定、高效的基层技术队伍。

表 15　成渝地区双城经济圈电子信息制造业轻度紧缺人才目录

岗位类型	学历要求	专业要求
经济规划专业人员	研究生	企业管理、财务管理、经济学等相关专业
电气工程技术人员	本科及以上	电子信息工程、电气工程及其自动化、机械设计制造及其自动化、机械电子工程等相关专业
广电和通信设备调试工	本科及以上	广播电视学、通信工程、电子信息工程等相关专业
物流工程技术人员 L	本科及以上	物流管理、计算机等相关专业
镀层工	本科及以上	机械制造、电气自动化、电子信息、微电子科学与工程等相关专业

续表

岗位类型	学历要求	专业要求
计算机及外部设备装配调试员	大专及以上	计算机科学与技术、电子信息工程、电子科学与技术等相关专业
产品质量检验工程技术人员	本科及以上	机械类、微电子等相关专业
工业工程技术人员	本科及以上	工业工程、统计学、数学等相关专业
化工实验工程技术人员	本科及以上	光学工程、光电子技术科学等相关专业
信息通信网络机务员	本科及以上	通信工程、电子信息、计算机等相关专业
国际商务专业人员	本科及以上	无专业要求
剪辑师	大专及以上	视觉传达、平面设计、工业设计等相关专业
企业经理	本科及以上	企业管理、工商管理、人力资源管理等相关专业
信息系统工程技术人员 L	本科及以上	计算机、软件工程、通信工程、自动化控制、电子信息等相关专业
其他经济和金融专业人员	本科及以上	金融、营销等相关专业
模具设计工程技术人员	本科及以上	机械设计、机电一体化、材料成型与控制工程等相关专业
电子元器件工程技术人员	研究生	电子信息通信、测控仪器、自动化、电磁场与微波技术、嵌入式计算机相关专业
工程机械维修工	大专及以上	机械工程、暖通水电等相关专业
采购员	大专及以上	企业管理、项目管理、市场营销等相关专业
仓储管理员	大专及以上	仓储管理、物流管理等相关专业
机械加工材料切割工	大专及以上	机械设计制造及自动化、工业设计等相关专业
质检员	大专及以上	检测技术及应用、电子信息等相关专业
模具工	大专及以上	电子信息、机械工程等相关专业
塑料制品成型制作工	大专及以上	材料科学与工程相关专业
多工序数控机床操作调整工	大专及以上	机械设计制造及自动化相关专业
健康安全环境工程技术人员 L	大专及以上	安全工程、环境工程等相关专业
铣工	大专及以上	机械制造、汽车制造等相关专业
橡胶制品生产工	大专及以上	机械制造相关专业

续表

岗位类型	学历要求	专业要求
其他计算机、通信和其他电子设备制造人员	大专及以上	计算机、通信工程、电子信息工程、电子科学与技术等相关专业
真空电子器件零件制造及装调工	大专及以上	机电一体化相关专业
包装工	大专及以上	电子信息、计算机、通信工程等相关专业
电子器件制造人员	大专及以上	电子科学与技术、(微)电子信息工程、机械设计制造及其自动化等相关专业
冲压工	大专及以上	数控技术、机械设计与制造、电子信息等相关专业
安全生产管理工程技术人员	大专及以上	安全工程、企业管理等相关专业
计算机、通信和其他电子设备制造人员	大专及以上	计算机、通信工程、电子信息等相关专业
理货员	大专及以上	无专业要求
税务专业人员	大专及以上	审计学相关专业
事业单位负责人	大专及以上	企业管理、建筑、工程等专业
可靠性工程技术人员	大专及以上	质量管理专业
液晶显示器件制造工	大专及以上	计算机、电子信息、仪器类、电气类、电力电子相关类

资料来源：《成渝地区双城经济圈急需紧缺人才目录（2023 年）》。

（二）成渝地区双城经济圈电子信息制造业紧缺人才比较

从紧缺人才在各个领域的分布来看，电子元器件和智能制造领域的紧缺人才需求相当高（见图 31），这反映了电子信息制造业对基础元器件和设备的依赖程度高，以及这些领域在产业链中处于核心地位。此外，软件领域人才紧缺数量也较多，表明软件在电子信息制造业中的应用日益广泛，从嵌入式系统到云计算服务、从工业控制到智能家居，这些应用都离不开软件的支持。同时，图 31 中的各个领域并非孤立存在，它们之间有着紧密的联系和互动。例如，电子信息新材料的发展是推动电子元器件性能提升的关键，而电子元器件的进步又促进了通信终端和智能制造等领域的发展。从人才结构的角度来看，电子信息制造业对人才的需求呈现多元化和复合化的特点。不仅需要具备扎实理论基础和研发能力的高端人才，如软件研发工程师、电子装备设计师等，还需要具备丰富实践经验和操作技能的技术工人，如生产线上的装配调试人员等。这种人才结构的多样性，反映了电子信息制造业在技术创新和产业升级过程中对人才的全面需求。

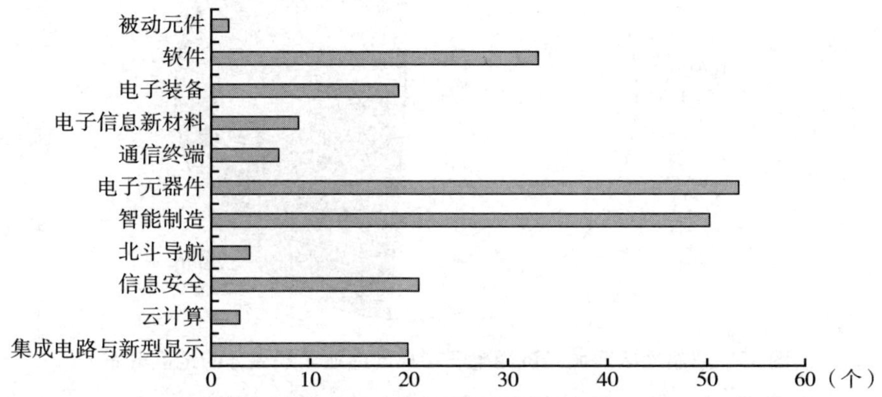

图 31　成渝地区双城经济圈电子信息制造业紧缺人才的主要分布领域

资料来源：《成渝地区双城经济圈急需紧缺人才目录（2023 年）》。

从紧缺人才的地区分布来看，成都市紧缺人才占据了 20.9%的比例（见图 32），这说明成都市虽然在电子信息制造业人才吸引方面相对较好，但仍存在一定的缺口。成都市作为西南地区重要核心城市，近年来在电子信息制造业方面取得了显著的进展，拥有一批知名的企业和研发机构。为了进一步推动行业发展，成都市可以进一步加强与高校和研究机构的“产学研”合作，以“强强联合”的模式培养和引进更多的电子信息制造业高端人才。此外，重庆市占据了 28.0%的紧缺人才数量。这意味着重庆市的电子信息制造业虽然有一定的发展规模，但与成都市相比，在吸引和留住人才方面还有一定的提升空间。而成渝地区双城经济圈其他城市紧缺人才占比 51.1%，这表明成渝地区双城经济圈其他城市的电子信息制造业人才缺口较大，从侧面反映了这些地区电子信息制造业的发展势头较为强劲，未来可以通过制定更加积极的人才政策、优化人才结构、加强与电子信息制造业发达地区的合作与交流，提升自身在吸引和培育人才方面的竞争力。

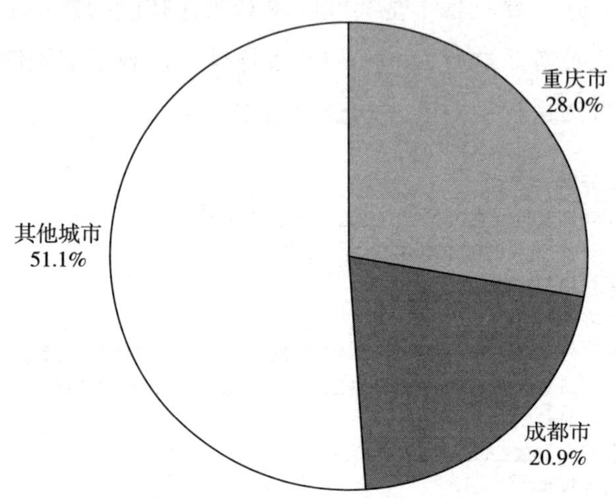

图 32　成渝地区双城经济圈电子信息制造业紧缺人才的地区分布

资料来源：《成渝地区双城经济圈急需紧缺人才目录（2023 年）》。

从各类紧缺人才占比来看，首先，技术研发类紧缺人才占比达到了 34%，这一比例较高，凸显了成渝地区双城经济圈在电子信息制造业领域对技术研发人才的需求旺盛。技术研发是电子信息制造业的核心竞争力所在，是推动产业升级和技术创新的关键力量。其次，管理运营类紧缺人才占比为 25%，相较于技术研发类略低。管理运营人才负责企业的日常运营、资源调配和项目管理等工作，他们的能力和素质直接关系到企业的运行效率和经济效益。最后，运行维护类紧缺人才占比达到了 41%，是三类人才中占比最高的（见图 33）。这反映出在电子信息制造业中，设备的运行维护和系统的稳定性保障同样至关重要。运行维护人才负责确保设备的正常运转和系统的安全稳定，是保障电子信息制造业生产活动顺利进行的重要力量。总的来说，成渝地区双城经济圈在电子信息制造业领域面临着不同类型紧缺人才的挑战，需要加大对技术研发类、管理运营类和运行维护类紧缺人才的培养和引进力度，构建完善的人才培养体系，为行业发展提供有力的人才保障。

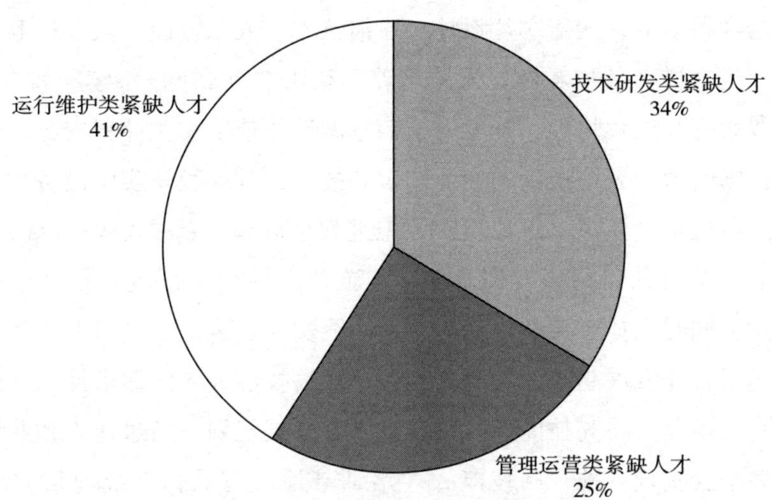

图 33　成渝地区双城经济圈电子信息制造业各类紧缺人才占比

资料来源：《成渝地区双城经济圈急需紧缺人才目录（2023 年）》。

五　成渝地区双城经济圈电子信息制造业人才发展政策建议

2024 年 1 月 31 日，习近平总书记在中共中央政治局第十一次集体学习时强调，要按照发展新质生产力要求，畅通教育、科技、人才的良性循环，完善人才培养、引进、使用、合理流动的工作机制。要根据科技发展新趋势，优化高等学校学科设置、人才培养模式，为发展新质生产力、推动高质量发展培养急需人才。要健全要素参与收入分配机制，激发劳动、知识、技术、管理、资本和数据等生产要素活力，更好体现知识、技术、人才的市场价值，营造鼓励创新、宽容失败的良好氛围。结合前文，本报告提出成渝地区双城经济圈电子信息制造业人才发展的政策建议。

（一）优化电子信息制造业人才培养体系

一是深化产学研融合，支持高校、科研院所与企业联合培养电子信息制造业人才。成渝地区双城经济圈可携手高校及职业院校，打造电子信息产业链条上的学科集群，涵盖芯片设计、通信技术、人工智能、大数据等多个子领域，促进学科交叉和复合型人才培养，利用“互联网+继续教育”模式，推广在线教育和远程培训，开发电子信息制造业技术相关课程资源，使专业技术人员随时随地获取最新的专业知识和技能，升级教学实验设备和网络教学平台，打造仿真模拟、虚拟现实等先进教学环境，提高培训质量和效果。推动企业与学校共建共享实训基地，实施“双导师”制度，鼓励企业专家走进课堂，同时也让在校学生深入企业一线实习实践。二是行业主管部门和组织需基于行业发展趋势，预测并制订针对高技能人才的需求计划。鼓励企业根据自身情况，将高技能人才培养纳入其发展规划。通过建立企业培训中心、产教融合实训基地、高技能人才培训基地等方式，系统地培养所需人才。三是对于国家重大战略和项目所需的电子信息制造业人才，应加大培养力度。实施领军人才培育计划，优化人才培养资源配置和服务供给，满足重点产业和成渝地区双城经济圈建设的人才需求。

（二）健全电子信息制造业人才引进机制

一是设立专项资金用于人才引进。成渝地区双城经济圈应根据行业特点，制定专门的高级人才引进政策，设立专项资金，为顶尖专家、高层次管理人才和技术领军人才提供丰厚的安家补贴和科研启动资金。实施人才积分落户政策，放宽电子信息制造业高层次人才的落户条件，建设高质量的人才公寓和住宅小区，确保他们在生活方面没有后顾之忧。二是提供具有竞争力的薪酬待遇和福利保障。提升人才的薪资水平，确保收入与其贡献相匹配；提供全面的福利制度，包括医疗保险、住房补贴和子女教育等，解决引进人才在生活中的实际问题；探索股权激励、项目奖励等激励机制，激发人才的创新活力和工作热情。三是优化人才服务流程。简化人才引进和落户手续，减少不必要的审批环节和时间成本；建立便捷的人才信息服务平台，提供一站式的人才服务，包括政策咨询、就业推荐和项目对接等；加强人才服务人员的培训和管理，提高其专业素养和服务意识，确保为人才提供高效、专业的服务。

（三）畅通人才晋升与发展通道

一是建立具有电子信息制造业特色的职业技能等级制度。考虑到成渝地区双城经济圈在电子信息制造业方面的产业基础和优势，应特别关注拓宽该领域职业发展通道，设置相应的学徒工、初级工、中级工直至首席技师的职业发展序列，从而确保人才在行业内拥有明确的晋升通道和成长空间。二是健全符合区域特色的职业标准体系和评价制度，包括制定和完善电子信息制造业的职业分类、国家职业标准以及行业企业评价规范等，确保人才评价的科学性、规范性和公平性。同时，推行职业技能等级认定，鼓励成渝地区双城经济圈企业积极参与技能人才评价工作。企业可以根据自身需求，自主确定评价标准和方式，对新招录的员工或未定级的职工进行直接认定，以加速人才培养和成长。此外，完善职业技能竞赛体系，定期举办与电子信息制造业相关的职业技能竞赛活动。这不仅可以为人才提供展示才华的平台，还能通过竞赛成果的转化和推广，推动区域内电子信息制造业技能水平的提升。三是健全电子信息制造业人才岗位使用机制。鼓励企业根据需求建立电子信息制造业领军人才“揭榜领题”以及参与重要生产决策、技术革新及攻关项目的制度，以激发人才的创新能力。

（四）完善薪酬分配与奖励机制

一是建立以岗位价值个人能力和业绩为基础的薪酬分配机制，确保劳动与技能的合理回报，从而促进人力资源的优化配置，激发员工的积极性和创造力。二是建立健全表彰奖励体系。重视人才的政治地位和社会认同，通过行业内外的各种荣誉评选和奖励来激发人才的创新活力和工作热情。建议形成以省级表彰为引领、企业奖励为核心、社会奖励为补充的人才激励框架，同时，加强电子信息制造业中高技能人才在国家科技奖励中的推荐工作，并为他们提供政府特殊津贴。三是优化人才发展环境和服务体系。加强人才服务体系建设，提供一站式人才服务，包括培训、评价、奖励等各个环节，为人才提供便捷高效的支持。同时，营造良好的创新氛

围，鼓励企业开展创新活动，支持人才参与创新实践，为人才提供广阔的创新空间和舞台。加大知识产权保护力度，在科技创新和知识产权方面给予人才激励和保护，为人才的创新活动提供法律保障，并通过科技成果转化收益分享机制对技术创新贡献者进行奖励。鼓励企业实施特岗特酬制度，奖励优秀电子信息制造业人才，并运用中长期激励工具加大对关键人才的激励力度。

（五）强化跨区域人才协同共享

一是搭建川渝及更广范围内的电子信息制造业人才流动信息平台，确保人才供需信息的透明化。发展和完善灵活的技能人才流动体系，激励技能人才通过兼职、服务提供、技术攻关和项目合作等多样化形式展现其能力。二是为高技能、高素质的电子信息制造业人才向专业技术或管理岗位流动打开通道，促进企业规范实施共享劳动力战略。各地区应考虑产业发展需求，将紧缺技能人才纳入引进计划，指导他们向不发达地区和基层一线转移，促进区域间人才的合理流动和有效配置。三是积极推进成渝地区双城经济圈与国内外其他电子信息产业发达地区在人才培养、项目合作、资源共享等方面的深度合作，共同建设人才高地。加强国际交流合作，推动实施电子信息制造业领域“走出去”“引进来”合作项目，支持青年学生和毕业生参与国际实习交流计划，推动全球电子信息制造业领域的交流和学习。

（六）落实制度保障与政策实施

一是运用媒体及互联网等当代传播媒介对政策进行全方位的宣传以及讲解，以提高企业和专业人才的政策认知与应用能力。同时，通过组织专题培训和研讨会等活动，与企业和专业人才直接对话，解答其疑问，从而保证政策宣传的效果。二是构建一个监测和评估体系，定期对政策的执行情况进行检查。这可以通过建立专门的机构或委托第三方进行量化评估来实现，以便及时发现并处理问题，确保政策能够得到有效执行。此外，必须加强组织领导，坚持党在高技能人才队伍建设方面的全面领导，明确各自的职责分工，形成有效的工作协同，以保证政策实施的有序性。三是各级政府需要合理分配现有资金，增加对电子信息制造业人才培养的投资。实行税收优惠策略，降低企业运营成本，激励企业在人才培养和引进上加大投入。通过整合资源，避免重复建设，提升资金使用的效率，并建立严格的监督管理机制，加强对资金使用的监管，确保专项资金得到恰当使用。

参考文献

陶于祥等：《全球电子信息制造业发展趋势与经验借鉴》，《重庆邮电大学学报》（社会科学版）2018 年第 1 期。

王德良、唐洋：《深化产教融合　打造电力人才摇篮》，《重庆日报》2023 年 5 月 17 日。

王泽填：《基于低碳经济的我国电子信息制造业发展研究》，《福建论坛》（人文社会科学版）2010 年第 9 期。

王子军、芮明杰、徐诤：《上海发展电子信息制造业的思考——深圳 IT 产业和台湾 IC 产业发展的经验启示》，《中国发展》2011 年第 6 期。

习近平：《高举中国特色社会主义伟大旗帜　为全面建设社会主义现代化国家而团结奋斗——在中国共产党第二十次全国代表大会上的报告》，人民出版社，2022。

习近平：《进一步形成大保护、大开放、高质量发展新格局——论学习贯彻习近平总书记在新时代推动西部大开发座谈会上重要讲话》，《人民日报》2024 年 4 月 25 日。

席艳玲、时保国：《中国电子信息制造业集聚发展与空间布局优化——基于省级面板数据的经验证据》，《甘肃行政学院学报》2017 年第 2 期。

夏元：《5 年内打造万亿级新一代电子信息制造业集群　重庆将培育“352”产业体系》，《重庆日报》2023 年 11 月 19 日。

张立主编《2022—2023 年中国电子信息产业发展蓝皮书》，中国工信出版集团、电子工业出版社，2023。

中国电子技术标准化研究院等：《电子信息产业人才培养标准化白皮书（2023 版）》，2024。

《抓当前、谋未来，在推进中国式现代化进程中展现更大作为——习近平总书记在重庆考察时的重要讲话鼓舞人心、凝聚前行力量》，中国政府网，2024 年 4 月 25 日，https://www.gov.cn/yaowen/liebiao/202404/content_6947407.htm。

Gartner, *Hype Cycle for ICT in China*, 2023.

B.9
成渝地区双城经济圈电子信息制造业产业组织研究

袁 野　张金彪　陈怡静　梁佳欣*

摘　要：　本报告通过对已有资料的收集整理，基于对重庆市、成都市、成渝地区双城经济圈其他城市的电子信息制造业产业组织概况的梳理和发展现状的研究，揭示了各区域电子信息制造业产业组织发展中面临的困难挑战。研究发现，成渝地区双城经济圈电子信息制造业产业组织在产业链与创新链、创新能力与核心技术、组织结构与区域发展、人才发展与市场环境等方面存在诸多问题。针对这些问题，本报告提出了一系列有针对性的对策建议，包括赋能产业链高端化、推动布局优化与产业链整合、加大创新投入等，旨在推动成渝地区双城经济圈电子信息制造业产业组织协同发展，提升整体竞争力，为成渝地区双城经济圈电子信息制造业的高质量发展贡献力量。

关键词：　电子信息制造业　产业组织　高校与科研院所　产学研合作　成渝地区双城经济圈

---

* 袁野，博士，重庆邮电大学经济管理学院教授、硕士生导师，主要研究方向为技术经济及管理、数智技术创新与管理；张金彪，重庆邮电大学经济管理学院硕士研究生，主要研究方向为数智技术创新管理；陈怡静，重庆邮电大学现代邮政学院硕士研究生，主要研究方向为数智技术产业理论与政策；梁佳欣，重庆邮电大学现代邮政学院硕士研究生，主要研究方向为数智化制造研究。

一　成渝地区双城经济圈电子信息制造业产业组织研究

（一）重庆市电子信息制造业产业组织概况

1. 企业概况

重庆市电子信息制造业作为国民经济的战略性、基础性、先导性产业，近年来取得了显著的发展成就。在企业产值方面，2022 年，重庆市电子信息制造业产值规模突破了 7000 亿元。2023 年，重庆市的规模以上工业企业总产值超过 2.6 万亿元，规模以上工业增加值增长 6.6%，这一增长率高于全国平均水平 2 个百分点，位列全国第 11 名，其中新一代电子信息制造业中功率半导体及集成电路、传感器及仪器仪表增加值分别增长 18.9%、12.8%。在企业数量方面，重庆市已集聚规模以上电子信息制造业企业 800 余家，部分龙头企业见表 1。截至 2022 年底，重庆市计算机、通信和其他电子设备制造业规模以上的企业为 548 家，营业收入为 60503468 万元（见图 1）。重庆市拥有了一批具有国际竞争力和影响力的龙头企业，形成了较为完整的产业链，涵盖了计算机、智能手机、新型电子终端、集成电路、新型显示等多个领域，这些龙头企业引领了重庆市电子信息制造业集群化、协同化发展。仅集成电路领域，就有华润微电子、意法半导体、SK 海力士等国内外巨头。此外，重庆市构建了以京东方为龙头的较为完整的新型显示制造业产业链，2021 年，重庆京东方显示技术有限公司总投资 465 亿元的第 6 代 AMOLED 生产线项目正式量产，该生产线产品主要用于可折叠智能终端等。

表 1　重庆市部分电子信息制造业龙头企业

制造业领域	企业名单
计算机	惠普、英业达、纬创、西南计算机
智能手机	华为、联想、OPPO、天实精工、传音
新型电子终端	富士康、仁宝、紫建电子、联创电子、华数机器人

续表

制造业领域	企业名单
集成电路	意法半导体、SK 海力士、华润微电子、联合微电子中心、平伟实业、川仪股份
新型显示	京东方、惠科、宇隆光电

资料来源：根据重庆市经济和信息化委员会官方网站公开资料整理得出。

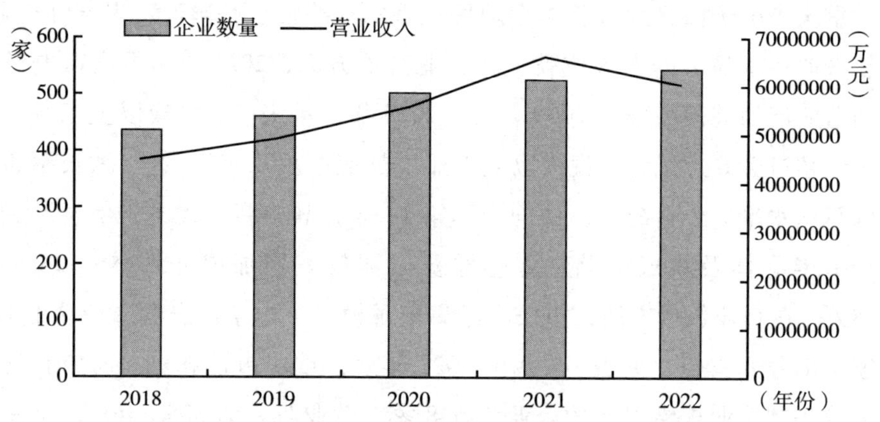

图 1　2018~2022 年重庆市计算机、通信和其他电子设备制造业规模以上企业数量和营业收入

资料来源：《重庆统计年鉴》。

总体来看，重庆市正通过“芯屏端核网”全产业链布局，完善从集成电路、新型显示、智能终端到核心技术、网络通信设备的完整产业链和产业组织结构。2023 年 11 月 13 日，重庆市经济和信息化委员会发布了《重庆市新一代电子信息制造业产业集群高质量发展行动计划（2023—2027 年）》，进一步明确了重庆市电子信息制造业未来几年的发展目标，包括巩固提升智能终端、新型显示、功率半导体及集成电路等核心优势产业，同时培育壮大高成长性产业和积极打造未来产业集群。到 2027 年，重庆市新一代电子信息制造业的关键业务环节实现数字化企业的比例将达到 65%，规模以上企业研发强度提升至 2%，研发投入达到 200 亿元。

2. 高校和科研院所概况

重庆市作为我国电子信息制造业的重要基地，高校及科研院所在产业建设中的作用不可或缺。高校及科研院所不仅是人才培养的摇篮，也是科研创新和技术突破的重要力量。通过与企业的深度合作，高校为电子信息制造业的发展提供了源源不断的人才和技术支持。截至2024年6月，重庆市有重庆大学等28所本科高校、重庆电子工程职业学院等45所高职（专科）院校开设计算机类、软件类、人工智能等电子信息相关专业25种，在校本、专科生约15万人。在推进专业建设方面，重庆市已立项电子信息类、计算机类国家级一流本科专业建设点27个，入选市级一流本科专业建设点50余个。

重庆市的电子信息制造业的科研院所具备强大的科研实力和丰富的科研成果，覆盖了大数据、人工智能、半导体等多个前沿领域，包括重庆电子技术研究所、中国科学院重庆绿色智能技术研究院电子信息技术研究所以及重庆渝微电子技术研究院等。其中，重庆电子技术研究所的研究方向包括工业过程控制、机电一体化和办公自动化等多个研究领域，承担并完成了众多电子工业部、四川省和重庆市的重点科研项目，总计达100多项，其中有17项成果荣获部、省、市级的奖励。中国科学院重庆绿色智能技术研究院电子信息技术研究所以大数据为中心，开展大数据处理与分析、存储、传输、安全等基础性、原创性研究及其应用研发，拥有西南地区计算能力最强的超级计算集群、全球首创的全天候全方位移动式同步采集阵列等先进设备，并建成多个省部级创新平台。重庆渝微电子技术研究院主要从事航空航天、军工及半导体方面的仪器装备开发，在极端环境模拟、原位分析和拟人机器人方面具有完全自主产权，建设有超高温和超低温测试环境、半导体原位分析平台等先进设施。

高校与科研院所不仅为重庆市的电子信息制造业提供技术支撑和公共服务，包括技术咨询、测试认证、人才培养等，还促进产业链上下游的协同发展，并且积极响应国家和地方政府的政策号召，参与制定和实施相关产业政策，推动电子信息制造业的健康有序发展。

3. 产学研合作概况

重庆市内高校、科研院所和企业积极开展技术合作、协同技术攻关，探索技术创新战略联盟等融合发展模式。重点开展关键电子材料制备、化合物半导体外延生长、集成电路先进封测、显示背板先进生产等工艺技术攻关，加强满足制造业数字化、网络化、智能化性能要求的嵌入式系统研究与应用，着力在关键方面实现突破，包括ITO靶材、光刻胶、存储介质等关键材料，高精度传感器、手机射频器件等关键零部件，光刻机、真空蒸镀机等核心设备。

当前，重庆市已有电子信息制造业相关的川渝共建重点实验室1个，技术创新战略联盟10个，技术创新联盟15个，重庆市重点实验室15个，技术创新中心16个，工程技术研究中心11个以及大量产学研共同参与的合作项目、创新联合体和联合实验室等，部分情况见表2。重庆市电子信息制造业通过产学研深度融合，构建起一个多层次、宽领域的创新生态体系，共同推动技术创新和成果转化，形成协同创新、优势互补的良好局面。

表2　重庆市部分产学研情况

合作形式	产学研情况
产学研合作项目	重庆京东方光电科技有限公司与重庆大学、重庆邮电大学合作，开展中大尺寸高色域触控显示技术产业化；与重庆邮电大学合作，开展光配向技术的评估与验证
	重庆惠科金渝光电科技有限公司与重庆大学、重庆理工大学、重庆邮电大学、重庆先进光电显示技术研究院、中国科学院长春光学精密机械与物理研究所等，开展液晶显示屏产品产学研合作
	重庆平伟实业股份有限公司与重庆邮电大学合作，开展基于氮化镓工艺的5G毫米波功率放大器芯片研发与应用
技术创新战略联盟	信息安全产业技术创新战略联盟、重庆市集成电路技术创新战略联盟、重庆智能传感技术创新联盟等
重点实验室	量子信息芯片与器件重庆市重点实验室、重庆邮电大学光电信息感测与传输技术重点实验室、类脑计算与智能芯片重庆市重点实验室、数字经济智能与安全川渝共建重点实验室等

续表

合作形式	产学研情况
工程技术研究中心	重庆市光电显示材料工程技术研究中心、重庆市新型显示工程技术研究中心、重庆市微电子器件与集成电路系统工程技术研究中心等
技术创新中心	重庆市功率半导体技术创新中心、重庆市集成电路协同创新中心、重庆市智能汽车与车联网信息安全技术创新中心、高性能模拟与数模混合信号集成电路技术创新中心等

资料来源：重庆市人民政府、重庆市科学技术局、重庆市发展改革委。

（二）成都市电子信息制造业产业组织概况

1. 企业概况

成都市构建电子信息制造业全链条生态，成为全球重要产业基地。近年来，成都市积极衔接国家战略规划，立足特色优势，聚焦“芯屏存端软智网安”等重点领域，初步形成从芯片、显示屏、系统集成到终端应用相对完整的产业链，在网络信息安全、军工电子等重点领域形成中西部乃至全国领先的发展优势，培育集成电路、智能终端、应用软件等千亿级产业集群，软件和信息服务业产业规模多年来稳居中西部第一。电子信息制造业龙头企业不断入驻，本土培育优质企业快速成长，成都市部分电子信息制造业企业见表3。截至2022年底，成都市现有规模以上电子信息企业1700余家，成都市计算机、通信和其他电子设备制造业规模以上的企业为314家，营业收入为51283096万元（见图2）。拥有西门子、富士康成都工厂两个全球“灯塔工厂”，聚集华为、京东方、腾讯等行业领军企业50余家，培育极米科技、天邑康和、新易盛等本土上市企业29家（占全市上市企业的27%）。成都市电子信息制造业终端产品在全国优势明显，全球50%以上的iPad在成都市生产，英特尔全球一半以上芯片和微处理器在成都市完成封装测试。成都市拥有全国首条、全球第二条第6代AMOLED生产线，可以量产x86服务器芯片，动画电影《哪吒》、手游《王者荣耀》在此诞生，工控安全、密码等安全产品技术水平全国领先。

表 3　成都市部分电子信息制造业企业

制造业领域	企业名单
计算机	联想、中科曙光、西门子
智能手机	富士康、中兴、TCL、新易盛、中科创达
新型电子终端	伟创力、捷普科技、鸿海精密、领益智造、索菲亚、云天励飞、创维
集成电路	德州仪器、安捷伦、英特尔、国科微、中电科、汇顶科技
新型显示	京东方、天马微电子、旭虹光电

资料来源：根据澎湃新闻官方网站公开新闻整理得出。

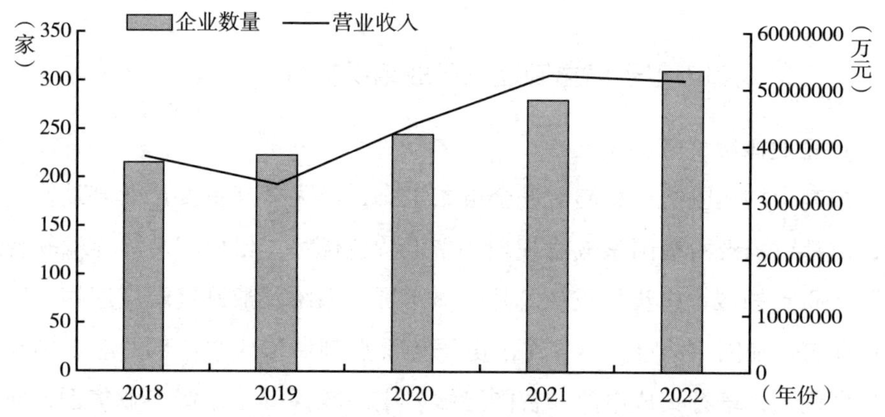

图 2　2018~2022 年成都市计算机、通信和其他电子设备制造业规模以上企业数量和营业收入

资料来源：《成都统计年鉴》。

成都市聚焦电子信息头部企业，实现上下游配套企业招引打造完整产业链，已陆续招引腾讯、字节跳动、滴滴、快手、360、美团等功能性总部落户，逐步集齐“BAT”“TMD”头部企业版图。近年来，成都市积极推动电子信息制造业重大项目落地，引进捷普集团亚洲研发中心项目、捷普成都崇州制造基地稳产增产项目等电子信息类重大项目，推进京东方 B7 项目、紫光成都 3D NAND 存储器制造基地等重大项目建设。围绕晶圆制造等产业关键环节，积极引进中车、视涯、蓉芯等重点产业项目，推动德州仪器全球封测基地、集佳科技功率模块封装等重大项目扩能提质。

成都市电子信息制造业依托十大产业功能区，通过产业集聚实现竞争优势不断增强。其中，成都市电子信息产业功能区（清水河电子信息产业带）聚焦发展集成电路、柔性显示、智能终端等细分领域，该区集聚华为、富士康、戴尔、京东方、英特尔等龙头企业；成都市新经济活力区（成都数字经济产业功能区）聚焦发展5G与人工智能、网络视听与数字创意、大数据与网络安全等细分领域，重点打造瞪羚谷、新川创新科技园、天府软件园等六大产业社区，集聚腾讯、阿里巴巴、新华三半导体、卫士通、蚂蚁金服等重点企业。

2. 高校和科研院所概况

成都市依托丰富教育资源与科研实力，强化电子信息制造业领域创新生态。成都市拥有以电子科技大学、四川大学为代表的64所高校，积极创建网络空间安全研究院、国家示范性微电子学院、国家级特色化示范性软件学院等，每年向社会输送电子信息相关专业毕业生约4.3万人，其中电子科技大学电子类专业综合排名全国第一，电子薄膜与集成器件国家重点实验室在材料-器件-微电子技术的交叉和集成领域具有绝对优势。

此外，成都市成功打造天府5G创新生态科技园、芯谷研创城、“星轨智谷”、成电国际创新中心、AI创新中心等高品质科创空间；拥有中电科9所、中电科10所、中电科29所、中电科30所、中国科学院成都分院、中国科学院光电技术研究所、总参57所、中航611所、兵器209所、航天七院等以电子信息领域为主要研发方向的院所。这些院所主要从事国家重要军民用大型电子信息系统的工程建设，以及重大装备、通信与电子设备、软件和关键元器件的研制生产，并承担以“载人航天工程”为代表的航天电子产品生产配套任务。同时，成都市还拥有太赫兹科学技术四川省重点实验室、四川省家电产品绿色制造工程技术研究中心等一大批省级重点研发机构。扎实的科技创新能力，有助于成都涌现出更多的原始性创新、应用性创新成果，畅通电子信息制造业科技成果产业化的渠道。

3. 产学研合作概况

成都市凭借丰富的产学研资源与扶持政策，产学研融合发展已初具规模。拥有电子信息类高校、科研院所、国家级创新平台130余所（个），行业从业人员超80万人，“国家人才计划”等高层次人才近300名。汇聚先进微处理器技术国家工程实验室等17个国家级创新平台，拥有电子信息类国家级重点实验室3个、省级重点实验室6个、市级产学研联合实验室29个、省级技术创新联盟10个、省级工程技术研究中心36个、省级技术创新中心3个以及大量以企业牵头的产学研合作项目和产教融合项目等。部分产学研情况见表4。

表4　成都市部分产学研情况

合作形式	产学研情况
产学研合作项目	京东方与四川大学、电子科技大学等高校建立产学研互补机制，率先组建创新联合体，与电子科技大学组建京东方-电子科技大学联合创新研究院，在科学研究、人才培养、创新创业等领域展开全面合作
	四川省集成电路产教融合创新平台、成信大-中国网安电子信息产业产教融合综合示范、5G+AIoT智慧应用产业学院等产教融合示范项目；成电国际创新中心、电子科技大学“三医+AI”科技园等校院地协同创新项目
技术创新战略联盟	四川省集成电路设计产业技术创新联盟、四川省新一代移动通信产业技术创新联盟等
重点实验室	国家级：电子科技大学通信抗干扰技术国家重点实验室、电子科技大学电子薄膜与集成器件国家重点实验室、智能协同计算技术国家级重点实验室。省级：制造业产业链协同与信息化支撑技术四川省重点实验室等。市级：九洲电子-电子科技大学产学研联合实验室、天微电子-电子科技大学产学研联合实验室等
工程技术研究中心	四川省先进相控阵天线系统工程技术研究中心、四川省信息安全工程技术研究中心、四川省数字化制造工程技术研究中心、四川省光学系统精密控测技术工程技术研究中心等
技术创新中心	四川省智能感算芯片与系统技术创新中心、四川省先进微处理器技术创新中心、四川省人工智能算力芯片技术创新中心

资料来源：四川观察、《成都市“十四五”信息化规划》、成都市科学技术局、成都市人民政府。

成都市政府高度重视电子信息制造业的发展，出台了一系列政策文件，为产学研合作提供了政策支持和引导。2023年1月至3月，成都市发布

《成都市关于进一步促进软件产业高质量发展的若干政策措施》、《成都市加快集成电路产业高质量发展的若干政策》和《成都市关于进一步促进新型显示产业高质量发展的若干政策》，这些政策明确了电子信息制造业的发展方向、重点领域和保障措施，在聚人才、补制造和强设计三大方面设置了多项奖励与补贴，以激发企业创新活力，推动产学研合作深入发展。未来，随着全球电子信息制造业的快速发展和成都市电子信息制造业的不断壮大，产学研合作将发挥更加重要的作用。成都市将继续加强政策支持和引导，推动产学研合作平台建设和机制创新，促进技术创新和产业升级，为成都市电子信息制造业的高质量发展注入新的动力。

（三）成渝地区双城经济圈其他主要城市电子信息制造业产业组织概况

成渝地区双城经济圈其他主要城市的电子信息制造业相较于重庆市和成都市虽然起步较晚，但近年来借助区域协同发展和政策支持，整体规模持续扩大，这些城市在电子信息制造业产业链的各个环节逐步形成了特色产业集群，尤其是绵阳市、德阳市和宜宾市这三座城市的电子信息制造业发展较好。

1. 企业概况

（1）绵阳市

作为成渝地区双城经济圈的科技重镇，绵阳市在电子信息领域拥有较为坚实的基础。2022 年，绵阳全市电子信息制造业规模以上企业达 157 家，实现营业收入 1532 亿元，同比增长 13%。截至 2022 年底，绵阳市计算机、通信和其他电子设备制造业规模以上企业为 113 家，营业收入为 15232069 万元（见图 3）。在 2023 年中国电子信息百强名单中，绵阳市有三家企业入榜，分别是四川长虹电子控股集团有限公司、四川九洲投资控股集团有限公司、绵阳惠科光电科技有限公司。长虹在绵阳市设有重要生产基地，专注于智能家电、智能终端等产品的研发与生产。在 2023 年中国电子信息百强名单中，长虹继续保持在前列，位列第 10 名，反映出长虹持续稳定的发展态势。近年来在新兴产业方面，长虹做大半导体、计算机等新兴产业，目前在 5G、工业互联网、轨道交通电源、数据存储、人工智能以及新能源等领域，已推进 10 项关键技术和 19 项重大技术创新项目，并以科技创新能力赋能新兴产业。四川九洲始于 1958 年，已成长为电子信息制造业的领军企业，专注于提供信息化智能化装备、系统及数字智能软硬件产品与服务。近年来，四川九洲大力实施深化改革和技术创新，旗下企业蓬勃发展，12 家产业公司入围国家专精特新“小巨人”企业名单、3 家产业公司成为四川“瞪羚企业”，2023 年该企业作为四川省唯一一家地方国资企业入围全国创建世界一流示范企业和专精特新示范企业名单。在 2023 年中国电子信息百强名单中，绵阳惠科排在第 93 位。作为绵阳市引进的重大招商项目，绵阳惠科的液晶显示面板生产线项目总投资 240 亿元，建设出绵阳惠科最先进的一条生产线，年产液晶显示模组达 1000 万片。

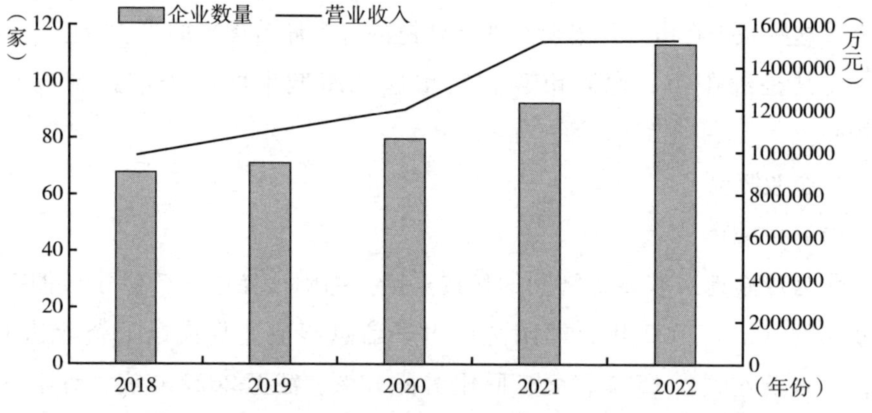

图 3　2018～2022 年绵阳市计算机、通信和其他电子设备制造业规模以上企业数量和营业收入

资料来源：《绵阳统计年鉴》。

（2）德阳市

德阳市电子信息制造业蓬勃发展，以重大项目为引擎，引领经济高质量发展。截至2022年底，德阳市计算机、通信和其他电子设备制造业规模以上的企业数量为34家，营业收入为808340万元（见图4）。2024年上半年，德阳市规模以上高技术（制造）产业增加值同比增长18.4%，其中电子及通信设备制造业增长尤为显著，增长率达到了61.4%，远超行业平均水平，成为推动全市经济发展的重要力量。其中，欣旺达、亨通精密等新入规企业在2024年上半年展现出强劲的发展动力。欣旺达什邡动力电池及储能产业生产基地项目作为什邡市首个百亿级项目，从签约到设备进场安装仅用时100天，创造了重大项目建设的“什邡速度”。当前，德阳市电子信息产业生态圈已基本形成，集聚以锐腾电子、华兴宇、四川壁虹等为龙头的电子器件、印刷电路、金属基板企业。德阳市电子信息制造业正在集群成链，有序推进顺为智联液晶显示生产线项目、富士康中江生产基地、宏发西部智能制造产业园、罗江高品光电LED产品生产等一批重大项目。此外，德阳市还选址中江建设凯州新城，确定了以高端装备制造和新一代电子信息技术为主的“两主三辅”产业体系，该地未来将成为电子信息、智能制造的新高地。

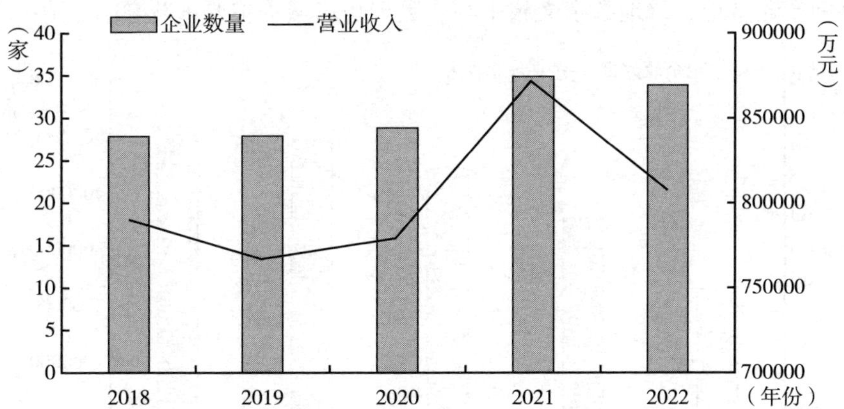

图4　2018~2022年德阳市计算机、通信和其他电子设备制造业规模以上企业数量和营业收入

资料来源：《德阳统计年鉴》。

（3）宜宾市

宜宾市以智能终端产业集群引领数字经济，打造四川省电子信息制造业新高地。特别是三江新区，在四川省经济和信息化厅的指导下，宜宾市三江新区高质量建设国家新型工业化特色示范基地和四川省特色产业基地，加快发展2000亿元智能终端产业集群。截至2022年底，宜宾市计算机、通信和其他电子设备制造业规模以上的企业为86家，营业收入为5306400万元（见图5）。2023年，宜宾市智能终端制造业产值达552亿元，产销手机突破7640万台，占全省同期产量的比重为52.5%。该区域逐渐形成了以智能终端为代表的电子信息制造业集群，华为、中软、新紫光、大华股份、抖音、浪潮、极米科技、美捷通讯、朵唯、欢聚游、百鸣等高能级企业竞相入驻。宜宾市已有智能终端企业88家，信息技术服务业企业21家。与此同时，宜宾市深度融合全球产业链资源，大力推进"数字产业化、产业数字化"建设，聚焦软件信息服务、数字文创、平台经济、新型物联网终端、能源电子、汽车电子、新型显示等数字经济领域重点赛道，建成智能终端、大数据、信息技术服务3类数字经济产业园，包括临港智能终端产业园、宜宾市大数据产业园、新经济科创产业基地、绿地数字文旅中心、数聚华彩城等主要承载空间。

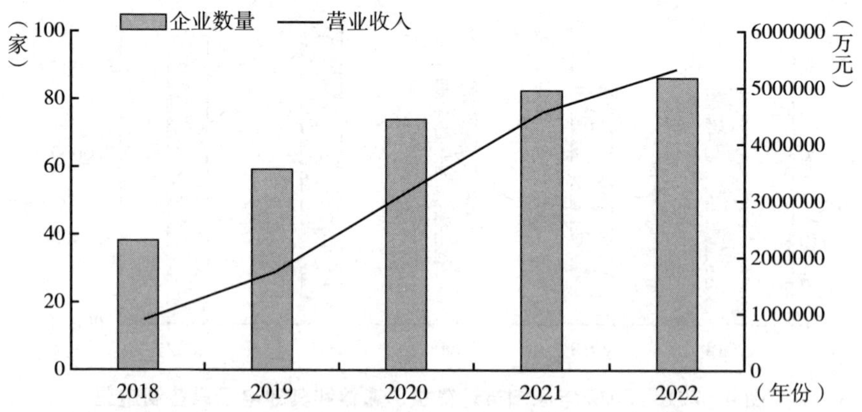

图5　2018～2022年宜宾市计算机、通信和其他电子设备制造业规模以上企业数量和营业收入

资料来源：《宜宾统计年鉴》。

2. 高校和科研院所概况

（1）绵阳市

作为“科技城”的绵阳市，汇聚顶尖教育资源与科研平台，为成渝地区双城经济圈注入强劲技术动能。绵阳市现有高等院校 15 所，居全国地级市前列，在电子信息领域具有深厚的学术底蕴和科研实力。其中，西南科技大学作为绵阳市的重要高校之一，在电子信息领域拥有较强的教学和科研实力，该校培养了大量电子信息领域的专业人才，为绵阳市的电子信息制造业发展输送了新鲜血液。此外，绵阳市已有国家级创新平台 25 家，设有多个国家级科研平台，包括中国工程物理研究院、中国空气动力研究与发展中心、四川燃气涡轮研究院等 18 家国家级科研院所。这些机构在电子信息、新材料、装备制造等领域具有世界领先的科研水平和技术实力，在电子信息技术的研发和应用以及雷达、通信、电子对抗等领域发挥着重要作用，为成渝地区双城经济圈电子信息制造业提供了重要技术支撑。

（2）德阳市

德阳市高校深耕电子信息领域，建设省级院士（专家）工作站助力科技创新，共筑高质量发展基石。德阳市共有 9 所高等院校，在这些高等院校中，以四川工程职业技术大学为主的多所院校开设了电子信息工程、计算机科学与技术、自动化、通信工程等与电子信息制造业紧密相关的专业。这些专业涵盖了从基础理论到应用技术的多个层面，为学生提供了全面的知识体系和实践能力。此外，德阳市内的科研院所数量相对较少，但建立了多个省级院士（专家）工作站，截至 2024 年 5 月德阳市省级院士（专家）工作站已达 12 家，建站数量位居四川省第二，并已吸纳 21 名院士、305 名高层次专家为科技创新智库专家。

（3）宜宾市

宜宾市政府实施“科教兴市、人才强市”战略，通过建设宜宾市大学城和科创城，积极推进宜宾市科教事业的高质量发展。这一战略的实施，不仅吸引了更多的高校在宜宾市设立校区，而且也促进了宜宾市当地的教育和科研水平提升。当前，宜宾市拥有两所本土高校和成都理工大学、四川轻化工大学等多所高校的宜宾校区。2023 年，在宜宾市的高校、科研院所立项中，省市科技计划项目 34 项，获得授权专利 206 项，这些创新活动不仅推动了电子信息制造业领域的技术进步和产品升级，也为宜宾市的经济发展注入了新的活力。

3. 产学研合作概况

绵阳、德阳、宜宾三市当前共有 2 个省级重点实验室、11 个工程技术研究中心以及若干产学研合作项目，部分产学研情况见表 5。随着成渝地区双城经济圈建设的推进，其他主要城市也开始重视电子信息制造业的产学研合作，通过搭建合作平台、制定优惠政策、引进高端人才等，积极推动企业与高校、科研机构之间的合作，促进技术创新和成果转化。这些城市还加强与成都市、重庆市两大城市的联系，吸取有利于自己城市电子信息制造业发展的资源。在产学研合作形式上，成渝地区双城经济圈其他主要城市的电子信息制造业呈现多样化的特点。一方面，企业通过与高校、科研机构建立联合实验室、研发中心等实体机构，共同开展技术研发和人才培养；另一方面，也通过项目合作、技术咨询、成果转让等方式，实现资源共享和优势互补。

表 5　成渝地区双城经济圈其他主要城市部分产学研情况

合作形式	产学研情况
产学研合作项目	四川长虹电子控股集团有限公司与电子科技大学签署战略合作协议，双方共同成立三大实验室，在新型显示器件关键材料、智能终端系统关键技术及航空领域精密测量等关键技术研发上进行深入合作
	四川九洲投资控股集团有限公司与电子科技大学、陆军工程大学、中国科学院声学所共建“微系统联合实验室”等 5 个联合实验室，牵头建有四川军民融合高技术产业等 4 个联盟，与 49 家军地科研院所、高校、企事业单位建立了战略合作关系
	交大-九洲电子信息装备产教融合示范
重点实验室	智能终端四川省重点实验室、四川省卫星互联网通信应用技术工程实验室
工程技术研究中心	四川省光学偏光薄膜材料工程技术研究中心、四川省高倍率锂电材料前驱体工程技术研究中心、四川省高端精密电磁继电器研发制造工程技术研究中心、四川省光通信器件智能制造与测试工程技术研究中心等

资料来源：绵阳市科学技术局、德阳市科学技术局、宜宾市科学技术局。

二　成渝地区双城经济圈电子信息制造业产业组织发展存在的问题

（一）产业链与创新链问题

1. 产业链高端化不足

成渝地区双城经济圈在电子信息制造业领域近年来取得了长足进步，构建了较为全面的产业链体系，然而，在产业链高端化进程上仍存在较大提升空间，面临着低附加值环节占比较高、产业升级压力巨大的严峻挑战。当前，成渝地区双城经济圈在集成电路设计、尖端制造工艺及核心零部件等领域，依然较大程度上依赖于外部进口。这种对外部资源的深度依赖，不仅提高了生产成本，还使得产业在面对国际供应链波动时显得尤为脆弱。低附加值环节的过度集中，意味着企业在全球价值链中处于相对弱势地位，缺乏议价能力和市场竞争力。同时，随着科技的不断进步和市场竞争的日益激烈，低附加值环节的利润空间不断被压缩，产业升级成为企业生存和发展的必然选择。然而，产业升级并非一蹴而就，需要企业在技术研发、人才培养、市场开拓等方面持续投入，这对企业的资金实力、技术储备和管理能力都提出了更高要求。

2. 缺乏高根植性龙头企业

成渝地区双城经济圈对电子信息制造业产业生态体系的构建尚不健全，面临高根植性龙头企业缺乏的困境。成渝地区双城经济圈的电子信息制造业中能够深度融入并引领产业生态发展的本地龙头企业十分稀少。由于关键龙头企业的缺失，产业链上下游企业间的协同合作效应被削弱，技术、资本、人才等核心要素的流通与配置效率受到制约。并且，缺乏强有力的龙头企业作为引领和驱动，成渝地区双城经济圈的电子信息制造业生态难以构建成一个稳固的闭环系统，从而在抵御外部风险时的能力较弱。这不仅阻碍了整个产业综合竞争力的提升，也限制了产业链上下游企业间的协同发展与共同繁

荣，对区域经济的持续增长构成了挑战。

3. 产业链与创新链融合发展水平不高

成渝地区双城经济圈在电子信息制造业领域内，产业链与创新链的融合发展水平尚待提升。当前存在的主要问题在于，产业链上下游企业间的协同创新机制构建不够完善，导致科技成果向产业实际应用转化的效率不高。以重庆市为例，《中国火炬统计年鉴 2023》的数据显示，重庆市国家级技术转移示范机构仅 8 家，2023 年全市技术合同成交额占 GDP 的比重仅为 2.87%，低于全国平均值 2.01 个百分点，全市科技服务业产值仅占全国的 2.1%。这些数据揭示了大量科研成果未能及时转化为推动产业发展的实际动力。除此之外，成渝地区双城经济圈内电子信息制造业的创新活动多集中于少数大型企业集团或科研机构，而广大中小企业则普遍面临资金短缺、人才匮乏等挑战，难以独立承担高风险、高成本的研发任务，进而限制了整个产业链创新生态系统的活力与潜力。因此，提升产业链与创新链的融合深度，强化企业间的协同创新机制，加速科技成果向生产力的高效转化，已成为成渝地区双城经济圈电子信息制造业亟须攻克的关键课题。

（二）创新能力与核心技术问题

1. 创新能力不足

创新能力是推动电子信息制造业发展的关键因素之一，而成渝地区双城经济圈在这方面还面临着不小的挑战。从研发投入角度来看，尽管研发投入逐年增长，但相较于国际同类行业，成渝地区双城经济圈仍低于国际同类行业的普遍标准，而这限制了其持续技术突破的能力。这意味着企业在技术创新方面获得的资金支持相对有限，难以支撑其持续的技术突破。同时，技术短板问题依然突出。在技术创新主体方面，成渝地区双城经济圈存在明显差距。2022 年重庆市和四川省国家级专精特新“小巨人”企业分别新增 139 家、138 家，总量占全国的比重分别为 3.19%、3.17%；2022 年重庆市、四川省高新技术企业总量分别达到 7775 家、16914 家，占全国的比重分别为 1.9%、4.2%。这与我国东部沿海地区的相关数据还存在较大差距，反映出成渝地区双城经济圈高新技术企业的创新能力不足。

2. 关键技术自给率低

成渝地区双城经济圈电子信息制造业在部分关键技术上存在明显短板。由于自主研发能力不足，成渝地区双城经济圈电子信息制造业在关键设备、核心材料、器件等方面大量依赖进口，这不仅增加了企业的生产成本，也增加了供应链的不稳定性，存在被“卡脖子”的风险。以半导体行业为例，在2024年4月举办的深圳国际传感器与应用技术展览会上有专家表示，我国缺少先进制程芯片的晶圆制造能力，尤其是以ASML光刻机等为代表的半导体晶圆制造设备最为欠缺，并且，在半导体晶圆制造设备中，目前高精度传感器几乎100%依靠进口。此外，伴随着近年来的中美贸易摩擦，美国对于半导体芯片制造等高科技领域的制裁也越来越严厉，让许多公司陷入无“芯”可用的困境。因此，对于成渝地区双城经济圈而言，电子信息制造业在关键技术上的自主研发之路困难重重。

3. 缺少研发投入

成渝地区双城经济圈电子信息制造业在产业组织层面面临着研发投入较少导致的巨大挑战。尽管作为区域核心的成都市与重庆市在电子信息领域已崭露头角，但整体而言，成渝地区双城经济圈内的城市在研发层面上仍存在显著短板。科研基础薄弱，意味着该区域在前沿技术探索、关键技术研发等方面缺乏足够的支撑，难以形成引领行业发展的创新高地。同时，研发投入的不足已成为制约其创新能力提升的关键因素。相较于成都市和重庆市在科研投入上的大手笔，其余城市的研发投入占比较低，难以支撑起大规模、高强度的技术研发活动。这不仅限制了新技术、新产品的产生，也影响了产业结构的优化升级，使得整个成渝地区双城经济圈电子信息制造业在区域竞争中处于不利地位。

（三）组织结构与区域发展问题

1. 产业组织结构不合理

成渝地区双城经济圈电子信息制造业的产业组织结构仍然存在一些问

题，这在一定程度上制约了行业的进一步发展。具体表现在以下几个方面。首先，许多中小型企业由于规模较小、资金有限，难以在技术研发和市场拓展方面取得突破。这些企业往往难以承担高昂的研发成本，这导致它们在新技术的应用和新产品开发方面落后于行业内的大型企业。其次，虽然成渝地区双城经济圈电子信息制造业企业数量众多，但由于缺乏有效的协作机制，企业间的协同效应较弱，无法充分发挥集群优势。企业之间缺乏信息共享和技术交流，限制了产业链上下游之间的紧密合作，从而影响了整个行业的整体竞争力。最后，行业内部缺乏统一的标准和规范，导致产品质量参差不齐，影响了整个行业的形象和竞争力。缺乏标准化的产品和服务可能会导致消费者信任度下降，进而影响市场需求和企业的盈利能力。这些问题的存在不仅影响了单个企业的成长，也阻碍了整个行业向更加高效、协同的方向发展。

2. 产业结构与布局失衡

成渝地区双城经济圈在电子信息制造业领域面临产业结构与布局挑战。产业结构较为单一，多数企业聚焦于组装与代工等劳动密集型、低附加值环节，导致产业价值链处于低端，明显制约了其技术创新能力和市场竞争力。此外，产业布局失衡亦是关键问题。相较于成都、重庆两大引擎的迅猛发展，周边城市在资源分配、政策扶持及企业引进上相对滞后，未能形成互补互促的产业生态。这种不均衡不仅阻碍了区域内产业链的完善与延伸，也削弱了成渝地区双城经济圈作为一个整体参与全国乃至全球电子信息制造业竞争的能力，对区域经济的长期健康发展构成了潜在威胁。

3. 区域协同与合作水平低

成渝地区双城经济圈电子信息制造业正面临着日益凸显的区域协同与合作挑战。成渝地区双城经济圈近年来在电子信息领域取得了显著进展，企业数量与产值均稳步增长，但区域间的协同合作水平却未能与之同步提升。在资源共享方面，由于缺乏有效的信息共享机制和合作平台，产业资源利用率低下，甚至出现重复建设的情况。这不仅浪费了资金和资源，也加剧了市场竞争的无序性。在技术合作方面，虽然区域内不乏技术实力雄厚的企业和科研机构，但彼此之间的合作却显得较为零散和表面化。仅有少部分企业能够与其他地区的企业或机构开展实质性的技术合作项目，这严重制约了技术创新和产业升级的速度。在市场开拓方面，区域间的协同合作不足也导致了市场开拓的困难。由于各地企业在市场策略、渠道建设等方面缺乏统一规划和协调，往往各自为政，难以形成合力，增加了企业的运营成本和市场风险，削弱了整个区域电子信息制造业的市场竞争力。

（四）人才发展与市场环境的问题

1. 人才短缺及培养机制不完善

人才是电子信息制造业发展的核心要素。然而，成渝地区双城经济圈在这方面的供给明显不足，特别是在高端技术人才方面。高端技术人才短缺，尤其是具备创新能力和实战经验的专业复合型人才稀缺，这不仅影响了企业的研发能力和产品竞争力，也制约了整个行业向更高层次、更宽领域的发展。据《成渝地区双城经济圈人才需求目录》统计，成渝地区双城经济圈电子信息制造业还存在95个类型的紧缺人才，其中技术类人才占比达75%。这种人才数量的缺失和结构的失衡直接影响了产业的长远发展。另外，现有的人才培养体系尚不够完善，产教融合机制虽已建立，但实际效果并不理想。部分企业在招聘过程中遇到了专业技能匹配度低的问题。这意味着人才短缺已成为制约重庆市电子信息制造业发展的一个重要因素。

2. 人才流失与资源匮乏

成渝地区双城经济圈电子信息制造业在产业组织层面面临较为严重的人才流失与资源匮乏问题。在人才流失方面，由于成渝地区双城经济圈在经济发展水平、生活品质、科研环境等方面与东部沿海发达地区相比仍有一定差距，许多高端技术人才更愿前往东部沿海地区或其他更具吸引力的城市工作，导致该区域人才流失现象较为严重。同时，高校和职业院校在人才培养上未能充分对接产业需求，使毕业生的专业技能与企业要求存在差距，进一步加剧了人才短缺的问题。在资源方面，相较于发达国家和地区，该区域科研基础设施建设相对滞后，缺乏先进的实验设备和完善的测试平台，使得企业在技术研发和产品验证过程中面临诸多困难，难以形成有效的技术创新生态系统。

3. 政策与市场环境不稳定

成渝地区双城经济圈电子信息制造业在政策与市场环境的双重影响下，发展之路并不是一帆风顺。在政策方面，尽管有宏观政策的支持与引导，但在具体实施时，政策的细化程度和执行力度还需提升，才能确保政策的普惠性和精准性，让中小企业和偏远地区也能充分享受到政策带来的红利。在市场环境方面，虽然市场竞争激烈会激发企业的创新活力，但市场壁垒和信息孤岛现象依然存在，导致资源难以高效配置，削弱了产业的整体竞争力。同时，市场信息的流通不畅和知识产权保护不力，更加让企业在发展过程中面临诸多不确定性和风险，限制了产业的健康发展。

三 成渝地区双城经济圈电子信息制造业产业组织发展对策建议

（一）推动产业链创新链升级

1. 赋能产业链高端化

一是加强技术研发与创新支持。通过增加对高新技术企业和研发机构的资金支持，设立专项基金等方式来激励企业加大研发投入。此外，支持建立公共技术研发平台，促进产学研用结合，为企业提供技术研发、产品测试等服务，能够有效提升产业的整体技术水平。二是推动关键技术突破与应用。应制定重点技术领域清单，明确支持方向和目标，引导企业集中力量攻克集成电路设计、先进材料等关键技术难题。同时，加强与国内外领先研究机构的合作，引进先进技术成果并进行本土化开发，从而加速技术创新和成果转化。三是优化产业结构与布局。应鼓励和支持电子信息制造业企业向价值链上游延伸，发展高附加值的产品和服务，逐步减少对低端加工制造的依赖。引导企业在关键环节进行技术改造升级，提高生产效率和产品质量，确保产业链的各个环节都能达到国际先进水平。四是开展国际合作与交流。积极参与国际产业联盟和标准制定，提升国际影响力和话语权，可以让成渝地区双城经济圈电子信息制造业更好地融入全球产业链。扩大对外开放程度，吸引外资和技术人才，加强与海外企业的合作，有助于引进先进的管理经验和前沿技术，促进本地产业的快速成长。

2. 推动布局优化与产业链整合

一是推动产业结构多元化。为了彻底改变成渝地区双城经济圈电子信息制造业产业结构单一的现状，需要采取一系列具体措施来推动其向多元化方向发展。政府可以出台一系列激励政策，如提供研发补贴、税收减免等，以鼓励企业加大在芯片设计、半导体制造等高端领域的投入。积极培育和发展配套产业和服务业，如软件与信息服务、物流配送等，以形成多元化、协同发展的产业生态。二是优化产业布局。优化产业布局是实现成渝地区双城经济圈电子信息制造业均衡发展的关键。要加大区域间统筹规划与协调的力度，确保各城市在产业发展上能够形成合力。制定区域产业发展规划，明确各城市的产业定位和发展方向，避免重复建设和资源浪费。要充分利用成都市、重庆市两大核心城市的辐射带动作用，推动其高端技术向周边城市转移和扩散，通过设立技术转移中心、共建产业园区等方式，促进技术、人才、资金等要素在区域内的自由流动和高效配置。此外，鼓励周边城市根据自身特色和优势发展特色产业，实现错位发展、互补共赢，共同构建完整的电子信息制造业产业链。三是加强产业链整合。产业链整合是提升成渝地区双城经济圈电子信息制造业整体竞争力的关键。政府应当搭建产业链协作平台，为企业提供信息交流、技术合作、市场开拓等方面的便利条件，定期举办产业链对接会、技术交流会等活动，促进企业之间的深度合作与协同发展。构建统一的信息平台或利用现有的大数据、云计算等技术手段，实现产业链各环节之间的信息共享和互联互通。鼓励龙头企业发挥引领作用，带动中小企业共同发展，以设立产业联盟、建立供应链金融等方式，加强龙头企业与中小企业之间的合作与联系，形成更加紧密的产业链合作关系。

3. 保障产业链与创新链稳定

一是加强中小企业创新能力。设立专门的研发基金支持中小企业开展技术研发和创新项目，减轻研发成本负担。支持建立创新孵化器和加速器，为初创企业提供场地、资金和技术支持，帮助它们快速成长。鼓励企业与高校、科研机构建立紧密的合作关系，共同开展技术研发项目，促进技术成果的转化和产业化。二是促进企业间协同效应。构建成渝地区双城经济圈电子信息制造业公共服务平台，为企业提供信息共享、技术交流和市场拓展服务，帮助中小企业获取最新的行业动态和技术进展，促进不同企业之间的技术互补和资源共享。鼓励产业链上下游企业之间建立稳定的合作伙伴关系，形成紧密的供应链网络，提高整个产业链的协同效率。成立电子信息制造业行业协会，定期举办行业交流会和研讨会，促进企业间的交流与合作。三是建立健全行业标准和规范。组建由政府、企业、研究机构代表组成的行业标准委员会，该委员会负责制定统一的质量标准和服务规范，以提升产品质量和行业形象。积极对接国际标准化组织，引入和推广国际通行的标准体系，确保产品符合国际安全和环保要求。加强对产品质量的监督与检测，确保所有产品均符合行业标准，提高消费者信任度。四是推动产业集群发展。制定详细的产业集群发展规划，明确产业布局和重点发展方向，引导资源向优势区域集中，吸引更多的企业入驻。根据不同区域的特点，打造具有特色的产业链条，形成差异化竞争优势。

（二）强化技术攻关

1. 加强创新载体建设

一是加快战略科技基础设施落地，构建重点实验室体系。利用成渝地区双城经济圈电子信息制造业基础，争取电子信息领域量子通信国家枢纽、卫星互联网国家枢纽等国家大科学装置、重点研发平台落地，面向电子信息制造业基础性、前沿性领域以关键共性技术、跨领域交叉技术研发、转化应用为重点，优化国家级、省级重点实验室布局。打造西部地区信息技术创新高地，加快超分辨微纳制造平台、3D 先进封装平台、先进微处理器技术国家工程研究中心和区块链产业创新中心等创新平台建设。二是要加强产权和知识产权保护。营造开放、统一、公平、竞争的市场环境，引导建立专业化的技术服务交易体系和科技创新服务体系，推动信息领域大企业、高校、科研院所和创新研发平台通过市场化的方式向中小企业开放创新产品资源。三是打造西部电子信息产业人才高地。加强政府、企业、高等院校、职业学校、培训机构、行业协会的合作，设立数字化人才培育基地，建立健全政产学研用协同的信息人才培养体系。以电子信息前沿领域重大工程和项目，引进和培养一批高层次高素质的战略科技人才、科技领军人才、青年科技人才、基础研究人才、高级工艺技术团队和高级资本运作团队。

2. 加大创新投入

一是加大科研资金投入。要设立专项基金，重点支持成渝地区双城经济圈电子信息制造业中的关键技术研发和前沿技术探索。通过增加财政拨款、引入社会资本等方式，扩大科研资金来源，确保研发投入的持续增长。这些专项基金不仅应聚焦于当前行业内的关键技术瓶颈，如芯片设计、先进制造工艺等，还应前瞻性地布局未来技术趋势，如人工智能、物联网、量子计算等领域。同时，为确保资金的有效利用，必须建立严格的科研项目评估与激励机制，确保每一笔科研资金都能发挥最大的效益。二是鼓励企业增加研发投入。政府可通过出台一系列税收优惠政策，如研发费用加计扣除、高新技术企业税收减免等，切实降低企业的研发成本负担。此外，政府还应建立企业研发投入与政府支持挂钩的机制，通过设立研发投入奖励基金、提供研发补贴等方式，对研发投入达到一定比例的企业给予额外激励。三是加大资源建设投入。重点建设一批先进的实验设备和测试平台，满足企业在技术研发和产品验证过程中的需求，并鼓励社会资本参与科研基础设施建设，形成多元化投入机制。同时，建立科研资源共享平台，鼓励高校、科研机构和企业之间的资源共享与合作。通过开放实验室、共享仪器设备等方式，提高科研资源的利用效率，降低企业的研发成本。四是促进产学研深度融合。产学研深度融合是推动技术创新和产业升级的重要途径。要积极加强高校、科研机构与企业之间的合作与交流，推动三方在技术研发、人才培养、成果转化等方面的深度合作。以共建研发中心、联合培养人才等方式，加速科技成果的转化和应用，缩短技术从实验室到市场的周期。为确保产学研合作的持续性和稳定性，还应建立长效机制，包括制定合作规范、明确各方权责、加强沟通协调等。

3. 激发创新主体活力

一是推动以企业为创新主体、产学研深度融合的技术创新。一方面鼓励行业龙头企业聚焦主责主业、突破核心技术、发挥带动效应，实现上下游企业的双赢或多赢，并打造出新的发展优势；另一方面也要支持量大面广的中小企业提升创新能力，培育一批核心技术能力突出、集成创新能力强的创新型领军企业。二是强化政策保障。政府方面还需要落实各项纾困惠企政策，完善引导企业加大技术创新投入的机制，支持企业建立研发机构和推进重大科技成果产业化。三是要以企业为主体，坚持政产学研用相结合，完善创新体系、增强创新能力。围绕成渝地区双城经济圈电子信息制造业产品全生命周期和全制造流程的智能化需求，制定并发布共性关键技术目录。追踪并把握电子信息制造业发展趋势及机遇，针对集成电路、新型显示、高端软件等重点发展领域开展产业链生态研究，依托产业联盟、高校机构、龙头企业、国家重点实验室等机构，集中科研力量和资源实现关键技术突破，解决一批“卡脖子”问题。

（三）完善组织结构与区域协同

1. 构建成都市“一廊一带一新区”的产业组织空间布局

一是以成都市工业创新设计功能区、新都现代交通产业功能区、成都市新经济活力区、成都市科学城等功能区（园区）为核心，重点发展工业软件、嵌入式软件、集成电路设计、网络信息安全等领域，沿天府大道打造设计、服务、总部走廊。二是以成都市电子信息产业功能区、成都芯谷、崇州消费电子产业园区、天府智能制造产业园、天府新区半导体材料产业功能区等功能区（园区）为核心，围绕晶圆制造及封装测试、新型显示、消费电子、智能科技及工业互联网等重点领域，打造电子信息制造产业带。三是以成都市东部新区为核心，以成都市未来科技城为空间载体，围绕集成电路装备材料生产制造领域布局新增重大制造项目。此外，探索建立跨区域配套协作利益共享机制，建立协同招商、项目流转机制，引导功能区在更广范围和更高梯次布局重大项目和配套项目。

2. 强化区域产业组织协同

一是积极抢抓成渝地区双城经济圈建设契机，打造具有全球竞争力的电子信息制造业生态圈。成渝两地制造业结构趋同，在集成电路、新型显示、智能终端、新一代信息技术等细分领域存在同质化竞争和资源错配现象，当前尚未形成深度协同联动的产业带。成都市与重庆市需通过优势互补、扬长避短、错位发展来支撑成渝地区双城经济圈电子信息产业高质量发展，对共同的优势产业加强产业链协同配套互补，围绕产业集群重点补足关键零部件和设备配套、晶圆代工、工业软件等共同短板，形成产业链的分工合作和横向错位发展。二是加强产业政策协同，推动资源要素流通。发挥政策构建产业生态系统的引导作用，建设跨区域产权交易共同市场，加强人力资源协同，统筹区域内电子信息制造业省市级政府引导基金，发挥政府性基金的撬动作用，加大重点项目招引和重点企业培育，协同推进电子信息制造业细分领域标准互认和采信。建立一体化利益共享机制，建立互利共赢的税收分享机制，健全成渝地区双城经济圈在电子信息重点领域的横向调节机制，共同出台具有比较优势的政策措施。三是联动德眉资等地，发挥主干城市辐射带动作用，形成链式关联、梯度布局的区域协同产业发展体系。抢抓成都都市圈建设契机，打造以成都市为核心的具有国际竞争力和区域带动力的现代产业集群，同时为成渝地区双城经济圈建设提供强有力的支撑。遵循产业发展规律，探索“核心区+联动区”模式，与德眉资共建产业协同示范区。整合德眉资重型装备、新型显示、航空物流、新型材料等产业资源，共建成德“工业互联”、成眉“新型显示”、成资“信息消费”产业链。

3. 促进区域均衡发展

一是制定全面的产业发展规划。明确不同区域的功能定位和发展重点，引导资源向发展相对落后的区域倾斜，促进电子信息制造业在这些区域的发展。政府应当基于区域经济特点和发展潜力，制定出既能发挥各自优势又能弥补劣势的产业发展策略。二是出台优惠政策。如税收减免、土地使用优惠等，吸引企业在这些区域投资建厂。通过提供政策支持，降低企业的运营成本，提高企业在这些区域投资的积极性。三是加大对基础设施建设的支持力度。完善的基础设施是吸引企业投资的关键因素之一，也是促进区域经济发展的重要支撑。改善交通、通信等基础设施条件，为成渝地区双城经济圈电子信息制造业的发展创造良好的外部环境。四是加强区域内企业的合作与交流。通过建立产业联盟等形式，促进资源共享和技术转移，帮助这些区域的企业提升竞争力。合作与交流可以促进知识和技术的传播，增强企业的创新能力和市场适应能力。

（四）优化人才队伍与市场环境

1. 人才培育

一是深化产教融合。加强与高校、职业院校的合作，建立校企联合培养机制，通过订单式培养、实习实训等方式，培养符合行业需求的高素质技术人才；推广现代学徒制和新型学徒制，鼓励企业与学校共同设计课程，让学生在校期间就能接触真实的工作环境，提高他们的实践能力和就业竞争力。二是加强在职员工的培训与发展。鼓励企业内部培训和继续教育，支持员工参加各类技术培训和专业认证考试，提高他们的专业技能和综合素质，并开放在线学习平台和远程教育资源，方便员工随时随地进行学习，不断提升自己的知识水平。三是构建多层次的人才梯队。通过实施“领军人物”计划、“青年英才”计划等，选拔和培养一批具有国际视野的领军人才和年轻后备力量，建立健全人才晋升通道和激励机制，为人才的成长和发展创造良好条件，留住核心人才。

2. 人才引进

一是加大人才引进力度。制定更具吸引力的人才引进政策，包括提供住房补贴、子女教育优惠等福利，吸引更多国内外高端技术人才落户成渝地区双城经济圈，并建立人才绿色通道，简化外籍专家和技术人才的签证、居留手续，为他们提供便捷的工作和生活环境。二是加强国际交流合作。鼓励和支持企业与国际著名研究机构和大学建立合作关系，开展联合研究项目和技术交流活动，并组织国际学术会议和产业论坛，吸引国际专家和学者来成渝地区双城经济圈交流访问，拓宽人才视野。三是优化科研环境。加强科研环境的改造，包括改善科研人员的工作条件、提高科研项目的支持力度等，营造良好的科研氛围，激发科研人员的创新热情，提升科研成果的转化效率。

3. 产业协同与市场环境建设

一是构建全方位的区域协同合作机制。要强化政府间合作，推动成渝地区双城经济圈各地政府建立定期沟通机制，就电子信息制造业发展规划、政策制定、资源共享等方面进行深入交流，形成政策合力。要建立多层次合作平台，除了信息共享平台外，还应建立多层次、多领域的合作平台，如产业联盟、行业协会、专业论坛等。二是加强知识产权保护。建立健全知识产权保护体系，加大对侵权行为的打击力度，保护企业和科研机构的创新成果。通过增加知识产权宣传、培训和法律服务，提高区域内企业的知识产权保护意识和能力。三是加强项目审批与监管。建立健全项目审批和监管机制，对区域内电子信息制造业投资项目进行严格把关，避免重复建设和资源浪费。同时，加强对已建项目的监管和评估，确保其按照规划要求有序推进。四是加强市场开拓与市场环境优化。推动企业共同制定市场策略，联合参展与品牌推广，增强区域品牌影响力，建立市场信息共享机制，及时响应市场变化。简化市场准入流程，加强市场监管，打击不正当竞争，确保公平竞争的市场环境。参与和主导行业标准制定，建立区域产品认证体系，提升产品质量和竞争力。支持企业开拓国际市场，加强与国际合作，引进先进技术，帮助企业了解国际市场动态和规则，提升国际竞争力。

参考文献

宾红霞、肖文舸、唐亚冰、许隽：《手机“非洲之王”如何长胜?》，《南方日报》

2024 年 1 月 22 日。

邓飚：《数字创新赋能新型工业化　鼎桥通信智慧点亮美好未来》，《通信世界》2024 年第 9 期。

何得雨、邹华、王海军、孙健：《竞合视角下企业创新生态系统演进——基于京东方的案例研究》，《中国科技论坛》2022 年第 5 期。

黄雪松：《一批校企联合实验室集中揭牌》，《成都日报》2024 年 1 月 14 日。

李秀中：《“中西部七虎”外贸冷暖分化　谁来代替富士康们?》，《第一财经日报》2024 年 3 月 27 日。

李洋：《创新驱动引领制造业高质量发展　这 6 家企业干出成效》，《四川经济日报》2022 年 12 月 21 日。

李志：《真金白银支持绵阳民企底气十足》，绵阳新闻网，2024 年 1 月 19 日，http：//www. myrb. net/html/zt/2024mylh/news/374428. html。

罗芸、罗婧颖：《开州加快建设重要绿色工业集聚区》，《重庆日报》2022 年 9 月 7 日。

孟浩：《对未来充满信心　对发展满怀期待》，《成都日报》2023 年 11 月 9 日。

沈怡然：《德州仪器中国研发中心调整背后》，《经济观察报》2022 年 5 月 23 日。

唐强：《四川长虹董事长：做强核心主业　寻找 AI 新机遇》，《证券时报》2024 年 6 月 26 日。

王伟：《从破局者到引领者　京东方“屏之物联”推动产业融合共生》，《中国电子报》2023 年 12 月 8 日。

乌力吉图、王佳晖：《工业物联网发展路径：西门子的平台战略》，《南开管理评论》2021 年第 5 期。

吴怡霏：《成都：“软”实力构筑产业发展“硬”支撑》，《成都日报》2024 年 6 月 20 日。

吴忧、张斌：《从根深干壮到枝繁叶茂　产业在这里蓬勃“生长”》，《四川日报》2023 年 10 月 23 日。

夏元：《第 4 亿台“重庆造”惠普电脑下线　助力重庆连续 9 年成为全球最大生产规模笔电基地》，《重庆日报》2023 年 9 月 21 日。

夏元：《发展新质生产力　重庆制造业向“新”行》，《重庆日报》2024 年 4 月 24 日。

夏元、申晓佳：《从京东方生产线变迁看重庆的创新之路》，《重庆日报》2024 年 4 月 28 日。

徐恒：《中国电子信息产业集团有限公司副总经理陈锡明：加快打造国家网信产业核心力量和组织平台》，《中国电子报》2022 年 8 月 19 日。

詹米璐、王彩艳、杨敏：《渝北　以数字化引领现代化　为推动高质量发展赋能》，《重庆日报》2023 年 9 月 4 日。

张红梅、杨骏：《重庆产业链供应链调查①｜重庆笔电产量全球“七连冠”背后的秘密》，“重庆日报”百家号，2021 年 3 月 22 日，https：//baijiahao. baidu. com/s？ id = 1694906151190809045&wfr = spider&for = pc。

张心怡、沈丛：《英特尔 CEO 仨月三度访华　释放了哪些信号?》，《中国电子报》2023 年 7 月 21 日。

张亦筑：《华润微电子：在渝建设百亿车规级功率半导体产业基地》，《重庆日报》2023 年 1 月 28 日。

赵丁颐：《以科技创新为引领　西部（重庆）科学城　加快建设现代化产业体系》，《重庆日报》2024 年 1 月 21 日。

Abstract

Since the Central Committee of the Communist Party of China issued plans to advance the development of a new pattern in the western region during the new era, Chengdu-Chongqing Economic Zone has actively focused on technological innovation as the core element to cultivate new productive forces, and achieved a series of results in the field of electronic information manufacturing, which has effectively driven the high-quality development of the upstream and downstream of the electronic information manufacturing industry chain. This report responds to the national strategic needs, based on the reality of Chengdu-Chongqing Economic Zone, and takes the development of the electronic information manufacturing industry as the main line. It studies and judges the development trend and spatial distribution characteristics of the electronic information manufacturing industry in Chengdu-Chongqing Economic Zone, and comprehensively analyzes the development of the electronic information manufacturing industry in Chengdu-Chongqing Economic Zone from the perspectives of industrial layout, talent support, and industrial development support of the electronic information manufacturing industry.

This report is divided into three parts: the general report, the industry section, and the special topic section. The general report reviews and summarizes the construction achievements, policy support, and future prospects of the electronic information manufacturing industry in Chengdu-Chongqing Economic Zone. It analyzes the current development status and existing problems of the electronic information manufacturing industry, and studies the future development trend of the electronic information manufacturing industry. It summarizes the problems of the electronic information manufacturing industry in Chengdu-Chongqing Economic Zone, such as having a large number of low-value-added products, being at the low end of the value chain, and lacking overall supporting capabilities. Based on this, it proposes that do a good job in top-level design guidance, promote the integrated development of factors, strengthen the coordinated development of the industrial chain, build a differentiated and collaborative pattern, and promote technological innovation and R&D cooperation. The industry section is divided according to the electronic information industry, starting with five industries: Computer manufacturing, smartphone manufacturing, new electronic terminal manufacturing, integrated circuit manufacturing, and new display manufacturing. It analyzes the current development status and existing problems of each industry, and proposes targeted suggestions for relevant issues. This will help promote the improvement and development of the electronic information manufacturing industry in Chengdu-Chongqing Economic Zone. The special topic section is a study of relevant policies, talents, and industrial organizations in the electronic information industry. In the policy study, a type of content analysis method is used to establish three dimensions: Environment, demand, and supply. Based on the existing analysis, policy suggestions are proposed for the development of the electronic information manufacturing industry in Chengdu-Chongqing Economic Zone. For talent research, it starts from the perspectives of talent cultivation in colleges and universities and talent demand in the electronic information manufacturing industry to provide relevant suggestions for the current situation. Industrial organization relies on the classification model of the industry section, and through analyzing the overview of leading enterprises in different industries in some cities in Chengdu-Chongqing Economic Zone, it clearly demonstrates the technological innovation capabilities of the electronic information industry in Chengdu-Chongqing Economic Zone, providing certain reference experience for the development and growth of other enterprises.

The research results of this report show that Chengdu-Chongqing Economic Zone has demonstrated strong momentum and huge potential in the field of electronic information manufacturing, and is gradually climbing from the low end of the value chain to the mid-to-high end, building a more complete and collaborative industrial ecosystem. Chengdu-Chongqing Economic Zone has demonstrated strong momentum and profound potential in the development of electronic information manufacturing, and has achieved significant improvements in industrial upgrading and value chain through a series of comprehensive strategic measures. The dual-wheel drive of technological innovation and industrial upgrading not only enhances the core competitiveness of Chengdu-Chongqing Economic Zone in key technology fields such as integrated circuits and new displays, but also successfully promotes the leap from component production to complete machine manufacturing, gradually moving towards the high-value-added links of the industrial chain. In this process, cooperation and collaboration among enterprises have become increasingly close, forming an industrial chain with upstream and downstream linkage, significantly improving overall supporting capabilities, and building a more complete and collaborative industrial ecosystem. At the same time, Chengdu-Chongqing Economic Zone attaches great importance to the construction of a talent support system, and through deepening cooperation with well-known universities and scientific research institutions at home and abroad, it has established a multi-level and multi-type talent training system, providing a steady stream of talent power for the sustainable development of electronic information manufacturing. The government has also actively introduced preferential policies to attract and retain high-end talents, further optimizing the talent structure and enhancing comprehensive strength in technological innovation, product research and development, etc. Policy support and environmental optimization are the solid backing for the rapid development of electronic information manufacturing in Chengdu-Chongqing Economic Zone. The high level of attention and strong support from the national level has provided abundant policy resources for regional development, including financial subsidies, tax incentives, and financing support, effectively reducing the operating costs of enterprises and stimulating market vitality. In addition, the government has also strengthened the protection of intellectual property rights, building a solid defense for technological innovation activities of enterprises. In terms of regional collaboration and open cooperation, Chengdu-Chongqing Economic Zone actively integrates into the overall situation of national development strategies, strengthens close ties with neighboring provinces and cities as well as international markets, and achieves efficient sharing of resources and complementary advantages. Especially in the field of electronic information manufacturing, Chengdu-Chongqing Economic Zone actively connects with the global industrial chain, supply chain, and value chain, actively participating in international competition and cooperation, significantly enhancing the international competitiveness of the industry.

In the future, the development of electronic information manufacturing industry in Chengdu-Chongqing Economic Zone will still be full of opportunities and challenges. Facing the uncertainty of the international trade environment, accelerated technological iteration and other external pressures, Chengdu-Chongqing Economic Zone will rely on its solid industrial foundation, rich human resources and strong policy support to continue to strengthen innovation drive, deepen industrial integration, optimize industrial layout, and improve the modernization level of the industrial chain. Through unremitting efforts, Chengdu-Chongqing Economic Zone is expected to become a world-class electronic information industry cluster, leading the high-quality development of electronic information manufacturing industry in the western region and even the whole country.

Keywords: Electronic Information Manufacturing Industry; Industrial Layout; Technological Innovation; Chengdu-Chongqing Economic Zone

Contents

Ⅰ General Report

Abstract: This report reviews and summarizes the overall situation, the layout and development of major cities, and the development process of regional integration of the electronic information manufacturing industry in Chengdu-Chongqing Economic Zone, and analyzes the existing problems and future development suggestions. Chengdu-Chongqing Economic Zone has made remarkable development with the support of national policies. Since the release of "The Outline of the Plan for the Construction of Chengdu-Chongqing Economic Zone", Chengdu-Chongqing Economic Zone has made remarkable progress in infrastructure construction, industrial layout, scientific and technological innovation, etc. Through regional coordinated development, resource sharing, policy coordination and market integration, the overall competitiveness has been enhanced. Promoted the rapid rise of electronic information industry, electronic information manufacturing industry in Chengdu-Chongqing Economic Zone has its own characteristics. Despite the rapid development of the electronic information industry in the Twin cities economic circle, it still faces some challenges, including the level of innovation needs to be improved urgently, the lack of overall supporting capacity, the layout of emerging fields and the lack of technological innovation capacity. To this end, we should promote Chengdu-Chongqing Economic Zone to become an important growth pole and a new power source to drive the high-quality development of the west as soon as possible, it is necessary to do a good job in top-level design guidance, strengthen the coordinated development of the industrial chain, build a differentiated coordination pattern, promote the integrated development of factors, promote technological innovation and R&D cooperation.

Keywords: Electronic Information Manufacturing Industry; Industrial Chain Coordination and Development; Regional Integrated Development; Chengdu-Chongqing Economic Zone

Ⅱ Industry Reports

Abstract: This report deeply analyzes the development status, layout and main problems of the computer industry in Chengdu-Chongqing Economic Zone, and puts forward corresponding development countermeasures and suggestions. The research finds that the computer manufacturing industry in Chengdu-Chongqing Economic Zone has a good development trend and has gradually become one of the important gathering places of the national and even the global electronic information industry. There is a complete electronic information industry chain in the region, and the overall increase trend of notebook computer export volume in Sichuan Province is obvious. Chongqing has gradually formed a complete computer industry cluster of "brand + software develop-ment + machine OEM + parts enterprise + material component manufacturing". However, the computer manufacturing industry in Chengdu-Chongqing Economic Zone still has low added value, single industrial structure and easy to face the risk of industrial transfer. The report put forward a number of policy recommendations on optimizing the industrial layout in Chengdu-Chongqing Economic Zone, strengthening cross-regional cooper-ation, promoting the deep integration of industrial chains, enhancing the research and development capability of core technologies, improving industrial added value, and dealing with the risk of industrial transfer.

Keywords: Computer Industry; Added Value of the Industry; Industrial Transfer; Chengdu-Chongqing Economic Zone

B.3 Report on the Development of Smartphone Manufacturing in Chengdu-Chongqing Economic Zone

Abstract: This report focuses on the development status and future trend of the smartphone manufacturing industry in Chengdu-Chongqing Economic Zone, and reveals the strong growth momentum of the smartphone manufacturing industry and the coordinated development of the industrial chain in the region by analyzing the industrial layout of the core cities and their radiation effects on the surrounding areas. The study found that the scale of smartphone manufacturing in Chengdu-Chongqing Economic Zone has been expanding. The company's investment in scientific and technological innovation has significantly promoted the continuous emergence of new technologies and new products; Close cooperation between upstream and downstream enterprises in the industrial chain. However, the report also points out that the key links of the regional industrial chain need to be strengthened, the scientific and technological innovation and industrial integration need to be deepened, and the collaborative innovation mechanism between enterprises is not perfect. The report proposes that it is necessary to strengthen the construction of the core links of the industrial chain and improve the supply chain support, strengthen scientific and technological innovation and industrial integration, promote cooperation and exchanges between enterprises.

Keywords: Smartphone Industry; Industrial Integration; Regional Synergy; Chengdu-Chongqing Economic Zone

Abstract: Based on the analysis of the development status of the new electronic terminal industry in Chengdu-Chongqing Economic Zone, this report analyzes the market size and development effectiveness of the new electronic terminal industry in Chengdu-Chongqing Economic Zone by using descriptive statistical analysis and comparative analysis. The layout of the new electronic terminal industry in Chengdu-Chongqing Economic Zone continues to gather, the industrial chain structure continues to be optimized, the product categories are gradually complete, the regions are developing harmoniously, and the market scale is expanding steadily. However, there are still problems such as the redundancy of low value-added products, the excessive pressure of industrial chain transformation, the lack of core competitiveness of the brand and the hidden dangers of data security. To this end, it is necessary to adjust the strategic R&D direction and policies to stimulate R&D innovation to strengthen the R&D of high value-added products; Optimize and integrate the supply chain, control costs and manage risks to optimize the supply chain structure; Shaping brand awareness, conveying cultural value, differentiated competition and customer service to strengthen brand influence; Improve enterprise data protection capabilities and establish an industry supervision mechanism to promote industry standardization.

Keywords: New Electronic Terminal Industry; Industrial Clusters; The Rise of the Industry; Chengdu-Chongqing Economic Zone

B.5 Report on the Development of Integrated Circuit Manufacturing in Chengdu-Chongqing Economic Zone

Luo Wenzhu, Zhang Jie and Xu Yaode / 136

Abstract: This report analyzes the development status of the integrated circuit industry in Chengdu-Chongqing Economic Zone, and analyzes the market size and development effectiveness of the integrated circuit market in Chengdu-Chongqing Economic Zone by using descriptive statistical analysis and comparative analysis. The development of the integrated circuit industry in Chengdu-Chongqing Economic Zone is in a state of steady progress. The layout of the integrated circuit industry is balanced and agglomeration, the industrial ecology is gradually formed, production, education and research go hand in hand, the industry structure is continuously optimized, and the industries in different regions develop healthily and differently. However, the overall industrial structure level is not high, and the competitiveness in the country is not outstanding enough; The shortcomings in key areas are prominent, and the dependence on key technologies is strong; The coordinated development of the industrial chain is not smooth, and the key links are not closely connected; The external situation is still severe, and the pressure of competition in the industry is intensifying. The report proposes to encourage local enterprises to carry out independent innovation and promote the process of product localization; Optimize the business environment, and improve infrastructure; Build partnerships, and open innovation platforms; Explore the international market, and protection of intellectual property rights.

Keywords: Integrated Circuit Industry; Industrial Differentiation; Industrial Clusters; Chengdu-Chongqing Economic Zone

Abstract: Based on the first-hand information and authoritative statistical data of field research, this report is divided into four main sections: layout, development status, problems and countermeasures, and comprehensively presents and deeply analyzes the new display manufacturing industry in Chengdu-Chongqing Economic Zone. First, starting from the macro research on the evolution of new display manufacturing technology, industry demand, and production capacity layout in Chinese mainland, and then the industrial chain layout and geographical layout of production capacity in Chengdu-Chongqing Economic Zone are studied. Then, the market size and structure of the new display manufacturing industry in the major cities of Chengdu-Chongqing Economic Zone and other major industrial clusters in China are analyzed in detail. Based on these detailed information and data, this paper summarizes the main problems existing in the layout and development of the new display manufacturing industry in Chengdu-Chongqing Economic Zone, and proposes to tap the potential of existing projects and subdivisions. Seize the opportunities brought by new formats and applications; Strengthen policy integration and industrial research in the region, strengthen the complementarity of industrial chains in the region, and enhance the resilience of industrial chains.

Keywords: New Display Industry; Technological Innovation; Layout of the Industrial Chains; Chengdu-Chongqing Economic Zone

Ⅲ Special Reports

Abstract: The report delves into the policy status and development trends of the electronic information manufacturing industry in Chengdu-Chongqing Economic Zone, analyzes policy texts using content analysis, and constructs an analytical framework for environmental, supply, and demand policy tools. The study finds that some policies have significantly contributed to the development of the electronic information manufacturing industry, enterprise growth, and technological innovation in Chengdu-Chongqing Economic Zone. Guided by policies, the electronic information manufacturing industry in Chengdu-Chongqing Economic Zone has demonstrated industrial clustering effects and improved innovation capabilities. In the future, it is necessary to strengthen regional collaboration, optimize the policy environment, and promote high-quality industrial development. The report proposes several policy recommendations, including accelerating the development of electronic information manufacturing industry clusters, promoting the cooperation, exchange and sharing of talents in the electronic information manufacturing industry, emphasizing scientific and technological innovation in the electronic information manufacturing industry, and increasing investment. These recommendations provide valuable reference for local governments and business decision makers, helping Chengdu-Chongqing Economic Zone maintain a leading position in the global electronic information manufacturing competition.

Keywords: Electronic Information Manufacturing Industry; Policies on Electronic Information Manufacturing Industry; Content Analysis Method; Chengdu-Chongqing Economic Zone

B.8 Report on the Talent Development Policy of the Electronic Information Manufacturing Industry in Chengdu-Chongqing Economic Zone

Yuan Ye, Chen Yijing and Zhang Jinbiao / 238

Abstract: This report puts forward the concept and connotation of electronic information manufacturing talents based on summarising the characteristics of electronic information manufacturing industry and electronic information manufacturing talents. Based on this, from Chengdu-Chongqing Economic Zone undergraduate colleges and universities talent training status quo, specialist colleges and universities training status quo and its comparative analysis to explore the supply of talent; through the Python crawling recruitment website on Chengdu-Chongqing Economic Zone electronic information manufacturing talent recruitment status to explore the demand for talent. Thus, combined with the shortage talent catalogue, the electronic information manufacturing talents in Chengdu-Chongqing Economic Zone are divided into heavy, medium and light shortage of talents and conduct comparative analysis. Finally, from the optimisation of electronic information manufacturing talent training system, improve the electronic information manufacturing talent introduction mechanism, smooth talent promotion and development channel, improve the salary distribution and incentive mechanism, strengthen the cross-regional talent synergy and sharing and the implementation of the system to ensure that the implementation of the policy six aspects of the development of policy recommendations.

Keywords: Electronic Information Manufacturing Industry; Talent Supply; Talent Demand; Talent Shortage Rate; Chengdu-Chongqing Economic Zone

B.9 Report on the Organization of the Electronic Information Manufacturing Industry in Chengdu-Chongqing Economic Zone

Yuan Ye, Zhang Jinbiao, Chen Yijing and Liang Jiaxin / 294

Abstract: This report, based on the collection and organization of existing data, and the review and development status of the electronic information manufacturing industry organization in Chongqing, Chengdu, and other cities in Chengdu-Chongqing Economic Zone, reveals the difficulties and challenges faced by the development of electronic information manufacturing industry organization in various regions. This report has found that in terms of industrial organization in the electronic information manufacturing industry, Chengdu-Chongqing Economic Zone has many problems in terms of industrial chain innovation chain, innovation capability and core technology, organizational structure and regional development, talent development and market environment. In response to these issues, this report proposes a series of targeted policy recommendations, including empowering the high-end of the industrial chain, promoting the optimization of industrial layout and the integration of industrial chains, and increasing innovation investment, aimed at promoting the coordinated development of the electronic information manufactu-ring industry organization in Chengdu-Chongqing Economic Zone, enhancing overall competitiveness, and contributing to the high-quality development of the electronic information manufacturing industry in Chengdu-Chongqing Economic Zone.

Keywords: Electronic Information Manufacturing Industry; Industrial Organization; Universities and Research Institutes; Industry University Research Cooperation; Chengdu-Chongqing Economic Zone

皮 书

智库成果出版与传播平台

❖ 皮书定义 ❖

皮书是对中国与世界发展状况和热点问题进行年度监测，以专业的角度、专家的视野和实证研究方法，针对某一领域或区域现状与发展态势展开分析和预测，具备前沿性、原创性、实证性、连续性、时效性等特点的公开出版物，由一系列权威研究报告组成。

❖ 皮书作者 ❖

皮书系列报告作者以国内外一流研究机构、知名高校等重点智库的研究人员为主，多为相关领域一流专家学者，他们的观点代表了当下学界对中国与世界的现实和未来最高水平的解读与分析。

❖ 皮书荣誉 ❖

皮书作为中国社会科学院基础理论研究与应用对策研究融合发展的代表性成果，不仅是哲学社会科学工作者服务中国特色社会主义现代化建设的重要成果，更是助力中国特色新型智库建设、构建中国特色哲学社会科学“三大体系”的重要平台。皮书系列先后被列入“十二五”“十三五”“十四五”时期国家重点出版物出版专项规划项目；自 2013 年起，重点皮书被列入中国社会科学院国家哲学社会科学创新工程项目。

皮书网

（网址：www.pishu.cn）

发布皮书研创资讯，传播皮书精彩内容
引领皮书出版潮流，打造皮书服务平台

栏目设置

◆ **关于皮书**

何谓皮书、皮书分类、皮书大事记、
皮书荣誉、皮书出版第一人、皮书编辑部

◆ **最新资讯**

通知公告、新闻动态、媒体聚焦、
网站专题、视频直播、下载专区

◆ **皮书研创**

皮书规范、皮书出版、
皮书研究、研创团队

◆ **皮书评奖评价**

指标体系、皮书评价、皮书评奖

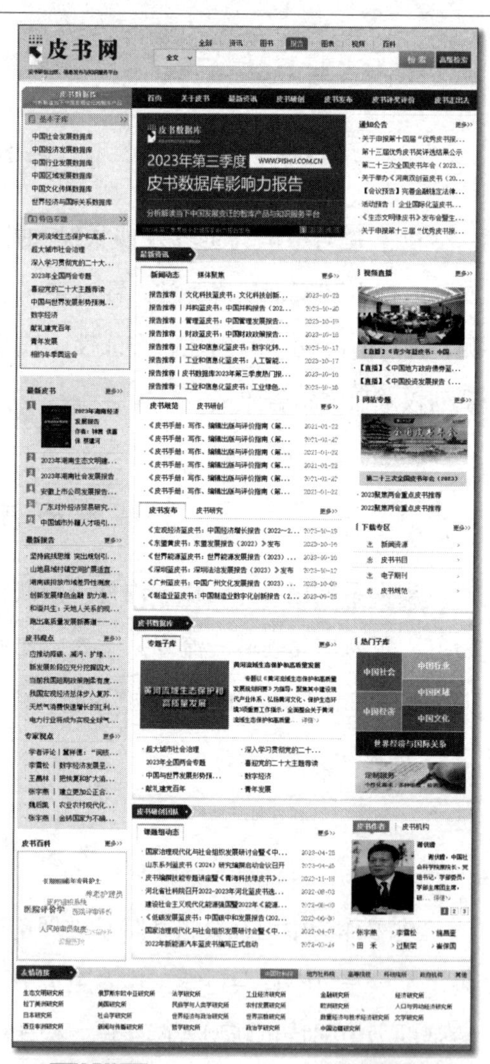

所获荣誉

◆ 2008 年、2011 年、2014 年，皮书网均在全国新闻出版业网站荣誉评选中获得“最具商业价值网站”称号；

◆ 2012 年，获得“出版业网站百强”称号。

网库合一

2014年，皮书网与皮书数据库端口合一，实现资源共享，搭建智库成果融合创新平台。

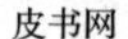

皮书网

“皮书说”
微信公众号

中国社会发展数据库（下设 12 个专题子库）

紧扣人口、政治、外交、法律、教育、医疗卫生、资源环境等 12 个社会发展领域的前沿和热点，全面整合专业著作、智库报告、学术资讯、调研数据等类型资源，帮助用户追踪中国社会发展动态、研究社会发展战略与政策、了解社会热点问题、分析社会发展趋势。

中国经济发展数据库（下设 12 专题子库）

内容涵盖宏观经济、产业经济、工业经济、农业经济、财政金融、房地产经济、城市经济、商业贸易等12个重点经济领域，为把握经济运行态势、洞察经济发展规律、研判经济发展趋势、进行经济调控决策提供参考和依据。

中国行业发展数据库（下设 17 个专题子库）

以中国国民经济行业分类为依据，覆盖金融业、旅游业、交通运输业、能源矿产业、制造业等 100 多个行业，跟踪分析国民经济相关行业市场运行状况和政策导向，汇集行业发展前沿资讯，为投资、从业及各种经济决策提供理论支撑和实践指导。

中国区域发展数据库（下设 4 个专题子库）

对中国特定区域内的经济、社会、文化等领域现状与发展情况进行深度分析和预测，涉及省级行政区、城市群、城市、农村等不同维度，研究层级至县及县以下行政区，为学者研究地方经济社会宏观态势、经验模式、发展案例提供支撑，为地方政府决策提供参考。

中国文化传媒数据库（下设 18 个专题子库）

内容覆盖文化产业、新闻传播、电影娱乐、文学艺术、群众文化、图书情报等 18 个重点研究领域，聚焦文化传媒领域发展前沿、热点话题、行业实践，服务用户的教学科研、文化投资、企业规划等需要。

世界经济与国际关系数据库（下设 6 个专题子库）

整合世界经济、国际政治、世界文化与科技、全球性问题、国际组织与国际法、区域研究 6 大领域研究成果，对世界经济形势、国际形势进行连续性深度分析，对年度热点问题进行专题解读，为研判全球发展趋势提供事实和数据支持。

法律声明

“皮书系列”（含蓝皮书、绿皮书、黄皮书）之品牌由社会科学文献出版社最早使用并持续至今，现已被中国图书行业所熟知。“皮书系列”的相关商标已在国家商标管理部门商标局注册，包括但不限于LOGO（ ）、皮书、Pishu、经济蓝皮书、社会蓝皮书等。“皮书系列”图书的注册商标专用权及封面设计、版式设计的著作权均为社会科学文献出版社所有。未经社会科学文献出版社书面授权许可，任何使用与“皮书系列”图书注册商标、封面设计、版式设计相同或者近似的文字、图形或其组合的行为均系侵权行为。

经作者授权，本书的专有出版权及信息网络传播权等为社会科学文献出版社享有。未经社会科学文献出版社书面授权许可，任何就本书内容的复制、发行或以数字形式进行网络传播的行为均系侵权行为。

社会科学文献出版社将通过法律途径追究上述侵权行为的法律责任，维护自身合法权益。

欢迎社会各界人士对侵犯社会科学文献出版社上述权利的侵权行为进行举报。电话：010-59367121，电子邮箱：fawubu@ssap.cn。

社会科学文献出版社